A STUDY IN THE PARLIAMENT OF ENGLAND

1485—1603

英国议会研究

刘新成　著

人民出版社

目　录

序　言

本书（原名《英国都铎王朝议会研究》）初版于 1995 年，当时学术著作出版困难，所以印数不多。后来时有同行建议重印，这使我产生了修订再版的想法，没想到这个想法拖了 20 年才最终实现。

20 年间，有关都铎王朝（1485—1603）社会经济立法的研究更加深入，政治文化史、司法制度史开始与宪政史相融合，本次修订特别注意吸收这两方面的研究成果，较集中地体现于第五章第四节和第七章第二节。

20 年间，信息技术的发展日新月异，研究者可以非常便捷地获取各类图书资料。得益于此，再版征引的史料有较大扩充。感谢张翔、李建军、陈志坚、李强、方林等在利用新技术搜集、核对资料方面给予我的极大帮助。

20 年前，修正史学方兴未艾，20 年后曾一度沉寂的正统派又重振旗鼓，学术研究真是永无止境，趣味无穷。

再版增加近 1/3 篇幅，净增 10 多万字。与初版相比，再版加强了对细节和过程的描写，因为我觉得，忽略细节和过程往往是误读和曲解历史的一个原因，制度史、特别是外国制度史尤其如此。

刘新成

2016 年 7 月 27 日于汇景阁

初版序言

新成同志新著《英国都铎王朝议会研究》行将问世，索序于我，特赘数言，以为介绍。

都铎王朝在英国历史上是一个充满曲折变化的时期。在社会经济方面，无论是农业、工业还是商业，都有着明显的发展；在宗教信仰方面发生了改革；在政治制度方面也出现了巨大的变化，其中以议会的成长最引人注目。作为上层建筑，都铎王朝议会制度清晰地反映了当时英国经济的发展，同时也积极地促进了后者的进步。这一问题长期集中了各国历史学家的目光。

在英国史学界，宪政史的研究一直居于热门地位，而以辉格派的研究最负盛名。自从该派大师 T.B. 麦考莱以降，名家代出，师承不断。在 19 世纪，辉格派史学家把研究重点放在 17 世纪议会与王权的冲突上，借以颂扬议会的历史作用。进入 20 世纪，依然居于正统地位的辉格派传人进而探讨革命以前议会的发展，A.F. 波拉德和 J.E. 尼尔都曾就都铎时期议会写出传世的著作，但是其思路依然不曾越出传统的窠臼。从 20 世纪 30 年代起，辉格派史学观点开始受到其他史学流派，包括马克思主义学派的批评。到 70 年代，形成了以都铎王朝史大师 G.R. 埃尔顿为代表的修正史学流派。这个流派把注意力集中在议会的机制和立法的职能方面，认为尼尔的著作夸大了都铎晚期议会同国王的冲突，而忽略了长期的合作。这一学派注重对文献资料的重新考查，其著作读来确能使人耳目一新。然而，无论是正统学派还是修正学派都拒绝承认历史唯物主义，无视都铎社会新兴阶级的出现，因之不可能对都铎时期议会的性质和作用作出妥当的评价。为数寥寥无几的根据马克思主义理论写出的有关都铎时期的著作，大都着眼于阶级结构变化和革命背景等问题，对于议会这个课题，还不曾深入。

我国史学界在新中国成立以前对于这个问题几乎不曾涉及，只是在一些论述各国政府的著述中约略提到。新中国成立后的世界史学界对于英国议会制度问题，虽曾加以重视，然而评论之文甚多，缕述之作极少，至于在此方面选定专题、广搜资料、细加剖析的论著，更是前未之见。本书之作，可以视为拓荒之举。

作者刘新成长期肆力于都铎英国史的研究，侧重于政治制度方面。他攻读硕士和博士学位的论文都以英国议会制度为题目，论文受到国内同行前辈的期许。获学位后留首都师大历史系工作，继续从事本课题的研究不辍，近年来更得到英国驻华使馆的帮助，同英国牛津、剑桥等大学的学者建立联系，从英国直接获得大量的珍贵资料，眼界益形开阔。这本专著正是在他多年勤奋研习包括赴美留学期间所搜集到的丰富资料的基础之上完成的。

本书虽如作者前言所说，倾向于对问题的“描述”，然而逦逦写来，往往夹叙夹议，对一些有争议的问题提出自己的中肯意见。作者在阐述议会的构成、权力、职能及其与国王的关系之后，笔锋更转向都铎王朝政体性质这一英国史学界长期存在争议的问题。书中对英国史学家历来主张的君主专制说提出疑议，在旁征博引、反复辨析的基础上，阐述了自己的见解，言之成理，持之有故，显示了我国青年学者的智慧和勇气。

本书在材料运用方面与欧美学者同一领域的著述相比较，似已无逊色，然而在观点方面却有自己的优长。作者坚持历史唯物主义理论，运用阶级分析方法，故能鞭辟入里，探骊得珠，为都铎英国史的研究领域，提供一项十分可喜的成果。

新成从我治都铎史已十余年，相知甚深，故乐为介绍如上。是为序。

戚国淦

1994 年 11 月于首都师范大学

初版前言

都铎时期的英国正处在巨大而深刻的变革当中。随着社会经济的发展，封建制逐渐向资本主义过渡，政治体制也出现重大变化。这一变化在英国政治发展史上具有如此重要的意义，与其他国家过渡时期的政治体制相比又显得如此特殊，以至当代比较政治学不得不为此创造出“都铎体制”这一专有名词。而在都铎体制当中，议会又占据着突出地位。一些学者认为，这一时期英国议会的性质发生了根本变化，从一个中世纪的机构演变为近代的机构，并且“最终成为英国政权的一个组成部分”①。另外一些学者则认为，都铎时期建立的君主与议会的新型关系标志着英国历史、乃至西方历史的转折，整个世界都应为之额手称庆。

然而上述说法尚未被所有的研究者所接受，成为定论

---

① Pollard，A. F.，*Henry Ⅷ*（London 1902），pp.152，262-4；Elton，G. R.，*England under the tudors*（London 1978），p.168；*Tudor Constitution*：*Documents and Commentary*（Cambridge 1982），p.234.

和共识。究其原因，主要在于人们对都铎议会史的了解和研究远远谈不上全面彻底，非但在一些重要问题上，譬如都铎议会的本质特点，都铎议会变化的表现、内在原因和社会影响，都铎议会的职权范围及与王权的关系等等，西方学者们莫衷一是，甚至连一些基本的史实和材料亦存疑窦，如此便造成众说纷纭、争执不下的局面。20 世纪中叶以来，“正统”和“修正”两个学派，更是各执一端，互相攻讦。正是由于都铎时期的议会“比其他问题更引人注目和更多争论”①，因此迄今为止，没有人能够写出一部完整的、权威的都铎议会史来。

作者同样不敢有此奢想。余生也晚，况复学浅才疏，再加种种客观条件的局限，实难指望在这一艰巨课题上有所突破和独创，更不敢对前辈学者的观点论说妄加臧否。唯因英国学者波威克曾于 1938 年国际历史科学讨论会上，号召学人暂将英国中世纪议会史的研究重点从“解释”转向“描述”②，受其启发，依照“合众家之长，澄史实清明”的宗旨，作者将博士论文修改扩充，撰成此书，用意有四：其一，将自己十年所学做一总结，知不足以励今后；其二，补国内这方面研究著作之所阙；其三，参与国际史学界就这一问题的讨论，并根据历史唯物主义理论和自己的研究成果，对争论热点问题提出看法；这些看法之中难免舛谬，史实方面亦有现有材料不足以澄清之处，不揣浅陋将其写出，目的在求教于大方高明，此为用意之四。

借本书出版之机，我要对曾经热情帮助过我的人表示衷心的谢意。首先我要感谢我的导师戚国淦先生，追随其后十余年，先生贯通中西的渊博学识、一丝不苟的严谨学风以及澹泊平和的为人处世态度，给予我无

---

① Loach，Jennifer，*Parliaments under the Tudors*（Oxford 1991），*Preface* p.7.

② Roskell，J. S.，*Parliament and Politics in Later Medieval England*（London 1981），vol.1，p.152.

尽的教益，对他的敬爱和感激之情难以言表。我感谢齐世荣先生，他对我的研究工作和本书的写作出版给予了极大的关心和帮助。这种热情提携后进、鼓励学术研究的精神令人钦佩。我深深地感谢麦若彬（Sir Robin McLaren）先生，作为英国驻华大使，他的公务之繁忙可想而知，而他竟接受了我这无名学子的请求，不惮烦劳，于回国公干期间亲为查找，帮助我同英国有关学者建立起极为必要和有益的联系。他对历史学的浓厚兴趣，以及对发展国际学术交流的满腔热情给我留下了极为深刻和美好的印象。还有英国牛津大学萨默维尔学院的詹尼弗·洛赫（Jennifer Loach）博士和剑桥大学吉尔顿学院的伊恩·阿切尔（Ian Archer）博士，他们在得知我的课题之后甚感兴趣，多次来函询问情况并寄来有关资料多种，对于他们的鼓励和惠赠的极有价值的资料，我深表谢意。我还要感谢北京图书馆国际互借部的曹宝惠、周丽苓两同志，他们不厌其烦地为我联系国际互借，使我足不出北京即能参阅来自英美图书馆的数十种珍贵资料，从而为本书搜集了相对丰富而充足的论据。最后，我要感谢所有曾经教导过我、帮助过我的老师们、同学们、朋友们，没有如此众多的热情的臂膀搀扶着我，推举着我，我不可能在治学的崎岖山路上攀登到这样的高度。

第一章　都铎议会研究综述

第一节　史　料

英国历来重视对本国宪政史的研究，这方面的著作可谓汗牛充栋，但是通论中世纪议会史的专著并不多见。自 19 世纪晚期英国宪政史鼻祖斯塔布斯发表三卷本巨著《英国宪政史》（止于都铎王朝时期）之后，在迄今一个多世纪的时间里，仅有两三部著作问世。这与其他时期议会史的研究成果相比，显得很不相称。在造成这一现象的诸多原因中，材料贫乏是最主要的。都铎王朝（1485—1603 年）属中世纪晚期，议会史资料虽较前代为多，仍远不及近、现代那样丰富。本书将第一章第一节用作介绍都铎王朝议会史料，不仅为说明都铎议会史的研究如何受到材料匮乏的制约，而且试图通过描述史家发掘史料的过程，从一个侧面勾画出这个研究课题深入发展的脉络，以利于选择这一研究方向的人们继往开来。

都铎王朝以前，议会的正式档案有两种。一为始于1299年的《法案卷宗》，一为1341年开始编制的《议会卷宗》。前者为正式通过的议会法汇编，后者除议会开幕、闭幕、选举下议长、任命请愿书接收人等事项的记录外，主要内容为涉及国王和贵族个人的争讼与判决，兼括下院提出的若干请愿和国王的回复。在爱德华四世时期（1461—1483年），《法案卷宗》停编，此后《议会卷宗》成为有关议会开会情况的唯一正式记录。都铎王朝初期，每届议会编制一部《议会卷宗》，而在"宗教改革议会"（1529—1536年）召开之后，因该届议会会期长达七年、共举行七次会议，故改为每次会议编制一部。自1536年始，《议会卷宗》只收录议会法案，其他内容则编入《上院日志》，因此它实际上转变成为法案汇编。《议会卷宗》的编制者是议会秘书。其编制根据是，公法案部分照抄会后印制的法案全文，私法案部分抄自存放在议会档案厅内、写在羊皮纸上的私议案，但只抄录正式批准为法律的条文，原件中被删改的内容则不再抄录。亨利八世时期（1509—1547年）创制的《国家法案集》，性质与《议会卷宗》基本相同，不同之处在于它仅收集公法案，而不包括私法案。由此可见，从都铎时期上述两部档案材料中，除正式通过的法律外，我们无从获取有关议会的其他信息。当然，正式通过的法律对我们的研究也是十分重要的。

15世纪40年代出现《上院日志》。① 此系上院秘书的工作记录。都铎时期的《上院日志》只有1536年以后的保存完整，1510年至1536年间的残缺不全，1510年以前的则付阙如。所有都铎时期的《上院日志》均编入初版于18世纪的印刷本《上院日志》第1、2卷，该印刷本基本忠实

① 现存最早的《上院日志》录制于1449年。有史家认为，《上院日志》的创制年代大约就在此前不久。参见 A.L.Brown, *The Governance of Late Medieval England 1272–1461* (London 1989), p.160。

于原始记录。《上院日志》记录了议会开幕式和闭幕式，上议员的座次与出席情况，以及在上院宣读的各议案的内容提要、宣读次数和表决结果，但是很少记录议员的发言。因此《上院日志》固然有助于我们了解上院的会议程序和个别议案的审议、修改过程，但却基本没有提供上院辩论的情况以及由此反映出的社会矛盾背景。目前，对都铎时期上院的研究难有突破，在很大程度上是《上院日志》过于单薄造成的。

《下院日志》一说出现于1515年或1547年，但更多的人认为出现于爱德华六世时期（1547—1553年）。该文献系下院秘书的个人笔记。在伊丽莎白一世（1558—1603年）以前，《下院日志》的内容比较简单，只记录下院的某些规章制度、下议员的出席情况、涉及下议员豁免权的争讼以及议案摘要、审议过程、表决结果等等。1576年以后，《下院日志》开始记录议员的发言要点，这使它提供的信息量逐渐增多，从中可以了解某些议案的辩论过程、议员的政治倾向、国王和枢密院对会议的干预、议会两院之间的关系等等。但即使是这个时期的《下院日志》，也未能反映下院的全貌，因为它毕竟是私人笔记，其中难免个人偏见。大致说来，《下院日志》中，有关重大政治、宗教问题或日志作者所关切的事务，辩论细节记录较多，其余则少。1806年出版的《下院日志》第1卷（1547—1628年）① 与原始记录有一定出入。首先，它将每天的审议事项按重要性重新进行了编排；第二，它删削了散见于日志原稿边页上的一些批注；第三，原作者本人的涂改未能再现出来。在深入研究的过程中，任何蛛丝马迹都可能成为新的突破口，因而《下院日志》印刷本的这些欠缺对于没有机会见到原件的人来说，不能不说是很大的遗憾。

---

① Vardon, T. and May, T.E. (eds.), *Journals of the House of Commons 1547–1628* (London 1803).

1584 年至 1601 年的《下院日志》在 17 世纪初即已散佚。幸有好古者西蒙兹·迪尤斯（1602—1650 年）于 17 世纪 20 年代以今已无存的一本《志书》为基础，征引其他文献资料，重修了这个时期的《两院日志》，由后人于 1683 年正式出版，方才弥补了部分损失。但《志书》本非第一手材料，而迪尤斯本人又是一个激进的清教徒，在取舍材料时注入不少宗教情感，对他认为“不重要”的议案或“无关宏旨”的审议过程常常一笔带过，从而使得他重修的《两院日志》的史料价值大打折扣。

除《下院日志》外，伊丽莎白时期个别下议员的私人记事录也保存了下来，其中以伊丽莎白晚期议会的亲历者、下议员海伍德·汤申德编写的《伊丽莎白女王最后四届议会两院日志》最为详尽，多被后人征引。这些私人记事录更趋片面。例如出席 1593 年议会的一位佚名记事录作者，出于对激进改革派的同情，在记录关于《禁止清教牧师传道议案》的辩论时，以大量笔墨记录反对者的发言。而该议案最后得以通过的事实足以表明，辩论当中肯定是支持者占上风，但该记事录却对支持者的发言只字未提。[①] 尽管如此，这些记事录仍不失为弥足珍贵的史料。总之，有关都铎时期下院的史料要比上院的丰富得多。有些英国史学家认为，在都铎议会史研究中之所以一度出现过高估计下院地位的倾向，其原因就在于有关下院的史料相对繁复，因而将研究者的注意力引向下院并造成下院是议会主体的错误印象。[②] 事实上，无论是《下院日志》还是下议员的私人记事录，其价值都仍然是有限的。随着研究的深入，当人们开始探讨议案起源这个关键问题时，它们便显得于事无补了。

16 世纪是风云激荡的世纪，变幻莫测的政治风云也在议会大厅内翻

① Loach，J.，*Parliaments under the Tudors*，p.101.

② Russell，C.，*The Crisis of Parliament*（Oxford 1971），pp.218-9.

卷。关注政治风云变化的贵族、主教以及外国驻英使节们在其信函、日记、报告书当中经常提到议会在各种政治问题和事件当中的态度和反应。在研究都铎朝"议会政治"时，这些资料亦有相当参考价值，只是它们带有浓重的主观色彩，使用时必须格外慎重。

20世纪60—70年代"修正史学"兴起后，议会史研究重点从"政治斗争"向立法过程转移，议案的起源和议员的与会动机成为主要研究课题，而在这些方面，过去的研究者所主要依据的档案文献和政治人物的零星笔记没有提供任何信息。于是修正派史家不得不寻找新的史料资源。

最早被开垦的"处女地"是草案底稿和法案原稿。草案底稿是提案人或议会秘书在会前或会议期间写在纸上的提案草稿，有时一件提案有几份草稿。条文增删的过程，提案人和修改者的笔迹，都保留在草稿上。结合两院日志，比较各份草案底稿，有助于判断议案创议人及其原意。遗憾的是，都铎时期的大部分草案底稿已在1834年威斯敏斯特宫的大火中化为灰烬，只有16世纪80—90年代的少量底稿劫后幸存，后来被收集在《重要文稿》中，保存于上院。都铎时期的法案原稿留存较多。法案原稿指的是提案在经过二读以后由议会秘书誊写在羊皮纸上的法案文本。亨利八世以后，因出现法案印刷本，法案原稿不再属于正式的法案文本，因此两院审议时常常直接在"原稿"上增删和涂改。由于在羊皮纸上删改很难不留痕迹，而且在传递过程中各院秘书都要书面注明"发往 × 院"，因此为后人判断议案的起源和审议过程留下不少线索。1547年以后，法案原稿更是私法案的唯一正式文本。基于法案原稿的原始性和信息丰富，当代著名英国史学家、都铎王朝史大师埃尔顿称之为"研究都铎和斯图亚特王朝议会史的最珍贵的史料"①。然而，法案原稿一般不注明日期，这给学者们造

① Elton，G. R.，*The Parliament of England 1559－1581*（Cambridge 1986），p.6.

成很大困难，使他们难以判断议案的审议过程，以至常常出现失误。

由于都铎时期议会作用增大，议员们极为活跃，所以提案的数量远远多于法案，且大多数提案都是一读后即流产，因此没能形成法案原稿，而不研究这些流产议案的来龙去脉，便无法充分揭示各选区对议会的期待及议员参加议会的目的，所以两院日志中有关流产议案的简单记述——一般只限于标题——引起史学家极大兴趣。为追踪这些提案形成的轨迹，学者们扩大探寻范围，到地方志、家谱、私人信函等被历代议会史研究者所遗忘的角落去搜索和挖掘。此项工程浩大艰辛，即使训练有素的研究者亦觉殊难，所以埃尔顿在倡导向这个领域进军的同时就曾悲观地预言，对于"隐藏在法（议）案背后的动机"，人们也许"永无彻底了解的可能"①。15年之后，他仍无奈地承认，在这方面，尚未取得"突破性进展"②。然而，到20世纪80年代中后期，当埃尔顿及其弟子开始深入到城市及同业公会的财务档案中去挖掘材料之后，他们终于获得了一些成功。在这些档案中，逐月逐日地详细记载着市政府或同业公会为使自己的提案在议会获得通过而支出的各种款项，研究者们以这些流水账来对应其他零散的会议记录、议会发言、公文函件等等，从而勾勒出某些地方当局或利益集团从酝酿起草提案到游说贿赂议员，或谋划，或鼓动，或正面出击，或侧面迂回，为捍卫自己的经济利益，不遗余力地活动在议会内外，从而使自己的提案得以提交、审议或通过的生动而可信的图景，为都铎议会史的研究打开了一个新的局面，并已取得可喜的成果。

近代以来，英国出版了不少宪政文献选编，多数选本都含有都铎文献，但因为这些选本的编纂主旨限于"宪政"，所以收录的文献以建制性

---

① Elton, G. R., *Studies in Tudor and Stuart Politics and Government* (Cambridge 1974), vol.1, p.290.

② Elton, *Studies*, vol. 3, p.12.

宪章、法案为主，内容单一且彼此重复。所幸有些选本摘编了一些当年政论家评价议会乃至国家政体的言论，这部分内容还是很有价值的。2005年英国国家档案局推出16卷大开本工具书《英格兰中世纪议会卷宗》，采用原文中古英语与现代英语对译的形式，集1275年以来历届议会文档之大成，为研究者提供了极大便利，惜乎这套书止于1504年，对都铎议会研究帮助不大。

历史的研究没有终点可言，史料的发掘亦无穷尽之时。尽管有关都铎议会的“正式”文献不够丰富，但史料来源的范围正在不断拓展，尚未开垦的处女地还十分广阔，新的发现将不断弥补原有的不足。目前已经发掘和正在发掘的材料大多仅有助于对经济立法的研究。如何开掘政治方面的史料，乃是研究者们应该思考和努力解决的课题。

第二节　辉格 / 正统派

形成于18—19世纪的英国近代史学带有两个鲜明的时代印记，一个是从启蒙精神发展而来的“进步史观”，一个是因辉格党长期执政形成的辉格学派。辉格派史学家推崇“宪政传统”，不仅把英国史简化为宪政发展史，把代议制的发展视为英国历史发展的主线，还把议会与王权的“分”与“合”作为议会研究的唯一主题。他们从辉格党人的政治立场出发，刻意拔高17世纪中叶英国革命的宪政意义，认为革命代表了宪政发展的进步趋势，革命的胜利就是英国代议制度的胜利。在这种思想指导下，都铎议会研究长期以来仅作为革命的“背景”而存在，只具有与“革命议会”的比较意义。

但是相同的研究视角并不意味着得出相同的结论，辉格派史学家对都铎议会的评价既有“正面”的也有“负面”的。

从19世纪至20世纪70年代一直是负面评价占上风。其源头可追溯到都铎时代亲历者弗吉尔·波利多尔和弗朗西斯·培根等人。这些人认为，亨利七世打赢战争结束长年混战之后，一改君权萎靡不振的局面，朝纲重振，君主至尊，把曾被贵族把持的议会逐出政治前台，议会变得寂言无声。① 从这一观点出发，基佐在其《欧洲代议制政府的历史起源》一书中将英国早期代议制度史分为两个阶段，从《大宪章》到约克王朝建立（1561年）为第一阶段，从约克王朝到英国革命为第二阶段，第一阶段的特征是议会权力逐步增长，而第二阶段的特征则是君主专制。② 基佐的这一断代模式后来被加德纳和麦考利勋爵等史学名家沿用③，流行百年不止。

英国宪政史学奠基人斯塔布斯对上述观点做了进一步发挥。在其三卷本《英国宪政通史》中，斯塔布斯并没有把都铎议会作为一个独立的研究对象加以细密的考察，也没有认真研读两院日志，而仅以编年史、《议会卷宗》、《国家法案集》以及时人的个别言论为依据就断定，都铎议会从未同王权进行过针锋相对的斗争，也没有制定过任何限制王权、限制政府的法律，所以说都铎王朝是一个君主专制的时代，在这个时代，议员由君主指定，议会沦为国王的奴仆。斯塔布斯还过高估计兰开斯特王朝（1399—1471年），特别是亨利四世时期（1399—1413年）下院“对政府的监督”作用，认为当时英国已进入“责任内阁制”的实验时期，而因为在都铎时期议会降至无足轻重的地位，使这一实验过程被迫中断，导致兰开斯特时

---

① Brooks, Christopher W., *Law, Politics and Society in Early Modern England* (Cambridge 2008), p.30.

② 弗朗索瓦·基佐著、张清津和袁淑娟译：《欧洲代议制政府的历史起源》，复旦大学出版社2008年版，第441页。

③ Gardiner, S.R., *History of England 1603–1642* (London 1883–4); Lord Macaulay, *History of England from the Accession of James 2nd*, ed. C.H. Firth (London 1913).

期的"宪政主义"让位于"新君主制"或"君主专制主义"。以斯塔布斯为代表，一批宪政史学家共同认为，既然英国议会发展的基本方向是从听命于王权的会议逐步演变为最高立法机构和代议制政体的化身，所以绝对服从专制君主的都铎议会乃是一种"逆转"和"倒退"，直至1603年这一"倒退"过程才告结束，1604年议会重新开始了限制王权的斗争，从而回到正常发展的轨道，17世纪上半叶颁布的每一个重要法案都标志着国民自由与国王特权激烈冲突的一个新阶段。①

从基佐到斯塔布斯，都是从进步史观出发，将政治演进过程普世化，先入为主地认为17世纪中叶以前的英国也像欧陆国家一样存在专制君主对代议机构的压迫，英国宫廷与国家的矛盾、特权法与普通法的矛盾、中央与地方的矛盾，归根结底都是当时欧洲普遍存在的专制与自由的矛盾，17世纪英国率先通过革命实现宪政梦想，西欧其他国家则纷纷步其后尘。②这是英吉利民族引以为豪的资本，在第二次世界大战中确曾起到振奋军心的作用，英军将士自比酷爱自由的盎格鲁—萨克逊民族的后代，将法西斯独裁者视同专制暴君，把反法西斯战争看成争取民主和自由的战争，坚信像英国革命曾证明民主必然战胜专制一样，历史必将见证英军的胜利。③

以上诸学人均以治宪政通史见长，却不是研究都铎王朝史的专家。通史写作通常"大而化之"，于细节往往注意不够。所以早在20世纪初期当一些同样戴着"辉格有色眼镜"的史学家聚焦都铎王朝时，却发现该朝代并非"一无是处"，而有着许多值得肯定的"进步"与"发展"，对都铎议

① Stubbs，W.，*The Constitutional History of England*（Oxford 1878），ch. 18；Green，J.R.，*History of English People*（London 1878），vol. 2，pp.6-7.

② Dean，D. M.，*Law-Making and Society in Late Elizabethan England*：*The Parliament of England 1584–1601*（Cambridge 1996），p.282.

③ Yerby，George，*People and Parliament*：*Representative Rights and the English Revolution*（New York 2008），p.2.

会的正面评价由此而生。

开风气之先者是英国法制史大师梅特兰。他承认都铎王朝为专制政体，但认为国王并非独断专行，而是利用法律进行统治，而立法权属于议会，所以国王的统治离不开议会的参与。他举例说，都铎议会虽未弹劾官员，但是制定了褫夺法，而国王通过褫夺法诛杀大臣，这带来了一种新型的统治“气象”。① 随后都铎史专家、伦敦大学教授波拉德也向传统观点提出挑战。波拉德专擅政治史，尤以官制和典章制度史见长。他从程序规范化、职务设置、档案存留等方面着眼，认为议会作为一个机构在都铎时期正走向完善，而这一点又同此时议会全面参与国家政治分不开。在《议会的演变》、《近代史诸要素》两本专著和多篇论文中，波拉德指出，亨利八世是一位远见卓识的君主，他英明地意识到，君主的统治不能没有臣民的支持，因此在宗教改革的过程中，时刻注意与议会的合作，让议会更多地参与国家政治，使议会在国家政治生活中的地位骤然提高，更重要的是，他“使人们习惯了议会参与政治的观念，而正是这种观念后来成为查理一世（1625—1649年）的绊脚石”②。波拉德还认为，由于在同天主教势力进行斗争的过程中，下院的作用比上院更为突出，所以它取代上院成为议会的中心，下议员不仅提出并维护了自己的特权，而且还增强了民族义务感和群体自觉意识。波拉德认为，亨利八世时期议会所取得的上述发展在整个都铎王朝一直继续下去，所以他一再发问，既然都铎议会积极主动地鼓吹国王的改革并赋予国王宗教权力，既然在此过程中议会，特别是下院在国家政治生活中的地位得到提高，其制度、规章和程序得以完善，从而为日后与王权的斗争准备了条件，那么又怎能说都铎

① Maitland，F. W.，*The Constitutional History of England*（Cambride 1908），pp.237，246.

② Pollard，A.F.，*Factors of Modern History*（London 1921），p.113.

议会无足轻重？[①] 按照他的看法，“议会事实上比民主时代所愿承认的更多地受惠于都铎君主”[②]。波拉德在提出上述论点的同时，还为都铎议会史研究定下了一个新的基调，即 16 世纪的议会处在演进过程当中，而这一演进又与后来斯图亚特王朝初期的政治斗争有某种联系。由于波拉德此说把都铎议会纳入了英国宪政发展（既非中断亦非倒退！）的正常进程，也由于它在 20 世纪中期占据主导地位，所以这一观点被尊为“正统”，凡持此观点者则为正统派。

典型的正统辉格派史学应以研究议会与王权的斗争为主旨，而波拉德其人，尽管对斯塔布斯的“都铎议会无足轻重说”提出了怀疑，尽管强调都铎议会“发展”的一面，尽管认为这一“发展”必然与后来的“内战”有某种联系，但是由于他并没有在充分钻研史料的基础上论证这种联系，所以虽对正统派有开创之功，却算不上该派的代表人物。真正堪称正统派代表人物的，是其弟子尼尔。尼尔也是伦敦大学的历史学教授，曾在英美获得多种荣誉学衔，并因成绩卓著受封为爵士。尼尔倾毕生精力潜心研究伊丽莎白一世时期的议会，而其宗旨正如他本人所云：“就是要彻底扭转那种认为斯图亚特王朝早期的议会并非植根于 16 世纪的错误印象。”[③] 为此，他深入挖掘、广泛涉猎各种史料并首次系统地整理了伊丽莎白时期的《下院日志》。1949—1957 年，尼尔先后出版了三卷堪称精品的学术著作：《伊丽莎白一世时期的下院》和《伊丽莎白一世与她的议会》（两卷）。尼尔把都铎议会视为斯图亚特早期议会的前身，而斯图亚特早期议会的主要

---

① Pollard，*Factors*；*The Evolution of Parliament* (London 1926)；“The Clerical Organization of Parliament”，*EHR* 57 (Jan. 1942)，pp.31-58；“Receivers of Petitions and the Clerks of Parliament”，*EHR* 57 (Apr. 1942)，pp.202-6.

② Pollard，*Factors*，p.110.

③ Neale，J. E.，*Elizabeth I and Her Parliaments 1559–1581* (London 1953)，p.11.

特色又在于下院同王权的斗争，所以他把研究重点放在下院。在《伊丽莎白时期的下院》中，尼尔详尽考察了下议员产生的过程。他指出，女王从未出于政治目的直接干预过下议员的选举，因此那种认为都铎君主曾通过“指定下议员”来操纵议会的说法毫无根据。在《伊丽莎白一世与她的议会》中，尼尔依次考察了伊丽莎白时期全部10届议会。他“无意探讨历届议会的各个方面”①，而是把注意力集中在下院与王权的冲突上。尼尔认为，在都铎王朝，下院与王权的冲突起源于玛丽时期（1553—1558年），该时期“虽然短促，但它是下院走向辉煌的一个阶段……（由于）女王的政策得不到政治头脑敏锐的乡绅的支持……在1555年议会上，出现了某种反对派组织……这虽然只是星星之火”②，但在伊丽莎白时期终成燎原之势。尼尔列举了伊丽莎白时期下院与女王在宗教、王位继承、言论自由权、圈地、专利权等方面冲突的全部表现。他认为，在伊丽莎白时期，许多乡绅积极竞选议员具有明确的政治目的，因此一旦当选，便着手拟定斗争目标和纲领。在会议期间，他们顽强坚守这些目标和纲领，即使面对女王的高压也不畏惧和退缩。在斗争中，下院甚至出现了类似当代反对党性质的组织，这些反对派给议会注入了新的活力，其代表人物标志着“新时代的曙光”，是“斯图亚特时期斗争的先驱”③。与波拉德一样，尼尔坚决反对“都铎议会倒退说”，但波拉德是从议会政治作用增强的角度来论证都铎议会“发展说”的，而尼尔则更进一步指出，即使按传统观点所一贯坚持的那样，从议会与王权斗争的角度来考察，都铎议会，至少伊丽莎白时期的议会，也代表着一种进步，因为这个时期议会反对派经受了锻炼，积累了经验，变得更为成熟和自信，因而为斯图亚特王朝的斗争做了充分

① Neale，*Parliaments 1559–1581*，p.11.

② Ibid.，pp.21-3.

③ Ibid.，pp.152，319-20.

的准备。他说，在16世纪初期，议会还基本上是一个“立法和批准赋税”的机构，而到16世纪晚期，议会已经开始渴望在政治斗争中发挥越来越大的作用，议会权力从中世纪的弱小走向近代的强大正是以此为转折的，所以伊丽莎白时期是议会走向“伟大未来”的里程碑。[①] 除政治斗争之外，尼尔还研究了下院议事程序的发展。他认为，在这个方面，伊丽莎白时期的下院也同样“走向了成熟”[②]，而推进这一成熟过程的原动力恰恰是政治斗争的需要，因为在这个时期三读制的确立、专案委员会的设置都体现了一种使议事过程免遭政府干扰的强烈愿望。尼尔在其全部研究中对上院始终不予关注是理所当然的，因为在他看来，“都铎时期上院的职能与其说是与国王抗争，毋宁说是协助王权控制下院”[③]，而作为议会的一员如若不能在反抗王权的斗争中发挥积极作用，那么它就失去了存在的意义。所以尼尔断言，伊丽莎白时期只是下院“兴起”的时代，这时“议会的历史实际上已经像在斯图亚特王朝一样，主要是下院的历史”[④]。总之，在尼尔描绘的画面里，伊丽莎白议会存在一个有组织的“反对派”，其成员想方设法挤进议会，利用议会批准赋税的权力向女王讨价还价，在其重压之下，议会的审议程序更加有利于他们的意见表达，议会制定的法律被迫体现他们的意志，整个立法过程则充斥下院与女王的对立。

正统派的另一代表人物是美国史学家、耶鲁大学教授诺泰斯坦。20世纪40年代末诺泰斯坦曾与尼尔晤面，两人商定分工合作，尼尔专攻伊丽莎白时期，诺泰斯坦则研究斯图亚特王朝早期和革命时期。1962年，诺泰斯坦发表力作《论下院创议权的获得》。此文把议会发展史，特别是

---

① Neale, *Parliaments 1559–1581*, pp.16, 21.

② Neale, J. E., *Elizabethan House of Commons* (Aylesbury 1949), p.372.

③ Neale, *Parliaments 1559–1581*, p.41.

④ Neale, *House of Commons*, pp.15-6.

下院发展史简化为下议员获得言论自由权和创议权的历史。虽然诺泰斯坦的研究以17世纪中叶以后的议会为主，但在追溯下院争取创议权的斗争史时，也论及都铎时期。在史料方面，诺泰斯坦独辟蹊径。他阅读了大量当年欧洲各国驻英使节的书信，搜集其中有关议会的评论。诺泰斯坦承认，从玛丽时期起，具有独立意志的新教下议员即开始结成“类似新教党”那样的组织，给政府制造麻烦，而这一现象在伊丽莎白时期已然愈演愈烈。但同时他又指出，都铎王朝下院与王权的冲突并不限于两位女王统治时期，而是贯穿于整个16世纪，因为亨利八世时期的下院已经很不平静，时常成为拂逆王权的“喧闹的场所”①。他认为，伊丽莎白时期下院发展的主要特色在于，出于斗争的需要，下议员对自由辩论的要求越来越强烈，他们呼吁审议程序的改革，专案委员会的建立就是他们呼吁的结果，此后，女王通过下议长和出席下院会议的枢密大臣来控制下院的做法越来越难以奏效。

正统派塑造的都铎议会是一个专事讨论宗教和国家政治的场所，自发组织起来的、“固执己见”的下议员不仅参与讨论而且主动创议，在参与国家政治的过程中，从提出和捍卫自身权利走向获得一定的国家权力。②正统派彻底颠覆了都铎议会“无所作为”说，认为都铎王朝议会不仅不意味着历史的倒退，而且是英国宪政史不容低估的一个发展阶段，甚至可以说是英国革命的前奏曲。③

---

① Notestein, W., *The Winning of the Initiative by the House of Commons* (London 1962), p.7.

② Collinson, P., “Puritans, Men of Bussiness and Elizabethan Parliaments”, *PH 7*, *pt. 2* (1988), pp.187-8.

③ Neale, *Parliaments 1559–1581*, pp.11, 16-29; *House of Commons*, pp.15-6, 382; Neale, J. E., *Elizabethan I and Her Parliaments 1584–1601* (London 1957), pp.436-7; Notestein, *Winning*; Pollard, *Evolution*, pp.334-5; Holdsworth, W. S., *A History of English Law* (London 1924), vol. iv, pp.88-105.

正统派学者显赫的学术地位以及正统派观点初起时给人的耳目一新的感觉，造成英国各类教科书和通史性著作一度全部采用此说。但是，如同近现代生活节奏不断加快一样，学术界推陈出新的频率也在加快。1964年，英国新一代学者罗斯克尔率先质疑正统派。在《英国议会史研究述评》一文里，他把都铎时期议会与王权的关系同其他时期进行了对比，认为，都铎议会即使对王权构成了某种威胁，这种威胁也无法同中世纪中期和近代相比。他指出，都铎时期议会既不像以前召开得那样频繁，也不曾像以前那样做出过罢免君主、弹劾大臣的举动；在批准赋税方面，以前的议会常常附加一定条件，至少要求政府专款专用，即把议会税真正用于国防军费，而不得由王室任意挥霍，下院甚至还曾成功地迫使国王同意设置审计专员，负责监督议会税的使用；而在都铎时期，议会总是顺从地答应国王的一切征税要求。在亨利七世于1491年和1495年两次向国民勒索捐款或亨利八世于1529年和1544年强迫国民向政府贷款之后，议会非但没有提出抗议，反而追认其合法性，这些充分说明，都铎议会要比中世纪中期的议会驯服得多。在与都铎以后的议会比较时，罗斯克尔说，只是到了近代，议会才成为一个常设机构，才能够控制财政和监督行政，都铎议会并没有做到这些，而做不到这些就谈不上对王权的真正威胁。因此，罗斯克尔得出结论，16世纪是议会衰落的时代。[①]1967年另一名年轻的英国史学家赫斯特菲尔德也提出相近的观点。他的《都铎专制主义是否存在?》一文认为，在16世纪的君主时代，根本不可能存在王权与议会的合作，在每一部议会法的背后都必然隐藏着王权对议会的压制。[②] 罗斯克尔和赫

① Roskell, J. S., "Perspective in English Parliamentary History", in Fryde, E. B. and Miller, E., eds., *Historical Studies of the English Parliament* (Cambridge 1970), vol. 2, pp.296-323.

② Hurstfield, J., "Was There a Tudor Despotism After All", *TRHS*, 5, 17 (1967), pp.83-108.

斯特菲尔德的观点其实是斯塔布斯等前辈观点的老调重弹，并无更多新异之处。百年之后再提旧话，这一事实表明，正统派对议会与王权斗争的一面强调过度，以至于人们必须重新“温故”，以免过分偏颇。此后，尼尔和诺泰斯坦的观点虽仍被尊为“正统”，但越来越多的人开始对其偏颇之处提出批评。例如，史密斯所著《伊丽莎白时期的政府》和拉塞尔所著《议会的危机》都认为，16 世纪议会与王权关系的主流乃是合作，冲突只是偶然的。①

尽管“正统观点”不时遭受非议，但整个 20 世纪 60 年代都铎议会史研究基本上仍是在这种观点指导下进行的。而且，随着马克思主义史学在西欧传播，随着年鉴学派兴起后社会经济史研究在欧洲的勃兴，对议会与王权冲突的探讨呈现愈发深入的趋势。人们不再满足于简单地揭示和描述这一冲突，而是试图发现隐藏在冲突背后的经济原因。英国历史研究会组织数百名学者于 20 世纪 70 年代初开始筹备、80 年代后陆续出版的多卷本大型工具书《下院信史》正是在这种思想指导下，在广泛搜集档案、方志和家谱等资料的基础上编纂的。该书都铎部分以伊丽莎白女王继位的 1558 年为断限分为上、下两部，每部又分为三卷。其内容包括两部分，一是概述各选区的经济状况、议会出席权的来源、议员选举方式、议会召开前的议案准备情况等等；二是以姓名字头为序介绍所有有案可查的议员的家庭背景、本人简历和在议会上的活动。虽然本书未能运用马克思主义阶级分析的方法确定每个议员的阶级属性，说明议员活动的阶级内涵，但是它毕竟为人们了解下院的构成，理解下院与王权的对立提供了极为珍贵的材料。

---

① *Cf.* Smith, A. G. R., *The Government of Elizabethan England* (London 1967)；Russell, *Crisis.*

但是纵观辉格派史学家方法论特征，可发现如下弱点：第一，戴着现代议会政治的有色眼镜，一味从反对党与执政者对立的角度来解释 16 世纪的议会；第二，抱着成见——17 世纪议会与王权的冲突起源于 16 世纪——来处理材料，造成以偏概全、主观片面，不仅目光只局限于国家政治生活方面，而且只看到政治生活中议会与王权对立的一面，而完全忽略了双方合作的另一面；第三，无论波拉德还是尼尔，都是以撰写人物传记见长，在从事议会研究之前，前者因参与编纂《国家名人录》跻身史学界，后者则以撰写《伊丽莎白一世女王传》赢得了声誉。这种背景使其头脑中难免具有"精英史学"的思维定式，所以他们在研究议会史时，总是从议员个人的生平、参选入手，着重描述他们在议会中的活动和表现，而忽略了对议会整体的研究，对议会的权力、职能、性质等等都没有给予科学的说明。

第三节　修正派

辉格派的对立面统称为修正派。与纯从政治立场切入的辉格派不同，修正派具有系统的史学理论。该理论的早期代表是巴特菲尔德。受第一次世界大战后西方知识分子对历史目的论普遍怀疑的影响，巴特菲尔德认为史学家切不可以"道德裁判"的身份，为证明历史的直线发展而肆意剪裁历史，而辉格派史学家的致命错误正在于为了证明英国自由主义政治从历史中一路走来，而"非要从历史研究中获得其本身并不能提供的结论"①。

① ［英］赫伯特·巴特菲尔德著，张岳明、刘北成译：《历史的辉格解释》，商务印书馆 2012 年版，"序言"第 1 页。

修正派史学在20世纪60—70年代的兴起，在一定程度上与其忌惮马克思主义史学有一定关系。二战以后，马克思主义史学在英国越来越有吸引力，面对这一局面，修正派史家从反对马克思主义的政治立场出发，认为过分强调代议政治的线性发展就是为历史唯物论作注脚，因此必须高度警惕辉格派的“危险性”。在他们的潜意识中，承认英国资产阶级革命的必然性就意味着服膺历史唯物主义，所以刻意揭示17世纪中叶代议制取代君主制的偶然性，借以说明历史并无规律可言，就成为他们全部研究的出发点。①

20世纪70年代，结构主义哲学和马克斯·韦伯的政治社会学学说在英国学界十分流行。受其影响，一些英国史学家提出，17世纪中叶英国“内战”并不是政治冲突造成的，而是政府机构运转不灵所致，因此应对内战以前各政府机构的权力属性、功能定位和运行机制进行全方位的考察，而不能只关注它们在政治斗争中的表现。由于辉格派一向忽略对议会功能的研究，所以上述史学家击中了辉格派的“软肋”，对修正史学的产生和发展也有一定助推作用。

甚至左翼思潮也成为修正史学的思想来源之一。那些对西方代议民主深感失望的知识分子像社会批评家所习惯的那样，从批判现实走向怀疑历史，以历史虚无主义的态度鼓吹“注销过去，永在当下”。在史学方面，他们坚决反对在历史事件之间建立联系，认为解读历史只限于“就事论事”，像尼尔那样“为揭示伊丽莎白朝在英国宪政发展史上的意义”来研究议会史，是根据结果反推起因，立足现实臆测以往，其结论必然

① *Cf.* Elton, G. R., “A High Road to Civil War?”, in *From the Renaissance to the Counter-Reformation*, ed. C. H. Carter (London 1966); C. Russell, “Parliamentary History in Perspective 1604–1629”, *History* 61, pp.1-27; Yerby, *People and Parliament*, pp.2-3, 5-6.

虚幻。[①]

修正派的关注点是17世纪英国革命，其基本观点是：革命前无论议会还是议员都无意争取所谓“权利”，革命之初是苏格兰信仰之争而不是任何政治理想把议会推向了前台，如果说在动乱之中下院一度成为社会瞩目的中心和政治斗争的舞台，那也是危机时期清教徒的过激反应使然，而不带有宪政革命的色彩；斯图亚特王朝得以复辟证明君主制仍是人心所向，1688年光荣革命与其说反映了英国民族的政治追求，不如说是为了满足奥兰治·威廉个人的外交需要；虽然代议制度最终得以确立，但那是因为兵连祸结造成的赋税增长客观上抬高了下院的地位，而不是社会经济发展必然带来的政治后果。[②]

修正派既然要重新解释17世纪英国议会发展进程，当然不能不重新评价革命前夕的都铎议会。在这里，他们主要的批评对象自然是尼尔。首先，他们认为尼尔说论据单薄，以偏概全。以尼尔著《伊丽莎白一世和她的议会》第二卷为例，这一卷涵盖1584—1601年举行的六届议会，在这六次会议上，提案总超过600件，而尼尔仅从中选择50余件加以研究，被他忽略的提案恰恰多为时人关切所在，完全不考虑这些提案而对这六届议会遽下断语，结论当然不能令人信服。[③]其次，修正派批评尼尔以今度古，以现代权力制衡思维来裁量中世纪议会，时空严重错位。比如关于都铎议会的性质。按照拉塞尔1976年发表的《1604—1629年议会史回顾》一文——此文堪称修正派“前革命史研究”的开山之作——的看法，从16世纪迄17世纪早期，议会本不是政治论争之地，内部也不存在什么

① Yerby, *People and Parliament*, p.4.

② Ibid., p.6.

③ Dean, D. M. and Jones, N. L. (eds.), *The Parliaments of Elizabethan England* (Oxford 1990), p.1.

党派集团，就其性质而言，与其说她是一个拥有法律地位的政治机构，不如将其视为一次次临时召开的议事会议。① 循此思路，詹妮弗·洛克在全面研究玛丽女王时期历次议会后得出结论，议会与女王关系基本上是和睦的，龃龉与冲突只是个别例外。② 针对尼尔为凸显下院利用批税权限制王权的作用，以下院替代议会全体，对上院不置一词的做法，格雷夫斯专门以《爱德华六世和玛丽一世时期的上院》为题发表专著，系统阐述上院在都铎中期议会中发挥的作用，旨在说明下院的"不俗"表现即使存在也不能代表议会的全部。③

除对都铎议会性质有不同看法，辉格/修正两派对议会召开过程中各个"节点"的看法也截然相反。在下院选举方面，尼尔认为曾经出现的"竞选"案例充分体现了都铎人的政治自觉，在形形色色的拉票贿选、"阴谋诡计"的背后隐藏着各种利益动机和政治图谋。④ 而修正派学者吉什兰斯基则认为，都铎时期的下院选举与其说是"选举"(election)，毋宁说是"选择"(selection)，是权贵的选择或候选人自己的选择，唯独不是选举人的选择。他说，都铎政治生态与现代不同，人们看重的是名声和信誉，而不是参政权，如果说"候选人"有所追求，最多也不过是满足一下受到"追捧"的虚荣心。⑤ 在会议程序方面，辉格派认为三读制、专案委员会制、两院联席会议制等会议制度的建立标志着下院的行

---

① Dean，*Law-Making*，p.283；Russell，"Parliamentary History"，*History* 61，pp.1-27.

② Loach，Jennifer，*Parliament and the Crown in the Reign of Mary Tudor* (Oxford，1986).

③ Graves，M. A. R.，*The House of Lords in the Parliaments of Edward VI and Mary I*，*An Institutinal Study* (Cambridge，1981).

④ J. E. Neale，"Three Elizabethan Elections"，*EHR*，46 (1931)，pp.209-38；"More Elizabethan Elections"，*EHR* 61 (1946)，18-44；*Commons*，ch.1 and pp.69-70，77-9.

⑤ Kishlansky，M.，*Parliamentary Selection*：*Social and Political Choice in Early Modern England* (Cambridge，1987)，pp.17-8，22，23，57-9.

为方式趋于理性和成熟，而修正派认为这些制度建设只能证明都铎政府为提高会议效率而加强了对议会的管理。① 在议会批税权方面，尼尔认为伊丽莎白时期下院沿袭封建制度下“以封臣之献金换封君之纠错”的传统，用延宕、减少以至拒绝批准议会补助金的办法，迫使女王在政治上对他们作出让步。② 而修正派学者认为这些说法纯属主观臆测或穿凿附会。③ 此外，修正派学者还对正统派对个别人物和事件的评价提出商榷。格雷夫斯在 1980 年和 1983 年先后发表《托马斯·诺顿，一个伊丽莎白时期的“议会人物”》和《伊丽莎白时期的下院管理》两篇论文，通过深入研究和比对若干下议员和枢密大臣的私人日志得出结论，被尼尔封为“反对派领袖”的托马斯·诺顿实际上与宫廷和枢密院有着千丝万缕的联系。④ 琼斯于 1982 年发表的《法案所决定的信仰》一书，以伊丽莎白朝第一届议会，即 1559 年议会为研究对象，原因是他认为尼尔对该届议会审议过程的建构奠定了他对伊丽莎白议会全部评价的基础，而这一“建构”是虚妄的，这次议会所通过的两个重要法案——《至尊法》和《划一法》乃是女王个人意志的体现，而并非如尼尔所云，是下院斗争的结果。⑤

① Notestein, *Winning*; Neale, *House of Commons*, pp.15-16, 382; *Parliaments 1559–1581*, pp.11, 16-29; *Parliaments 1584–1601*, pp.436-7; G.R. Elton, “Parliament in the Sixteenth Century: Functions and Fortunes”, in his *Studies*, vol.3, pp.156-82; *The Parliament of England* (Cambridge 1986), pp.88-91, 350; Graves, M. A. R., “Managing Elizabethan Parliaments”, in Dean and Jones (eds.), *Parliaments*, p.40, no.9.

② Neale, *Parliament 1559–1581*, pp.123, 136-64; *Parliament 1584–1601*, pp.68, 205-7, 298-312, 358-62, 411-6.

③ Elton, *Parliament*, pp.151-74; “Tudor Govermnent: The Points of Contact. I. Parliament”, *TRHS*, 5th ser. XXIV (1974), pp.190-1.

④ Graves, “Thomas Norton”, *HJ* 23 (1980), pp.17-35; “The Management of the Elizabethan House of Commons”, *PH* 2 (1983), pp.11-38.

⑤ Jones, Norman L., *Faith by Statute* (London 1982).

修正派的领军人物是埃尔顿。埃尔顿早年亦持“正统”观点，他发表于1960年的《都铎宪政》一书仍把下院同王权的斗争作为都铎议会的主要特色。[①]但从20世纪60年代中期开始，他对“‘内战’可在伊丽莎白朝议会中找到起源”的“定论”产生怀疑。他在1965年发表的一篇论文中写道：“在亨利八世和托马斯·克伦威尔（按：16世纪30年代英国重臣）当政时期已臻完善的议会管理机制，在伊丽莎白女王的困难年代又经过了进一步的改进，尽管到17世纪它仍有调整的余地和需要，但在1604年的历史中，我们看不到它已运转失灵的迹象。”[②]他认为，在都铎王朝，议会是由国王召集的，而国王之所以召开议会是因为他们认为有能力驾驭它，使之服务于王权，所以，评价都铎议会的活力，不能看她是否主动抵制国王并有效约束王权，而要看她在多大程度上把国家统治集团凝聚在一起，以积极的方式化解他们之间的矛盾，因为后者才是议会存在的真正目的。[③]1971年埃尔顿又撰文指出，议会的首要职能是立法，所以不应把议会史理解为下院与王权的斗争史。他说，无可否认，议会中存在冲突，但人们必须从“立法事务”的角度去理解这些冲突，也就是说，冲突的发生和解决都是为了更好地完成议会所肩负的立法使命，冲突只能是偶然的和暂时的，因为“长时间的争论不休对与会各方来说都是失败”[④]。1974年，埃尔顿在另一篇文章中提出，都铎议会的权威的确有所增长，比如宗教改革以后，议会的立法权力扩大到宗教领域，但是这一权力的增长非但不意味着议会更加渴望或更有能力限制王权，反而说明她将更有效地服务于王权。他说，16世纪的议会“仍是一个正常运转并完成其立法任务的会议，

① Elton，G. R.，*Tudor Constitution*，pp.244-6，282，302-3.

② Elton，*Studies*，vol. 2，p.182.

③ Ibid.，pp.47-8.

④ Ibid.，pp.3-10.

而不是提出抗议和争夺权力的场所”①。同年，埃尔顿还撰文论述了议会除立法以外的功用：向国王和政府提供咨询；为野心家提供跻身高层的机会；为个人、家族和利益集团提供发泄愤懑的出气口；等等。② 在史料研究上，埃尔顿匠心独运，专在法案原稿上下功夫。他通过细心研读法案原稿，发现不少议员的提案受到上院或下院枢密大臣议员的改动，因此他断定，都铎下院在很大程度上受到上院和枢密院的操纵。1978 年在伦敦大学学院纪念尼尔先生的学术讨论会上，埃尔顿发表了堪称“修正派宣言”的演说。他呼吁史学家从辉格史学传统中跳出来，以全新的眼光来观察历史上的议会。他指出，正统派的错误有三点。第一，把议会史单纯理解为议会与王权的关系史；第二，把议会与王权的关系史单纯理解为下院与王权的关系史；第三，把下院与王权的关系史单纯理解为下院与王权的斗争史。他认为致误的原因是正统派学者抱着解释斯图亚特王朝政治冲突的目的来研究都铎王朝议会，而这种站在 17 世纪中叶反观 16 世纪历史的研究方法本身就不正确。他认为，都铎议会史研究必须进行两个重点转移，一是从以研究政治斗争为主转移到以研究立法活动为主；二是从以研究下院或下院与王权的关系为主转移到以研究上下两院与国王“三位一体”为主。③ 事实上，埃尔顿为议会设定了两种面相：如果议会成为党争之地，以权力角逐为主旋律，议会即呈现“政治面相”；如果议会以制定法律为目的，以审议提案为主要职能，议会即呈现“立法面相”。在“政治面相”下，议会与国王的关系势必以斗争为主；在“立法面相”下，议会与国王的关系势必以合作为主。比对两种面相，埃尔顿断言，都铎议会属于“立

① Elton，*Studies*，vol. 2，pp.19-61.

② Ibid.，vol. 3，pp.3-21.

③ Elton，G. R.，“Parliament in the Sixteenth Century：Functions and Fortunes”，in *History* 22（1979），pp.255-78.

法面相”。①

20 世纪 60—70 年代，16、17 世纪城乡社会史一时成为研究热点，这与修正派的学术旨趣正相吻合。有学者指出，议会是由议员组成的，议员不管出于个人目的，还是受社区委托，都首先是一方利益的代表，而不是超越社会生活的政治动物。因此，由这些代表不同利益的议员组成的议会，其首要目标是满足议员的需求，而不是争论宗教和政治。既然如此，为了正确理解都铎议会，就不该把全部注意力投入那些偶然发生的、具有戏剧性的政治危机上面和有一定传奇色彩的政治人物身上，而应该深入研究议会在大部分时间里都做了些什么，是如何做的，换言之，应该研究仅在个别情况下才涉及国家政治的立法过程。他们认为，脱离开议会的主要任务和职能以及完成任务、发挥职能的手段去谈议会政治是一种次序的颠倒。修正派主张，应从“机构”方面而不是“政治”方面去研究议会，因为议会首先是立法机构，而不是政治舞台。

其实早在 1962 年就有人开辟了这一研究方向。当年《英国历史研究会会刊》发表了一篇题为《亨利八世时期的伦敦市与议会》的文章。作者米勒籍籍无名，但文章别具匠心。该文史料依据既非议会档案，亦非政坛风云人物的日记、信件和笔记，而是伦敦市的档案。作者所探讨的也不是伦敦市议员如何同国王对抗，而是伦敦市的利益如何在议会得到表达和维护。② 这篇论文当时并没有引起很大反响，但后来人们慢慢发现，米勒这种把议会史研究拓展到与王权斗争之外的尝试开辟了一条新的研究路径。

---

① Elton，*Parliament*；*Studies*，vol.3；“Parliament”，in Haigh，C.（ed.），*The Reign of Elizabeth I*（London，1984），pp.79-100.

② Miller，H.，“London and Parliament in the Reign of Henry VIII”，*BIHR* 35（1962），pp.128-49.

20 世纪 70 年代修正派在都铎议会史方面的代表作当推伦伯格的《宗教改革议会》和《亨利八世后期的议会》两书。[①] 在描述这个历来被称为“政治与宗教时代”的议会史时，作者并未过分专注于议会与国王在政治、宗教方面立场和主张的异同，而是更多地着墨于议会在社会经济、普通法庭诉讼程序、地方行政和地产交换等方面的立法活动。他最后得出结论，议会召开的主要目的不是进行政治辩论，而是制定包括解决私人纠纷的私法案在内的各种法律。此外，伦伯格还十分重视上院的地位和作用，纠正了正统派忽视上院的倾向。

进入 20 世纪 80 年代以后，修正史学硕果累累。修正派史学家有关都铎议会的论文、专著频频问世。其中较为重要的有：格雷夫斯著《都铎议会：国王、上院与下院》，米勒著《1509—1558 年上院与下院的关系》，洛克著《玛丽朝的议会与王权》，等等。[②] 这些作品除体现修正史学的基本观点外，还具有一个共同特征，即都是从研究法案或流产议案的准备、提出、辩论和通过过程入手，说明议会是整个社会的“合作会议”，议会中无法克服的矛盾只是极少数。1986—1996 年，埃尔顿和迪安师生二人相距 10 年先后发表力作《1559—1581 年的英国议会》和《伊丽莎白时期英国立法与社会：1584—1601》。这两本书被称为“在全部英国议会史研究中，首次把议会当作政府立法机构来研究的开创性权威论著”[③]。两书的共同特点是钩沉稽隐，在便览校雠议会档案的基础上，大量披阅私人信函日记、市政厅案卷、郡法庭卷宗等史料，将散乱零星的信息梳理连缀成一个

① Lehmberg, Stanford E., *The Reformation Parliament 1529–1536* (Cambridge 1970); *The Later Parliaments of Henry VIII 1536–1547* (Cambridge 1977).

② Graves, M. A. R., *The Tudor Parliaments: Crown, Lords and Commons 1485–1603* (London 1985); Miller, H., “Lords and Commons: Relations between the Two Houses of Parliament, 1509–1558”, *Parliamentary History* I (1982), pp.13-24; Loach, *Parliament and Crown.*

③ Collinson, “Puritans”, *PH* 7, 2, p.187.

个生动的故事，尽可能真实全面地还原当年议会风貌和会议过程。两人共同认为，伊丽莎白议会制定的法律主要大多是回应地方诉求，满足地方利益，因此他们把议会定位为“中央与地方的连接点”[①]。埃尔顿并且指出，即使就政治方面而言，尼尔的观点也有失偏颇和武断。他认为，当时议会基本上是在女王和枢密院的控制之下，如果说伊丽莎白时期的议会正在走向成熟，那也只是政府对议会的管理手段更加纯熟；设置专案委员会也不是下院出于反抗王权的需要，而是枢密院为提高下院的工作效率而采取的必要措施。至于下院议事程序是否逐步规范化和制度化，埃尔顿认为，尼尔仅以1571—1581年的《下院日志》比1547—1566年的《下院日志》在这方面有更为详尽的记载为根据是不具有说服力的。在埃尔顿看来，这两个时期《下院日志》的不同只反映了两个下院秘书西摩和翁斯洛记录习惯的区别，而翁斯洛之所以记录详细，是因为1571年以后，伊丽莎白政府的决策人、“管理”议会的主要枢密大臣威廉·塞西尔受封为柏立勋爵而离开下院进入上院，翁斯洛需向他做更为详细的汇报。总之，埃尔顿认为，所谓下院审议程序方面的进步无论如何与下院同王权的斗争风马牛不相及。[②]

尽管修正史学盛极一时，但掊击之声一直如影相随。最先受到诟病的是他们一些略显随意的结论。比如人们批评他们刻意贬低程序变革的意义，批评者指出，不管这些变革源于议员共识还是政府策略，其结果都是巩固了下院的地位，为议员反抗王权提供了手段和路径。[③] 再如，修正派

---

① Elton, G. R., “Tudor Government: The Point of Contact I: Parliament”, in *Studies*, vol.3, pp.3-21.

② Elton, *Parliament*, pp.8, 11, 91; Neale, *House of Commons*, p.372; “Commons’ Journals of the Tudor Period”, *TRHS* 4, no.3 (1920), pp.136-70.

③ T. K. Rabb, “Rivisionism Revised: The Role of the Commons”, *Past and Present* 92 (1981), pp.55-78 at p.62 n. 11.

在“修正”托马斯·诺顿等人的“反王权斗士”形象时，称其所作所为全为配合女王管理下院，该说法也因证据不充分而饱受质疑。① 又如在议会税问题上，有人提出，下院固然不像尼尔所说的那样，总以批税权为手段迫使女王让步，但他们也不像修正派所说的那样慑于政府权威，对高额税收敢怒而不敢言，批评者说伊丽莎白女王税收顺利只是因为在当时特殊国际背景下国民自愿慷慨解囊。②

其实，修正派的最大缺陷在方法论上。笔者在 1995 年曾经指出了三点。首先，修正派认为不应站在 17 世纪反观 16 世纪议会史的观点也值得商榷。马克思说：“对人类生活形式的思索，从而对这些形式的科学分析，总是采取同实际发展相反的道路。这种思索是从事后开始的，就是说，是从发展过程的完成的结果开始的。”③ 修正派正是由于不能以发展的眼光来看待历史，加之又缺乏阶级分析的观点，所以看不到随着社会经济的发展和议会阶级构成的变化，16 世纪的议会正在进入一个从量变到质变的过程，因而严重忽视了都铎议会与王权的对立和斗争。其次，尽管修正派推翻了尼尔的某些结论，但在尼尔列举的下院与伊丽莎白女王的全部冲突中，被修正派推翻的只是少数，对于其他冲突的存在，修正派并没有做出令人满意的解释，在这种情况下修正派就贸然推翻正统派的全部结论，未免过于草率。

---

① Collinson，“Puritans”，*PH* 7，2，pp.187-211.

② Alsop，J. D.，“Parliament and Taxation”，in D. M. Dean and N. L. Jones (eds)，*The Parliaments of Elizabethan England* (Oxford 1990)，pp.91-116.

③ 《马克思恩格斯文集》第 5 卷，人民出版社 2009 年版，第 93 页。

第四节 “再修正”

修正派的方法论缺陷在20世纪80年代后期已被越来越多的史家所察觉。修正派内部首先出现反思。格雷夫斯在1987年出版的《伊丽莎白一世时期的议会》中承认：“修正派史学家很容易曲解伊丽莎白时期的议会，尤其是当他们否认政治冲突的可能性和现实存在，把讨论的范围限制在一些只涉及地方、个人和团体利益而与原则及政策毫不相干的问题的时候。”他指出，埃尔顿“过分强调了王权与统治集团的一致性，完全忽略了隐藏在后面的政治对立”，这是非常错误的，因此对于正统派有关“都铎议会兴起”的论点“不应轻易全盘否定”。[①]格雷夫斯主张跳出“正统”与“修正”的两极思维，尝试从新的视角观照都铎议会。他在书中辟出专门章节，集中讨论宫廷派系之争对议会的影响，认为从亨利八世时期至伊丽莎白一世时期，宫廷内党争激烈，甚至发展到在议会中拉帮结派、各立山头的地步，这种现象也在很大程度上影响了议会的运行。[②]另有一些持中间立场的学者认为，正统派与修正派之争在很大程度上是双方着眼于议会的不同侧面所致，双方的论点都有一定合理性，但也都失之偏颇。[③]

进入20世纪90年代，修正派日渐沉寂，而都铎议会史研究转入“再修正”阶段。[④]造成这一转变的原因主要有两个。第一，如前所述，在尼

---

① Graves，Michael A.R.，*Elizabethan Parliaments*，*1559–1601*（London1987），pp.35-6，76-8.

② Graves，*Elizabethan Parliaments*，pp.43-4，49.

③ Hartley，T. E.，*Elizabeth's Parliament*：*Queen*，*Lords and Commons 1559–1601*（Manchester 1992），preface p.7.

④ Yerby，*People and Parliament*，p.6.

尔罗列的下议员违抗王命的案例中，修正派只否证少数，对余者则迟迟拒绝面对，这种态度时间一长就难免引起非议，以致最终连迪安这样的修正派代表人物也不得不承认，如果一定要像埃尔顿那样把议会区分为“政治”与“立法”两类形象，那么伊丽莎白议会确有“政治性”色彩，因为有关女王人身安全、王位继承、王室特权、宗教改革的讨论都是“政治性”讨论，某些激进的宗教改革议案拂逆女王，违拗枢密院，但仍得到下议员广泛支持，这至少说明下院确曾存在一个有组织的激进反对派，他们有备而来，随身携带改革提案，只欠成功立法。[①] 迪安等人认为，正统派拿伊丽莎白时期下院的表现比附现代民主固然不妥，但对其有关论述在“剔除虚构成分之后，还应承认真实部分的价值”，完全忽视议会发生的政治斗争，“对有关讨论不屑一顾，甚至关闭讨论的大门”也不应该。[②] 他们指出，伊丽莎白时代毕竟立法和宪政方面孕育着重大变革，中世纪有关上帝、法律、国家之间关系的观念开始向现代的、世俗的、理性的方向转变，这无疑为60年后斯图亚特王朝的政治发展确定了走向。[③] 第二，修正派史学方法论被“再修正”。有人指出，埃尔顿从反对历史目的论出发拒斥一切历史联想，声称科学的史学仅限于根据档案再现场景，只能就事论事，断言“史料未记载的问题都不是真问题”[④]，这些都是根本错误的，因为如果没有历史对比和联想，就发现不了因果关系，而舍弃了因果分析，历史研究就只剩碎片和细节却抽去了意义；他们说修正派以“经验主义者”自诩，号称仅尊重“经验”，但历史研究不可能是经验性的研究，历史已经成为过去，如何经验？档案记载也是用来解读的，本身并不

---

① Dean，*Law-Making*，pp.284-5.

② Collinson，“Puritans”，*PH* 7，2，pp.188，191.

③ Dean and Jones，*Parliaments*，p.13.

④ Elton，G. R.，*The Practice of History*（London 1967），pp.9-10.

是经验，因此历史研究必须允许合理的推测，允许建构事件背后的因果关系。有的史家尖锐指出，修正派反对历史决定论，无非是要“屏蔽他们政治上所不喜欢的历史解释”①。这些批评者认为，要理解都铎体制必须放开眼界，“只有把都铎王朝放在更长时段之下加以考察，才能正确理解都铎英国发生的变化”②。

建构都铎与斯图亚特两朝议会之间的连续性，是再修正派用力最多的地方。鉴于英国革命以清教运动为导火索，所以他们首先对伊丽莎白议会的宗教争论重新赋予意义。他们认为，16 世纪 70—80 年代下议员的宗教改革呼声虽未转化为法律，但该行动本身表明了一种信念，即议会拥有宗教信仰决定权，当这些先行者的信念随着时间推移变成了人们的普遍理想，宪政改革乃至革命就势在必行。③

认可“因果联想”的合理性并采用长时段思维之后，视野逐渐拓展，思考日趋深入，修正派的三个基本论断被摆到台面来质证。第一，都铎议会立法是“大事”还是“小事”？修正派认为，都铎议会立法大多涉及经济利益、经营权利等等，常常为“区区小事”锱铢必较，不登政治“大雅之堂”。批评者认为修正派这种把经济与政治割裂开来，把立法与政治生硬剥离的想法简直匪夷所思，他们说，虽然表面上经济立法不涉及宏大命题，立法过程中的论辩双方也不同于对立的政党，但是晚近的研究说明，正因为议会通过下院代表在这些与民生密切相关的问题上提供了全国统一的法律标准，人们才格外关注议会，具备条件和能力的人士才热衷参与议

---

① Yerby，*People and Parliament*，pp.5-7.

② Fideler，Paul A.，and Mayer，T. E.，“Introduction：the Study of Tudor Political Thought”，in Fideler，Paul A.and Mayer，T. E.(eds.)，*Political Thought and the Tudor Commonwealth：Deep Structure，Discourse and Disguise*(London 2002)，p.11.

③ Collinson，“Puritans”，*PH* 7，2，pp.187-211；Jones，N. L.，“Religion in Parliament”，in Dean and Jones，*Parliaments*，pp.122，127.

会，各种利益诉求才表达于议会，人们对立法过程才越来越尊重，对议会的期待才越来越强烈，议会才因此具有无可替代的作用。议会法权威日益提高，日常生活对议会法的依赖越来越强，这是英国16世纪中叶以后出现的两个重大变化，而这些变化表明，“不经意间”的“经济立法”带来了不容忽视的“政治后果”。革命时期不同经济地位的议员分属于不同的阵线，就充分说明了“经济立法的议会”与“政治论辩的议会”是统一的①，修正派声称不问政治只谈立法②，其实是做不到的，因为“在这个时代，议会法的性质、公共社会对立法的期待，以及隐藏其后的思想观念都会带来极其严重的全国性政治后果”③。第二，议会代表地方还是国家？马克斯·韦伯根据16世纪西欧大陆国家政治统一，建立民族国家的经验曾经得出结论：民族国家建立过程主要表现为中央政府的集权化和科层化，地方政权和民众在这一过程中始终处于消极而被动的状态。埃尔顿把这一理论套用于英国，认为英国走向民族国家的标志是“政府机构革命”，与集中表达地方诉求的议会没有关系。他撰写《1559—1581年英国议会》一书就是要说明，伊丽莎白时期的议会法只反映了地方性的、大众性的、非政治性的利益期待，不具备广泛性和整体性，而只有广泛性和整体性才体现民族国家的治理特色。而“再修正”批评者指出，革命期间“长期议会之工”约翰·皮姆曾经说过：“立法职能成就国家”④，亦即国家是通过统一立法证明自身存在的，埃尔顿显然忘记了皮姆的这句名言。《英国革命之起源》的作者胡佛说，英国实现民族统一并非因为中央政府权力急剧

① *Cf.* Carlin，Norah，*The Causes of the English Civil War* (Oxford 1999)，pp.159-62.Hughes，A.，*Politics*，*Society and Civil War*：*Warwichshire 1620–1660* (Cambridge 1987)，p.151.

② Dean，*Law-Making*，p.284.

③ Yerby，*People and Parliament*，p.20.

④ Ibid.，p.21.

扩张，而是因为自中世纪末叶以来议会作为各地区平等议事的平台为中央集权奠定了坚实基础。[①] 埃尔顿既然承认议会法是不可超越的最高法律，那就应该承认议会作为国家唯一中心的地位，应该承认导致英国统一的体制因素并不是“政府革命”，而是地方利益集团参与并常常主导的议会立法。绝大多数城市在革命中都站在议会一边反对王权，足以证明地方势力对国家政治的影响力。[②] 第三，16—17 世纪是否存在宪政意识？这个问题的实质是，英国实行君主立宪是自觉选择还是“事出偶然”？修正派认为没有史料证明当时存在宪政意识，人们关心议会只是为了物质利益，对政治体制并无兴趣，英国最终建立代议制君主立宪政体，本无基础更无必然性。但批评者认为，利益是最大的推动力，议会既然有满足利益的能力，人们自然会给予关注，16 世纪人们注意保存议会法律文本，记录议会议程，收集议会文件，这些就是政治自觉，一种“沉默的大多数”的自觉。代议制观念固然可以表现为高头讲章，可以出自精英之口，但也可以存在于感受到其“实用价值”的民众心中。有资料证明，17 世纪初期的人们已经把立法视为一种行政管理手段，这说明都铎王朝的议会实践已在人们头脑中植入政治意识，经济立法正在催生代议观念，奠定英国革命的社会心理基础。[③]

对修正派的“再修正”使正统派又有“抬头”趋势。1989 年，休斯和卡斯特合编的《英国斯图亚特王朝早期的冲突》一书，时隔 20 年后再次把议会与王权的冲突定为 16 世纪至 17 世纪中叶英国历史的主旋律。[④]1992 年出版的英国高校教学参考书《伊丽莎白一世时期的议会：女

① Hughes，A.，*The Causes of the English Civil War*（Basingstoke 1991），p.33.

② Yerby，*People and Parliament*，pp.12，22.

③ Ibid.，pp.1，18-9，21.

④ Hughes，A.，and Cust，R.（eds），*Conflict in Early Stuart England*（London 1989）.

王与两院》大段引述下议员皮特·温特沃思关于“言论自由权”的著名演讲，对下院反对女王专卖授予权的描述也不惜笔墨。①

长期以来，都铎议会研究一直没有法律史专家介入，这在一定程度上限制了研究的深度，因为议会毕竟是立法机构，脱离法律文化、法律制度、法制社会来谈议会毕竟不够全面。所幸进入 80 年代以后，史学的热门话题逐渐从政治史和社会史向法律史转移，人们终于发现在英国这样一个法律与日常生活紧密结合的国度，离开法律谈政治、谈经济、谈社会，都很难说清楚，对 16—17 世纪尤其如此。② 在“法律史复兴”的热潮中，都铎议会史研究打开新的局面，提案的酝酿、创制，议员的游说、辩论，表决的或赞或否，从法律史角度审视以后都获得新的解释，议会体制和议员行为也获得新的评价。在法律史学家看来，“16 世纪至 17 世纪初是英国法律史上变革最剧烈的时代之一，从法律的角度看，甚至可以说‘革命’在内战之前即已发生”③。

大名鼎鼎的亨廷顿也对都铎议会“情有独钟”。他是从比较现代化的角度来讨论的。他说现代化是一个充满变化的过程，在这一过程中需要一个主动适应变化的权威来引导。在西欧中世纪大多数国家里，没有这样的政治资源，因为在封建社会四分五裂，无法形成统一的世俗权威，社会靠“超人”的上帝法或自然法来维持，但现代化事业是人的事业，现代化所带来的变化是人为的变化，“超人”的规范是无法引导和适应这种变化的，它需要人为的法律赋予合法性，所以现代化走出封建的第一步就是最高权力的转移，即从“超人”那里转到人的手中。一般情况下，最高权力都会转到专制君主手里，但英国例外。英国封建社会长期以来靠普通法来

① Hartley，*Elizabeth's Parliaments.*

② Brooks，*Law*，*Politics and Society*，p.9.

③ Ibid.，vii.

调节，普通法是人为的法律，可随时代变迁而调整，所以在现代化过程中——都铎王朝肇其开端——不仅无需权力转移，而且中世纪遗留下来的议会作为普通法的载体反而扩大了权力，造成“都铎悖论”。[①] 亨廷顿的结论或可商榷，但他把关照都铎议会的视点从学者们所习惯的“都铎后”（即革命时期）调整到“都铎前”，把都铎时代的比较对象从17世纪变为15世纪以前，这一取向正好与一向重视历史传承的法律史学家相同，结果两者结合共同开启了都铎议会研究的新范式。

世纪之交，政治文化研究悄然兴起。所谓“政治文化”是指政治制度得以运行的特定历史、文化和观念背景。以《都铎政治文化》和《伊丽莎白一世时期的政治文化》二书为代表的都铎朝政治文化研究正在开辟深化都铎议会研究的新思路。[②]

梅特兰在20世纪初编写英国宪政史讲义时曾经说过，在写作过程中，最让他头疼的是16世纪。[③] 一个世纪以来的都铎议会研究史似乎印证了梅特兰的“感觉”。然而史学的魅力正在于向“头疼”的问题挑战。过去如此，未来仍将如此。

---

① 塞缪尔·P. 亨廷顿著，张岱云等译：《变动社会的政治秩序》，上海译文出版社1989年版，第133—152页。

② Hoak，Dale (ed.)，*Tudor Political Culture* (Cambridge 1995)；McLaren，A. N.，*Political Culture in the Reign of Elizabeth I* (Cambridge 1999).

③ Fifoot，C.H.S.，*Frederic Willaim Maitland：A Life* (Massachusetts 1971)，pp.230-1.

第二章　两院的构成

第一节　上议员

14 世纪中叶议会始分为两院。14 世纪末，人们普遍用“宗教贵族”（Lord Spiritual）和“世俗贵族”（Lord Temporal）来指称上议员。15 世纪出现“高院”（The Upper House）的称谓。及至都铎王朝，上院才获得今天的名称——The House of Lords。

自议会分为两院后，上议员即由两部分组成：高级僧侣和世俗贵族。高级僧侣包括大主教、主教和修道院院长，其中坎特伯雷和约克两个大主教区的大主教和 19 个主教区的主教享有出席每次议会的当然出席权①，修道院院长则不然，每次议会只召一部分参加，人员及名额都

① 主教如系外国人，没有英国国籍，便不能参加议会，如亨利七世时期的伍斯特主教。

不固定。在15世纪中期，英国计有修道院院长300名左右，但通常受召参加议会的不超过27名。[①] 至于世俗贵族，到约克王朝（1461—1485年）建立时，英国公、侯、伯、子、男五等贵族均已获得出席上院会议的资格。这一资格是世袭的，但未成年者不得出席。

在都铎王朝，上院构成发生了两个重要变化。一是僧俗贵族的比例发生颠倒。据统计，1435年议会上院中的高级僧侣为44名[②]，亨利七世（1485—1509年）时略有增多，达到48名[③]。而上院中世俗贵族的人数，15世纪50年代约在45—54名之间[④]，因亨利七世继位后大举褫夺政敌爵位，致使上院世俗贵族人数一度减至29名[⑤]。此后，随着君主不断敕封，世俗贵族人数开始回升，1509年为43人，1529—1603年稳定在55—60名之间。[⑥] 而高级僧侣议员的人数却因宗教改革当中修道院被解散而锐减，尽管亨利八世增设若干主教区，但16世纪40年代以后，享有出席权的高级僧侣从未超过26名。[⑦] 这样一来，就使上院僧俗贵族的比例由亨利七世时的10∶6变成了宗教改革后的4∶10。同时，宗教改革对上院议员总数亦有一定影响，此前上议员曾逾百名，此后则降为75—88名。唯1572年议会例外，该届议会上议员达到90人。[⑧]

---

① Brown，*Governance*，p.183.

② Wilkinson，B.，*Constitutional History of England in the Fifteenth Century*（London 1964），p.293.

③ Lander，J.R.，*Government and Community*，*England 1450–1509*（London 1983），p.54. 一说49名，可能误将伍斯特主教计算在内之故，见Tanner，J.R.，*Tudor Constitutional Documents*（Cambridge 1950），p.514。

④ Wilkinson，*Constitution History*：*15th Century*，p.293.

⑤ Tanner，*Documents*，p.514.

⑥ Graves，*House of Lords*，p.10.

⑦ Tanner，*Documents*，p.514.

⑧ Guy，John，*Tudor England*（Oxford 1988），p.320；Graves，*Elizabethan Parliaments*，p.12.

都铎时期上院构成的第二个变化是世俗贵族获得真正意义上的议会出席权。尽管依照惯例，世俗贵族在获得封爵的同时也获得担任上议员的资格，但实际上他们只是在都铎王朝才享有真正意义上的议会出席权。此前，大法官庭并不是每届议会都向所有贵族发出议会召集令状。在亨利七世时期，国王虽然承认贵族有议会出席权，但同时又认为君主可以随意将任何贵族拒之于议会大门之外。① 宗教改革前夕，曾有贵族发出呼声："为伸张正义，议会中应有我们的声音，这是传统。"② 可是朝廷置之不理，1509 年曾出席议会的费勒斯男爵在 1529 年就没有受到"邀请"。③ 到宗教改革期间，事情发生了变化，在加莱任职的莱尔男爵 1536 年收到的议会召集令状表明了这一点。那上面清楚地写道："每个世俗贵族都应当收到议会召集令状，这是制度。"④ 此后再没有发生过世俗贵族未收到议会召集令状的情况，出席议会真正成为了他们的特权。而且这种权利是世袭的，由长子继承，如长子早逝，由家族中其他男性后裔按长幼顺序继承。若无男性后裔，该权利自动丧失。若继承人因年幼不能出席议会，其权利可以保留。有些英国史学家认为，贵族获得议会出席权标志着近代上院的诞生，此说确有道理。但我们并不能认定此项权利的获得是贵族积极争取的结果，因为并无充足的史料以证明这一点。贵族获得这一权利可能与亨利八世时期进行的政府机构改革有关。在这一改革过程中，原来兼有司法、咨询和行政职能的咨议院变为纯行政机构，曾作为其当然成员的部分贵族被排除在外，这样，依照封建原则承担"参议"国事、"襄助"国王之义

---

① Chrimes，S.B.，*Henry* Ⅶ（London 1972），pp.134-41.

② Miller，H.，"Attendance in the House of Lords during the Reign of Henry Ⅷ"，*HJ* 10，3，p.344.

③ Lehmberg，*Reformation Parliament*，p.48.

④ Miller，"Attendance"，*HJ* 10，3，p.330.

务的贵族便唯有到议会中才能履行其对封君的义务。另外，宗教改革之后，议会成为国家最高权力的化身，议会在国家政治生活中地位的提高可能使明确议员的出席权利变得更加必要。

但是，即使在僧俗贵族都获得了出席权的情况下，国王（或摄政王）仍然可以阻止他们出席议会，尽管其做法不再像以前那样公开侵犯他们的出席权（如1543年亨利八世曾在反对宗教改革的达勒姆主教滕斯托尔赴会途中粗暴勒令其返回驻地）。①1536年议会召开前，国王通知某些反对宗教改革的僧侣贵族说，如果他们愿意的话，可以指定一个代理人，这样他们本人便可免受赴会之劳。而接到通知的人，情知国王是以这种客气的方式暗示不欢迎自己与会，便也知趣地留在家中，并将空白的代理人委托书寄还国王，请国王随意指定“代理人”。② 爱德华六世时期，保守派主教加德纳两次遭到监禁都恰逢议会召开前夕，显然是因为改革派摄政王担心他在议会内“兴风作浪”。③ 玛丽一世（1553—1558年）当政时，德文伯爵同样因为反对女王与西班牙王子的联姻计划而两次在议会召开前锒铛入狱。④1601年议会召开时，埃塞克斯伯爵刚被处决不久，与他交好的五名贵族便因涉嫌谋反被伊丽莎白女王禁止出席议会。⑤ 但是总的来说，这种情况在都铎王朝并不多见。在下文中我们会看到，上院中反对国王政策的大有人在，但他们当中绝大多数人的出席并未遭到阻止。僧俗贵族的出席权至少在形式上是受到尊重的。

议会自建立以来一直存在上议员缺席严重的问题，都铎朝亦不例外。

---

① Graves，*Tudor Parliaments*，p.89.

② Lehmberg，*Reformation Parliament*，p.218.

③ Graves，*House of Lords*，p.91.

④ Graves，*Tudor Parliaments*，p.100.

⑤ Graves，*Elizabethan Parliaments*，p.26.

早在1382年就曾有法律规定，对无故不出席议会的上议员要给予严惩。[①]但这一法律显然执行不力，因而作用并不显著。1515年只有53%的上议员报到，其中的38%虽然报到，但开会时总是缺席，只有14人（15%）出勤率达到75%以上。[②]尽管议会有对无故缺席者课以罚款的规定，尽管16世纪30年代枢密大臣托马斯·克伦威尔加强了对上院考勤的监督，并使1539年的到会率上升为86%[③]，但到亨利八世末年，缺勤率仍在1/3以上。[④]爱德华六世时期，因国王年幼，枢密院成为权力中心，而许多上议员都是枢密大臣，所以上院出席率一度上升，平均到会率达82%，经常参加会议者达51%。[⑤]但是到玛丽一世时期情况又发生逆转。1554年春季会议的到会率不到66%。[⑥]伊丽莎白时期上议员平均到会率为2/3，即45人左右，但到会者不一定按时参加全部会议，如1559年到会者为48人，可是最少时只有29人参加会议。1601年到会者50人左右，经常参加会议的却只有30人。[⑦]到会者也不一定都能坚持到会议的终了。参加最后一周会议的人数通常要比参加第一周会议的人数减少10名左右。[⑧]在全

① Butt, Ronald, *A History of Parliament, the Middle Ages* (London 1989), p.382.

② Graves, *Tudor Parliaments*, p.49.

③ Miller, "Attendance", *HJ* 10, 3, p.337.

④ Lehmberg, *Later Parliaments*, pp.191, 218.

⑤ Graves, *Tudor Parliaments*, p.102.

⑥ Loach, *Parliament and Crown*, p.18.

⑦ *Journals of the House of Lords*, Vol. 2 (London 1846), pp.63-70, 228-46.

⑧ 关于伊丽莎白朝会议结束时上院的减员情况请见下表：

年份	平均每天到会人数	
	第一周	最后一周
1563	60	34
1566	51	32
1571	54	45
1572	48	37
1584—1585	42	35

部到会者中，参加了 75% 以上会议的，1571 年为 39 人，1584 年为 12 人，1589 年和 1593 年为 30 人左右。① 这还是根据会议开始点名时答到者人数统计出来的数字，未考虑中途退场因素在内。在极个别的时候，甚至出现过全院会议只有五六个人参加的情况。② 造成上院缺席严重的原因很多。有时是政治原因，比如玛丽一世时期，部分上议员曾以集体退席的方式表示对政府宗教政策的不满。③ 又如 1559 年，在伊丽莎白女王宗教倾向尚未明朗之际，半数上议员告病隐退，以静观事态的发展。④ 但这些只是极个别的现象。比较普遍的原因是：第一，在主教去世、教职空缺时，国王并不急于任命新主教，以便将更多的教会收入据为己有。1571—1597 年，出席上院的主教人数从 25 人减至 20 人，其原因就是伊丽莎白女王故意使 5 个主教职位长期虚悬。⑤ 第二，议员个人的原因。如外任他国、年迈多病、年幼无知、家道中衰、家事羁绊、触犯刑律，等等。第三，也是最主要的原因，即上议员对议会缺乏兴趣。一般情况下，只有坎特伯雷大主教和某些在政府任职的主教和贵族在上院比较活跃。16 世纪 40 年代以后，

年份	平均每天到会人数	
	第一周	最后一周
1593	45	39
1597	43	33
1601	53	39

伊丽莎白时期只有 1581 年和 1589 年议会最后一周平均每天的到会人数高于第一周。参见 Graves，*Tudor Parliaments*，pp.119，134，155。

① Ibid.，p.135.

② Ibid.，p.119；Heigh，C.，*Elizabeth* Ⅰ（London 1988），p.107.

③ Graves，*House of Lords*，pp.80，82，85.

④ Graves，*Elizabethan Parliaments*，p.32.

⑤ Graves，*Tudor Parliaments*，p.134. 伊丽莎白在位期间，布里斯托尔、伊利和牛津三处的主教位分别空缺 10 年、18 年和 41 年之久，见 Graves，*Elizabethan Parliaments*，p.26。

这一点尤为突出。其时，宗教政策变幻莫测，每一个新的宗教法都可能关系到他们的切身利益，所以这些人成为上院的“常驻议员”。相比之下，其他上议员认为议会事务与自己关系不大，自己在议会中的作用也无足轻重。总的说来，由于上议员代表统治阶级的上层，其中不乏身居要职、参与密务者，所以在君主看来，出席议会与其说是他们的权利，毋宁说是他们的义务，所以都铎诸王均采取督促上议员出席的态度，甚至规定，因故缺席者需指定一名以上代理人，否则或被罚款、或被取消出席权。在伊丽莎白朝，告假者似乎必须得到女王的恩准。1559 年 1 月 1 日女王签名的一份信函中写道：“朕获悉爱卿因疾患在身不能前来威斯敏斯特开会，特此函告核准，着卿在家好生将养。另，爱卿应委任一名代理人到会，以代卿就议会议决诸事项表态。”① 缺席者指定代理人时，往往秉承上意。1555 年，施鲁斯伯里伯爵向枢密大臣威廉·彼得告假，后者“建议”他指定蒙塔古勋爵和伊利主教为其代理人，施鲁斯伯里便依言而行。上文所述索性将空白代理人委托书交回的事亦非特例。1532 年，奥德利勋爵也是这样行事的。通常情况下，世俗贵族总是请出席上院的枢密大臣作为他们的代理人，而宗教贵族则委托其他主教作为他们的代表。目前只能确定，在 1581 年以后，代理人拥有代替缺席者表决的权利，在此之前的情况尚不得而知。尽管僧俗贵族通常把委托代理人视为一项不可剥夺的权利，认为至少在形式上它应受到尊重，尽管都铎政府对他们的这一权利也做出过若干规定，以示重视，但是没有证据表明委托代理人制度有什么政治意义。当温切斯特主教斯蒂芬·加德纳在 1555 年猝死于会议进行当中时，他手里握有五张代理人委托书，当时甚至没有人提出对这五张委托书的处置问

---

① Sir Simonds D'Ewes, *The Journals of All the Parliament during the Reign of Queen Elizabeth*, *Both of the House of Lords and House of Commons* (London 1682), p.3.

题。在 17 世纪 20 年代，因白金汉公爵代替过多的人参加表决，几乎发生一场政治危机，而在都铎王朝，类似事件却从未发生过。

都铎时期的上议员拥有崇高的社会地位。在经济方面，尽管有些西方史学家曾认为 16 世纪是贵族衰落的时代，但晚近研究表明，家道中衰的贵族只是极少数。据最新统计，都铎时期贵族拥有的地产约为全国土地的 10%。① 据 1535 年教产调查团的报告，21 名英格兰和威尔士的主教共有庄园 640 个，年收入 1000 英镑以上者 11 人（最高者 3885 英镑），500—1000 英镑的 5 人，100—500 英镑的 5 人（最低者 131 英镑）。②1535 年以后，教产屡遭侵夺，但 1535—1558 年，26 名主教的年收入总数仍在 22500 至 30000 英镑之间，1560 年以后一般稳定在 23000 英镑左右。③ 就政治地位而言，以 1547—1558 年为例，上院中计有 30 名贵族和 7 名主教曾出任枢密大臣。枢密大臣在上院中的比例 1547 年为 14%，1553 年为 27%，玛丽一世时期为 23%。④ 贵族的敕封权和主教的任免权均操在国王手中。伊丽莎白女王即位之前，英国贵族中已有 1/3 是在宗教改革以后敕封的。伊丽莎白女王在位期间，恢复了 8 个家族的贵族名分，加封了 10 名贵族，褫夺了 6 名贵族的封号，再加上断统的因素，致使贵族阶层中又有 1/3 是在女王治上升腾的“新贵”。⑤ 至于主教，其成分更是随君主的意向而变化。例如，1559 年以后，原来的主教除接受新的宗教政策的一名之外，被撤换一新。⑥ 上议员的成分及其社会、经济、政治地位决定了他们的政治态

---

① Guy，*Tudor England*，p.46.

② Heal，F.，*Of Prelates and Princes*，*A Study of Economic and Social Position of the Tudor Episcopate*（Cambridge 1980），p.21.

③ Heal，*Of Prelates*，pp.180-1.

④ Graves，*House of Lords*，pp.62-3.

⑤ Graves，*Elizabethan Parliaments*，pp.12，25.

⑥ Ibid.，p.26.

度。他们中除个别人在个别时期反对君主的宗教政策外，一般总是追随代表其利益的王权。“反对派”或与上院无缘，或被剥夺爵位和职务，逐出上院。但我们切不可以此推论都铎君主曾为加强对上院的控制而行使敕封权。从理论上讲，他们是可以这样做的，但事实上并没有发生过这种事情。1529 年，亨利八世敕封了 5 名新贵族，其中竟有两名在是年议会解散后不久即因叛国罪被处死。玛丽一世敕封的 6 名贵族，也有两名并不忠实于她。敕封贵族封号主要是一种褒奖，没有什么政治色彩，受封贵族也并不因此认为他必须绝对服从国王。统而论之，16 世纪的君主在敕封贵族这一点上表现得相当“吝啬”，其中尤以伊丽莎白女王为甚。在她当政期间，成年贵族从 57 名跌至 52 名。她的辅臣柏立勋爵和埃塞克斯伯爵都对此事深感不安，力劝她多封贵族，但她充耳不闻，足见她并不在意所谓上院的政治意义。通过大量敕封贵族来加强国王在上院的地位纯属詹姆斯一世（1603—1625 年）的创造发明，都铎王朝尚无这类迹象。①

第二节　下议员

下院议员由选举产生。每届议会召开前举行选举，因议会召开不定期，所以选举亦不定期。选区分为选郡和选邑两种。所有英格兰的郡都是选郡，每郡有权推举两名议员。城市则必须向国王申请，经批准后才能成为选邑。② 将各郡首府置为选邑是都铎君主在设置选邑时所遵循的基本原则之一。这一原则大约从 16 世纪 20 年代开始执行，1529 年之后，全国

① Loach，*Parliaments*，p.24.

② 亨利八世时期一度以议会法批准新的选郡、选邑，如加莱市（1536 年）、威尔士诸选区（1536 年）、切斯特市（1542 年）、柴郡（1543 年）。

只有柴郡、达勒姆、哈福德和拉特兰四个郡的首府不是选邑。主教驻节城市一般也较易被批准为选邑，切斯特、彼得博罗和威斯敏斯特三市都是在变为主教驻节地后不久即成为选邑的。① 有时，批准归属有争议的城市为选邑成为政府向世人证明它归属英国的一种手段。比如位于英格兰苏格兰边界上的贝里克市，长期以来为两国所争夺。1482 年英格兰的格洛斯特公爵占领该城，但直至 1508 年两国仍为这个城市的归属问题争执不下。英格兰为证明这个边防要镇是她的领土，1512 年将该市立为选邑。位于英格兰苏格兰边境的博梅里斯市成为选邑也是同样原因。1513 年，英国军队攻占法国的图尔内城，当时有传闻说，亨利八世有意将该城交给神圣罗马帝国，为了辟谣，国王通知该城选举市民代表参加 1514 年举行的议会，用这种方式来证明该城是英国的一部分。② 选邑的议员名额由国王确定。早在 1306 年爱德华一世就曾宣布，一般选邑派两名议员，而较贫穷的小城市只需派一名议员。③ 但这一原则后来长期没有贯彻，所有选邑均派两名议员。1536 年威尔士地区并入英国，该地区有 12 个郡，11 个城市，考虑到如果像威尔士这样较落后荒凉的地区也按每郡邑各派两名议员的惯例行事会造成某种不平衡，所以重提按选邑之政治、经济地位决定其议员名额的原则。威尔士的 11 个选邑因之成为单额议员选邑。此外，玛丽一世还设置了三个单额选邑，它们是阿宾顿、班伯里和希海姆弗雷斯。④ 其他选邑均派两名议员。伦敦市则沿袭选派四名议员的历史传统。国王有

① Hawkyard, A.D.K., “The Enfranchisement of Constituencies, 1509–1558”, *PH* 10 (1991), 1, p.17.

② Hawkyard, “Enfranchisement”, *PH* 10, 1, pp.4-6.

③ McKisack, M., *The Parliamentary Representative of the English Boroughs during the Middle Ages* (Oxford 1932), p.10.

④ Hawkyard, “Enfranchisement”, *PH* 10, 1, p.13. 自此以后，直到 1832 年，新增单额议员选邑只有一例，即 1605 年设置的博德利选邑。

权取缔选邑。玛丽一世就曾取消梅德斯通市的选邑资格，原因是该市曾成为反政府暴动的中心。[①] 议会召开前，各郡的选举令状由大法官庭直接发给郡守。伦敦、约克、埃克斯特和南安普顿等四城市的大市长（civic sheriff）也是从大法官庭直接得到选举令状。五港区（Cinque Ports）和兰开斯特公爵领的诸选邑以及加莱市则在接到大法官庭指示后由当地官署签发选举令状。一般选邑的选举令状由大法官庭经选邑所在郡郡守转发。

都铎王朝建立时，英国有 37 个郡，郡议员共计 74 名。亨利八世增设蒙默斯和柴郡两个边郡，又对威尔士实行"政治兼并"，在那里设置 12 个郡，使郡议员总数增至 90 名（威尔士各郡只选派一名议员）。议会建立之初，对选民资格并无财产限制。当时的郡议员选举在郡法庭开庭时进行，郡守等地方官吏以及该郡的地产所有者均有义务参加。关于被选举人的资格，起初也没有任何明确规定，只是按照传统说法，他们应是具备勇武精神并履行出任陪审员等义务的骑士。但执行并不严格，即使在出席 1295 年"模范议会"的议员中，具备这种身份的人也不足 1/3。[②]1372 年，针对有些郡守未经正式选举，就擅自把自己作为议员上报大法官庭的做法，议会颁布法律，禁止郡守担任议员。[③]1404 年法律规定，郡守有责任保证选举自由公正地进行，在组织选举时必须遵守公开选举时间、地点等法定程序。1413 年的法案将"定居本地"定为各选区选民和议员候选人的必备条件。[④]1429 年法案规定，只有居住在本地并且年收入在 40 先令以上的自由地产所有者才具备选民资格。[⑤] 关于被选举人，1372 年法律明确规

① Loach, J., and Tittler, R. (eds.), *The Mid-Tudor Policy* (London 1980), p.25.

② Brown, *Governance*, p.192.

③ Ibid., p.189.

④ Ibid., p.190.

⑤ Stephenson, C. and Marcham, F. G., *Sources of English Contitutional History* (1937), p.276.

定，各郡的议员应来自当地“较勇武的骑士或武士”，从此“议会骑士”（Knights）成为郡议员的代名词。[①]1445年法案重申：“郡议员应是该郡的优秀骑士，或是该郡可以成为骑士的优秀乡绅，自耕农以下人等不能成为骑士，也不能当选为议员。”其时骑士已无武士意义，而是专指某一社会阶层。按照1278年法案的规定，年收入在20英镑以上的地产所有者均为骑士，因此被选举人的财产资格实际上限定在20英镑。[②]在都铎王朝，这些旧的法律历经数度延长时限而依然有效。据1436年纳税人登记簿估算，当时全国选民在10000至15000人之间。[③]在亨利七世时期，一个小康自耕农家庭的年收入约为5英镑，许多公簿持有农的年收入亦超过40先令，因此选民人数增加，到15—16世纪之交，英国有选举资格的人数已达30000名左右[④]，1597年约克一郡选民已达6000人之众。都铎时期的乡绅阶层中，年收入20英镑以上者大有人在，因此有被选举权的人数也呈增长趋势。按照惯例，贵族和男爵以上的“高级贵族”的长子不得成为下议员，但1550年塔维斯托克市议员拉塞尔被指定为贝德福德伯爵的法定继承人后，却获准继续留在下院，从而开创了“高级贵族”的长子可以出席下院的先例。[⑤]

郡守接到议会召集令状后，即通知选民在最近一次郡法庭开庭日前来参加选举。郡法庭一般每四周开庭一次。选举由郡守主持。有意竞选者通常事先已同郡守打过招呼，地方权贵往往也在选举之前向郡守表明他们的意向。选举时，首先宣读选举令状，然后由治安法官或在前台就座的有

---

① Brown，*Governance*，p.193.

② Stephenson and Marcham，*Sources*，pp.61，277.

③ Brown，*Governance*，p.191.

④ Lander，*Government*，pp.55-6.

⑤ Miller，“Lords and Commons”，*PH 1*，p.15.

权势的乡绅提名议员候选人，每宣布一个人名，选民即以呼喊声表示赞同与否。最后由郡守裁决谁人当选。如有人对郡守的裁决表示怀疑，那么各候选人的支持者分开站队，由郡守估算各队人数，断定当选人。如各队人数相近难于估算，郡守则令各队依次从主席台前走过，以便细加清点。按1429年法案的规定，点数时郡守可以同时审查选民资格，受到查询的选民需向《圣经》起誓。如做伪誓，将被送交星室法院查办。点数过程因之十分缓慢。1588年蒙哥马利郡的选举从上午8：00一直持续到次日凌晨5：00。但是这种选举中不得不采取计数方式的情况在都铎王朝并不多见。选举结束后，郡守在选举令状回执上写上当选者姓名，由他和选民背书以示选举的合法性，然后呈报大法官庭。

关于各郡实际参加选举的人数，因史料缺乏很难确定。1545年新设的柴郡在举行选举时，可能全部70名选民都在场。① 但是一般说来，很难保证全体选民参加。有些选民居住地远离郡首府不便前来，也有的选民对通常只是走过场的选举缺乏兴趣。如果选举竞争激烈，发生真正意义上的"竞选"，参加选举的人数就会比较多些，这似乎与竞选人招兵买马，寄望人多势众有关。1586年诺福克郡竞选激烈，来到选举现场的人逾3000名，1597年约克郡的竞选吸引了近6000人。但在这种时候，到场者未必都是选民，甚至参加选举的人也不一定都具备选民资格。1588年蒙哥马利郡举行选举时郡实有选民在1600—1700名之间，但参加选举的人超过2000名。②

早在1406年议会就曾颁布法律，宣布将严惩在选举中有舞弊行为的郡守并禁止权贵插手和干预选举，以保障"选举自由"。③ 但实际上，郡

---

① Bindoff，S.T.，*The House of Commons 1509–1558* (London 1982)，vol.1，p.44.

② Loach，*Parliaments*，p.25.

③ Wilkinson，*Constitution History*：*15th Century*，p.289.

选举经常受到当地贵族或大臣的控制。在都铎王朝，这一现象依然严重，贵族或显贵们往往凭借特权向选郡推荐自己中意的人选。1584 年选举前夕，蒙塔古勋爵在写给苏塞克斯郡郡守的一封信中就曾写道："我想应该通知您，我身边的贵族和乡绅都认为罗伯特・塞克威尔先生和托马斯・沙利先生最适合担任（苏塞克斯郡议员）……我希望您把我的意愿转告那里的选民。"① 这样获得提名的人一般都可以当选，这不仅由于选民趋炎附势，也是由于权贵的态度可以影响郡守的倾向性，而郡守又可以利用职权作弊。1593 年诺丁汉郡郡守通知选民到郡府大厅参加选举，但选举当天他突然改变选举地点，当最后什鲁斯伯里伯爵提名的候选人"当选"时，其他竞选人及其支持者还在郡府大厅等候。② 计数过程亦无公正可言。在存在等级差别的社会里选民并不平等，依附于同一豪族的选民往往在选举时穿上标志这一家族的统一服装，以壮声势。郡守为讨好贵族，见哪一队中有穿着贵族家服的选民，便裁定哪一队所支持的候选人当选。所以严格来说，所谓计数并非"数"的比较，而是"质"的比较。另外，在清点人数时，郡守总是先点他支持的一方并故意放慢速度，这样其他候选人的支持者就会因为等得不耐烦而离去。1584 年赫特福德郡一候选人竞选失败后说，如先清点他的支持者，他本可以当选。③1566 年选举时，汉普郡郡守与支持某一方的选民达成默契后，一顿午饭从上午 10 点吃到下午 2 点，其目的就在于等待支持另一方的选民因耐不住等候而离去，然后再计数裁决。④ 有时郡守接到选举令状后只通告某些人，让他们做好准备，对其他人则秘而不宣，直到选举日临近时才公布选举消息，这样其他人就会因毫

---

① Loach，*Parliaments*，p.151.

② Neale，*House of Commons*，pp.62-3.

③ Ibid.，p.90.

④ Loach，*Parliaments*，p.26.

无准备而无法竞选。作为最后手段，郡守还可以谎报当选人。15 世纪曾有法律规定，这种行为一经发现要罚款 100 英镑。但是有些落选者以一旦事发甘愿承担罚金为前提，贿请郡守把自己作为当选人上报大法官庭。事实上这类案件即使起诉也得不到认真审理，因调查案情颇费时日，待一切查清，议会已经闭幕。贵族和官僚荫庇的对象包括他们的附庸和亲属。格洛斯特郡是武斯特伯爵和钱德男爵的“势力范围”，该郡 1509 年至 1558 年当选的 13 名议员都与他们有亲缘关系。①兰开斯特郡的两个议席一直由格雷和哈斯廷斯两大家族平分秋色的状况，从 1529 年一直持续到 1601 年。②那些没有贵族封号的朝廷官员如欲当选则无须依附贵族，靠他们自己的地位已足以支配郡守，他们本身也有足够多的附庸支持其当选。更有甚者，有些朝官在某些地区享有“议席垄断权”。在伊丽莎白统治初期，赫特福德郡的枢密大臣萨德勒独踞一个席位，选举只是为产生另一名议员而进行。③终伊丽莎白一朝，担任王室司库长的弗朗西斯·诺利斯及其家人一直垄断牛津郡的一个议席。④

然而贵族和朝臣对选举的控制并未造成所有的郡选举都流于形式。在 1547 年召开的议会前夕，枢密院指示肯特郡郡守将前任下议长、财务署大臣约翰·贝克选为该郡议员。但当地选民以枢密院无权干预地方选举为由拒不从命。枢密院被迫致函当地居民，表示歉意，并称他们只是提出建议，并不想破坏自由选举的传统。最终贝克没有在该郡当选。⑤这说明选民并未完全丧失权利，选举法仍有一定效力。谋求当选的人自然也不会坐

① Bindoff，*House of Commons*，vol. 1，p.92.

② Loach，*Parliaments*，p.26.

③ Neale，*House of Commons*，p.25.

④ Loach，*Parliaments*，p.62.

⑤ Pollard，*Factors*，p.118.

待天成，都铎王朝有些郡的选举颇有竞选的味道。自爱德华三世（1327—1377 年）时代起，郡议员开会期间享受每天 4 先令的津贴，该项费用由郡守在本地征特别税支付。都铎时期，有些人为了当选主动提出不要津贴。有的竞选者为拉选票，殷勤地为远道而来的选民安排住所；有的用重礼讨好富裕乡绅，以便赢得该乡绅及其所有佃户的支持；有的率领自己领地上的大群公簿持有农前往选举地，因为公簿持有农必须选自己的领主，否则便被视为不忠。1536 年希罗普郡举行选举时曾发生暴力冲突。[①]1539 年托马斯·克伦威尔和诺福克公爵已在诺福克郡指定候选人，但该郡乡绅尼维特却不甘心，不愿放弃竞选的努力，他召来自己的朋友和佃户为自己呐喊助威。[②]1542 年在威尔士选郡卡马森举行选举时，一个叫德弗罗的人不惜动用武力迫使其对手让步。[③]1584 年赫特福德郡因选举纠纷而产生两大对立的集团，致使该郡多年不得安宁。[④]1597 年星室法院受理了一起诉讼，起诉人状告麦里奥内斯郡的两名郡尉在该郡竞选之际，纠集 300 名“乌合之众”携带各种武器闯入选举现场，“致使许多诚实可靠的选民因担心选举过程中发生流血事件而离去，那些留下来的人也只能在惊惧之中表态”[⑤]。1601 年诺福克郡的选举也几乎酿成流血冲突。[⑥] 就现有的材料判断，这种选举中的竞争并没有什么政治背景，它们至多只反映了某种帮派之间的对立。1536 年希罗普郡的那场冲突就是如此。当时一些权贵和治安法官秉承枢密大臣托马斯·克伦威尔的意旨向该郡推荐与王室关系密切的乔治·布朗特（其姊早年为亨利八世的情妇，本人为亨利八世非婚生

---

① Elton，*Studies*，vol. 3，p.10.

② Bindoff，*House of Commons*，vol.2，p.483.

③ Ibid.，p.41.

④ Neale，*House of Commons*，pp.26-7.

⑤ Loach，*Parliaments*，p.26.

⑥ Neale，*House of Commons*，pp.52-6.

后代理士满公爵的密友）。但乔治·布朗特因争夺一块修道院地产与一个叫亨利·斯特福德的贵族矛盾尖锐，后者勾结郡守力荐一个叫特伦特姆的人为议员。结果在选举那一天，两派都纠集了不少人马，终于酿成一场混战。[①] 又如诺福克郡，当诺福克公爵一手遮天时，选举一直比较平静，但 1571 年第四代诺福克公爵失势以后，该郡帮派蜂起，互不相让，从 1572 年至 1601 年五届议会选举都出现激烈竞选的局面。[②]

郡级选举通常不会出现竞选的局面，然而一旦出现就颇具戏剧性。譬如在 1588 年议会选举中发生的以下二例。

其一发生在威尔士的登比郡。是年在该郡选举中，乡绅爱德华兹与阿尔默之间发生了竞争。本来法律有明确规定，“为维护选举自由”，禁止候选人拉票，但是爱德华兹与阿尔默均置此于不顾，公开进行拉票活动，各种手段无所不用其极。阿尔默年轻气盛而谋略不足，选前即夸下海口：“不惜一切代价，志在必得。”在大造声势的同时，他还不辞辛苦，奔走游说于豪门，恳请这些在本郡德高望重的人物予以支持，再三表示自己一旦当选必当鞠躬尽瘁，恪尽职守，同时还向他们作出种种承诺。然而阿尔默的奔走和努力并未达到预期效果，郡里到处传播着流言蜚语，说是此人人品不佳，甚至说他“天性卑劣”。事后有人透露，这些传言都出自竞争对手爱德华兹的支持者、郡守布里尔顿之口。

爱德华兹老谋深算，他不仅早早就与郡守等本郡头面人物做好了背后交易，而且在乡间软硬兼施地向村民拉票，不仅拉拢自由农，连没有选举权的约曼农（租地农）也被动员起来，甚至不惜采取胁迫手段，比如威胁他们如不支持某人就要收回租地等等。32 岁的欧文·班伯里是爱德华兹

① Lehmberg, *Later Parliaments*, p.78.

② Loach, *Parliaments*, p.26.

的租地农，他事后在法庭上供认，选举日当天，他父亲一大早就把他从床上拽起来，让他去为爱德华兹投票，他告诉父亲他们不是自由农不必参加选举，但是父亲说，爱德华兹命令他们必须到场，在选举的紧急关头为主人出力效忠。

临近选举日，爱德华兹和阿尔默的支持者纷纷向郡府聚集。据说被动员前来的爱德华兹支持者有六七百人，而阿尔默的支持者超过一千。那些平时不出门、整天在家看孩子的人，那些连到田地里干活都嫌远嫌累的人，此时都不顾路途遥远和鞍马劳顿前来参加选举投票。城里到处是人，三五成群地聚在一起议论纷纷。因为选情复杂，结果难料，甚至有人当场设局博彩，打算发“选举之财”。

选举日当天，阿尔默急不可耐抢先行动，天还没亮就率众占领了郡议事厅，因为按照惯例将在这里举行选举。上午8时许，他们远远看到郡守布里尔顿朝郡议事厅方向走来，阿尔默等迎上前去，却不料郡守中途转身进入了一家院落，稍后又见副郡守及其助手匆匆走出该院落大门，阿尔默心生疑惑，打发几个手下跟踪副郡守，自己则率领大队人马留在这家院落外面监视郡守。

阿尔默的手下一路尾随，看到副郡守及其助手来到阿尔默的仇人威廉家中。他们探头一看，发现爱德华兹的大批人马早已在此等候，这才恍然大悟中了对方的“调虎离山之计”。他们赶快派一个人飞跑回去向阿尔默报信，其他人则冲进威廉家中喧嚣吵闹，向副郡守大声抗议，同时极力制造各种干扰。但是这一切已然无济于事，副郡守和助手以及爱德华兹的支持者们早有准备，迅速履行完“选举程序”，宣布爱德华兹当选。而在那一边，接到报信的阿尔默情知中计，被老奸巨猾的郡守和爱德华兹一伙暗算了，却也无计可施，只能带领近千部众团团围住郡守，高喊着“阿尔默”的名字，要求重新举行公正选举，但是这些都已经于事无补。

选举结束后，阿尔默咽不下这口窝囊气，一纸诉状把郡守布里尔顿等八人告上中央法庭，罪名是“选举舞弊”。中央法庭特派专员到登比郡采集证据，调查取证工作持续多日，仅阿尔默一方就有128人接受询问。由于该诉讼的审理过程旷日持久，在这期间议会如期召开，爱德华兹作为当选议员得意洋洋地出席了议会。法院最终判决结果如何，现有资料无从查找，但是可以肯定的是，无论怎样判决，郡守布里尔顿都不会有任何损失，因为爱德华兹与布里尔顿早有约定，如果郡守因操纵选举惹上官司并且败诉，爱德华兹将付给郡守不少于300英镑的补偿金，而这个金额是“选举舞弊罪”的最高罚款额。①

其二发生在蒙特哥迈利郡。在16世纪，蒙特哥迈利郡的议员席位基本被豪门赫伯特家族所把持，而从玛丽女王时代起，一连数届议会代表都由爱德华·赫伯特担任。到1588年，赫伯特已是75岁高龄，与人谈话时常常流露出力不从心、退隐林泉之意，这就难免勾引起他人对议员席位的觊觎。首先公开显示野心的是赫伯特的妻弟普赖斯。此人少年得志，不谙世故，言谈话语中除了自吹自擂，还不时有意无意地表示出对赫伯特的不敬和冒犯，比如他说自己年富力强、精明能干，由他取代老迈不堪的赫伯特出任议员不仅顺理成章，而且是“人心所向、众望所归”，这当然让赫伯特心生不快。而且赫伯特长期以来倚官仗势，横行乡里，结下不少怨怼，这些冤家对头听说赫伯特将被普赖斯取而代之，立即纷纷投奔普赖斯门下，大有形成“倒赫伯特集团”、秋后算账之势，这不能不让赫伯特感到威胁和忌惮。所以就在临近选举日的时候，赫伯特突然宣布自己不会退

---

① Neale，“Three Elections”，*EHR* 46，pp.211-8；Hartley，T. E.，The Sheriff and County Elections，in Dean and Jones，*Parliaments*，pp.177-80. Hartley 认为，郡守改变选举地点并非有预谋，也不是蓄意采取欺骗手段，而是为避免发生群体性暴力冲突所做的临时决定。对此笔者不予赞同。

休，还要继续担任议员，服务国家，造福乡梓。

赫伯特的临时决定顿时激起轩然大波。普赖斯早已夸下了海口，如今骑虎难下，因此与姐夫反目成仇。他的支持者们也拼命鼓动他继续竞选，甚至警告他说，如果他退缩，今后休想再得到郡民信任，也休想再在本郡出人头地。多年来波澜不兴的蒙特哥迈利郡议员选情突然出现了激烈矛盾的局面。

此时处在矛盾中心的是郡守劳埃德，矛盾双方都向他施加压力。赫伯特警告劳埃德，此次选举事关家族声誉，只能成功不能失败，因此郡守必须采取一切手段确保其当选；如果因此而惹出麻烦，一切后果由赫伯特来承担。面对有权有势的赫伯特，劳埃德不敢说“不”，何况赫伯特已经答应支付罚金、消弭影响，对他本人不会有太大的麻烦和损失；但是，作为一郡之首，他又不想也不能做得太明显、太过分，于是他煞费苦心想出个两全之策。

劳埃德费尽口舌劝说赫伯特，由他们二人共同努力在附近城市为普赖斯谋得一个议员资格，以换取后者退出本郡竞选。赫伯特勉强接受这一方案，但普赖斯却一口回绝，劳埃德的努力落了空。

竞选益发激烈。劳埃德的堂兄格林亲自带人到兰德罗百户区为赫伯特造势；波伊斯勋爵则令其领地上的庄头们动员自由农支持他的朋友赫伯特。普赖斯的支持者马不停蹄地走访了四个百户区的500余户家庭，得到多数人的口头承诺。为了争夺选票，双方都不惜血本，许多因资产不足40先令而没有选举权的农民，因为答应支持某个候选人而当即获得租地。

选举前一天，已经有2000多人聚集到郡府。支持赫伯特和普赖斯的两派选民阵线分明，通往会场的各条道路被他们分别占领，彼此怒目相向，摩拳擦掌。人群中还混杂着许多不具备选民资格的“助威者”，他们都配备着棍棒等武器以威慑对方。

蒙特哥迈利郡的选举就在这种混乱局面中开始。按规则，首先采用“呼喊决定法”① 决定当选者。虽然支持普赖斯的喊声明显更大，但劳埃德坚持认为无法裁定胜负，于是转入“计票决定法”。此时普赖斯与郡守在计票顺序问题上发生分歧。普赖斯希望从支持他的百户区开始计票，或者是支持两位候选人的百户区轮流计票。郡守则坚持要按百户区位置距离会场远近的顺序计票，由远及近，理由是这样便于路途远的选民早些踏上归途。郡守主张的计票方法实际上有利于赫伯特，因为这样支持赫伯特的百户区将优先被统计。

计票开始。双方锱铢必较，寸步不让。几乎每位选民投票前都会受到对方的质疑，于是必须就其是否具备选民资格进行宣誓、作证、审核、确认等一系列程序，计票过程因之变得格外缓慢。时钟慢慢转到次日凌晨 4 点，九个百户区中完成计票的仅有三个，这时疲惫不堪的劳埃德站起来对大家说，他已经一口气工作了 20 个小时，期间连饭都没有吃，实在坚持不住了；他决定就此打住，不再往下进行；他对这次选举竟然搞得如此复杂深感遗憾，选举结果且待日后再定。此时正好轮到支持普赖斯的百户区计票，听到郡守说要中止投票，普赖斯的支持者立刻大声抗议，指责郡守办事不公，滥用职权；他们肯定地说，在余下的六个百户区中普赖斯至少胜出 300 票，如达不到这个数字他们宁肯认输。普赖斯情急之下甚至向劳埃德建议，如时间不够，对余下的六个百户区可以采取每区随机抽样 20% 的计票办法。但是郡守劳埃德对所有的抗议和建议一概置之不理。普赖斯激愤地向众人发表演说，说郡守用不光彩手段操纵选举，其结果不仅使自己丢失了本应得到的 1400 张选票，而且在本地制造了前所未闻的极大不

① 呼喊裁定法：由郡守依次宣布候选人姓名，每宣布一个，其支持者便高喊“同意”，以获得喊声最大者为胜出；而究竟哪个候选人获得的喊声最大，裁定权属于郡守。

公，因为现在尚未投票的选民才是本郡真正的精英，郡守把投票机会只给三个山地百户区的选民，却把精英选民排除在外，真是伤天害理！听了普赖斯的演说，那些辛苦坚持几十个小时却连投票机会都没得到的选民更加怒不可遏，幸而此时赫伯特的支持者已经大多离场，否则一场大规模的群殴在所难免。郡守劳埃德在一片混乱中夺路而逃。

最终，该郡既没有重新投票，劳埃德也没有拿出其他解决办法，而是径自上报赫伯特当选。他的理由是：当天到场选民总数 1600—1700 人，在已投票的三个百户区中赫伯特得票 420 张，而在未投票的六个百户区中，根据赫伯特自己估计，还有约 600 人支持他，两个数字相加超过了当天到场选民人数的一半。这个理由荒唐得近乎滑稽，显然是站不住脚的。

普赖斯难以咽下这口恶气，一纸诉状把劳埃德告上法庭。[①]

上述两场选战过程跌宕起伏、精彩纷呈，但是我们不能因此而过高估计郡级选举的竞争性。总的说来，激烈的竞选角逐很少发生，终伊丽莎白一朝，有 97% 的选举没有“竞选”的迹象，至少无须认真统计各候选人支持者的人数。[②] 而且，不管选举过程如何，都铎王朝郡议员的社会成分始终没有改变：不是贵族子弟就是富裕乡绅。

关于选邑的认定问题，目前英国史学界有一定争议。按照尼尔的说法，某城市如欲取得选派议员的权利，需在请求自治的请愿书上提出特别申请，如获批准，在国王颁发的特许状中将特别注明这一点。特许状在大法官庭备案，每次议会选举前，大法官庭列出选邑清单，将选举令状发往各选邑所在郡郡守，后者则根据大法官庭的指令予以转发。[③] 詹尼弗·洛赫不同意尼尔的观点。她认为在 14—15 世纪，选邑的认定很不规

① Neale，“Three Elections”，*EHR* 46，pp.227-38.

② Hasler，P.W.，*The House of Commons*，*1558–1603* (London 1981)，vol. 1，p.40.

③ Neale，*House of Commons*，p.135.

范，1382 年的法案要求郡守将选举令状转发那些“古老”的城市，只是因循惯例，并无明确规定。在 16 世纪，情况亦无很大改观，无论是宫廷官吏还是下院议员对什么样的城市才能选派议员都没有明确的概念，都铎君主签发的城市特许状并非总是注明选邑的推选议员特权，都铎时期也没有负责验明特许状的法庭，米尼海德和塔姆沃斯两市分别于 1559 年和 1560 年获得自治，在它们的特许状上没有批准选派议员的内容，但这两城市自治以后长期选派议员参加议会，并没有引起任何争议。她说，直到查理二世统治时期（1660—1685 年），特许状仍不是公认的选邑认定依据，遑论都铎王朝。她认为在确定选邑方面，郡守拥有很大决定权，因为经郡守转发的城市选举令状并不注明选邑名称，把这些令状转发哪里完全取决于郡守的意志。她说，都铎时期的内尔兹巴勒市和莫佩斯市就都仅仅因为接到了郡守发来的选举令状而成为选邑。1558 年当王室秘书发现圣艾夫斯市也派来议员时，大吃一惊，这足以说明政府事先并不知道它已成为选邑。①1991 年霍克亚德又撰文反驳洛赫。他认为，每一个郡守都持有一份本郡获得国王特许的选邑的清单，他必须照这个清单转发选举令状，如其不然，按照 1445 年通过的法律，他要受到严厉的惩罚。此外，郡守转发选举令状的各项支出必须详加记录并在财务署备案，1543 年更把这一手续写进法律，倘若郡守弄虚作假，断无蒙混过关的可能，因此郡守从不敢在这件事上做什么手脚。② 在下文中我们将会看到，在都铎王朝，各选邑比较珍重自己的权利，可终此一朝，从未出现选邑认定的争议，如此看来，在这方面一定存在某种制度，这种制度可能有漏洞，或执行得不十分严格，但郡守的自主权不会是很大的。

---

① Loach, J., “Parliament: A ‘New Air’”, in Colleman, C., and Starkey, D. (eds.), *Revolution Reassessed* (Oxford 1986), pp.122-6.

② Hawkyard, “Enfranchisement”, *PH* 10, 1, p.23.

关于选邑的选举权与被选举权，都铎王朝仍沿用1413年和1445年选举法中的有关条款。前者规定，被选举人必须在选举令状发出之日居住于本市；后者则进一步规定，无论选民还是被选举人都必须是本市市民。[①]市民并不等于城市居民，而是专指隶属于某一行会、缴纳市民税并履行其他义务的居民。亨利八世时期的温切斯特市，居民逾300名，但市民只有40—50名。[②]由于选邑的选举人和被选举人资格规定不像选郡那样明确而具体，所以都铎王朝各选邑在执行中出入较大。有的选邑效法选郡，将选民的财产资格限定在年收入40先令以上，有的选邑规定选民必须是房产主；贝福德市的所有市民都是选民，而埃尔兹伯里市的选民由在当地有权势的帕金顿家族指定；在许多城市，选举权则属于市长、参事和市政会议（由10—20名上层市民组成）成员。这就造成各选邑选民人数有很大差异。据1545年加通市选举令状回执记载，该市只有领主一人参加了选举，因为他是“唯一居住在该市的市民”，而在格洛斯特市，选民达到400—500名之众。[③]符合选民资格的人也不一定每次选举都参加。1536年坎特伯雷市举行选举时有80人到场，但当托马斯·克伦威尔由于某种原因宣布这次选举无效，令该市重新选举时，选民增至97名。[④]城市选举模式也不拘一格，大致有五种。一种是由市长和少数几名参事指定，如雷丁市；另一种是由市长、参事和市政会议共同选举，如林恩市、约克市、海威克姆市等；第三种是由市长、参事和市政会议分别推举。如伦敦市的四名议员，两名由市长和参事任命，两名由市政会议指定。又如剑桥市，以市长、参事为一方，市政会议为另一方，各推举一名代表组成预选团，他

---

① Stephenson and Marcham, *Sources*, pp.276-7.

② Bindoff, *House of Commons*, vol. 1, p.102.

③ Loach, *Parliaments*, p.28.; Graves, *Elizabethan Parliaments*, p.30.

④ Lehmberg, *Later Parliaments*, pp.5-6.

们从该市全部四个城区中每区选出两人组成八人选举团，再由这八人根据简单多数原则选举议员；第四种是由市政会议直接选举，如埃克塞特市。[①]选民较多的选邑则采用第五种模式，即由有市长、参事参加的市政会议提名一位候选人，由其他选民提名另一位候选人，如奇切斯特市和埃克斯特市。但在这些选邑，最后的决定权仍属于市政会议。1593年，埃克斯特市接到选举令状后，市政会议首先酝酿"最合适的候选人"，然后通知市长，如果市民有"不同"人选，他们也可以提名。"不同"两字表明，市政会议已经把提名两个候选人的权利都揽在了自己的手中，不然的话，市民的提名就不存在什么"不同"的问题。这次选举的结果是市政会议提名的人当选，可见市民实际上并没有什么选择的余地。[②]

人们对当选议员的渴望程度，不同时期不同地区会有不同的表现，总体而言是热情越来越高。至于参加"竞选"的动机，归纳起来，可能有下列几种。

第一，到议会去阐发自己对政治、宗教、王位继承等国家大事的见解和主张并呼吁政府制定相应的政策和法律。曾令伊丽莎白政府十分头疼的著名议员彼得·温特沃思在1592年就曾"四处奔走，到其他城市的市议员中间去觅求知音"，以便在即将召开的议会上去为清教牧师争取权利。[③]尼尔十分强调乡绅参加议会的这种动机，但他似乎夸大了这一动机的广泛性。

第二，在议会上通过立法维护或谋取个人、群体或地方的经济利益。修正派史学家比较重视这一方面。格雷夫斯曾说："城市议席争夺的加剧与下院之兴起、不满情绪之加深并无任何关系，而只与地方的、社会的和

---

① Bindoff, *House of Commons*, vol. 1, pp.34, 42, 69, vol. 2, p.605; Lehmberg, *Later Parliaments*, pp.11-2.

② Loach, *Parliaments*, pp.28-9.

③ Collinson, "Puritans", *PH 7*, *2*. p.205.

经济的考虑相关。”[①] 格雷夫斯将政治因素完全排除在外固然不妥，但从下文我们将会发现，这种经济动机确实具有相当大的普遍性。

第三，满足虚荣心。都铎时代，当选为议员是一件十分光荣的事，为获此殊荣而多方钻营的大有人在，以致形成一种社会风气。1601 年一个叫哈林顿的人曾声称，如在本郡竞选失败，他就不得不远走他乡，因为他的自尊心不能忍受这种耻辱。[②]1489 年菲茨威廉本已当选为伦敦市议员，但不久后又辞去这一职务，转而出任林肯郡议员，原因是郡议员比市议员名声更好听。[③] 在郡级选举中还曾发生两名当选议员为争当第一议员而明争暗斗的事情，如果他们出席议会有什么实用目的，出任第一议员还是第二议员本来是无关紧要的。1529 年还曾发生这样一件事。一个名叫邦德的乡绅路遇刚在韦默斯市当选的议员克拉克，听说后者要将出席权转让给他并付给他应得津贴，不禁欣喜若狂，立即请其舅父去与多塞特郡郡守疏通，并最终获得郡守的同意（选邑更换议员必须得到当地郡守首肯）。但日复一日的会议很快使他不胜其烦，当发现会议期间日常支出已超过将来的津贴所得后，更倍觉懊恼。1536 年，当国王要求 1529 年当选的议员连任时，他百般推托。[④]

第四，实现个人政治野心。自亨利八世时起，国王、枢密院均对议会给予极大关注，议会于是成为某些人跻身政坛的阶梯。正如托马斯·克伦威尔在 1529 年所言，进入议会就“已经迈出了第一步”，他“不久后必将备受重视”。[⑤]1597 年霍厄德勋爵致函威廉·莫尔，信中说：“我的儿子正在走进这个世界，进入为国效劳的年龄，我渴望他献身于国家事业，展

① Graves，*Elizabethan Parliaments*，p.31.

② Neale，*House of Commons*，p.25.

③ Lander，*Government*，p.60.

④ Bindoff，*House of Commons*，vol.1，p.460.

⑤ Elton，*Studies*，vol. 3，p.17.

示他为国尽忠的天赋和决心。为此我建议他出任萨里郡下届议员。我想我最好把此事告诉你，因为你是我最好的朋友，定会鼎力襄助，玉成好事。”[①]1540 年的枢密大臣中有 7 人曾任下议员，1551 年擢升的 7 名枢密大臣也都有下议员经历，在伊丽莎白时期升入枢密院的人中有 12 人曾在下院有相当活跃的表现。[②]

第五，利用议员豁免权，躲避法律诉讼。从 15 世纪中期起，议员就获得会议期间不可被起诉的特权（详见下文），于是许多乡绅谋取议员资格是为了以议会为避风港。威尔特郡的乡绅加布里埃尔·普莱德尔是一个好事之徒，他一生中三次成为议员，其中有两次都是当选后立即宣布自己受豁免法保护，借以避免别人对他的指控。1572 年诗人乔治·盖斯科因负债累累，在一个小村庄里躲避多时，而获选下议员之后便洋洋得意地到处抛头露面，对所有债权人都无所畏惧。这种为获得豁免权而竞选的现象可能并非罕见，以至引起政府的重视。1571 年的选举令状就附有这样的警告：“女王陛下认为，在上届议会选举中，许多人是为了个人利益，为了有利于争讼或为了逃避追捕而获选的，她希望这次选举不要再发生类似的事件。”1593 年，上院议长提请下议员注意，不要使下院成为某些人躲避债务或逃避义务的工具。[③]

第六，利用进京开会的机会开阔眼界，增长见识。一个下议员曾直言不讳地自白，他参加议会是因为“性喜新潮，酷爱猎奇”[④]。拉特兰伯爵的附庸在请求伯爵帮助他获选的信中表示，他的目的是“丰富阅历”[⑤]。1572 年

---

① Hasler，*House of Commons*，vol. 1，pp.41-2.

② Elton，*Studies*，vol. 3，p.19.

③ D’Ewes，pp.469-70；Loach，*Parliaments*，p.40.

④ Loach，*Parliaments*，p.39.

⑤ Pollard，*Factors*，p.107.

威尔特郡都督彭布罗克伯爵说："我将让（本郡）所有的乡绅得到应有的机会，即只要他们本人符合条件，我就将他们分期分批送入议会，使他们对本国的事务都有切身的体验。"① 有经验的老议员经常提醒枢密大臣，如果要使议会开得短些，就必须注意引导那些新议员，因为后者在履行其议员职责时总是三心二意，他们宁肯会议开得长些，以便有足够的时间"参观游览"。②

第七，一些从事律师职业的人参加议会是为了会议期间到与议会大厅同在威斯敏斯特宫内的中央法庭去承揽诉讼业务，增加收入，并借机展示才华以得到在国家法庭谋职的机会。出席 1597 年议会的律师下议员中，后来有 20 名成为法庭的法官。③1585 年下议员威廉·弗利特伍德指责某些律师议员为谋取私利而置议员职责于不顾，他建议下院委派警卫到各中央法庭把他们叫回到下院来。这一动议得到许多议员的拥护。④

在都铎王朝，议会首先是一个立法机构，议会法当中有不少涉及地方利益，如果某一地区在议会中没有代表，他们的利益就有可能得不到保证。因此都铎时期有些选郡、选邑的设置完全是当地居民或地方政权积极争取的结果。例如 1543 年柴郡成为选郡就与当地居民的请愿不无关系。这个特殊的伯爵领过去一直享有一种特权：只有经该郡政务会议认可的议会法才在该郡生效。但在亨利八世时期政府改革、调整行政建制的过程中，该郡失去了这一特权。于是该郡向国王提出请愿，称既然要他们服从议会法，就应该允许他们在议会中有自己的代表，否则他们的政治、经济利益势必受到损害。⑤ 有些城市是在受益于议会法后，发现了议

① Hasler，*House of Commons*，vol. 1，p.41.

② Loach，*Parliaments*，p.98；Graves，*Elizabethan Parliaments*，p.31.

③ Loach，*Parliaments*，p.38.

④ D'Ewes，p.347.

⑤ Hawkyard，"Enfranchisement"，*PH* 10，1，pp.8-9.

会的重要性，于是开始争取成为选邑的。1534 年议会颁布了禁止私自生产毛线的法律，毛纺业城市德罗威奇受益匪浅，不久后它就想办法成为新的选邑了。1544 年议会宣布，对某些曾遭剥夺的城市，必要时可以归还它们部分权利和财产，1542 年成为选邑的哈佛福韦斯特和切斯特市均被列在其中，这两个城市可能就是为了促进这一法律的落实而申请成为选邑的。1549 年的一个批准建立学校的私法案为圣奥尔本斯市打开了方便之门，它成为选邑显然受到这一事件的启发。贝里克、威斯敏斯特和白金汉市都在第一次派议员参加议会时就获得了有益于本市的法律，说明这些城市谋取议会出席权有着十分明确的目的。① 商业竞争有时也成为城市争取成为选邑的动因。牛津市与阿尔德伯里市相距只有四英里，是一对商业竞争老对手，在河道改建，协调水上运输方面，哪怕最微小的法律的倾斜，都会使两市的力量对比发生根本的变化。1571 年阿尔德伯里率先成为选邑，不久后她就扭转了自己已持续数十年的劣势地位。这一事件使牛津市深深感到议会的重要性，几年后当她也成为选邑时，市民额手称庆。位于瓦什河两岸的商业城市波士顿和林恩从一般城市变为选邑的过程几乎与牛津和阿尔德伯里两市完全相同。朗斯顿市已经有很长时间选派议员的历史，在其郊区发展起来的纽波特市深知如在议会没有一席之地就会在竞争中永远处于不利地位，于是在 16 世纪 20 年代通过朗斯顿修道院的院长使自己获得选邑的资格。1558 年经济萧条的阿尔德巴勒市成为选邑也是因为他们发现毗邻小城巴勒布里奇成为选邑后五年之内超过自己、走向繁荣之故。② 这些靠自身艰苦努力取得议会出席权的城市把这种权利视为政治地位的象征和经济地位的保障，对此十分珍重。

---

① Hawkyard，“Enfranchisement”，*PH* 10，1，pp.15-6.

② Ibid.，p.18.

亨利八世政府在扩充选邑、扩大议会规模方面所起的作用也不容忽视。在这个变革的时期，政府把议会视为加强沟通的渠道和化解矛盾的中介。利用议会召开的机会，中央不仅可以把政策向地方传达下去，也可以通过议员了解地方的动态，以便及时采取对策。正是出于这一考虑，曾加入“北方暴动”、对宗教改革持批评甚至反对态度的北方七镇，人口密集、经济实力不断上升的约克郡四城市以及原受修道院长“保护”、解散修道院以后在议会失去代言人的阿宾顿等市在16世纪30年代相继被政府批准为选邑。①

由于选郡、选邑的大幅度增加，都铎时期成为英国议会史上下议员人数增长最多的时期。据统计，在都铎王朝建立时，英国共有37个选郡，110个选邑，下议员总人数为296名。亨利七世一朝没有变化。亨利八世增设40个选区，其中既有选郡，也有选邑。爱德华六世时期增设34个城市议席，玛丽一世增设25个城市议席，伊丽莎白增设62个城市议席。②到伊丽莎白统治末年，下议员总人数达到462名，比都铎朝建立时增加166人，增幅达56%。③如果与其他时期对比，都铎时期下院的扩充愈显突出：从1307年到1509年的200多年间，下院只增加62个议席。④而在1603年至1832年的200多年间，下院只增加51个议席。⑤

同上院一样，下院的到会率和出席率也很低。这并不难理解。大部分议员的与会动机表明，他们只会对个别议题发生兴趣，甚至会全无兴趣。

---

① Hawkyard，“Enfranchisement”，*PH* 10，1，pp.14-6.

② Thompson，F.，*A Short History of Parliament 1295–1642* (Minnesoda 1953)，p.146.

③ Elton，*Tudor Constitution*. p.248；Guy，*Tudor England*，p.320；Hawkyard，“Enfranchisement”，*PH* 10，1，pp.2-3. 各家法略有出入。

④ Powell，K. and Cook，C. (eds.)，*English Historical Facts 1485–1603* (London 1977)，pp.27，31.

⑤ Neale，*House of Commons*，p.133.

下院会场大，人员多，议员没有固定座位，点名制度因而难以实行，这也为旷会者提供了可乘之机。按照1515年颁布的法律，下议员除因家人生病去世、公务缠身或正在出庭听证（指律师议员）可以请假外，必须出席会议，否则课以罚款。1554年、1571年、1581年又连续三次颁布类似的法律，但均未收到明显效果。根据参加表决的人数统计，在爱德华六世统治时期，下议员到会率为82%，出勤率超过75%的占总人数的51%，满勤议员占41%。在玛丽一世时期，到会率为72%，出勤率超过75%的占34%，满勤议员占36%。[①] 玛丽一世时期下院应到会议员在377—400人之间，但据《下院日志》记载，参加表决人数最多的一次不过321人，少时仅193人。[②]1559年伊丽莎白时期的第一届议会在1月23日至5月8日举行，应到会下议员406名，2月24日、4月24日和5月1日三次参加表决的人数分别为219名、131名和114名。1563年议会开幕时到会率为64%，会议结束时只剩31%，平均参加表决率为50%。1566年平均参加表决率只有35%。[③]1589年下院应出席462人，而参加先后二次表决的人数分别只有210人、138人和78人。[④]1601年议会平均参加表决率为44%。[⑤] 从上面的一系列数字可以得到这样两点印象：第一，随着时间的推移，下院出席率每况愈下。第二，出席率随会议的进程而递减，出席1584/1585年议会的威尔特郡议员卡鲁·雷利据说除开幕式外，没有参加一次会议。这种人看来不在少数。[⑥]

近代以来，持“都铎专制政体”说的学者普遍认为，都铎君主曾制

① Graves，*Tudor Parliaments*，p.102.

② Ibid.，pp.100-101.

③ Ibid.，p.118；Graves，*Elizabethan Parliaments*，p.33.

④ Graves，*Elizabethan Parliaments*，p.33.

⑤ Ibid.，p.33.

⑥ Loach，*Parliaments*，p.40.

造“傀儡议会”（the Packed Parliament），即国王和枢密院为了操纵议会，在选举阶段就破坏正常的选举程序，排斥异己、钦定议员。1952 年初版、后被奉为权威著作、1985 年重印的《牛津英国史·早期都铎卷》即持此说。[①] 这是一个重大的理论问题，有必要进行深入细致的分析。

首先应该指出，制造所谓“傀儡议会”并不是都铎君主的“专利”，在他们之前，有些国王就受到类似的指控。早在 1397 年，贵族阿伦德尔在议会受审时就讥讽“这里没有真正的下院”，暗指下议员并非选举产生，而由国王及谘议会（council）钦定。1399 年理查德二世受到议会弹劾，其主要罪状之一，就是破坏选举自由，搞“傀儡议会”。[②]1453 年，英国两大贵族集团的斗争已趋白热化，有人说王室直接“任命”了 17% 的下议员。[③]1459 年议会选举据约克派贵族说是英国议会史上“最丑恶”的一页，很多议员由王后玛格丽特指定，没有经过正当的选举程序，甚至根本就没有举行选举。然而翌年约克派掌权后，据说如法炮制。[④] 上述说法是否全部属实，笔者不便妄加评论，但如果用同样的“罪名”指控都铎君主，笔者则不敢苟同，其理由如下。

第一，指控的依据不足为凭。的确，参加 1537 年暴乱的贵族和托马斯·莫尔等大臣都曾指责国王践踏选举自由，“把大批效劳于国王的官吏安插在下院”。国王的宠臣伯内特也曾经说过：“政府为选择 1529 年议会的下议员煞费苦心，最终如愿以偿。”编年史作家霍尔和当年西班牙驻英大使查佩也确实都表示过同样的看法。[⑤] 但对这些人的言论，我们不可偏

---

① Mackie, J.D., *The Earlier Tudors* (Oxford 1985), p.437.

② Butt, *History of Parliament*, p.433.

③ Roskell, J.S., *The Commons and Their Speakers in English Parliament 1376–1523* (Manchester 1965), p.248.

④ Butt, *History of Parliament*, p.559.

⑤ Lehmberg, *Reformation Parliament*, pp.8-9.

听偏信。莫尔和反叛贵族都是反改革的顽固派，霍尔是虔诚的天主教徒，而查佩的言论历来偏激而片面。所有这些人对国王的攻击都发生在宗教改革议会结束之后，而在 1529 年该届议会进行选举之际并没有人提出任何批评，因此这些人完全有可能是为诋毁英国的宗教改革而歪曲事实。至于伯内特所说的“煞费苦心”，更是可以有多种解释。假如朝廷真能随心所欲地“钦定议员”，似乎倒不必费心了。

第二，国王和枢密院对选举的干预并未超出当时法律和惯例所容许的范围，不存在破坏选举自由的问题。亨利八世粗暴干涉选举、直接指定议员的“最突出表现”被认为发生在 1536 年，因为是年春夏之交国王随选举令状下发一道指令，要求各郡郡守把上届议会的议员选派上来。但这是由于该届议会有一定特殊性。1536 年 4 月长达七年的“宗教改革议会”刚刚结束国王就为解决新的婚姻危机决定再次召开议会。选举令状发出时距上届议会结束只有两周，而距新一届议会的召开只有一个月。亨利八世很可能是考虑到在这种情况下既无必要也无时间重新进行选举，所以才下达上述指令的。托马斯·克伦威尔在这届议会选举中的表现也被某些人视为破坏选举自由之举，比如他的私人备忘录显示，选举之前他就拟定了 13 个选郡和 16 个选邑的议员人选名单①；也是在这次议会选举中，他因为坎特伯雷市上报的两名议员不符合政府意志而勒令该市重新进行选举。但无论是他拟定的名单还是他向坎特伯雷推荐的人选，都没有超出上届议员的范围，因此与其说他破坏了选举自由，毋宁说他忠实执行了国王的指示。

事实上，国王或枢密院直接提名议员候选人只发生在两种情况下。一种是在王室直接控制的选邑。上文曾提到，很多选邑位于王室领地之上，

---

① Pollard, A.F., “Thomas Cromwell’s Parliamentary Lists”, *BIHR* 9 (1931), pp.31-43.

国王便是这些城市的“领主”，按照领主惯有的特权，国王或国王在该市的代理人当然有权在这些城市提名议员候选人。例如五港区诸镇的选举就在很大程度上由国王委派的镇长所控制。1554 年温切尔萨市承认，他们的镇长亦有权为该市提名一名议员，1584 年该市镇长接到政府指示：必须选派“公开支持官方宗教政策和现政权的人”①。国王所控制的最大选区在兰开斯特公爵领，那里很多选邑都将空白选举令状交给公爵领大法官，由后者随意选派议员。直属国王的选邑通常选派王室的臣仆和政府官吏为议员。例如位于王室领地上的城市斯特宁自 1539 年成为选邑后，直至玛丽一世统治期终了，其选派的议员只有一次不是官僚。② 这表明，国王、枢密院或他们的代理人在这些选邑提名的候选人一般都能当选，就这个意义而言，说他们指定议员未尝不可。国王和枢密大臣直接提名议员的另一种情况是向控制选邑的贵族推荐候选人。1539 年议会选举前夕，托马斯·克伦威尔曾分别“关照”南安普敦伯爵和诺福克公爵。后来诺福克公爵曾向克伦威尔保证，将“使愿为国王陛下效力的人”当选，南安普敦伯爵则一直设法拖延某些选邑的选举时间，直到托马斯·克伦威尔明确告诉他候选人的姓名。③ 无论国王或枢密大臣采取上述两种做法中的哪一种，他们都保留了选举形式，都是以“领主”的身份为其附庸谋取席位，而这样做并不违背当时的选举原则，贵族甚至乡绅也都是这样做的。如果说这种做法破坏了选举自由，那毋宁说在 16 世纪根本就不存在现代意义上的选举自由。

都铎朝确曾发生过图谋制造“傀儡议会”的事实。这件事发生在爱德华六世亲政前，“罪魁祸首”是彼此争夺摄政权的萨莫塞特和诺森伯兰。

① Loach，*Parliaments*，pp.32-3.

② Ibid.，p.32.

③ Ibid.，pp.27-8.

当他们先后控制枢密院时，都唯恐对方以议会为阵地攻击自己，所以对议会选举格外重视，因此枢密院在许多郡都曾直接提名候选人。但是他们的图谋未获成功。1547 年肯特郡的选民拒绝接受枢密院的提名，并认为枢密院侵犯了他们的自由。[①]1553 年枢密院的提名人也只在一部分地区当选。[②]伊丽莎白时期的枢密院偶尔也曾直接干预议会选举，如 1559 年埃塞克斯郡的两名议员可能均系枢密院提名[③]，但这种事情肯定绝少发生，因为整个政治社会都拒绝接受这种行为。1586 年枢密院以诺福克郡某议员"思想不端"为名令该郡重新选举，但在下院组成的调查委员会会议上，枢密院遭到议员们的指责，议员们认为，"这将是一个危险的先例，威胁着下院的自由和权利"。在座的枢密大臣诺利斯甚至也持相同看法。[④]由此可见，在 16 世纪，"傀儡议会"并无生长的土壤。

在亨利八世时期，由于"宗教改革议会"持续时间长，一些议员在会议期间亡故，于是托马斯·克伦威尔列了一个补选议员名单，并曾在补选之前就通知某些人做好赴会准备[⑤]，可见，补选过程可能具有官方指定议员的性质。但 16 世纪还没有关于补选的规定，而且补选毕竟极少发生，因此补选中出现的个别现象并不反映整个选举的真实过程。至于 1539 年克伦威尔向国王夸口他和其他大臣的共同努力将使国王"获得一个空前驯服的议会"，更不能作为都铎政府曾指定议员的证据。因为当时克伦威尔已失宠于国王，他说这番话不过是一种力图将功补过的表现。是年他的确至少给三个贵族写了信，让他们在他们所控制的选邑使他所提名的候选人

① Loach and Tittler，*Mid-Tudor*，p.24.

② Jordan，W.K.，*Edward VI*：*The Threshold of Power*（Boston 1970），pp.505-6.

③ Hasler，*House of Commons*，vol. 1，pp.40，158.

④ Ibid.，p.41.

⑤ Lehmberg，*Reformation Parliament*，pp.169-70.

当选。[①] 但他这样做并不是为了给国王制造一个驯服的“傀儡议会”，而是为了加强他个人在议会中的地位，以对抗与他为敌的贵族集团。事实上，克伦威尔就是在这一年的议会上被褫夺公权的。这证明不管他出于什么目的，他对选举的干预都未收到预期的效果。况且，不管克伦威尔如何表现，他都不能代表整个都铎王朝所有政府的态度，因为他是这个朝代唯一一个密切关注议会选举的政府大臣。

都铎政府有关选举的政策证明它亦无意组织“傀儡议会”。如果都铎君主要搞“傀儡议会”，他们必然会利用选邑批准权来实现这个目的，那么他们就会尽量多地设置新选邑议席，而且新选邑派出的议员绝不会是“异己分子”。但事实上，如上文所述，亨利八世和玛丽一世却在完全可以设置两个议席的选邑只设置一个议席，而伊丽莎白时期的新选邑特雷哥尼和利斯克德派出的议员是最令政府头疼的温特沃思兄弟（详见第六章）。[②] 另外，要想使议会成为“傀儡议会”，政府必须牢牢掌握议员资格审查权。都铎时期，这个权力本来一直属于大法官庭，但从16世纪80年代后期起，下院提出，只有他们才能决定各地上报的议员名单的合法性和有效性，为此下院还成立专门委员会。虽然这个权力的归属问题直到1604年才解决，但在伊丽莎白时期，女王和枢密院对它从大法官庭逐步向下院转移都采取听之任之的态度。

当然，都铎政府没有违背选举原则直接指定议员并不意味着他们对议会选举漠不关心。事实上，都铎政府十分重视选举，经常对选举加以“指导”和“引导”，只不过这种“指导”或“引导”均在选举法允许范围之内，采取的是“推荐”议员或制定合格议员标准的“合法”形式。最经常

---

① Elton，*Tudor Constitution*，pp.298-301.

② Pollard，*Factors*，p.123.

采取的办法是随选举令状下发一份国王签署的通令，通令中向各地方官"提示"议员所应具备的"素质"。1536年的通令中写道："应选举那些愿竭诚服务，且其宗教信仰和个人品德都最适合前来讨论王位继承大事的人士"。玛丽一世签署的两个通令要求各地选派"贤良方正，端肃沉稳，天主教信仰坚定，了解本地情况，愿以国家之繁荣昌盛为上帝增添荣耀的人士"。伊丽莎白女王统治时期，共下发过四次选举通令，表达了政府希望选派有经验的老议员或信仰笃诚、了解国情的人士的愿望。[①] 另外，国王或枢密院有时还专门向某些郡守或控制着许多选区的"大人物"发出特别指令，要求他们严格把关，务求当选议员为"最佳人选"。[②] 结合政府在其所辖选邑提名的候选人来看，都铎政府认为最满意的议员应具备以下条件：宗教信仰与官方相同；有议会或行政工作经验；头脑敏锐，精通法律，善于合作；了解本地民情。对政府来说，议会的主要作用有两条，一是通过政府提出的议案，一是批准赋税。由拥护官方宗教、善于合作、有议会经验的老议员或律师及官吏组成的议会会减少没必要的争论，制定较严密的法律，有利于实现上述第一个目的。了解地方政情则是实现上述第二个目的所不可或缺的，因为这样的议员可以使政府真实了解臣民对赋税的承受能力，又能结合实际向下传达和贯彻政府的赋税政策。由此可见，政府对选举的干预完全是从议会管理的角度来考虑，或者说其出发点是使下院运转更正常，使议会开得更顺利、更有效率。这与以压制不同政见者为目的的"组建傀儡议会"具有本质区别，是"技术性"的而非"政治性"的。政治色彩浓重的"傀儡议会"乃是政党政治的产物。在都铎王朝，议会首先是一个立法机构，而不是政争场所，所以对政府来说，最需要的是"有

---

① Loach, *Parliaments*, p.33.

② Ibid., pp.27-8.

效率”的议会，而不是“傀儡议会”。

总之我们可以认为，在都铎王朝，君主及其枢密院没有、或者说很少公然违背有关选举的法律或习惯，破坏“选举的自由”，他们也没有成功地组织所谓“傀儡议会”。他们没有这样做，并非因为他们不具备这样做的能力，而是他们没有这样做的必要。下面有关议员成分的分析可以更充分地说明这一点。

20 世纪 80 年代初英国历史研究会主持编纂的多卷本《下院信史》为我们了解下议员的成分提供了珍贵的资料。对于亨利八世时期，该书共统计 950 名议员，约占实际人数的 73%。分析他们的简历，我们可以得出以下印象：第一，下议员是一个相对稳定而封闭的社会集团。由于郡邑选举往往受领主—附庸关系的影响，选举中很少出现戏剧性变化，一人重复当选，一家世代当选，或家族成员同时当选的现象非常普遍，这造成议员的代表性非常有限。在书中所列的 950 名议员中，只出席过 1 届议会的有 513 人，2—3 届的 294 人，4—6 届的 104 人，7 届以上的 39 人。出席次数最多的是罗西利市的威廉·莫尔，他在 1539—1597 年间共出席 13 届议会。950 名议员当中，父子、翁婿、兄弟出席同届议会的至少有 114 人，出席不同届议会的至少 422 人。第二，下议员有较高的社会地位和政治地位。950 人中，骑士 255 人（在 1524 年，骑士人均占有土地约 6000 英亩）①，后被封为贵族的32人，官至枢密大臣、大法官、宫廷总管、财政总管、掌玺大臣等中央政府高级职务的 87 人，官至王宫侍从官、王室直领地管家、王室高级律师、枢密院书记官等宫廷或中央政府中级职务的 224 人，官至郡守、治安法官、市长、镇长等地方职务的 462 人。没有担任过任何职务的只有 177 人，占总数的 19%。第三，下议员有较高的文化程

① Guy，*Tudor England*，p.47.

度。950 人中大学毕业生 62 人，法学院毕业生 188 人。第四，资产阶级在下院占不小的比例。该书虽未进行阶级分析，但根据它所提供的议员的职业、身世，可以很容易地判断他们的阶级属性。遗憾的是该书没有交待在政府或宫廷中任中、高级职务的议员的职业，如果减去这些人（共 311 名）的话，在余下的 639 名小官吏和“布衣”中，城市工商业者 198 人，医生 2 人，渔民 1 人，私人教师 1 人，自耕农 2 人。该书编者可能认为乡绅的概念过于宽泛，难于界定，所以没有把乡绅作为一个单独的阶层，但我们根据简历中提供的地产来源、经济状况、经营方式等材料可以发现，至少有 145 人属于采用资本主义经营方式的乡绅。

该书关于伊丽莎白朝的三卷共统计议员 2603 名，其简历给我们留下与亨利八世朝相同的印象。在议员集团封闭性方面：2603 人中，曾出席过 2 届议会的 553 名，3 届的 233 名，4 届的 111 名，5 届的 57 名，6 届的 29 名，7 届的 25 名，8 届的 3 名，出席过 3—6 届的占总数的 20%。每届议会都有近半数议员曾参加过上一届议会，出席过 3 届以上的则占 25% 至 40% 之间。① 占总数 1/3 的人曾有父辈出席过议会，1/5 的人曾有晚辈出席过 1603 年以前的议会，1/10 的人既有父辈也有晚辈出席过议会。在伊丽莎白朝的所有下议员中，有温菲尔德家族成员 11 名，塞西尔、高迪等 8 个家族成员各 6 名，培根等 5 个家族成员各 5 名。② 在社会和政治地位方面：被统计者中，629 人为骑士，32 人后被封为贵族。③ 历任议员中，26 人曾任枢密大臣。④ 担任中央高级职务的议员约占 5.3%，担任中级职务的约占 32.7%，担任或兼任郡督、郡尉、治安法官、郡守等四种

① Hartley，*Elizabeth's Parliaments*，p.105.

② Hasler，*House of Commons*，vol. 1，pp.3，39.

③ Ibid.，pp.23-5.

④ Hartley，*Elizabeth's Parliaments*，p.105.

地方官吏的分别占3.4%、13.6%、83.1%、8.7%。① 平均每届下院约有7名枢密大臣。② 在教育水平方面：在被统计者中，约30%曾在大学学习，39%入过法学院。随时间推移，教育水平呈上升趋势。在1563年，曾在大学或法学院受过教育的议员约占30%，1584年升至48%，1593年达到54%。③1601年曾在大学或法学院受业的下议员占议员总数的47%和55%。④ 下院中具有丰富法律知识的律师或乡绅1563年为108人（26%），1584年为164名（36%），1593年为197名（44%）。⑤ 在阶级成分方面：就家庭出身出言，2603人中，6%出身为贵族，1%为无封号的显要大臣，57%为骑士、缙绅或乡绅，2%为律师，17%为商人，2%为自耕农以下阶层，15%不详。⑥ 就本人成分而言，45%为乡绅，16%为工商业者，17%为律师（其中47%为乡绅出身，19%为商人出身），6%供职于显贵，8%为政府官员。⑦

都铎时期，有人诋毁下议员为贪得无厌的圈地者，囤积居奇、欺行霸市的奸商和翻云覆雨、包揽诉讼的讼棍⑧，有人称赞下议员“坚毅果决、博学多识、慎思明辨”，“堪称民族精英”。或褒或贬均反映了这样一个事实：一方面，相当多的下议员属于资产阶级和新贵族，他们代表着一种要求变革的力量。另一方面，下议员不仅经济上富裕，而且政治上也享有一定权利和地位，他们在很大程度上是现行体制的受益者。因此尽管在议员

① Hasler, *House of Commons*, vol. 1, p.45.

② Ibid., pp.73-98.

③ Neale, *House of Commons*, pp.302-8.

④ Hasler, *House of Commons*, vol. 1, p.4.

⑤ Graves, *Elizabethan Parliaments*, p.37.

⑥ Hasler, *House of Commons*, vol. 1, pp.12-3.

⑦ Ibid., p.20.

⑧ Lehmberg, *Reformation Parliament*, p.8.

中资产阶级和新贵族占相当大的比重，尽管他们的思想意识和政治倾向肯定带有与封建主义截然对立的资本主义色彩，但这并不意味着他们有冲击现行体制、反对王权的强烈要求。

第三节　“乡绅入侵”

1413 年英国议会法规定，各选区选举人和被选举人必须是“本地”居民。①1445 年议会再次颁布法律，重申城市议员须“出自本地居民”的原则。② 尽管有着明确的法律规定，但是城市选举的结果却常常与之相悖，许多城市议员不是本地市民，而是外地乡绅，这一现象即被称为“乡绅入侵”(gentry invasion)。

这种现象并非始于都铎王朝。早在金雀花王朝（1216—1399 年）初期，议会的城市代表中就有一部分并不是市民。③ 到 15 世纪这种现象更为普遍，以至有史家认为，“议会成分发生革命性变化”④。1422 年议会召开时，几乎每个选邑都有一名议员为非住民。⑤1478 年代表 100 个选邑的 202 名议员中半数以上是“入侵”乡绅。⑥ 终爱德华四世一朝（1461—1483 年），城市议员中乡绅所占比例超过 50%。⑦

① *PR*，vol. IX，pp.14-5.

② *PR*，vol. XI，p.499.

③ Butt，*History of Parliament*，p.584.

④ McKisack，*Parliamentary Representative*，p.113.

⑤ Roskell，J.S.，*The Commons in the Parliament of 1422* (Manchester 1954)，pp.48-9.

⑥ McKisack，*Parliamentary Representative*，pp.106-16.

⑦ Roskell，*Commons 1422*，p.133；Colleman and Starkey，*Revolution Reassessed*，p.121.

都铎王朝“乡绅入侵”的社会基础是中世纪遗留下来的领主附庸关系。这种关系此时已与封土无关，也不具有法权性质，但是起着联系社会的纽带作用，主从双方互相承担无形的责任与义务。领主通常是贵族和官员，附庸则是经济富足但渴望提升社会政治地位的乡绅。后者仰赖前者的荫庇，前者则通过提携后者炫耀权势，扩大社会影响。这种关系比较松散，附庸随时可能改换门庭，这样会使领主感到颜面无光，所以领主总是想方设法满足附庸的要求，提携其为议员便是满足他们的方法之一。

领主为附庸寻找议员席位的最理想的地点就是城市，因为许多领主拥有城市议员提名权。领主提名权的来源有三。其一，在那些位于贵族领地上而尚未实现完全自治的城市里，贵族特权得以保存，其中就包括议员提名权。德文伯爵领地上的普利斯顿市和威洛比勋爵领地上的牛津市等都属于这种情况。埃尔兹伯里市位于帕金顿伯爵领地，该市 1572 年议员登记表背面书有这样的字样：“本人，多罗西·帕金顿女伯爵，埃尔兹伯里市的领主和拥有者，郑重推荐忠诚的托马斯·利奇菲尔德和乔治·伯德两位先生为该市议员。”① 其二，有些贵族用出让土地或提供资金的方式换取议员提名权。拉特兰伯爵把市郊一块地产赠予东雷特福市，1586 年该市致函伯爵：“承蒙惠赠，感激曷胜。兹请为本市举荐议员一名，倘获慨允，本市民众将深感荣幸。”② 奇切斯特家族将庄园城堡卖给巴恩斯特布尔市，随后也取得了该市的议员提名权。③ 甚至在城市投资办学也可以换取议员提名权。其三，通过担任城市“总管事”获取议员提名权。16 世纪，伴随着经济发展，申请自治的城市日益增多；为顺利得到国王的批准，城市往往要请达官贵人代为向国王呈递请愿状，而国王在批复诏书中就会封

① Kishlansky，*Parliamentary Selection*，p.42.

② Ibid.，p.47.

③ Ibid.，p.42.

这位达官贵人为该市“总管事”。有些古老城市因对议会缺乏兴趣，其派遣议员权长期闲置以至废止；这些城市若想恢复权利，也要请达官贵人代为申请，达官贵人也就因此而成为“总管事”。还有些高官显宦，因利用职权为城市进言办事，也成为了城市的“总管事”。“总管事”虽非行政实职，但在该市享有某些特权，其中就包括1—2名议员提名权。① 都铎时期，城市“总管事”提名议员的情况非常普遍，例如1584年，伊丽莎白一世的远亲凯里为纽波特、雅茅斯和新镇三市向女王请求自治，获准后他在这三个城市各获得一名议员提名权。1601年凯里致函雅茅斯市：“请你们一如既往地把选举令状交给我，以便我为你们填报最佳人选。”② 同年他还写信给新镇市，称：“由于我的从中斡旋，你市的种种诉求方才得以实现，所以应将你市空白选举令状寄给我，以便我推荐合适人选。”③1584年莱斯特伯爵函告安多弗市：“因为我是你市‘总管事’，所以我坦诚地要求给予我一名议员提名权……假若你们愿意把另一名额也给予我，我将十分感谢。”④ 兰开斯特公爵领地的大法官托马斯·哈尼哥是索尔兹伯里市的“总管事”，他在1593年致该市的信函中写道，议会即将召开，“由于我是本市官员并对这个城市满怀热忱，因此请允许我——一个真诚希望本市繁荣昌盛的人——提名一名议员，我将选择一位信仰虔诚、当之无愧的议员，就像你们自己选出的人一样适合为本市服务”⑤。

---

① 英国史学家洛赫不同意这一观点。她指出，在某些选邑拥有议员提名权的贵族和官僚，当初对于这些城市申请选邑资格非但没有助益，而且还持反对态度。(Loach, “New Air”, p.131.) 但洛赫所说的毕竟只是个别现象。(详见下文，并参阅 Hawkyard, “Enfranchisement”, *PH* 10, 1, pp.20-1。)

② Neale, *House of Commons*, p.136.

③ Hasler, *House of Commons*, vol.1, p.50.

④ Neale, *House of Commons*, p.137.

⑤ Graves, *Elizabethan Parliaments*, p.91.

尽管城市承认达官显贵的议员提名权，但这并不意味着城市同意他们提名外地人担任城市议员，因为这种做法与法律相抵牾。所以，当领主将其乡绅附庸推荐为城市议员时，常常会遇到阻力。1558 年剑桥市向“总管事”诺福克公爵表示，实在无法接受后者的推荐，因为只有本市市民才能当选该市议员。[①] 莱斯特伯爵提名的候选人在雷丁、大雅茅斯和金斯林三市都被抵制。[②]1584 年他要求格洛斯特市把空白选举令状寄给他，该市回信说，这样做“并不妥当”。[③]1562 年贝德福德伯爵曾因其提名的候选人在埃克塞特市遭到拒绝而在信中抱怨：“我以为，凭我对贵市的善意，在这种无关紧要的小事上本应得到比拒绝更好的对待。”他后来又向该市推荐另一个人，指望该市反对的是个别候选人而不是他的推荐权，但是这名候选人同样未被接受，显然该市并不认为这是“无关紧要”的小事，而且反对的目标也并不是个别候选人。[④]1581 年，坎特伯雷市迫于压力不得不接受一名外地议员，但随即便作出了“下不为例”的决定。[⑤] 拉特兰伯爵在格兰瑟姆、诺威奇主教在大雅茅斯、亨廷顿伯爵在莱斯特也都有过铩羽而归的经历。[⑥] 城市抵制“乡绅入侵”大抵出于两个理由。其一是“不甘其辱”，如约克市就曾宣布：“像本市这样历史悠久的城市，如果选个外乡人作为议会代表，那简直是奇耻大辱。”[⑦] 其二是认为外地人不了解本市情况，以此为由的多为新兴工商业城市，如赫里福德市就曾“发誓坚拒外地人”[⑧]。一

① Loach，*Parliament and the Crown*，p.26.

② Neale，*House of Commons*，p.202.

③ Hasler，*House of Commons*，vol. 1，p.50.

④ Ibid.，p.51.

⑤ Ibid.

⑥ Kishlansky，*Parliamentary Selection*，p.48.

⑦ Ibid.，p.32.

⑧ Ibid.

般来说，城市越大，乡绅越难“入侵”；伦敦、布里斯托尔、巴斯、勒德洛和武斯特等市就从未选过乡绅议员，约克市和索尔兹伯里市也仅只出让过一次议席。

但是从“乡绅入侵”的严重程度来看，多数城市不会拒绝贵族的提名。这里既有政治原因，也有经济方面的考虑。城市议员出席议会期间的全部费用，包括每人每天 2 先令生活补贴、差旅费、注册费、提案成本费等等，均须由城市负担。1558 年埃克斯特市为其一名议员支出的会议费用多达 59 英镑 13 先令 4 便士。遇到“宗教改革议会”（1529—1536 年）那样为时漫长的议会，城市为每名议员支出的费用可能超过 70 英镑。① 这对于中小城市，比如年基金收入不足 50 英镑的邓威奇市或是连每年应向国王缴纳的 26 英镑税金都支付不起的贝德福德市来说，确实是难以承受的负担。② 而“入侵”的乡绅却不向城市索要分文。1539 年南安普敦伯爵向吉尔福德市推荐候选人时特别声明，该候选人如果当选，将无需该市任何补贴；于是该市欣然接受了他的推荐。50 年代拉特兰伯爵为林肯市提名的议员也总是表示“无偿为该市服务”；结果该市不仅出让了议员提名权，还向伯爵馈赠礼品以示感谢。③ 奇切斯特家族推荐的乡绅担任巴恩斯特布尔市议员长达 20 年之久，后者反而因长期“减少一名议员负担”而对其深怀感激。④ 米涅海德市长期以来一直靠自掏腰包的乡绅担任市议员，1601 年当该市不得不自选议员并负担费用时，竟然不知所措。⑤

但是，并非所有穷困城市都甘愿接受乡绅的“入侵”。1535 年，林肯

① Loach, *Parliament*, p.30.

② Hasler, *The House of Commons*, vol.1, pp.48-9; Bindoff, *House of Commons* vol.1, pp.30-1.

③ Loach, *Parliament*, p.30.

④ Kishlansky, *Parliamentary Selection*, p.42.

⑤ Ibid., p.43.

市一名市民议员“出于对该市的热爱和激情”，自愿将津贴从11英镑3先令4便士减少到7英镑。出席亨利八世第一届议会的怀康布市市民议员宣布不要津贴。① 雷丁市尽管也在穷困之列，但还是在1539年作出了每届议会必须选一名市民出席议会的决定。② 南安普敦因经济衰落，曾多次请求女王减免年租，但并未因此放弃议会出席权；1509—1558年该市选派的11名议员中，只有一名来自外地。③ 以上事实表明，“穷困”并不能必然地让这些城市出让提名权，它们接受“乡绅入侵”应该是另有苦衷。

这个“苦衷”就是不敢违抗权贵。以下事例很有代表性。蒙哥马利伯爵曾威胁卡斯尔镇镇长：“如果你们不选择（我推荐的）普利先生……别以为我会不在乎……今后你们有求于我时，我会以牙还牙的！”④1563年兰开斯特公爵领上的城市利物浦拒绝接受公爵领大法官提名的人选，大法官当即宣布要对该自治市的合法性进行审查。⑤1572年登比市在选举结束后才接到莱斯特伯爵的推荐信，因此无法从命；然而伯爵勃然大怒，不仅下令该市重新选举，还斥责说：“要知道，我是你们的领主！你们岂能对我如此无礼……假如你们不选我指定的人，别指望我今后善待你们。”⑥ 对于骄横的高官显贵，城市常常显得无可奈何。1553年斯坦福市已经将两个提名权分别给予了两位贵族，但又收到某大臣要求提名议员的信件，这让它“深感为难”。同年，后来升任首席大臣的威廉·塞西尔要求在格兰瑟姆市提名两个议员，但该市此前已把一个提名权出让给了拉特兰伯爵；该市只好在表示“完全赞成”塞西尔提名的一个人选的同时，诚惶诚恐地为

---

① Lehmberg，*Reformation Parliament*，p.33.

② Bindoff，*The House of Commons*，vol.1，pp.34-5.

③ Ibid.，pp.101-2.

④ Kishlansky，*Parliamentary Selection*，p.43.

⑤ Neale，*House of Commons*，pp.146-7.

⑥ Kishlansky，*Parliamentary Selection*，p.43；Hasler，*House of Commons*，vol.1，p.49.

未能完全满足其要求而深表歉意。[①]1586 年东雷福特市市政会议给拉特兰伯爵的回函，代表了大多数城市当局面对权贵压力的态度：“经过反复斟酌和慎重考虑，我们认为在（议员提名）这件事以及其他更重要的事情上，必须充分满足您的要求。所以，只要您愿意选择或提名，我们一定遵命不敏。”[②]

都铎时期，地位显赫的大贵族往往控制众多选邑。如历代诺福克公爵先后获得了刘易斯、肖拉姆、布兰伯、赖盖特、霍尔舍姆、金斯林、卡斯尔雷辛、大雅茅斯、斯特宁和加通等 10 个选邑的议员提名权。[③] 温切斯特主教控制着汤顿、当顿和欣登 3 个城市的议员选举。[④] 伊丽莎白时期权倾一时的莱斯特伯爵曾在安多弗、普尔、南安普敦、雅茅斯、登比、考文垂和利奇菲尔德等 7 个城市提名议员。埃塞克斯伯爵一度兼任伊普斯威奇等 12 个城市的“总管事”，并掌握所有这些城市的议员提名权。[⑤] 贝德福德伯爵的势力范围包括康沃尔、德文和多塞特 3 个郡，三郡许多城市的选举都被他控制，1559—1584 年的五次议会选举中，由他指定的议员人数分别为 24 名、29 名、30 名、35 名和 20 名，占三郡市议员总数的 39%、44%、43%、49% 和 26%。[⑥]1597 年下院有近 30 名议员是枢密大臣罗伯特・塞西尔的附庸，1601 年他为了运送其附庸议员赴会甚至需要借用两艘船只。[⑦]

都铎时期，“乡绅入侵”的程度十分严重。按规定，下院中乡绅与市

---

① Loach，*Parliament*，p.30.

② Neale，*House of Commons*，p.145.

③ Lehmberg，*Reformation Parliament*，p.30；Loach，*Parliament*，p.29.

④ Bindoff，*House of Commons*，vol.1，p.14.

⑤ Neale，*House of Commons*，pp.137，147，156，159-74，201-2，224-6，263.

⑥ Hasler，*House of Commons*，vol.1，p.62.

⑦ Loach，*Parliament*，p.159.

民之比应为 1∶4，实际情况却是 4∶1。[①] 伊丽莎白朝（1558—1603 年）的 10 次选举中，平均有 66% 的城市议席被乡绅所“侵占”。[②]1584 年下院议员总计 447 人，按规定其中应有 357 人是来自城市的市民，但实际上市民只有 53 人。[③]

对于都铎时期“乡绅入侵”如此严重的原因，西方学者有两种解释。一种是“贵族政治论”。这种解释来自“辉格派”，他们认为“乡绅入侵”是高官显贵（甚或王室）拉帮结派的结果，其目的是在议会中结成政治集团，人多势众。[④] 第二种是“政府管理论”。这种解释源于修正派，他们认为都铎议会并非党争场所，而是立法机构，其中心任务是制定法律；为提高立法效率并在立法中贯彻君主的意志，政府希望下院以律师、官吏等“高素质”人士为主体；而“乡绅入侵”就是政府为遴选“高素质”人士担任下议员而采取的必要措施。为佐证其观点，修正派学者不仅指出多例“乡绅入侵”与枢密大臣直接插手选举有关，而且指出，出让提名权的多是在王室领地或王畿之内新近设立的新选邑，这说明，“较之谋求提携附庸的贵族和渴望参与国家政治的乡绅，国王对新选邑的需求更为迫切”，因之可以断定，“乡绅入侵”乃是政府的“管理行为”。[⑤]

---

① Elton，*Tudor Constitution*，p.249.

② Hasler，*House of Commons*，vol.1，p.58.

③ Neale，*House of Commons*，p.147.

④ Ibid.；Neale，*Elizabeth I and Her Parliaments*，2vols.

⑤ 埃尔顿详细描述了枢密大臣威廉·塞西尔在 1571 年、1572 年、1586 年、1589 年四届议会上“精心安置”议员的行为；（Elton，*Parliaments*，p.13.）位于王室领地上的新选邑包括：亨利八世时期的纽波特、查梅福德、格拉彭、波塞尼、萨尔塔什、威斯特卢、兰开斯特、埃斯特卢、利物浦、塞特福德、威根、普雷斯顿；爱德华六世和玛丽一世时期的阿尔德巴勒、里彭、内尔兹巴勒、巴勒布里奇、希海姆弗雷尔斯；伊丽莎白时期的克利瑟罗、斯托克布里奇、萨德伯里、牛顿等等；王畿（非王室领地，但受王室控制）内的新选邑包括班伯里、汤顿、比绍普斯堡等；洛赫指出，政府对这些城市的选举历来十分“关注”。（Colleman and Starkey，*Revolution Reassessed*，pp.131-2.）

以上两种解释似乎不无道理，但深究就会发现，二者均无充足的论据。

从都铎王朝议会史料中，迄今未能发现足够的证据可以说明下议员的当选背景与其议会表现之间的联系，因此不能断定贵族举荐的乡绅一定会在议会中贯彻贵族的政治意图。换言之，正统派学者主张的"贵族政治论"具有明显的推测性质。格雷夫斯据此提出了完全相反的意见，他认为附庸议员只是领主"形式上的盟友"，"他们未必按照（领主的）愿望表态或表决。都铎议会中没有'政党的仆从'，他们仍是有独立意志的个人"①。

修正派学者观点建立在"国王积极设置新选邑"假设上，但是史料同样不足以证明这一点；相反倒有材料表明，当时君主对大批设置新选邑并不满意。1579 年纽瓦克市的选邑申请被伊丽莎白女王断然拒绝，因为她"认为选邑已经太多，正在考虑取消一些"②。此事发生在女王在下院的主要代理人威廉·塞西尔转入上院、政府亟须在下院安置新代理人之际，因此与"政府积极设置新选邑、鼓励'乡绅入侵'以便安插代理人"的修正派解释正好相悖。事实上，伊丽莎白女王对"乡绅入侵"很不以为然。1571 年枢密院致信地方官员，称女王陛下希望选举了解当地实际情况又善于建言献策的本地人为议员；言外之意即鼓励选举本市市民，而不赞成选举外地乡绅。③1597 年枢密院重申女王这一意向，责令郡守务必选择能为"本地服务的合适人选"；并且声称，对于违旨抗命者将追究责任。④

既然"贵族政治论"和"政府管理论"均因论据不足而难以成立，那么可以说，西方学者对"乡绅入侵"这一都铎时期议会选举中"异常现象"的解释乃是对历史的"误读"。之所以发生"误读"，是因为他们都是

---

① Graves，*House of Lords*，p.284，f. 3；*Tudor Parliaments*，p.113.

② Pollard，*Evolution*，p.159.

③ Graves，*Elizabethan Parliaments*，pp.91-2.

④ Ibid.，p.89.

围绕英国革命这个主题来思考和讨论，用现代政治思维解释都铎议会选举，难免发生“时空倒错”。

那么，都铎时期“乡绅入侵”的真正原因在哪里？解答这一问题，需要返回当时的历史文化语境，正确理解都铎时期下议员的身份属性和议会选举的性质。

在都铎时期，下议员享有极高的声誉和地位。这表现在三个方面。首先，下议员被视为“替天行道”的上帝代言人。16 世纪的议会仍被看作全国最高法庭，下议员兼有法官和律师（lawyers）的身份。按照时人的政治理念，各级法官或律师都是上帝派遣到人世间来主持正义的。伊丽莎白时代的政论家托马斯·史密斯说，上帝把世人分为两种：权力阶层和劳工阶层；构成下议员主体的乡绅和市民属于权力阶层，他们被上帝赋予统治劳工、管理社会的责任，出席议会就是他们履行这一责任的形式。①某些细节也可以说明这一点：在下院创议的法案中，“秉承上帝意志”、“依据上帝的律法”、“不制定该法律，上帝的怒火将会降临这块土地”等字眼频繁出现②；议员们常常以“问心无愧”（be on one’s conscience）自勉，而在宗教改革后的新教字典里，所谓“问心无愧”即指自觉贯彻上帝意志。③其次，君主对下议员也多有溢美之词。国王的“议会召集令”惯称下议员为“明智、通达、博学之士”④；连“铁腕女王”伊丽莎白一世也不忘让上院议长转达她对下议员的尊敬之情：“尽管对议会讨论的一切事务女王都可以自作主张，但是出于对下院耆老贤达的充分信任，她不愿就下

① Jones, Norman, “Parliament and the Political Society of Elizabethan England”, in Hoak, Dale (ed.), *Tudor Political Culture* (Cambridge 1995), pp.228-9; Sir Thomas Smith, *De Republica Anglorum*, ed. by Mary Dewar (Bristol 1982), pp.64-77.

② *Statutes of the Realm*, vol.4, 5 Eliz.I, c. 14.1, p.443; 13 Eliz. I, c. 8.4, p.342.

③ Dean, *Law-Making*, p.18; D’Ewes, p.631.

④ Kishlansky, *Parliamentary Selection*, p.13.

院未予审议和讨论的事情作出决定。”① 伊丽莎白还经常表示，下议员乃是“国家栋梁”②，他们与政府大臣一样都是君主的“得力臂膀”③。再次，在一片吹捧声中，下议员本人也自视甚高。他们知道自己是立法者，而法律是约束人的，因此认为他们作为“治人者”自然要比“治于人”者高出一头④；他们以“雕琢”法律的“能工巧匠”和疗治国家创伤的“良医”自诩⑤，自称天赋异禀，“慎思明辨”，因而成为出席议会“这种庄重大会”的最佳人选。⑥1566 年，下院议长在会上宣称，下议员如同“女王陛下苑囿里的奇葩”⑦。

都铎时期的下议员也具有人民代表的身份，但是他们的代表性与现代议员的代表性有所不同。简而言之，他们不是因为能够为选民代言而被选举出来的一方利益代表（尽管他们可以为地方群体呼吁），而是因为个人素质超群而脱颖而出成为社会精英代表。都铎时代的人们就是这样认识下议员的。曾与 1593 年担任下院议长的政论家爱德华·科克说过：“虽然议员由各个选区推选，但是一旦推选出来出席会议，就是为整个国家服务的。因为，正如‘议会召集令’所说的，议员是出于为公众谋利益的目的参加议会的。”⑧ 托马斯·史密斯则指出，在议会中，下院议员与上院议员

① Jones，“Parliament and the Political Society”，p.238；Hartley，T. E.，(ed.)，*Proceedings in the Parliaments of Elizabeth I 1558–1581* (Leicester，1981)，pp.33-4；D'Ewes，p.524.

② Kishlansky，*Parliamentary Selection*，p.45.

③ Dean，*Law-Making*，p.18；

④ Ibid.，pp.16-7；D'Ewes，pp.489-90，646.

⑤ Dean，*Law-Making*，p.15.

⑥ Hexter，J.H.，*Parliament and Liberty*：*from the Reign of Elizabeth to the English Civil War* (Stanford 1992)，p.88；Hartley，*Proceedings*，vol. I，pp.225-6.

⑦ Jones，“Parliament and the Political Society”，p.237；Hartley，*Proceedings*，vol. I，p.126.

⑧ Coke，Edward，*The Fourth Part of the Institutes of the Laws of England*：*Concerning the Jurisdiction of Courts* (London，1644)，p.14.

相互配合，反映“英国民众的整体心声”①。

都铎议员的这种身份决定了选举的性质。既然议员的基本属性是“社会贤达、民族精英”，选举便以“拔尖选优”为宗旨。正如史学家基什兰斯基所言，都铎时期的议会选举与其说是选举（election），毋宁称之为“选拔”（selection）。② 为保证“选拔”质量，都铎时期的选举奉行“Free Election ”原则。“Free Election”一词可以译为“自由选举”，但是15—16世纪的“自由选举”与现代意义上的自由选举并不相同。“free”虽然是“强迫”的反义词，但其更主要的含义是“发自内心的”、“慷慨的”，与“election”搭配则转义为“无可争议的选举”或是“一致赞成”。也就是说，这里的“自由”是有特定意义的，即“非全票通过”就含有“强迫”反对者接受选举结果的意味，因此是“不自由”的；而所谓“自由选举”，就应当是“一致赞成”选举的结果。③1604年萨福克伯爵责令萨弗仑沃尔登市民选举其附庸，明明是“强迫”，却又让市民们“give free consent”，这里“free”的意思显然不是“自由”，而是“一致”。④

都铎时期议会选举名为“自由”、实为“一致”的实质，给所有涉事者都造成心理压力。对主持选举者而言，1406年议会法规定，保证“一致通过”（free election）是郡守的职责⑤，这意味着郡守必须千方百计使选民的意见高度统一，否则就可能导致选举无效；1597年约克郡的选举“不幸”陷入了选民对立局面，约克大主教便禀报枢密大臣，说主持选举的郡守“像毛头孩子一样不称职”⑥。对选民而言，他们丢下工作专程赶到郡府

① Dean, *Law-Making*, p.17; Smith, *De Republica Anglorum*, p.79.

② Kishlansky, *Parliamentary Selection*.

③ Ibid., p.62.

④ Ibid., p.11.

⑤ Wilkinson, *Constitutional History*: *15th Century*, p.289.

⑥ Kishlansky, *Parliamentary Selection*, p.54.

参加选举，如果选举无效，不仅这次奔波成了“无用功”，今后重新选举还得再奔波一次，这是他们极不情愿的。对候选人而言，能否“全票”当选更是兹事体大。既然“下议员”已成为公认的身份地位“符号”，那么能否当选便关乎个人的名声和荣誉。1601 年候选人哈林顿声称，如不能当选便无颜面对父老乡亲，唯有远走他乡，看来并非虚言。① 甚至“非全票当选”都是难以接受的，因为在他们看来，被人瓜分选票无异于名誉受到玷污，即使当选也脸上无光，曾有候选人说：“我虽梦寐以求当选议员，但绝不愿为此和别人伤了和气。”② 这里说的“伤和气”，就是因为出现竞争对手。现代选举中的“竞选”，在都铎时人看来实在有失体面。

由于事关体面，候选人心理压力巨大，行事极为慎重，一般非事先充分沟通并对胜选确有把握，不会轻易公开自己的参选意向。最常用的沟通方式是私人通信。1584 年选举前夕亨利·科克在致友人的信中写道：“我知道自己在本郡的声望尚不足以在如此重要的角逐中稳操胜券，因此恳请您助一臂之力。”③ 收信人通常会复信表态，如果应允支持对方，届时定会恪守承诺，失信于人在当时上流社会颇为人不齿。④ 最主要的沟通对象是本郡贵族。其原因，一是自中世纪以来，贵族一直享有提名政府官吏的特

---

① Neale，*House of Commons*，p.25.

② Kishlansky，*Parliamentary Selection*，p.24.

③ Ibid.，p.30.

④ 在 1584 年哈福德郡选举中，候选人亨利·科宁斯比遇上了承诺者中途变卦的情况，尽管后者在选举举行之前就来信告知并深表歉意，但他仍对此“背叛”行为不能容忍。他在复信中斥责道：“如果你们的承诺如此廉价，言而无信，朝三暮四……我要郑重地告诉你们，永远不要再指望我做你们的朋友或与你们交往。”（Kishlansky，*Parliamentary Selection*，p.30.）1588 年，白金汉郡乡绅约翰·坦普尔答应福蒂斯丘先生支持其提名人后，又接到格雷·希尔顿爵士的来信，让他支持另一个候选人，考虑到格雷·希尔顿是他“首先应该效忠的人”，约翰·坦普尔只好改变支持对象，并致函福蒂斯丘请求原谅。但后者非但不予谅解，反而斥责约翰·坦普尔是“毫无君子之风”的“不义之徒”。（Mark Kishlansky，*Parliamentary Selection*，p.64.）

权，而都铎时期下议员亦被视为官吏的一种，所以依照惯例，贵族可以在郡选举中提名候选人；二是作为当然的上院议员，他们在下议员选举中立场超脱；三者更重要，即贵族拥有大量地产，能操纵众多佃农选票；而且，在等级分明的16世纪，处于社会阶梯上层的贵族在地方往往有一言九鼎的威力，不仅主持选举的郡守会秉承贵族的指令安排选举程序，为其提名人创造条件，而且普通选民也会不由自主地追随贵族。因此，正如枢密院指出的，各地“头面人物的尽职尽责”乃是选举是否顺利之关键。① 既然贵族的支持是成功当选的重要保证，候选人自然会把向贵族请托作为竞选的关键手段，而领主—附庸关系是他们请托的基础。出于对附庸的宠信，贵族受托之后一般都会亲力亲为。1584年选举前夕，蒙塔古勋爵致信苏塞克斯郡郡守：“我想应该通知您，我和我熟识的贵族们以及众多乡绅都认为，罗伯特·塞克威尔先生和托马斯·沙利先生最适合担任（苏塞克斯郡议员）……请将我的意见转告选民们。”② 同年，安东尼·高迪在给其同胞兄弟巴辛鲍尼的信中写道：“我谨代表威廉·德鲁里并以我个人的名义，请你出面动员萨福克郡所有你能动员的自由地持有者（支持我所提名的候选人），襄助之情，永志不忘。”③1603年选举前夕，出身于北安普敦的枢密大臣罗伯特·斯潘塞表示：“（某某）和我深怀桑梓之情，如蒙家乡父老错爱，将（提名候选人）的权利授予我们，我们必当不负重托。”他的请求显然得到了满足，因为不久他即为此再次致信家乡父老表示感谢。④ 一旦贵族提名候选人，此后的选举过程就成了过场戏。如此，许多地方的议席即被本地贵族所把持，予取予求，如臂使指。如格洛斯特郡的议席由武

---

① Kishlansky, *Parliamentary Selection*, p.25.

② Loach, *Parliament*, p.151.

③ Kishlansky, *Parliamentary Selection*, pp.29-30.

④ Ibid., p.28.

斯特伯爵和钱德男爵控制，1509 年至 1558 年当选的 13 名郡议员全部出自他们提名。① 再如兰开斯特郡，1529 年至 1601 年该郡两个议席一直由格雷和哈斯廷斯两大家族分享。②

以上说的是郡级选举。城市选举与郡选举是同一模式，只是郡选举中的附庸（候选人，多为本地乡绅）——郡守——领主（贵族）"轴心"，变成了附庸（候选人，外地乡绅）——市长——领主（贵族）"轴心"。有意参选者同样需要首先进行"私下沟通"，方式同样是写信请托。某乡绅曾致函赫里福德郡的枢密大臣克罗夫特："我……属意下院席位，因此不揣冒昧，谦恭地请求您提携，请在贵郡您认为适当之处提名我为市议员。"1586 年乡绅巴奇纳尔写信给拉特兰伯爵："如果您手中还有某市议员提名权的话，我恳求您记着我，因为我对此期望已久。"③1558年，乡绅尼古拉斯·莱斯特兰奇先是谋求剑桥市的议席，但未能如愿，于是向其领主、第四代诺福克公爵求助。诺福克公爵为满足其要求，先想方设法使卡斯尔雷辛市成为选邑，而后利用自己因此而获得的该市议员提名权将其选入议会。④1601 年，乡绅爱德华·伦顿在写给枢密大臣罗伯特·塞西尔的信中说："恳请阁下拨冗致函（威康布市）市政会议，让他们推选我为该市议员。因为，尽管（有人说我是）诺里斯的追随者，但是阁下明鉴，我对阁下忠心耿耿，从未追随他人。"⑤ 通常在这样写信请托之后，与郡选举过程相似的选举"过场戏"就开演了，于是出现"乡绅入侵"的结果。

综上所述，在都铎时期，贵族的提名举荐是保证议员质量和选举过程

① Bindoff，*House of Commons*，vol.1，p.92.

② Loach，*Parliaments*，p.26.

③ Neale，*House of Commons*，pp.143-4.

④ Hawkyard，"Enfranchisement of Comsttuencies"，*PH* 10，1，p.20.

⑤ Loach，*Parliament*，p.50.

顺利的唯一可靠的“选举”方式。正由于其可靠性，因此尽管这种方式与法律规定的“议员须出自本地居民”相抵牾，二者仍能并行不悖。况且，“出自本地”的规定实质上是为了使议会税得到各地代表的认可，从而有利于征收；而经验证明，自 14 世纪以来，虽然外地议员代表城市的情况频频出现①，但从未出现有碍议会税征收的情况；所以，硬行坚持“出自本地”原则事实上已无必要。总而言之，外地乡绅作为城市代表出席议会这一现象，如果放在都铎政治文化背景下来观察，完全是正常的现象；称之为“入侵”并且视之为“异常”，乃是出于现代政治理念对这一历史现象的“误读”。

然而，正常现象中未必没有潜藏的危机。

危机起源，还是议员代表性问题。如前所述，都铎时期下议员的属性是代表全体国民的“社会贤达、民族精英”，而不是“某些地方选民的代言人”。但是，“全体国民”只是抽象的概念，“地方选民”却是真实的存在；身为“某市议员”，即使不必对该市选民负责，议员自己肯定也会有“该市民众代表”的自我意识。事实证明了这一点。在下院辩论时，议员经常声明，自己所言并非“一己之见”，而是代表“一方民众”，挟选区或

① “乡绅入侵”现象早在 14 世纪即已出现。金雀花王朝（1216—1399 年）早期议会的城市代表中，就有一部分并非市民。（Butt，*History of Parliament*，p.584.）15 世纪这种现象更为普遍，以至有史家认为，“可以说议会成分发生了革命”。（McKisack，M.，*The Oxford History of England*：*The Fourteenth Century*（London 1985），p.113.）1422 年议会召开之际，几乎每个选邑派出的议员中都有并非出自本市者。（Roskell，*Commons 1422*，pp.48-9.）1440 年，“乡绅入侵”的比例达到 30%。（Loades，David，*Tudor Government*（Oxford 1997），p.39；Myers，A. R.，“Parliament 1422－1509”，in R.G. Davies and J. H. Denton（eds.），*The English Parliament in the Middle Ages*（Philadelphia 1981），p.163.）1478 年，在代表 100 个选邑的 202 名议员中，至少半数以上是乡绅。（McKisack，*Fourteenth Century*，pp.106-16.）在爱德华四世时期的全部城市议员中，乡绅所占比例超过了 50%。（Roskell，*Commons 1422*，p.113；Colleman and Starkey，*Revolution Reassessed*，p.121.）

选民以自重。①1584—1585 年议会中，某议员提交议案时特别强调，该议案乃是应某些地区民众之吁请而提出。1593 年议会税方案出台后，许多议员代表“家乡父老”抱怨负担过重。1601 年，在就一份有争议的议案组建专案委员会时，枢密大臣罗伯特·塞西尔力主让伦敦市议员参加，因为他料定，此议案事关伦敦市利益，若不充分听取该市议员意见，该议案在通过或贯彻过程中势必遇到麻烦。②凡此种种，皆说明当时人们已经初步具有了议员乃“地方民意代表”的概念。因此，选民寄希望于议员在议会中反映地方民意，也是顺理成章。再者，议员是作为“高素质”的“社会贤达”和“民族精英”被推选出来的，而当时所谓“高素质”，不仅仅是德高望重，声誉卓著；也不仅仅是饱读诗书，学识丰富；更重要的，还必须洞明世事，体察民情。1593 年，米德尔塞克斯郡议员罗伯特·罗斯以“缺弦的琴奏不出悦耳的音乐”作比喻，表达他对议员整体素质的希望，即议员不仅要来自四面八方，所代表选区覆盖全国各地；还应该见多识广，真正了解各地方的民生民情。③伊丽莎白时期曾多次出席议会并热衷研究议会制度的弗朗西斯·奥尔福德议员认为，各选区议员的搭配，应当既有满腹经纶、足智多谋之士，也有对地方事务和民生民情了如指掌的人；他说，只有这样才能满足议会立法的需要。④总而言之，都铎时期的议员虽非“地方民意代表”，但是无论政府还是地方民众，都对他们抱有期望，期望他们了解和反映本地社情民意，期望他们能够代表和争取本地的利益。⑤

---

① Hexter，*Parliament and Liberty*，p.90；Hartley，*Proceedings* vol.1，p.238.

② Dean，*Law-Making*，p.14.

③ Hexter，*Parliament and Liberty*，p.90.

④ Jones，“Parliament and the Political Society”，p.237；Hartley，*Proceedings*，vol. 1，p.230.

⑤ 关于下议员为地方利益的所作所为详见第五章第四节。

既然如此，由外地人担任本地议员便有所不妥。这种“不妥”，在都铎王朝以前尚不明显；而在都铎王朝，由于社会经济情况发生变化，渐渐地凸显出来。

都铎王朝正处于英国社会经济剧烈转型时期。市场空前扩大，但发育尚未成熟，管理亦不尽有序；机会空前增多，但是自由竞争和封建垄断并存，二者互相矛盾；地区之间、行业之间、经营者之间，既有相互依存，又有利益冲突。这样复杂的社会经济状况，迫切需要一种强有力的协调机制，而议会恰好能够发挥这样的作用。自中世纪以来，英国议会一直具有立法职能；16 世纪 30 年代宗教改革期间，英国脱离罗马教廷、建立真正主权国家的过程始终以议会立法的形式推进，议会本身也在这个过程中成为主权国家的化身，议会制定的法律是不容置疑的最高法，议会作为全国最高法庭，依据议会法裁决各类上诉。① 都铎时期议会地位之高乃是空前的，都铎议会立法也因之呈现三个特点：

其一，社会经济方面的提案和立法数量大幅增加。以 1536—1545 年为例，在这 10 年制定的全部议会法中，社会经济类立法占到 75%②；而通常立法数不到提案总数的一半，也就是说，还有一倍以上社会经济类提案未曾进入立法程序便已“流产”③。

其二，议案与地方利益和群体利益密切相关。以伦敦市提交的议案

① 关于宗教改革对议会地位提高的影响，参见拙文《英国议会史上的一次重大变革》，原载《北京师范学院学报》1991 年第 1 期；Archer，I.，“The London Lobbies in the Later Sixteenth Century”，*HJ*，vol.31（1988），No.1，pp.27-8，39。

② Loach，*Parliaments*，p.86.

③ 1559—1581 年，议会立法 221 件，而同期审议的提案高达 885 件。（Elton，*Parliament*，p.52.）爱德华六世（1547—1553 年）、玛丽一世（1553—1558 年）和伊丽莎白一世（1558—1603 年）时期，立法与议案之比分别是 36：100、45：100、28：100。（M. Graves，“Management”，p.14.）

为例：该市成衣制造商协会为获取充足的原料并防止进口服装竞争，于16世纪60—80年代多次提出禁止肯特和索福克两郡衣料出口的提案[①]；该市鱼商协会则提出禁止外地鱼商到伦敦市售鱼的提案[②]；该市锡镴制品商协会提出限制本国锡出口的提案[③]；男装制造商协会、火器制造商协会和饰品制造商协会分别提出禁止该类产品进口的提案[④]；木工协会提出"禁止码头业主垄断木材进口贸易"的提案[⑤]；酒业协会为获得进口酒类出售权而提出"废除酒类专卖法"提案、为赚取高额利润提出废除"酒类限价法"提案[⑥]；为扩大销售，帽业协会提案要求"逢星期日国人必须戴礼帽"，火器制造商协会则提案要求"税金逾10镑的家庭必须置备胸甲和新式枪支"[⑦]；凡此种种，不胜枚举。其他地区类似议案虽不及伦敦市多，数量亦很可观。

其三，地方利益集团高度关注议会事务，为促成或抵制与之有关的立法，议会内外同时运作，相互呼应。例如，汉普郡的毛纺织工场以生产宽幅粗呢为主，工场主们对制定限制呢绒幅宽的法律极为不满，1536年该郡议员便串联其他五郡的议员，在议会上共同对该法律发起猛烈抨击。[⑧]再如，1553年10月7日议会开幕前夕，林肯市专门派人飞马赶至伦敦，将一份提案送交该市议员。[⑨]每当议会审议社会经济法案时，议会大厅外

① Vardon and May, *Journals*, vol. 1, p.90; Hartley, *Proceedings*, vol.1, pp.208, 253, 531, 533, 545; *Journals of the House of Lords*, vol.2, pp.161, 163.

② Archer, "London Lobbies", pp.25, 38.

③ Vardon and May, *Journals*, vol. 2, pp.1-2, 8, 12, 18-21; *Journals of the House of Lords*, vol.1, pp.418, 421; Archer, "London Lobbies", p.21.

④ Archer, "London Lobbies", pp.21, 38; Hartley *Proceedings*, vol.1, p.372.

⑤ D'Ewes, pp.518, 520.

⑥ Elton, *Parliaments*, p.84; Vardon and May, *Journals*, vol. 1, pp.76-8.

⑦ Archer, "London Lobbies", p.21.

⑧ Bindoff, *The House of Commons*, vol.1, p.57.

⑨ Loach, *Parliament and Crown*, p.35.

总是聚集着众多利益相关者，他们与议员保持联络，或打探情况，或传递信息，或出谋划策，或切磋商议，有时利益不同者还会在大厅外辩论甚或冲突。地方利益集团的高度关注对议员形成巨大压力。曾有议员感叹，如果议会结束后，除让地方上承担赋税外别无所获，那他们简直“无颜面对江东父老”。①

与上述特点相应，都铎时期很多申请选邑资格的城市都抱有明确的功利目的。例如毛纺织业城市德罗威奇，该市原来对议会并无兴趣，但是1534年议会颁布的“禁止个体户私自生产毛线法”使其受益匪浅，此后不久他们就递交了选邑申请并得到国王批准。牛津市与阿尔德伯里市水路相连，两市的水上运输业竞争激烈，与此相关的立法直接影响着两市运输业的命运；1571年阿尔德伯里市率先成为选邑，不久就通过议会立法扭转了竞争中的劣势；此事深深地刺痛了牛津市，几年后，当牛津的选邑申请也被批准时，市民们额手称庆。位于瓦什河两岸的波士顿和林恩也是为了争取商业竞争的优势而相继成为选邑的。②

抱着功利目的争取选邑资格，说明城市对议会的期望值增加。如此一来，城市议员肩负的责任也加重了，对他们的责任心和能力的要求也随之提高。都铎君主及其政府对议会的关注主要集中在批准其征收赋税，以及通过少量有关政治与宗教改革的“政府提案”，而对议员们提出的有关社会经济的“私议案”兴趣不大；所以国王常常在政府提案通过之后便宣布散会，从而使大量私议案未及讨论便“胎死腹中”。在这种情况下，一份事关城市或地方团体利益的“私议案”能否被宣读、审议、表决通过并得到国王批准，完全取决于议案提交者的经验、能力和手段，包括游说政

---

① Loach，*Parliament*，p.18.

② Hawkyard，“Enfranchisement”，*PH* 10，p.18.

府要员、贿赂收买议员、拉帮结派、利用客观情势等等“高超的议会运作技巧”。[①] 更重要的是，议案提交者必须具有为争取提案成功想方设法、竭尽全力、百折不挠、在所不惜的高度责任感；而这种“不达目的誓不罢休”的高度责任感，很大程度上来自于该议案与提交者的切身利益紧密有关，来自于提交者对议案内容有着亲身体验和深切理解。以下事例可以证明这一点。1529 年，布里德波特市制绳匠们为实现垄断经营，推选本行业协会的成员弗罗克为议员；后者在议会上热情洋溢地赞颂该市制绳匠“对英国造船业的巨大贡献”，痛心疾首地陈诉竞争给他们造成的“无法忍受的苦难折磨”；他满怀深情的演说是如此地打动人心，结果议会通过了在该市周围五英里范围内禁止任何“外人”销售麻线、麻绳及其他麻制品的法律。[②] 布里斯托尔市的商人分为两个集团，一个经营外贸运输业，一个经营小商品零售；前者与宫廷关系密切，加入了王室支持的外贸公司并在伊丽莎白统治初期获得了“专利法”的保护，该法律禁止布里斯托尔市的其他商人染指外贸业务；而后者则认为，该法律严重损害自己的利益。零售商们意识到，竞争对手之所以能够获得“专利法”的保护，与其把持着该市的议员席位有关；要想修订或废除这一法律，必须让自己的代言人进入议会。于是他们竭尽全力，终于在 1571 年使本行业协会的成员当选为议员，当年就在议会中成功地修改了“专利法”，极大地削弱了外贸运输业集团的垄断权。类似事例还曾发生在埃克塞特、施鲁斯伯里、切斯特和纽卡斯尔安德莱姆等城市。[③] 诺丁汉市在 16 世纪大部分时间里都是把一名议员的提名权“让与”城市的领主，但是 90 年代以后，他们不再出

---

① 参见拙文《都铎王朝的经济立法与英国近代议会民主制的起源》，载《历史研究》1995 年第 2 期。

② Bindoff，*House of Commons*，vol.1，p.78；vol.2，p.177.

③ Hexter，*Parliament and Liberty*，pp.104-6.

让这一权利，在此后20年的时间里，该市议员全部出自本市市民，令在该市一向享有提名权的施鲁斯伯里等大姓望族“深感遗憾”。[①] 事实说明，地方利益集团越来越重视议会选举，希望通过推选自己的代言人担任议员来捍卫自身利益；在这种情况下，由外地乡绅充当“城市代表”出席议会日益显出“不妥”。

1571年，对“乡绅入侵”合法性的质疑第一次在议会中出现。有议员指出，“领主信件”主宰城市选举的状况于城市不利，不能再继续下去；有议员主张，为维护“出自本地”的法律和城市的权利，对那些选举贵族举荐的候选人的城市应予重罚。[②] 尽管在这次议会上，坚持“贵族举荐制”的意见仍占上风，但是质疑之声出现以及争辩之激烈表明，已有为数不少的城市感到自己的权利“被侵犯”，“乡绅入侵”已经不合时宜。

改变是迟早的事。当议会属性向新型利益集团维权平台转化时，当议员感到，王权也在“侵犯”自己的利益时，议会与王权的冲突便不可避免。从这个角度讲，探究17世纪革命的原因，也不妨追溯到都铎时期的议会。

第四节　其他成员

英国议会是从由国王及其谋士和直接封臣共同组成的“大谘议会”转化而来的。所谓谋士指的是供职于国王的法律顾问。后来，直接封臣渐渐演变为两院议员，而谋士则以议会顾问的身份保留下来。在都铎王朝，这些顾问由国王亲自召集。他们参加上院会议，参与审议过程，但不参加辩

---

① Yerby，*People and Parliament*，p.48.

② Hasler，*House of Commons*，vol.1，p.47.

论，也没有表决权。上院议长一职就起源于谋士，尽管从很早的时候起，这个职务就开始由大法官或掌玺大臣担任，但从理论上讲，如果没有贵族身份，他们便不是正式上议员，而仍是顾问。不过都铎时期的上院议长都是贵族，属于正式议员。都铎时期的议会顾问包括王室法庭法官、检察总长、副检察长、王室高级律师、财务署法官等，人数在 10 名左右。这些人参与议案的起草、修订，参加专案委员会的讨论，向提案人提供法律咨询，为法案的正式文本作文字修饰，在两院间传递信息，1547 年甚至还出席了两院联席会议。他们在解决立法中的技术性问题方面所起的作用是不容低估的。

此外，上下两院还各设有秘书一名及其助手若干，其职责为接收、誊写、宣读、起草、保存议案，记录本院日志。他们从国王处领取薪俸并接受议员赠送的礼金。两院各有警卫一名。他们平时是国王的卫兵，议会召开时负责守卫两院会议厅。其主要职责包括：禁止非议员进入会场，查找缺席议员，保证会场安全，等等。根据 1539 年法案，上院中还有若干王室秘书专门负责为上议员安排座次。其薪俸亦由王室支付。上述人等均不得参加辩论和表决。

第三章 议会例行程序

研究议会例行程序是枯燥无味又琐碎繁杂的，但却是英国都铎议会史研究中必须要做的一项工作，其原因在于：第一，英国议会的程序、规章是在都铎时期臻于完善和制度化的，这是都铎王朝议会发展的一个重要方面。忽略这一个方面，我们关于都铎王朝议会的研究就不完整。第二，只有了解议会的例行程序，才能深入理解议会的职能，以及议会与王权的关系、议会与王权斗争的方式等重大问题。第三，在中外有关英国各个时期议会政治的著作中，对这一方面都鲜有涉及，我们将基本“定型”的议会程序在这里做一简单勾画，或许对读者了解议会全貌有所帮助。第四，英国议会号称“万国议会之母”，了解英国议会例行程序的完善定型过程对了解近现代各国议会政治亦会有所帮助。

关于都铎议会程序完善和制度化的原因，正统派认为是下院为了更有效地摆脱王权对议会的支配；修正派则认为是政府在议会的代理人以此来提高议会的工作效率，使议会更好地完成立法任务。[①]这两种看法都是根据本学派的基本论点推导出来的，没有足够的史料根据。仅有一点可以肯定，即这些程序和制度是议会自行规定的，并非国王或枢密院强加于两院。

在都铎时期，议会严格说来并不是一个机构，而是一个不定期召开的会议。议会的召集、中止和解散权属于国王。亨利七世在位24年（1485—1509年），共召集7届议会（11次会议），会期总和约60周；亨利八世在位37年（1509—1547年），共召集9届议会（26次会议），会期总计183周；爱德华六世在位6年（1547—1553年），共召集两届议会（5次会议），会期共计46周；玛丽一世在位5年（1553—1558年），共召集5届议会（6次会议），会期总和28周；伊丽莎白在位45年（1558—1603年），共召集10届议会（16次会议），会期总共约140周。[②]与前代相比，都铎王朝议会的召开频率较低。都铎朝以前1327—1485年的158年当中，只有42年没有召开议会。而在都铎朝亨利八世登基至伊丽莎白去世的94年中，"无议会"时期却有43年。在都铎朝以前近两个世纪的时间里，只有1456—1459年和1478—1483年两次议会间隔期在3年以上，而在都铎王朝有3次议会间隔超过6年（1504—1510年，1515—1523年，1523—1529年），有一次为4年（1567—1571年）。究其原因，有的英国史学家认为系都铎时期议会政治作用减退所致[③]，这显然是错误的（详见下文）。真正原因在于，都铎王朝以前的议会有司法职能，需要更多地召开会议解决争讼。而都铎朝的议会已然丧失此项职能。

---

① Elton, *Studies*, vol. 3, p.157.

② Elton, *Tudor Constitution*, p.233; Powicke, F. M. and Frynde, E. B. (eds.), *A Handbook of British Chronology* (London 1961), pp.534-6.

③ Roskell, "Perspective", p.296.

在国王和谘议会或枢密院决定召开议会后，由大法官庭代表国王召集上院议员、议会顾问、议会职员和下议员。召集形式分三种，对上议员签发召集令状（writ of summons），对议会顾问和议会职员签发“辅佐令状”（writs of assistance），对下议员向郡守等地方官吏签发“选举令状”（writs of election）。各种令状一般最晚在会议开幕前六周发出。

议会通常在伦敦市举行。会前举行隆重的入场式。参加入场式的贵族和主教要穿着议会专用礼服，贵族为深红色貂皮长袍，主教为深红色长袍配以上等细麻布袖。入场式由国王或女王带队，贵族和主教紧随其后，从威斯敏斯特宫的白厅出发，行至威斯敏斯特教堂折返。然后举行开幕式。议会开幕式在威斯敏斯特宫的白厅举行，两院全体议员出席，国王或女王亦莅临现场。首先由大主教或其助手带领全体祈祷，然后上院议长致开幕词。开幕词一般很简短，主要内容是解释召开议会的原因并代表国王对打扰国民表示歉意。随后两院议员分开，上议员办理签到手续，缺席议员的委托人凭委托书登记。下议员则开始选下议长。

下院初建时，每当需要向上院或国王汇报时都选派一名代表。1376年后，一次会议只推选一名代表，下议长一职由此产生。从1384年起，下议长产生办法渐趋程式化：在开幕式上进行；由下议员选举；经国王批准；下议长任期为一届议会。都铎时期，下议长一般由枢密院按君主的旨意酝酿指定，并委托某出席下院的官僚在选举时提名，下院的选举、通过只不过是一种形式。1553年首席枢密大臣诺森伯兰伯爵在议会召开之前致函掌礼大臣，提醒他事先物色好下议长人选，以便该人选有充裕的时间准备就职演说。1588年，柏立勋爵甚至会前已为“当选”的下议长拟定了就职演说辞。① 尽管一切事先已安排停当，在选举时却还要假戏真做，

① Loach, *Parliaments*, p.45.

每当提名宣布之后，被提名者都要故作姿态，百般推让，最后摆出一副难却盛情不得不勉为其难的样子，登台就任。都铎时期，从未有人对这套把戏提出异议。1566 年选举下议长时曾出现风波，以致最后不得不以投票选举的方式产生下议长，但这个事件并非如某些人所云，起因于下议员对“钦定下议长”的不满，而是因为候选人检察长翁斯洛本应作为议会顾问出席上院会议，人们对他能否担任下议长因无先例可循而意见分歧。[①] 政论家约翰·胡克 1572 年在《议会规章与惯例》一书中说，选举下议长时，国王不应干涉。但他接着又说，下议员也不应拒绝国王的选择。[②] 这说明下议长的选举名义上是自由的，实际上并不自由。下议长是一个非常重要的角色，他是国王与下院的中介，也是双方矛盾的调停人。他是否善于体解上意，是否敢于传达下情，能否恰到好处地在双方之间周旋，将直接影响国王与下院的关系。而他是否善于组织辩论，是否具备丰富的议会经验，又是决定下院工作效率的关键因素。下议长薪俸由国王支付，每次会议 100 英镑。都铎时期历任下议长都是国王和枢密院的宠信，其中以律师居多，有的甚至还是宫廷侍官。他们一般都绝对服从国王，但偶尔也表现出一定的独立性，如 1555 年下议长曾代表下院请求玛丽一世勿与外国人联姻。[③] 下议长的职责包括：记录考勤，对无故缺勤者课以罚款；决定议案宣读和议员发言的顺序；控制议员发言时间；按议员公意惩办违纪议员；下令监禁侵犯议员特权的罪犯；审查和保存《下院日志》和议案；代表下院觐见国王等等。从理论上讲，下议长履行职责时应当公正无私，但实际上他们往往有明显的个人倾向性。1601 年有人批评下议长不按提交时间

---

① Loach，*Parliaments*，p.46.

② Snow，V.，*Parliament in Elizabethan England：John Hooker's Order and Usage*（London 1977），p.179.

③ Loach，*Parliaments*，p.142.

先后而按个人好恶来决定议案宣读的顺序。[1] 按照惯例，只要下议员不反对，下议长可以参加辩论。在一般情况下，下议员对他也不加以限制。在1593年，下议长就曾像普通议员一样，为下议员的特权辩护。[2] 但是在1581年，清教议员安东尼·科普曾抗议下议长未经下院同意就对某议案提出批评，并指责他“对他感兴趣的问题，未经同意……就擅自表态。而对那些他不拥护或反对的事，他就干扰别人的发言”[3]。下议长“当选”后要面对国王发表就职演说，其中自谦自贬之词殊为言不由衷。如1597年的下议长耶尔弗顿是这样讲的：“陛下的下议长，本应仪表堂堂，风度翩翩，声若洪钟，谈吐不凡，举止高雅，腰缠万贯……而我其貌不扬，衣冠不整，嗓音喑哑，笨嘴拙舌，猥琐鄙俗，囊中羞涩。”[4] 就职演说的最后部分是请求国王维护下议员的特权，赐予下议长觐见国王的权利。开幕式上下院的最后一项活动是从1566年开始实行的宣誓忠于《至尊法》（即规定英国君主为教俗两界最高首脑的法律）仪式，拒绝宣誓者将被取消议员资格（上议员因“天然忠实”于君主，故不必宣誓）。

会议期间，无特殊情况，两院分头开会。上院会址在威斯敏斯特宫的白厅，下院会址起初在威斯敏斯特修道院小教堂，从1549年起转至威斯敏斯特宫内的圣斯蒂芬小教堂。

白厅是一个长方形小会议厅。厅内上首一头是国王御座，前面是上议长席，再前面是议会秘书和王室秘书的办公席，通常在办公桌的两边各有一名侍从跪立待命。议会顾问坐在办公席前面、大厅中央较矮的U型座席上。在厅的两侧，沿墙各放置两排较高座席，御座右手一侧为高级僧侣

---

① Graves，*Tudor Parliaments*，p.156.

② Loach，*Parliaments*，p.46.

③ Vardon and May，*Journals*，vol. 1，p.134

④ Loach，*Parliaments*，p.45.

专座，伦敦、达勒姆和温切斯特三位主教坐在最靠近御座的位置上，其余主教以任命时间先后为序就座。御座左手一侧是世俗大贵族的专座，公、侯、伯、子爵以敕封先后为序在这里就座；男爵则坐在厅内下首、与御座相对的座席上。因男爵人数较多，他们的座席有好几排。在男爵座席背后，有一道横木，将厅内最下首隔出一块空地，当下议员前来白厅参加议会全会时，他们便站在这块空地上。到上院上诉的人也只能站在横木后的空地上申诉。1539 年曾颁布法律，规定在上院开会时，担任官职的贵族应比一般贵族更靠近御座，但公爵不在"一般贵族"之列。可是法律中并没有明确排定官职的高低，因此后来上院中频繁发生贵族的座次之争。

下院最初的会议厅——威斯敏斯特小教堂是一个狭长的房间，里面没有座椅，所以下议员不得不站着开会。移至圣斯蒂芬小教堂后，下议员才有了座位。此后下院开会的时间变得长了起来，可能与此不无关系。圣斯蒂芬小教堂也是一个长方形房间，四排阶梯座椅环绕四壁。在会场中央的一端有一个高靠背椅，是为下议长专座，它的前方有一张桌子，专供下院秘书使用。枢密大臣及其他在政府任职的下议员在前排紧靠下议长的席位上就座，伦敦和约克两大城市的议员通常坐在他们的旁边。其余下议员并无固定位置，只是不能坐到靠近下议长的座位上去。1601 年一个名叫爱德华的新议员为了与下议长交谈方便，想坐在下议长旁边，遭到拒绝后坐到了靠近大门的地方。罗伯特·塞西尔后来以嘲笑的口吻说："如果靠门坐着的人想坐到这张椅子（指下议长专座）旁边来，我不仅乐于为其让座，而且感谢他接替我的职务"。① 圣斯蒂芬小教堂有一个前厅，平时求诉

① Townshend，Hayward，*Historical Collections*，*An Exact Account of the Last Four Parliaments of Queen Elizabeth* (London 1680)，p.199.

者在那里等候，秘书们在那里待命，下院表决时这间前厅必须空无一人。

会议期间，上院每周一至六上午 9：00 至 12：00 开会。必要时开会时间可能延长，或在下午安排会议。这种事在爱德华六世和伊丽莎白时期经常发生。伊丽莎白时期如会议期间赶上开庭期，则上院在周三、周五两天上午不召开会议，因其时许多上议员和议会顾问要分赴星室法庭或宗教会议出庭。至于下院例行会议的时间，1547 年以前无案可查，1547 年以后为每周一至六上午 8：00 至 10：00，但是会议常常不能准时结束，最长的一次拖至下午 3：00。一旦会议长时间拖延，议员便无心认真议事，下议长为使某些议案得以了结，常在此时结束辩论进行表决。伊丽莎白时期，由于提交下院的议案明显增多，而女王无意延长会期，迫于沉重的审议负担，下院决定安排下午会议。1563 年议会召开期间，有 21 天举行了下午会议。1571 年根据某下议员的建议，下院决定每周一、三、五下午 3：00 至 5：00 举行会议，进行一读和二读。1572 年和 1575 年，下午会议有时延续到 5：00 以后。这种"疲劳轰炸"引起很多议员不满，因此 1601 年议会正式取消了下午会议。

议会以审议议案为中心任务。对议案有两种分类法。第一种依议案的来源分为御批议案、政府议案和议员议案。御批议案指那些在提交议会前已正式誊写在羊皮纸上并经国王签署的议案。御批议案在爱德华四世时期的议案总数中占相当大比重，但在都铎王朝，此类议案从爱德华六世时期才开始出现。御批议案涉及三方面事务。第一，贵族名分的褫夺与恢复；第二，对归化人（在国外出生，父母或生父为英籍公民）的承认；第三，提案人申请国王特批的议案，通常涉及王室地产交换。第一类御批议案通常首先提交上院，第二类通常首先提交下院，第三类一般首先提交提案人所在院。除个别例外，两院对御批议案并不进行认真审议，有时甚至不加宣读就予以通过。政府议案指枢密院提交的议案。这种议案先提交哪一院不定，枢密院认为它在哪一院更易通过，便先提交哪一院，因为在一院已通过的议案通常在另一院也易获通过。在亨利八世和伊丽莎白女王时期，政府头面人物的所在往往决定政府议案的投向。当托马斯·克伦威尔身为下议员时，政府议案总是在下院创议。1539 年克伦威尔到上院后，政府议案的创议院便随之转移。威廉·塞西尔 1571 年从下院转入上院，政府议案的创议地点也随之发生了同样的变化。议员议案指的是两院议员提交或在他们的动议下由两院秘书拟写的议案。这种议案根据其提交的所在而定其创议地点。第二种分类法依据议案的内容划分。都铎时期的议会秘书把议案分为公议案和私议案两类，但他们是根据什么原则来区分这两类议案的，没有原始记录。史学家对这一问题的探讨是在修正史学兴起后才开始的，目前还没有一种定义被奉为权威。比较一致的看法是，凡有关国家大政方针、司法改革、社会经济、治安国防等涉及公共利益的提案为“公议案”，仅涉及地方、集团或个人利益的提案为“私议案”。1607 年某下议长曾说，“按照惯例”，只要议案涉及地域不超过三个郡就属于“私议案”。这位下议长给私议案下的定义虽有参考价值，但也失之武断，因为并非没有例外。1576 年议会通过的“织工法”，只涉及威尔特、萨默塞特和格洛斯特三郡的织工，但它仍被议会秘书列为公法案。① 都铎时期“私议案”创议人需缴纳创议手续费，“公议案”则不必。② 根据“公议案”制定的法律叫作“公法案”，编入《国家法案集》并向全国颁布。源于“私议案”的“私法案”则汇编成《私法案集》，只存档不公布，唯当事人存

① Elton，*Parliament*，p.43；Vardon and May，*Journals*，vol. 1，p.388.

② 有些西方史学家认为，“公议案”与“私议案”的不同仅在于提出人纳税与否，与内容无关，只有在“议案”成为“法案”之后，其“公”“私”之分才根据内容。而“公议案”未必成为“公法案”，“私议案”也未必成为“私法案”。(Graves，*House of Lords*，p.172.）但是根据公、私议案与公、私法案之间较普遍的对应关系，大多数史学家仍然习惯依内容划分“公议案”与“私议案”。

一份副本。[①] 各法庭对违反公法案的行为可以提出公诉，于私法案则不可以，除非经司玺处（great seal）特批，或起诉者持有议会秘书特准证明。

1571 年下院规定的私议案创议手续费为，交下议长 5 英镑，交议会秘书 20 先令，交门卫 10 先令。该法律规定，手续费在议案通过议会正式成为法案之后缴纳。但事实上，创议手续费并非在审议之后，而是在审议过程中缴纳。1593 年，某私议案在通过下院并提交上院后，人们突然发现提案人尚未向下院秘书交手续费，结果该议案被从上院追了回来。[②] 除法定手续费外，私议案提出人为了使议案审议顺利，在宣读、专案委员会审议、誊抄，以及通过后印刷、公布等各个环节都要支付额外的“小费”。伦敦市为了争夺利河沿岸的一个地段，以便获得这条河道的使用权，提出了一个私议案，在审议过程中，该市议员缴纳的“小费”有：付上院秘书 1 英镑；付上院法律顾问 13 先令 6 便士；付门卫 4 先令 8 便士；付地图讲解员 6 英镑 5 先令；付下院秘书 2 先令；付下议长 5 英镑；付上议长 10 英镑；付上院秘书 2 英镑；付议案复制员 2 英镑 10 先令。加上其他礼金和咨询费，伦敦市为这个议案共支出 30 英镑以上。[③] 这个数额相当于私议案手续费的平均水平，如议案以个人名义，而不是地方和团体名义提出，手续费还要多。尽管如此，私议案的数量仍有增无减，以至于 1601 年议会规定，私议案提出人每提出一个议案需捐赈济款 5 英镑，其意便在减少私议案。[④]

就一般情况而言，政府提案总是公议案，而议员提案多为私议案。

---

① 埃尔顿认为，公、私法案的明显区别之一在于，公法案有印刷文本，私法案则没有。如私议案通过后，为公之于众也印刷出来，则变成公法案。（Elton，*Parliament*，p.44.）

② Ibid.，p.55.

③ Ibid.，pp.56-7.

④ Vardon and May，*Journals*，vol. 3，p.255；Dean，D.M.，“Public or Private London，Leather and Legislation in Elizabethan England”，*HJ* 31，3（1988），p.527.

两院议长总是优先审议公议案，这一点似乎也是议员的共识。1585 年某议员曾明确地说过："公议案应优先审议。"1601 年议员罗伯特·罗斯提醒下议长说："事关大局的议案应在私议案之前宣读。"1610 年一个叫威廉·黑克威尔的人在论述立法程序的书中写道："公议案应先于私议案宣读和通过。"[①] 结果私议案提出人的百般努力常常因议案来不及审议而付诸东流。1589 年伦敦武器制造商会为了一个提案多方游说，好容易争取到了财政大臣、下议长等显要议员的支持，在即将宣读之际却受到赋税议案的冲击。一周之后，赋税议案和另两个政府议案审议完毕，商会议员重新开始活动，刚刚得到下议长宣读其议案的许诺，两个御批议案又降临下院。直至当年议会闭幕，这个私议案也未见"出头之日"。[②]

但国王并不是对所有私议案都漠不关心。伊丽莎白时期第一届议会通过的私议案包括：批准王室以交换形式占有主教地产的法案；授予女王对大学教堂和宗教团体发号施令权的法案；废除亨利八世时期褫夺安妮·博林名分、承认伊丽莎白具有合法王位继承权的法案；修道院地产归还王室的法案；等等。这些法案由于只涉及女王个人，所以亦属于私法案，但女王对这些私法案可能比对一般公法案更为关注。[③]

虽然议案归类是议会秘书的职责，但有时候似乎提案人可以自行选择。1585 年 2 月，伦敦市关于某项市政工程的公议案流产后，该市首席法官颇有些幸灾乐祸，因为事先他曾建议以私议案的形式提案，而市政府没有听从他的劝告。[④] 表面看来，选择公议案形式更为有利，因为这样可以不缴纳手续费，可以比私议案优先审议，而且也可能更受政府的重视。

---

① Dean，"Public or Private"，pp.525-6.

② Ibid.，p.527.

③ Elton，*Parliament*，p.44.

④ Dean，"Public or Private"，p.525.

但是议案一旦以公议案形式提出，提案人的活动余地就受到限制。私议案固然容易被排挤和湮没，但提案人可以以小费为名，行贿赂之实，如果搞得好，私议案获得通过的机会反而更大。

有些议案在提出时为私议案，但通过后却成为公法案，对这种转化可以以审议过程中发现该议案具有普遍意义来解释。但有些议案只涉及个别市区利益——如关于罗切斯特、切普斯托和牛津三市桥梁建筑的议案；关于在奇切斯特、伊普斯威奇和阿尔德盖特三市修筑公路的议案等——却也以公法案的形式通过。对这种现象我们只能归因于提案人的某种特别考虑，或者是希望将法案公之于世广为宣传，或者是以备将来遇到麻烦时提起公诉。提高地方税率的议案提交时往往按私议案处理，但通过后则往往按公法案公布，个中原因可能也是出于上述两种考虑。

上、下两院均可成为创议院，但一般《俗人纳税案》和涉及私人地产的议案总是出自下院，《僧侣纳税案》和大赦案总是出自上院。一般而言，议员议案的投向取决于提案人的地位。僧俗贵族及其亲属往往在上院提案，其他人则通常在下院提案。

在都铎王朝，特别是伊丽莎白时期，宣战媾和、王族婚姻、王位继承、宗教信仰、特许恩准等被某些君主视为国王特权范围内的事务，两院即使过问并取得一致意见，也不能提案，而只能向国王请愿，由国王和政府裁断。裁断结果如需要立法则通过议会，如无须立法则不通过议会。虽然在都铎时期，议会并不是提出请愿的唯一处所，但由于在这里可以更直接、更迅速地得知请愿结果，也由于在这里请愿人有可能更详尽地阐述自己的观点，所以请愿多在议会提出。

都铎王朝建立以前，议会立法基本实行请愿制，即下院根据议员动议直接在羊皮纸上拟写请愿书，提交上院通过后经国王批准形成法律。按照 15 世纪中期确定的原则，上院对请愿书只可表示赞同或否决，而不能随意修改和补充。这种制度显然缺乏灵活性。约克王朝始创政府议案，该议案写在纸上，经过两院的宣读、辩论和修改，意见基本统一后再眷写在羊皮纸上，呈递国王批准。亨利七世时代，这种办法普及到一般议案并成为定制，议会立法从此实行议案制。议员可以在议会召开前准备好议案，也可在会议期间随时提出动议由议会秘书或法律顾问代拟议案。截至亨利八世时期，提交的议案还都写在羊皮上，后来为便于修改改用纸张，这也从一个侧面反映出，审议过程越来越复杂，意见表达越来越丰富。议案密封后交两院秘书，由后者转交各自议长，议长需当众开封。理论上，议长应根据议案提交的先后顺序交秘书宣读，但实际上做不到，如发生幕后贿赂、政府议案冲击之类情况，“顺序”便会被打乱。

议案审议两院应分开进行，但在都铎早期，常常发生上议员闯入下院进行游说的事情，1523年大主教沃尔西就曾因此被下院控诉“侵权”。[①]16世纪30年代以后，这种事基本绝迹。

都铎早期，议案审议程序尚无一定，议案往往在两院间反复宣读辩论，最多时一个议案曾宣读八次。但随着时间的推移，三读制渐渐形成。1510年上院审议的议案中有将近半数为非三读议案，以后逐年下降，1547年为40%，1558年为32%，1597年则降至20%，而这20%还基本都是历来只需一读即可通过的御批议案、僧侣纳税议案和大赦案。[②]人们一般把1581年作为三读制最后确立的年代。[③]即使确立三读制以后，亦非所有提案必须经过三读，变通的情况很多。比如大赦提案，通常只需要

---

① G. R. Elton，*Tudor Constitution*，p.251，n. 74.

② Graves，*Tudor Parliaments*，p.25.

③ 也有的学者认为，在都铎王朝，毕竟还有些议案读数超过三次，因此应该说三读制的正式确立是在斯图亚特王朝，都铎王朝只是初具雏形。参见 Graves，*Elizabethan Parliaments*，p.6。

宣读一次。

三读中只有一读宣读议案全文，其目的是让议员了解议案的全部内容，因为当时还做不到印发议案，人手一份。一读后不进行辩论，但议长有义务就议员提出的问题进行非意向性解释。对议案有兴趣的议员可在一读后向两院秘书索要副本。副本由两院秘书负责制作，每10行收费1便士。一读后间隔一段时间，进行二读。二读只宣读议案要点。二读后由议长组织辩论。下院制定了许多关于辩论的制度：下议员可随时起立发言，如两人同时起立，直接反驳前一发言者优先；就一个议案每人每天只能发言一次；发言时必须面对议长，不得转向其他议员，更不准指名道姓进行人身攻击；发言应力求简明扼要，语言文明，若出言不逊或过于冗长，下议长有权中止其发言。下院辩论过程中的发言不得对外透露，违者根据1376年的保密法要受到监禁处罚。① 但事实上这些规定并未为议员们严格遵守，辩论中起哄、掷酒瓶，甚至演成混乱的事情时有发生。②1572年下议员阿瑟·霍尔发言时，有些人对他的发言不满，会场内跺脚声、咳嗽声不断，以致人们听不到他的讲话。1601年下议员海尔关于议会补助金的发言引起一片大声喧哗，当他提醒大家保持安静时，人们以更大的嘘声回敬。在同一年议会上，议员弗朗西斯·哈斯廷斯甚至专门就辩论秩序问题作了发言。他说，下议员应该认真倾听每一个人的发言，“不管其言论多么荒唐”③。泄密现象也不鲜见。1572年议员费希尔受审的原因就是把议案在下院的进展情况透露给了上院。④ 辩论后，争议较少的议案便可付诸誊抄，争议较多的则提交专案委员会进行修改、补充或重写。上院专案委员

① Brown，*Governance*，p.214.

② Neale，*House of Commons*，pp.370-371；Neale，*Parliaments 1584–1601*，p.384.

③ Loach，*Parliaments*，p.28.

④ Hartley，*Proceedings*，p.340.

会起初并不多见，在1510年上院审议的48个议案中，只有6个诉诸专案委员会。当时，该委员会由上院的议会顾问组成，其职责主要是对议案进行文字和技术加工。亨利八世后期，部分上议员进入了专案委员会，他们不仅有权改动议案的文字，而且可以修改其内容。此后，设立专案委员会在上院渐渐成为制度。1540年上院通过的80个法案中，约14%经过专案委员会审订，爱德华六世和玛丽一世时这个比例分别达到20%和60%①，到伊丽莎白统治末期则将近100%。下院专案委员会出现于1529年，至伊丽莎白朝亦成为制度。它由曾就该议案发言的议员组成，根据1601年下院的表决结果，反对该议案的议员不得参加。但如反对者与该议案利益攸关，也可以破例参加。委员会开会期间，“擅自闯入”的非委员会成员一般也允许发表意见，只是不得参加委员会表决。委员会名额由下院秘书确定，有权参加者自愿报名，额满为止。亨利八世时期，各专案委员会通常由8—10人组成，伊丽莎白前期扩大到10—20人，此后不断扩大，1593年议会济贫法专案委员会不仅包括所有在场的枢密大臣，还指定了60名议员参加。②虽然全体下议员参加的全院专案委员会到1606/1607年议会才正式出现，但伊丽莎白末期某些专案委员会的规模已与之相仿。16世纪70年代，由于社会经济类议案繁多，下院曾为此成立常设专案委员会。

议会经验越丰富的议员越有可能被吸收到专案委员会中去。例如，下议员亨利·盖茨，伊丽莎白时期他曾多次出席议会，在1559年和1563年他都只参加了一个专案委员会，而在1572年、1576年和1581年，他参加专案委员会的次数分别达到4次、10次和7次。有些“老议员”似乎是专案委员会的“专门人才”。威灵福德市的议员托马斯·迪格斯在1576

① Lehmberg，*Later Parliaments*，pp.258-260；Graves，*House of Lords*，pp.160-1.

② Loach，*Parliaments*，p.141.

年议会期间是7—8个专案委员会的成员。在70年代，专案委员会中若没有伦敦市议员威廉·弗利特伍德和托马斯·诺顿似乎就无法工作。1576年的40个专案委员会中，他们参加了20个；1581年51个专案委员会中，他们参加了27个。① 与两院例行会议相比，专案委员会在审议效率方面有明显优势。这是因为，第一，专案委员会开会的时间灵活机动，有时在下午举行，有时在例行会议前后抽空进行，必要时甚至在例行会议休息日召开。开会地点也不固定，上院专案委员会会场有时在彩厅（Painted Chamber），有时在白厅的办公室（Council Chamber），有时在上议员休息厅（Peers' Lodgings），下院专案委员会则在中堂（Middle Temper）、星院（Star Chamber）、基尔特厅（Guild Hall）、武官俱乐部（Serjeant Inn）等处流动，遇到人数众多时，甚至转移到下院主会场圣斯蒂芬小教堂举行。由于专案委员会会议由选举产生的委员会主席主持，所以即使主持例行会议的两院议长因公、因私缺席，专案委员会照样可以举行会议。由于专案委员会有上述机动灵活的特点，所以在有限的会议期间，它无形中加人了议员的工作密度，延长了审议工作的时间。第二，专案委员会议题集中，委员会成员经验丰富，因此那种在例行会议上（特别是下院）经常出现的离题太远、不得要领的发言在委员会会议上基本杜绝。而且，在委员会的讨论中，对发言者没有例行会议上的那些约束，委员会成员可以就专题反复发言，这也有助于澄清和解决审议过程中出现的难题。第三，专案委员会可以把例行会议上提出的相关议案或请愿，归在一起，集中审议。

关于都铎时期出现专案委员会的原因，正统派和修正派学者有不同看法。正统派学者认为，下院专案委员会，特别是全院委员会的出现体现了下议员摆脱下议长控制的强烈愿望，其目的是为了更有效地同王权作斗

---

① Loach, *Parliaments*, p.145.

争。而修正派学者则认为，这是政府为提高议会工作效率而积极促成的一种审议制度。在这一点上，修正派似乎更有道理。因为下院的低效率确实令政府十分头疼。如在1571年、1576年和1581年三次议会上，身为上议长的柏立勋爵都曾手持一份在下院搁置的议案清单，督促下院加速审议进程。1601年他的继承人罗伯特·塞西尔曾在下院说："我希望我们不要在无意义的议案上纠缠过久，也不要热衷于夸夸其谈。"也正是他建议专案委员会增加下午会议，以便提高审议速度。① 但是不管专案委员会是在什么背景下设置的，如果有人对它期望值过高，那也会感到失望。像在例行会议上一样，专案委员会，尤其是由指定而非自愿报名的成员组成的大型专案委员会，其会议的到会率有时也不尽如人意，因缺席者过众而无法开会的事屡有发生。1601年某人感慨道："当你召唤某人到专案委员会去开会时，你以为会使他感到高兴，但实际上他并不会因此而感谢你，因为他并不情愿。"② 在专案委员会，更不是一切问题都可以快刀斩乱麻。1593年济贫法专案委员会同样因为在一些关键问题上"纠缠不清，而无法形成决议"。在伊丽莎白朝，在专案委员会审议的议案中，有1/4未能通过委员会这一"关"。③

专案委员会修订过的议案要返回全院会议宣读两次，表示被修改过的议案也已经进行二读。二读后如有争议，专案委员会还要继续研讨，直至各方满意。如无争议则可用羊皮纸誊抄为法案底稿，以备三读。除个别争议较大的议案外，一般三读后不再改动内容而只作文字修饰。三读后进行表决。两院表决时都实行少数服从多数的原则。上院采用计数表决的办法，由上院秘书根据每个议员的口头表态进行统计。少数派有权要求上院

---

① Loach，*Parliaments*，p.144.

② Ibid.

③ Ibid.

秘书把他们的反对态度记入《上院日志》。下院起初由下议长根据集体表态时呼喊声音的大小来确定多数。1532 年在表决教会首年俸议案时，为使表决更加准确，下院第一次采用计数表决。1554 年下院正式规定将计数制作为呼喊制的补充。[①] 下院计数表决办法为，赞成者离席到前厅集中，然后鱼贯而回，由专人在入口处点数，反对者则原地不动，亦由专人进行清点。这种办法不利于赞同方，因下院座位有限，这使一些犹豫不决或抱无所谓态度的人宁愿选择坐着不动也不愿冒失去座位的危险。1601 年议员马丁的一席话足以为证："我发现，在本届下院进行表决时反对方总是多数。我以为个中原因在于，很多人因怕失去座位而宁肯留在原地不动与反对者为伍。"[②] 在伊丽莎白朝以前，下院很少采用计数办法，1558年以后逐渐增多。1559—1581 年共采用 25 次，1601 年一次会议就采用 17 次。这从一个侧面反映出下院立法程序逐渐制度化。除非双方票数相等，一般下议长不参加表决。1601 年下院就某议案表决时，105 人赞成，106 人反对，于是下议长是否有表决权的问题再度突出。有人认为下议长也是当选议员，应该享有表决权。包括下议长本人在内的其他人则认为，他应该保持中立。[③] 上议长享有表决权。无论哪一院表决时都没有弃权之说。

上下两院均可在一读至三读期间的任何时候将议案转送另一院。另一院可提出修改意见，但正式改动须在创议院进行。下院首先通过的议案一般委托一名枢密大臣议员转呈上院，上院首先通过的议案通常指派一名议会顾问转发下院。在创议院已通过的议案在另一院只进行表决，不再辩

① 一说自下院会场转至圣斯蒂芬小教堂后（1547 年），下院即形成计数表决制度。参见 Edwards，J.G.，"The Emergence of Majority Rule in the Procedure of the House of Commons"，*TRHS 5*，15（1965），pp.165-8。

② Loach，*Parliaments*，p.49.

③ Ibid.

论。如表决时遭到否决则驳回创议院。这时的议案已是写在羊皮纸上的法案底稿，增删修改殊为不易，所以原创议院若有意就该问题再度提案，必须重写议案，从一读开始进行。两院意见相左时亦可举行两院代表联席会议。14—15 世纪时，这种两院代表联席会议经常举行，但那时商讨赋税数额是它唯一的议题。1515 年起，联席会议讨论的范围扩大到其他重大国计民生问题，但仍以赋税议案为主。及至 1571 年，在上院的建议下，两院达成协议，凡两院间有争议的议案均可提交联席会议讨论。此后联席会议渐渐变得频繁。1584/1585 年和 1589 年议会分别有 7 件和 11 件议案经过联席会议讨论。联席会议遂成为沟通两院的一个渠道。但尽管如此，90 年代以后，联席会议渐渐稀少。个中原委，众说不一。正统派学者认为，这是由于下院地位日益提高，越来越脱离上院而独立。而修正派则认为，这只是因为枢密院加强了对议会的管理。孰是孰非现在还难以判断，但时人指出的联席会议三大弊端值得注意。第一，在联席会议上，两院地位不平等。联席会议总是在上院举行，或在彩厅，或在办公厅，或在休息厅。开会时，上院代表有座位，而下院代表则必须脱帽站立，尽管下院代表中不乏枢密大臣之类的大人物。由于会议的次数越来越多，开会时间越来越长，下院代表对这种屈辱地位也就越来越难以接受。在詹姆斯一世时期（1603—1625 年）举行的第一届议会上，就有下议员抱怨这种长时间的站立不堪忍受。第二，1572 年有人评论道："没有什么比两院联席会议更有损于下院的真正自由。"他认为，在存在等级差别的社会里，下议员在了解了上院的意向，并深知下院辩论已无秘密可言的情况下，他们往往会改变初衷，趋附上院。第三，联席会议的代表不得在未经本院同意的情况下擅自表态，因此他们在开会时常常返回本院征询意见，致使议程进展十分缓慢。联席会议之所以渐渐被冷落，这三个因素可能都起了一定作用。

两院均已通过的议案，由上院转呈国王审阅后批还下院。只有被国王批准的议案方能成为正式法律。议案批准仪式是闭幕式的主要内容。其时，王室秘书逐一宣读两院通过的全部议案的标题或全文，每宣读一个，上院秘书宣布国王批准或否决。国王在多数情况下并不解释否决的理由，但否决用语比较温和，一般是“尚待考虑”。有些曾被国王否决的议案在后来的议会上又获通过。赋税议案国王批准后交下院，闭幕式上由下议长宣读。

议会闭幕式亦在威斯敏斯特宫白厅举行。国王和全体议员出席。由上议长致闭幕词。除宣布通过和否决的议案数目外，他还对会议进行总结，并代表国王向议员致以谢意。有时国王在闭幕式上亲自发表演说。

结束议会的权力属于国王。他可以随时解散议会或宣布议会休会。如属休会，不管间隔多长时间，复会时均无须重新选举。国王是解散还是休止议会，取决于他（她）对议员的满意程度。玛丽一世解散了四届议会，唯有 1558 年那一届开了两次会议，其原因正如时人所言，是“因为她认为本届议员干得如此出色并如此充满善意地履行义务，以至于她希望再开会时还召来同一批人”①。由于国王用权随心所欲，几乎每次会议的结束都很不适时，常常留下大量未及审议的议案。

散会后，各地议员有义务向本地传达议会所通过的法律。都铎初期，法案数量少且文字简洁，一般散会两周后，议员即可根据正式公布的法案文本向本地政府官员宣读。但后来由于法案数量增多和法案条款日趋繁复，有时散会两个月后，法案还没有印出来，结果有些议员返回本地后只能先传达法案目录和大致内容。

坎特伯雷教区的宗教会议与议会同期举行，约克教区会议则在议会结束后举行。宗教会议亦包括两院，上院成员为本教区大主教、主教、修道

---

① Loach，*Parliament and Crown*，p.159.

院院长（修道院解散前），下院的成员为副主教、各主教区教士代表（每教区两名）和大教堂僧侣代表。宗教会议的决议成为宗教法，它亦需得到两院的同意。宗教会议认为它通过的法律具有与议会法同样的权威，但议会不承认这一点。坎特伯雷宗教会议在威斯敏斯特教堂、圣保罗教堂或多米尼克小教堂等处举行，均离议会会场不远，宗教会议上院通常下午开会以使其成员可以参加议会会议。所以在某些重大政治、宗教问题上坎特伯雷宗教会议通常是议会的“第二会场”。

第四章　议会的权力

第一节　都铎王朝以前议会的权力

权力是支配他人行为的能力。在中世纪的英国，议会法构成社会行为的约束力，就此而言，议会是一个权力机构。但是议会行为本身又受制于王权，从这个意义上讲，议会又是权力实施的对象。因此应该说，在封建君主制的权力系统中，议会既是权力主体，也是权力客体。但是多年以来，人们在研究中世纪英国议会时，往往只将其视为权力客体，简单地根据议会抗衡王权的能力来评价议会的权力，而不是同时将其视为权力主体，考察其作为立法机构的权力的延伸与扩展。实际上，后者更具有重要性，因为议会抗拒王权的能力的增强在很大程度上有赖于作为权力主体的议会权力的增长。换言之，中世纪晚期至近代的议会发展史正是议会从主客体一身二任向单纯的权力主体演变的过程，而在这个过程中，作为权力主体的议会的权力增长起了更为重要的作用。

本章尝试从主、客体两个角度全面探讨议会权力问题。

中世纪的英国是一个封建制国家。封建生产方式的本质特征是土地所有者以地租形式剥削农奴和租地农民。封建生产方式的这一基本特征要求土地所有者对直接生产者具有强制性统治手段，因此代表土地所有者阶级利益的国家就需要建立完善的官僚机构和常备军。但在地租形式以劳役和实物为主、交通条件又十分恶劣的中世纪英国，集中财力物力建立这种机构和军队，以及使这种机构和军队充分发挥效力，都是国家难以做到的。于是一种以土地分封为媒介，把维护封建政权的义务在土地所有者阶级内部层层分割，以造成政治统治权与土地所有权密切结合的体制便建立起来。这就是分封制。以分封制为基础的政治体制的主要特征，是国家机构系统与人身依附系统合二为一。国王既是国君又是封君，贵族既是官吏又是封臣。国王与贵族既是国家首脑与臣僚的关系，又是领主与附庸的关系。前一种关系是单向的权力—义务关系，一方面是君权神授、王权至尊、王位世袭的国王，亦即国家权力的化身；另一方面是由国王任命、向国王负责的大臣，亦即协助或代表国王行使权力的官吏。这种关系具有非人格性，即国王与官吏个人的品格并不影响这种垂直的隶属关系。后一种关系，即领主—附庸关系则是双向的权力—义务关系。封君有权要求封臣履行应尽的义务，但同时封君也有义务维护封臣应享有的权利；封臣既必须向封君履行义务，又不容许封君超出封建习惯法的范围侵犯自己的权利。这种关系因为是一种个人的依附关系，因此具有人格性，即领主与附庸双方的力量对比是决定这一关系能否维持的重要因素。议会从国王直接封臣会议演化而来，本身就是封臣的物化或机构化。一方面它是封建君主制下隶属于王权的一级机构，另一方面它又是封君封臣制下封臣整体与封君讨价还价的场所。前者体现议会的权力主体方面，后者体现议会的权力客体方面。下面就分析在都铎王朝建立以前，议会这两个方面的发展和演变。

首先我们讨论作为权力主体的议会权力。在这方面，议会的权力主要有两项，一为批准赋税权，一为立法权。

按照分封制的原则，名义上拥有全国土地所有权的国王既已将土地分封出去，封土上的经济收益权也就同时转移给封臣，这样一来，除了封臣应向国王根据习惯法缴纳固定贡金（协助金、继承金等）外，国王不能再向封臣征收其他赋税。这就是所谓的“国王必须自理生计”原则。但王室经常入不敷出，以国家急需为名向臣民征税是唯一的解决办法。而根据1215年大宪章的规定，这种征税必须得到公意认可。征税的直接对象是有产者，而封建时代财产主要指土地，所以，尽管赋税负担最终落在下层劳动者头上，但它直接引起的是国王和教俗封建主在瓜分封土经济利益方面的矛盾。因此，所谓“公意”认可实际上就是封建主的认可。议会作为封建主的代表会议便自然而然地获得批准赋税的权力。从1297年开始，议会正式确立了赋税批准权。而且，在15世纪以前，批准赋税构成议会的主要职能，尤其是与立法职能相比，这一点更为突出。例如1378年议会，全部时间几乎都被用来讨论赋税问题，以致最后只通过了一项立法。①

既然议会批税权源于封建主与国王的利益矛盾和冲突，所以人们习惯于把批税权理解为议会与王权斗争的手段。的确，在中世纪不乏议会利用批税权要挟国王的事例。但议会除了压低赋税量之外，是否有权完全拒绝国王的征税要求，这始终是一个悬而未决的问题。一般而言，议会最终总是批准国王征税，只是数量未必符合国王的愿望。中世纪国王召开议会

① Butt，*History of Parliament*，p.368.

的目的大多是为了取得赋税，而当时议会召开频繁，这也从侧面说明议会总是能够或多或少地满足国王的要求。如此看来，议会的批税权并非是一种对抗国王的权力，换言之，在中世纪的议会批税权上面体现的并非权力客体与王权的根本对立。在封建剥削方面，议会与王权的根本利益是完全一致的。它们之间的矛盾与冲突只是在次要的方面，即如何分配剥削来的财富。而在这个方面，议会的作用是协助国王与封建主达成妥协，从而达到目的。所以，我们应当把中世纪议会的批税权理解为国王所代表的国家统治权力的延伸和扩展，也就是说，批税权体现的是议会作为权力主体的方面。

议会立法权的获得经历了一个较长的过程。在 13 世纪议会刚刚出现时，它只是国王的一个法庭，时人称之为“国王高等法庭”。爱德华一世（1272—1307 年）时面世的英国第一部法律著作把议会的职能描述为：审理上诉案件，仲裁地方或各级封君法庭司法裁判当中遇到的疑难问题，对无案例可循的案件予以特别裁断，以使每一个人都得到公正的对待。[①] 就其职能而言，议会与国王的三个普通法法庭（普通诉讼法庭、王座法庭、财务署法庭）多有重叠之处，但在普通法庭申诉需持有特案令状，程序复杂且审理时间漫长，而在议会只需提出口头请愿即可得到明确的答复，于是很多人便谋求当选为议员，以使自己的诉讼更迅速地得到“公正”的解决。1327 年，奥莱顿主教亚当曾说，议会的全部价值在于它能“为所有人主持公道”。1347 年，议会召集令状称，召开议会的目的并不是为了征税，而是为了给受到伤害的人们主持正义。1362 年和 1376 年，下院两次请求国王每年召集一次议会，以便及时纠正损害国民利益的种种错误和失误。[②]

---

① Sayles，G.O.，*The Functions of the Medieval Parliament of England*（London 1988），p.23.

② Ibid.，pp.41-2.

司法请愿是中世纪议会的一个重要特征。[①] 请愿人为下议员。请愿的内容除申诉个案处理不公、指控地方官吏外，还经常提出为社会安定、民众幸福而更改和完善法律的建议，比如，更改原告必须接受债务调查的程序，进一步明确有条件赠予的法律意义；制定法律惩治伪担保人；扩大王座法庭法官的权限；立法严惩伪造清债收据者；制定有关绝嗣土地所有者产权法；立法禁止郡守在其辖区兼任治安法官；限制宫廷总管和典礼官的司法权；缩短提审周期；等等。有时政府出于统治的需要，鼓励下院请愿，以了解地方政情并采取相应措施。1433 年 7 月，国王宣布议会休会，以便下议员返回家乡搜集有关暴民谋反、贪官无道、贵族蓄养家丁等方面的信息。10 月复会后，萨洛浦、赫里福德、约克、诺丁汉、德比和苏塞克斯等六郡的议员提出请愿，在抱怨世风日下、犯罪猖獗之余，还建议议会制定严刑峻法，并吁请教会对罪犯处以开除教籍的绝罚。[②] 在这些请愿基础上制定的法律，超出了原普通法的范围，具有立法性质。正如当代史家塞尔斯所言，议会的这些活动和作用，“使英国法律增添了新的内容，大量的立法随之出现”[③]。从 14 世纪初开始，议会在开幕时总是庄严宣布，“慎重的立法”是召开会议的主要目的。到 14 世纪中叶，议会被普遍认为是最权威的立法会议。1353 年御前会议制定法律之后，下院指出，该法律“应经下届议会重新审议后再记入议会卷宗，以免御前会议制定的法规和协议也像议会全体通过的法案那样记录在案”，国王也同意下院的意见，认为御前会议制定的法律确实应得到更高权威的确认。[④]

---

① 当代英国法律史专家塞尔斯认为，英国中世纪议会在立法、批准赋税、咨询等方面都不是唯一的机构，只有请愿非它莫属。参见 Sayles，*Functions*，pp.48，57。

② Butt，*History of Parliament*，p.518.

③ Sayles，*Functions*，p.17.

④ Ibid.，p.34.

总之，到爱德华三世（1327—1377 年）在位末期，中世纪议会已基本上获得了它的两项主要权力，即批准赋税权和立法权。但是我们不能过高估计议会的这两项权力，因为当时的议会无论是在立法还是在征税方面，都还不是唯一的权力机关。御前会议和贵族会议也经常行使同样的权力。[①] 爱德华三世本人就曾多次通过御前会议和贵族会议征集对法作战的经费。以国王个人或御前会议的名义颁布法律更是屡见不鲜。[②] 当时议会与其他会议的唯一区别在于它是请愿的场所，是为国民"主持公道和正义"的机关，就此而言，它本质上是一个法庭，而不是一个立法机构。正因为如此，尽管议会的仲裁有一定的立法性质，但是议会法所涉及的只是民事纠纷和刑事案件，有关国家政治的立法绝少见到，以至当时法律学院的法律阅读课本竟无一篇选自议会法。

接下来我们转向从权力客体的角度，也就是议会与王权相对立的角度来研究议会与王权的关系问题。从时间上看，议会角色的这一变化发生在 14 世纪爱德华二世（1307—1327 年）和爱德华三世时期。

按照分封制的原则，封臣有义务在封君法庭开庭时佐助封君进行司法审判。在中世纪的英国，行政、司法、立法权没有明确界限，所以封臣"佐助"封君司法裁判的原则运用到国家政治的各个方面。作为国王直接封臣的僧俗贵族也便堂而皇之地成为御前会议、贵族会议以及议会等各种政治会议的当然成员。封君在封臣佐助下司法裁判的原则在这些国家政治会议中引申为"国王在僧俗贵族咨询、同意下进行统治"。议会这个"国王的高等法庭"也早在1300 年就在议会召集令状中被冠以"政治咨询会议"的名称。[③]

---

① 御前会议以大臣和王室法庭法官为核心，必要时主教和贵族也参加，人数较少；贵族会议以僧俗贵族为主，有时邀请官吏参加，人数较多。

② Sayles，*Functions*，pp.26，31.

③ Brown，*Governance*，pp.207-8.

僧俗贵族因而把出席议会视为参政、议政的权利。前面讲过，封土制的本质是政治统治权与土地所有权的密切结合，每一个大土地所有者都可以独霸一方，因此分封制本身就促发离心倾向，孕育着国王与贵族或贵族与贵族之间的各种矛盾冲突和权力角逐。议会在获得赋税批准权和立法权之后，又为自己披上了“国民代表”和“法治化身”两件绚烂的外衣，将最龌龊无耻的权力之争遮掩在这两件外衣之下，而示人以“为民请命”和“维护社会公正”的表象。这样一来，议会实际上便成了争夺权力的工具。

在爱德华二世统治的最后一年，王、后两党的斗争以后党的胜利而告终。后党贵族为了掩人耳目，使他们的宫廷阴谋合法化，逼迫国王召集议会。在议会上，温切斯特主教约翰·斯特拉特福德发布《斥国王书》，历数国王种种劣迹，迫使爱德华二世为保全脸面而宣布主动退位。这一事件开创了议会逼王退位的先例。14 世纪 40 年代初，爱德华三世欲治罪于抗拒王命的斯特拉特福德（这时已升任坎特伯雷大主教）和财政大臣罗杰·诺恩伯格，两人以“唯有上院方可审判贵族”为由，拒不服罪。国王只好召开议会。为加强控制，他事先安排一些宫廷小吏参加上院会议，试图借他们之口控告大主教和财政大臣，但是由于上院多数僧俗贵族并不支持国王，宫廷小吏尚未开口即被逐出上院，理由是他们无权参加议会，更不能参与对贵族的审判。国王万般无奈，只好放过了这两位无视王权的大臣。1376 年，英雄一世的爱德华三世已经日薄西山，在对法战争节节胜利气氛中形成的贵族联盟已随着战局的逆转和失败情绪的蔓延而分崩离析。国王的两个儿子黑太子和高恩脱各自拉帮结伙争权夺势。在该年举行的议会上，黑太子党指使下院向执政的高恩脱党发难，并成功地弹劾宫廷总管拉蒂默等高派大臣，从而开议会弹劾大臣之先河。在幼王理查德二世（1377—1399 年）统治初期，政权实际操在大贵族的手中，局势相对平稳。但在理查德二世成年后，为建立个人的统治，他扶植亲信，冷落大贵族，终于导致1376年事件重演。1385/1386年，在上院的一手安排下，议会两院多次联合指控国王宠臣德拉波尔等人。国王断然否认议会弹劾政府大臣的权利，结果酿成宫廷派与弹劾派两支贵族武装的混战。最后弹劾派取胜。在1388年议会上，宫廷派贵族或被处死，或遭罚没。此后，理查德二世殚精竭虑，分化拉拢贵族集团。1397年他终于认为时机成熟，遂以其人之道还治其人之身，利用议会对前弹劾派贵族逐一进行报复。此举使国王与部分贵族的矛盾又趋尖锐。1399年，反叛贵族在议会上以“独裁、破坏自由和法律、不正当地利用议会、践踏议会法”等罪名宣布废黜理查德二世。在兰开斯特王朝（1399—1461年），由于王位不稳、幼王执政、国内阶级矛盾尖锐，以及对外战争需要等多种原因，王权向大贵族作出较大的让步，甚至一些政府大臣也由议会任命。

14—15世纪，由于国王与大贵族的冲突总是以王权与议会斗争的形式出现，所以这些冲突对提高议会在国家政治生活中的地位有一定影响。几乎每次政治危机之后，议会的地位都暂时有所上升。早在爱德华二世统治初期，部分大贵族就曾试图用议会来束缚王权。爱德华二世在用武力镇压贵族叛乱的同时，也极力作出尊重议会的姿态，他批准的“约克法案”宣称，“凡涉及国王和国家政治的重要问题都只能在议会中决定”①。1330年，爱德华三世刚刚亲政，为避免1327年废黜国王的事件再度发生，他在加冕宣誓中宣称，他的统治有赖于大贵族的合作，他将尊重议会，接受议会法。②1341年危机当中，下院提出请愿，“恳请”国王今后任免大臣务必征得议会、特别是上院的同意，大臣如有渎职行为也必须接受上院的

① Brown，*Governance*，pp.172-3；Wilkinson，B.，*Constitutional History of Medieval England 1216–1399* (London 1958)，vol. 2，p.136.

② Wilkinson，*Constitutional History 1216–1399*，vol. 2，p.165.

审判，国王竟接受了这一请愿。这一请愿后经修改成为法案。[①]1344 年 4 月 18 日，出席御前会议的贵族一致认为，由于会上讨论的若干问题关系社稷安危，因此必须召开议会，因为唯有议会才能议决此类事务。[②]1366 年甚至有人提出，“议会代表整个国家”[③]。1377 年，即议会首次弹劾大臣一年之后，议会宣布有权推选和监督大臣。1379 年，摄政委员会的成员的确由议会指定。14 世纪 80 年代中期，上议员频频指责国王及御前会议的军事、财政政策，1384 年议会上，阿伦德尔伯爵竟同国王公开争吵。这种无形的压力迫使理查德二世在 1386 年议会开幕之际通过大法官之口宣布，国王准备跨海亲征，此事虽曾在御前会议上讨论过，但未经议会批准，御前会议不敢贸然决定。[④]1388 年，国王与大贵族交锋的结果是人们一度普遍承认，政府大臣如犯罪，法办他们的最高权力属于议会，而不属于国王。为防止国王为这类“罪犯”翻案，该年法案还宣布，今后任何人如试图推翻议会的判决，一律按叛逆罪论处，此举颇有将王权置于议会法之下的味道。[⑤] 唯其如此，理查德二世的“翻案”活动也只能通过议会来进行。1390 年他不是以国王的名义革除弹劾派贵族的职务，而是采取让这些贵族在议会中宣布“自动辞职”的办法。1397 年，他在克服又一次贵族危机之后，立即召开议会，向各等级通报王权曾受到侵犯和亵渎，希冀议会制定法律，“像教父告诉教子如何避免罪恶一样，让人民知道该如何对待国王”[⑥]。很明显，议会此时已成为王权的重要倚靠。1399年，亨利四世（1399—1413 年）即位伊始，议会在请愿书中指控前代君主理查德

---

① Wilkinson，*Constitutional History 1216–1399*，vol. 2，pp.201-2.

② Sayles，*Functions*，p.38.

③ Chrimes，S. B.，*English Constitutional Ideas in the Fifteenth Century*（New York 1978），p.76.

④ Butt，*History of Parliament*，pp.385，389.

⑤ Ibid.，pp.398-9.

⑥ Ibid.，pp.411，430.

二世滥用王权，以个人意志代替法律。亨利四世听出弦外之音，当即表态，他的统治绝不会“违背法律、议会法和惯例”①。在1404年的议会开幕式上，大法官宣布，一个国家只有广开言路，才能有效地治理，议会就是政府体察下情的重要的政治咨询会议。②1413年亨利五世（1413—1422年）即位之初，博福特主教在第一届议会开幕式上代表国王宣布：“国王陛下不会在未征询僧俗贵族和下院的意见并得到其赞同的情况下采取行动。”③1449年在同样的场合，大法官约翰·斯塔福德宣称，国王召集议会的目的是与议员们聚议国王不能独立处理的国事。④ 在15世纪，人们普遍把议会视为一个享有特殊权力的全国性政治会议。⑤15世纪60—70年代，王室法庭法官福蒂斯丘在专论英国政府的著作中指出，“王权应受到政治法律（按：指涉及权利与义务的法律）的限制，这就是英国的法则”，而在诸多法律中，议会法最有利于全体国民，因为它不是按君主个人意志制定的，而是得到举国上下的赞同，因此国王不能擅自或同几个近臣一起随意改动国家的法律，如国王的指令与议会法相抵触则必须服从议会法。他还说，即使国王聪明如所罗门之子，他也需要议会的咨询。⑥1460年，玛格丽特·帕斯顿在写给担任郡议员的丈夫的信中写道：“众多可怜的人们祈祷上帝保佑你，因为他们希望你能在这次会议上帮助他们开辟更宽广平稳的生活道路。”⑦ 议会俨然已是一个代表民意的机构。

---

① Butt，*History of Parliament*，p.457.

② Ibid.，pp.464-5.

③ Ibid.，p.486.

④ Wilkinson，*Constitution History*：*15th Century*，p.296.

⑤ Chrimes，*Constitutional Ideas*，pp.140，183.

⑥ Ibid.，pp.40，280-1；Goodman，C.H.，*The New Monarchy*：*England 1471–1534* (Oxford 1988)，p.11.

⑦ Loach，*Parliaments*，p.146.

以上说明，经过14—15世纪贵族与王权的一系列斗争，议会已经不再是一个单纯的“国王的法庭”，而变成了一个全国性的政治会议，在国家政治生活中具有相当重要的地位，有时甚至有很高的权威。但是我们也不能像某些西方史学家那样，把前都铎时期的议会地位估计过高。首先，虽然包括国王在内的很多上层统治者都认为，全国性政治会议是国家政治法律制度中不可或缺的一环，但所谓全国性政治会议并不专指议会。1392年，理查德二世召开有贵族、官僚和各郡骑士代表参加的政治会议来讨论对法战争的若干重大决策，这次会议并不是议会，而被称为贵族会议[①]；宣布亨利四世（1399—1413年）和理查德三世（1483—1485年）合法继承王位的会议由贵族和乡绅代表组成，这两次会议也不是议会，但被认为代表全国各等级[②]。所以，是否利用议会来体现“全民公意”在很大程度上取决于时局的需要，具有一定的偶然性和随意性。第二，无论是废黜国王，还是任免大臣，无论是议会自身宣布它获得新的权力，还是国王承认它具有这些权力，都是政治危机的结果，是国王与贵族，或贵族各派系之间力量对比发生变化的反映，是暂时的现象，甚至有时只是一种假象，并不意味着议会权力的扩大。第三，议会从未提出监督政府的要求。诚然，在1377年议会曾把任命财政大臣作为批准赋税的前提条件，并使理查德二世接受了这一条件[③]；1401年，下院提出，御前会议的成员应在议会提名和任命，亨利四世亦表示赞同，这一建议在1404年付诸实施，是年议会在下院请愿下除任命了若干御前会议成员外，还指定了两名战时财务大臣，并要求后者向下届议会提交财政报告[④]；1422年，亨利六世（1422—

---

① Butt，*History of Parliament*，p.417.

② Ibid.，p.619.

③ Ibid.，p.361.

④ Ibid.，pp.463-4，467，469；Fryde and Miller，*Historical Studies*，vol. 2，pp.31-60.

1471年）即位时不满周岁，当时组成政府的17名御前会议大臣也是由议会任命的[①]；1450年，下院再次以任命财务专员作为批准赋税的条件[②]。但上述事例有一个共同特征，即议会要求任命大臣的唯一理由是：希望由取得议会信任的人去管理议会税的收支，其最终目的是减免税收。这里没有任何宪政意义，更不能说是萌芽状态的责任内阁制，因为即使议会任命的大臣也仍然只对国王负责，而不对议会负责。况且，议会任命大臣多发生在王权衰微、国王病重或尚未成年的情况下，这些也毕竟属于非常现象。都铎以前，议会对政府的批评也属于同样性质。这种批评多限于抱怨宫廷冗员、财政管理不善、开支巨大、账目不清等方面，中心目的是减轻赋税负担，并不存在对政府的监督权问题。

贵族反王权的斗争对议会发展的真正意义深远的影响在于它加强了议会这个权力主体的两大权力：批税权和立法权。就批税权而言，议会有时以这项权力为手段对国王进行要挟，如1386年，议会提出，如果国王不解除大法官德拉波尔和财政大臣福姆的职务并接受由议会提名的14名弹劾派贵族组成的常设委员会"辅佐"政府，他们将拒绝批准征收赋税。[③]1398年理查德二世宣布，考虑到下院友善地同意给予他比其先辈更多的捐纳——指议会准予他终身享有关税收入——他同意按议会的请求大赦参加1387年叛乱的封建主，但如果议会日后食言，他将随时撤回大赦令。[④]由于赋税批准权是政治斗争中的一个举足轻重的筹码，所以这项权力只能有一个归属，因此，自理查德二世开始，议会成为唯一批准赋税的

① Butt, *History of Parliament*, p.500.

② Ibid., p.539; Fryde and Miller, *Historical Studies*, vol. 2, pp.61-91.

③ McKisack, M., *The Oxford History of England: The Fourteenth Century* (Oxford 1985), p.444; Wilkinson, *Constitutional History 1216–1399*, vol. 2, pp.243-4.

④ Butt, *History of Parliament*, p.437.

机构，其他政治会议或机构不再具有这项权力。贵族反王权斗争对议会立法权发展的影响表现在两个方面。第一，使议会法高于普通法和其他政治会议的法令。在权力斗争当中，各方都宣称自己是合法的，都以法律为依据，最后胜利的一方往往以议会的裁决否定对方的合法性。这样议会法就获得最高的权威。早在 1353 年就有人提出，御前会议的立法不能与议会法享有同等的地位。[①]1388 年，国王指使一些王室法庭法官对弹劾派贵族利用议会审判宫廷派贵族的权力提出疑问，他们说，按照普通法，对大臣的起诉必须首先经国王同意，然后在王室法庭提出，在议会里起诉不符合法律程序。而弹劾派贵族则针锋相对地宣布，对宫廷派贵族的判决不能依据普通法，而必须根据议会专门制定的法律，在这方面普通法是无效的。[②]15 世纪普通法庭的法官在引用议会法时，也越来越不敢将其随意改动或修正。一种新的法律观念逐渐形成，即习惯法和国王或御前会议颁布的诏令（ordinance）都只是对个案的裁断，并没有永久的法律效力，只有议会法才是在被议会自身废除以前永久生效的法律。当时很多在国王诏令或政府文件中已经出现的条例，以后又复见于议会法案，正是这一观念流行的结果。1484 年议会宣布：理查德三世（1483—1485 年）继承王位具有充分的合法性，因为它符合本国的习惯法。[③] 但事实上，国民并不知道什么是本国的习惯法，议会的这一做法只能说明，如果对一种行为的合法性产生怀疑，那么就要以议会法为据。这意味着议会法高于普通法和习惯法。由于议会法是最高的实体法，其他任何实体法都不能取代它，所以在 14 世纪中叶就有人提出了议会法只能由议会废止的原则，到 15 世纪这一原则得到国王的承认。亨利四世和亨利五世（1413—1422 年）在致罗马

① Sayles，*Functions*，p.38.

② Butt，*History of Parliament*，p.396.

③ Ibid.，p.626.

教皇的信中都曾写道："议会法只有议会才能更动或废除。"[①] 第二，议会成为唯一真正意义上的立法会议。如前文所述，议会法是在请愿基础上制定的，但是，这种立法并非严格意义上的议会立法。按照请愿制的原则，下院是请愿人，上院是仲裁人。下议员的请愿书，在议会开幕时要经请愿书接收人（Recievers of Petition）之手转交请愿书初审官（Triers）。后者将请愿书分类，分别交大法官庭、财政署及各王室法庭审理。只有疑难诉状才转交上院或御前会议裁决，该裁决经国王同意形成法律。但上院或御前会议的裁决以及国王的批准都在下议员离去以后进行，这就意味着法律成文于议会解散之后。负责将请愿书改写成法律的是王室法庭法官。经裁决和改写两道手续之后，请愿书往往已面目全非，但它们无须也不可能再经过下院的同意就成为议会法，所以这种议会法严格来说并不是议会制定的。但在贵族与王权的斗争中，议会废黜国王、任免大臣往往以下院请愿为起点，如果这种请愿状继续任由王室法官按照国王意志随意修改，与王权抗争的贵族便无法实现他们的目的，所以下院的请愿越来越受到尊重。到 15 世纪中叶，下议员的请愿书越来越多地直接提交下院秘书，而无须初审官分检，议会也逐渐明确了国王和上院对下院的请愿书只可表示赞否，不得加以改动的原则（至多仅能附加补言）。这样议会通过的请愿状就直接取得法律形式，议会的立法权从此才算真正确立。随着议会立法程序的这一变化，以前那种在议会解散以后上院贵族留下来，以御前会议的名义，根据下院请愿另行立法的现象也自然消失，议会遂成为唯一的立法会议。在 15 世纪下半叶，王室法庭法官已经确认，只能有一种立法形式，这就是国王征得两院同意后制定的成文法。[②]

---

① Thompson，*Short History*，p.71.

② Chrimes，*Constitutional Ideas*，p.195.

一些西方学者习惯用“国王的议会”（King’s Parliament）和“国王与议会”（King and Parliament）来区分都铎王朝之前英国议会与王权关系的两个阶段。他们认为，在爱德华三世去世以前，议会基本上是从属于王权的一个法庭，所以应把议会称为“国王的议会”。而在那以后，议会变得不十分驯服，国王和议会经常处于对立状态，所以两者的关系变为“国王与议会”。这种看法有一定道理，因为在第一阶段，议会基本上是王权之下的一个机构；而在第二阶段，议会的确有时游离于王权之外。但是这种提法并不十分科学，它会使人们误以为，在第二个阶段议会的权力已经扩大到能与国王分庭抗礼的地步，而事实并非如此。即使是福蒂斯丘，尽管此人热衷于夸大中世纪议会权力，并宣称君主体制的正常运作必须仰赖议会制约，但他也从未明确提出过议会权高于王权。① 我们在前面已反复指出，议会抗衡国王能力的增强并不等于议会权力的扩大，因为这种对抗是封君与封臣间个人关系的反映，它受双方力量对比变化的影响，这就决定议会站在王权的对立面只能是短暂的、非常态的。概而论之，在爱德华三世之后，议会基本上仍是服务于王权的机构，而在贵族与王权矛盾斗争的影响下，其立法权和批税权的加强，恰恰为它成为王权的更得力的工具准备了条件。就这个意义而言，在都铎王朝之前，议会始终是“国王的议会”。

正是在14—15世纪的政治风浪中，英国封建君主逐步认识到议会的权力和议会在政治危机中可以发挥的至关重要的作用，所以在爱德华四世执政时期，在国王和议会的关系中出现了一些新的迹象。1461年爱德华四世亲临议会发表演说，开创了君主到议会演讲的先例。同时，国王或御前会议开始屈尊向议会提案，开政府议案之先声。在15世纪中叶以前，

① Roskell, J.S., *Parliament and Politics*, vol. 1, p.14.

多数议会法以国王的名义颁布，只不过附带说明曾“得到议会的同意”。而在爱德华四世时期，议会法普遍以“议会的名义”加以颁布。这些新的迹象表明，经过几个世纪的发展和积聚，议会的权力、地位和作用已今非昔比，一场实质性的变革已在酝酿之中。

第二节 亨利八世与“宗教改革议会”①

16世纪英国的宗教改革伴随着深刻的政治改革。政治变革不仅表现在政府机构的调整上，而且体现于议会发生的本质变化，这一变化主要是议会作为权力主体的变化，变化之剧烈被埃尔顿称为具有“划时代”的意义。② 这场改革因亨利八世离婚案而起，自上而下运行，议会始终扮演十分重要的角色，其中既有“顶层设计”，又不乏“危机处理”，既有历史的必然，又充满偶然性。由于这场改革的曲折过程最终不仅改变了议会在都铎政治结构中的地位，而且在一定程度上还决定了英国此后近两个世纪的宪政发展走向，所以很有认真梳理的必要。

这场改革的主要事件都发生在1529—1536年召开的所谓“宗教改革议会”期间，因此给人以改革一蹴而就的感觉。但事实并非如此。改革过程中至少发生了三次转折，而每次转折都意味着方向性的变化。

改革的第一阶段发生在1527—1531年间。在这个阶段，亨利八世的全部目的是为其离婚取得“合法性”。在中世纪西欧，婚姻事务统归教会

① “宗教改革议会”一词都铎时期并不存在，该词1859年才首次出现，20世纪后被广泛使用。

② Elton，G. R.，“*Lex Terrae Victrix*：The Triumph of Parliamentary Law in the Sixteenth Century”，in Dean and Jones，*Parliaments*，p.34.

管辖。事涉君主婚姻不仅关乎本国未来，而且影响国际关系，所以必须由罗马教皇亲自审理和裁断。按照基督教法律，婚约一经缔结便不得解除，所以姑且不论种种政治纠葛，仅从法律条文来讲，时任教皇克莱门特七世就有拒绝亨利八世的理由。亨利八世情知教皇“不合作”，却不敢贸然开罪，因为他知道要取得不仅这桩婚事，而且包括未来王位继承人的“合法性”，教皇是绕不过去的一道坎，所以他首先试图说服罗马教皇，希望在既有教会法框架内求得“恩准”。他说，《旧约·利未记》有言，与寡嫂成婚者必遭天谴，而他“娶”的正是乃兄亨利七世的遗孀，这种“结合”从一开始就违逆天意，该当拆散。见教皇不为所动，亨利八世又建议教皇循古代教会“属地审判”的先例，默许英国主教审理此案，同时取消判决后上报罗马教廷审批程序，这样既可以满足他的心愿，又免于教皇担责。但是不管亨利八世如何花言巧语，教皇就是不予理会。随时间推移英王的忍耐已达极限。

第二阶段为 1531—1534 年。在这一阶段，离婚案逐渐偏离原来轨道，转入另一方向，即后人所说的“宪政革命”①。在第一阶段，亨利八世为了说服教皇，曾派人在英、法、意等国动员大学神学教授为“离婚合理”搜集根据。这些神学家搜索枯肠，终于找到一条亨利八世见后如获至宝的依据。神学家说，按照宗教法体系，上帝法是大法，是最高的法律，无论罗马教廷法还是地方教会法都必须符合上帝法才能生效。罗马教廷的法律如符合上帝法，当然具有普适性，可通行于各级各地教会法庭，但如果罗马教廷对个别案件的判决与地方教会法庭意见相左，后者则不一定必须服从后者，而要看谁的判决更加符合上帝法，在这里不存在谁高谁低的问题，罗马法庭更不能“以势压人”。对亨利八世来说，神学家的这番理论无疑

---

① Elton，“*Lex Terrae Victrix*”，p.23.

为其撇开教皇自行其是提供了可能。这是因为，被神学家奉为神明的上帝法乃是早期基督徒从古典自然法中引申出来的一个法律概念，像自然法一样，它不是具体的法律条例，而是抽象的正义原则，是所谓“天然存在”的行为规范。尽管有时上帝法也援引《圣经》或早期神父行迹为理据，但这些毕竟不是法规、法条，其含义和“适用性”全赖引用者的解释。既然神学家认为，各教会都有对上帝法的解释权，那么只要让英国教会依据上帝法对国王离婚案作出有利的解释，国王的“婚姻大事”便可以有一个圆满的结局。有了神学家的理论铺垫，亨利八世的任务就变得十分简单，即只须改变英国教会的权属关系，使之不再听命于罗马而服从“朕意”，一切问题便迎刃而解。“决裂罗马”——这场改革大剧的高潮就此展开。

为此，亨利八世及其谋士“自创”了一套教权理论，并宣称来自上帝法。他们说，基督教世界，或曰普世教会，乃由各国国王治下的政治实体组成，在政治实体里，众人之灵魂组成教会，众人之躯体组成国家，凌驾于二者之上的是一位上帝的代表，他既是国家的国王也是教会的首脑。这套理论虽属“自主创新”，自说自话，但因为上帝法“本非定法”，亨利八世以此作为独揽英国教俗两大权力的依据，也未尝不可。

但行事至此，国王并不放心。身为英王，亨利八世深深了解国情。他知道在这个国家里，任何事务仅有理论上的合法性远远不够，如无实体法保证，一切无异于空谈。余下的难题便是谁来确认他的宗教首脑地位，使其具有实质的合法性？按英国传统，国王不能立法，国王手中没有赋予“合法性”的资源，自授权力显然于理不通，于法无凭，于众不服，而依照惯例请求罗马教廷加冕又断无可能。亨利八世为此深感焦虑，这种焦虑感即使在英国宗教会议于 1532 年决定接受国王的教会首脑地位，宗教裁判权服从王权，因此判决离婚已无障碍之后仍难释然。恰在此时，托马斯·克伦威尔为国王献上一策——通过议会立法谋求“合法性”。

不失为锦囊妙计。

首先，英国最权威的实体法是普通法。普通法也被认为脱胎于自然法，以“久远性”兼“合理性”为特征，因之与上帝法有相通之处，完全具备授予“合法性”的资格，而议会是最高的普通法立法机构。至晚在亨利七世时代，视普通法和议会法地位至尊、将其置于教会法和宗教习惯法（ecclesiastical custom）之上的观念就已经形成。① 远在宗教改革以前，法学院的讲师就在讲授罗马教廷法（canon law）和罗马教皇法（papal law）应该服从普通法。1514 年格雷法学院的讲师黑尔斯发表文章，历数教俗司法裁判权分立的弊端，呼吁将司法裁判权统一于普通法之下。② 至于议会法的地位，1531 年杰尔曼的名篇《法学新论》做了系统的阐述，他说议会法代表英国法律的“最高权威”，“不仅规范人的行为，也规范人的灵魂”③。

其次，按照 16 世纪的流行观念，不管什么行动，只要建立在“全体共识”基础之上，那就一定是“道德的”，而议会具有代表全民的性质。福蒂斯丘曾经说过，议会法来自社会认同，因此不可能与社会或任何个人的利益相抵触。④ 杰尔曼完全赞同福蒂斯丘的观点，他在1523 年撰文指出，因为“议会法批准人既包括国王、僧俗贵族，也包括下院代表，所以她是全国性的法律”⑤。1525 年某伦敦市官员曾对沃尔西说，“议会是代表全国的机构”⑥。凡此议论皆说明，亨利八世借助议会的力量，可以为他的个人

---

① Guy，*Tudor England*，pp.72-3.

② John Guy，*Politics*，*Law and Early Stuart England*（Aldershot：Ashgate Pulishing Limited 2000），XII，p.24.

③ St. German，Christopher，*Doctor and Student*，ed. by T. F. T Pluchnett and J. L. Barton（London 1974），p.300.

④ Brooks，*Law*，*Politics and Society*，p.27.

⑤ St. German，*Doctor and Student*，p.327.

⑥ *Hall' s Chronicle*：*The History of England from the Reign of Henry IV to the End of the Reign of Henry VIII*（Reprinted：London 1809），p.698.

欲望披上国民公意的外衣。

复次，上帝法最重先例，而在英国历史上，议会在议员请愿下制定涉及宗教的法律、在王权与教权的斗争中支持王权的先例在在皆是。1353年议会颁布了英国第一部《蔑视本国君主宗教权力罪治罪法》，禁止把王室法庭诉讼案件移交罗马教廷。[①]1382年议会制定了第一个《反宗教异端法》，规定“凡冒充圣徒、招摇撞骗、扰乱治安者”，应予逮捕并依据议会法审判。[②]1389年，下院提出“取缔滋事扰民的非法宗教社团”的请愿。[③]1390年，针对罗马教皇委任外籍僧侣在英国担任圣职的做法，议会续颁《蔑视本国君主宗教权力罪治罪法》，重申英国圣职举荐权属于英王或英国贵族，违者以“蔑视本国君主宗教权力罪”论处。[④]1393年议会再次修订该法，宣布包括英国僧侣在内的所有英国人，如果触犯这一法律，都按世俗法律定罪，同时禁止任何人将有关圣职授予的争讼越级向教皇法庭投诉，并宣布国王可以就这个问题与教皇进行任何形式的磋商，签订任何国王认为适当的协议。[⑤]1401年议会重颁《反宗教异端法》，禁止非法传教、散发宗教宣传品和秘密举行宗教会议，违者处以火刑。[⑥]在1404年和1410年的议会上，下院弥漫“反教士情绪”，议员们斥责教会敛财，揭露教士腐败，主张教产归俗。[⑦]进入都铎王朝以后，这种“反僧侣情绪”有增无减。

---

① Stephenson and Marcham, *Sources*, p.227.

② Butt, *History of Parliament*, p.382.

③ Ibid., pp.407-8.

④ Ibid., p.412.

⑤ Stephenson and Marcham, *Sources*, p.246.

⑥ Ibid., p.274.

⑦ Butt, *History of Parliament*, pp.469, 480; Wilkinson, *Constitution History: 15th Century*, pp.306-8.

1512年议会期间，下议员质疑教士的“初犯豁免权”（即对教士初犯重罪以外的其他罪行免于起诉），吁请世俗法庭介入相关案件，按一般诉讼程序审理，在下议员的吁请之下，议会最终立法，缩小了享有豁免权的范围，将其限定在高级教士阶层之内。①1514年的“亨尼事件”更把“反教士情绪”推向高潮。亨尼乃伦敦城一名富商，1514年其子去世，教会向其征缴墓葬税遭到拒绝，教区长（rector）遂向大主教法庭告诉。亨尼拒绝出庭，理由是根据1393年《蔑视本国君主宗教权力罪治罪法》，教会不能违背英国的世俗法律擅自行使司法裁判权。伦敦主教菲茨詹姆斯闻讯，以异端罪名将亨尼逮捕，投入主教监狱，不日之内，亨尼死在狱中。教会声称亨尼畏罪自杀，而伦敦市民认为致死原因是遭到宗教法庭法官霍西的迫害，因此强烈要求对霍西绳之以法。恰在此时，温彻康布修道院院长基尔德明斯德呼吁恢复低级教士的初犯豁免权，声称1512年议会通过的有关法律违背了“不得触犯我主”的天条，这使得“亨尼事件”进一步发酵。1515年议会一开幕，下议员就把怒火撒向基尔德明斯德。他们说他别有用心，“醉翁之意不在酒”，提出初犯豁免权问题的真实意图是阻止在世俗法庭起诉霍西。随后，在国王主持下，宗教会议与议会之间展开有关世俗法庭能否审判僧侣的辩论，唇枪舌剑，你来我往。国王明显倾向议会一方，他宣布，宗教会议公然蔑视世俗的司法裁判权，全体与会者共犯“蔑视本国君主宗教权力罪”②。国王的表态进一步助长“反僧侣情绪”，在1529年“宗教改革议会”开幕之前，伦敦市议员已经拟定一份提案，“提请与会者注意，教会法庭法官如何利用收取墓葬税和遗嘱验讫税对可怜的国民，特别是伦敦市民进行违背人道的敲诈勒索”③。议会

① Elton, G.R., *England under the Tudors*, p.106.

② Elton, *Reform and Reformation*, pp.50-8.

③ Loach, *Parliaments*, p.62.

召开后，下议员频频向教会发难。他们提出三个议案，其中《遗嘱验讫税修正案》和《死亡税修正案》意在限制教会利用经办殡仪事宜的特权敲诈丧家，《兼圣俸法修正案》则揭发教士兼任多处教职、变卖教产和吃空饷的行为，坚决要求禁止教士从事任何经营活动。这些提案的某些条款触动了教士的利益，因而在上院遭到高级僧侣的反对，于是下院吁请国王干预。亨利八世召开了有上下两院各八名代表参加的联席会议。会上，上院代表中的世俗贵族与下院代表联合起来共同抨击教会并赢得国王支持，高级僧侣陷于孤立，结果三个议案均获通过。这个结果表明，希图加强王权的国王与竭力维护自身经济利益的下议员在反对教会体制方面存在高度一致性。

再次，在宗教改革以前，议会在世人眼中除立法功能外，还承担许多政治决策职能。克伦威尔在 1523 年 8 月 17 日致友人的信中称，举凡涉及战争、和平、争斗、对抗、分歧、舆情、积怨、贫富、真伪、公正、平等、欺骗、压制、尊严、闹事、叛逆、谋杀、重罪、中央政府等有关社稷安危的事项皆可以在议会“协商”，既然“历来如此，不妨因循先例”①。既是这样，通过议会进行改革，便顺理成章。

最后，对英国国王担任教会“最高首脑”一事，国内外一直议论纷纷，如不制定法律控制舆论，不仅不保教会最高首脑地位，而且伤及国王的政治统治权威。在维护王权方面最适用的法律是《叛逆法》和《重罪法》，而这两部法律的修订必须通过议会。

基于以上种种理由，亨利八世着手全面执行克伦威尔的建议。1531 年 1 月他召开宗教改革议会的第二次会议，在继续寻求教皇合作的同时，向罗马教廷发出他有可能另觅捷径的信号。这次会议公开讨论了国王的

① Merriman，R. B. ed.，*Life and Letters of Thomas Cromwell*（Oxford 1902），vol.1，p.313.

“婚姻大事”，而且借批准宗教会议补助金的机会，宣布英国教士已“在上帝法允许的范围内承认英王为英国教会的唯一保护者和最高首脑”，这样就为在必要时与罗马教廷决裂，建立国教会，由英国主教批准离婚埋下了伏笔。1532 年，亨利八世再次接受克伦威尔的建议，于 1 月 15 日至 5 月 14 日召开“宗教改革议会”第三次会议，对英国天主教会展开了全面的攻击。上院率先提出禁止英国主教将首年俸上缴罗马教廷的议案，得到大多数议员的支持，最后形成法案。但由于上院僧侣的激烈反对，该法案的执行被推迟一年。下院攻击的重点则是教会的司法裁判权。在一份提案中，下议员指控教会滥用这一权力，动辄以异端罪名迫害国民。3 月 18 日，下议长代表下院向国王提交请愿状，提出限制宗教会议立法权、更改宗教法庭审判程序、制止教会法官的专断行为、限制“破门律”的使用、削减宗教节日等等要求。亨利八世按照惯例，将请愿状转交宗教会议，作出在未征询教士意见之前不轻易表态的姿态。宗教会议在讨论这份请愿状时，大主教斯蒂芬·加德纳痛斥“某些不法之徒妖言惑众”和下院“听信妖言蛊惑”。最后，宗教会议在给国王的答辩书中，尽管表面上承认教士犯有“某些过失”，但拒不放弃教会的司法裁判权。于是亨利八世决定采取挑动下院压迫宗教会议就范的策略。他一方面向英国教士提出三点要求，即第一，宗教会议放弃其宗教立法权，今后宗教会议制定宗教法必须征得国王同意；第二，宗教会议将现行宗教法提交由国王指定的部分教士和下议员审查，后者有权删除其中的不合理成分；第三，宗教会议必须承认，未被删除的宗教法只有经国王批准才能生效。另一方面，他又召见下议长和部分下议员，告诉他们对宗教会议的答辩书根本毋庸置理，因为他发现，英国教士根本不是“对朕忠贞不贰的臣民，所有高级僧侣在接受圣职时都曾向教皇宣誓，将这个誓词和他们向朕宣誓的誓词比较一下，就会发现他们对教皇比对朕更加忠诚，由此看来，他们似乎是教皇的子民，而不是朕的子民”[①]。随后，下议长在下院宣读了高级僧侣的两个誓词，据编年史作家霍尔记载，“下院为之举座哗然”[②]。面对来自国王和下院的巨大压力，宗教会议虽然还想勉强坚持一下，但终究力不能支，只好接受了国王的全部要求。教会的权力因此而被大大削弱。

1533 年 1 月，亨利八世在教廷尚未批准他与凯瑟琳离婚的情况下与安妮·博林结婚，其时博林已有身孕。为确保即将出生的孩子拥有王位继承权，亨利八世急于使他与博林的婚姻得到教会的认可从而具有合法性。而要达到这一目的，必须避免因英国国民向罗马教廷投诉而引起教皇干预。在这种形势下，国王第三次采纳克伦威尔的建议，决心用议会法案的形式断绝同罗马教廷的关系，而由英国教会出面解决国王婚姻案。1533 年 2 月，本届议会第四次会议召开。《禁止向罗马教廷投诉议案》于 3 月 14 日首先在下院宣读。除个别议员表示担心此举会引起天主教国家的报复行动，因而损害英国商人利益之外，几乎所有发言者均对此议案表示拥护。4 月 7 日该议案在两院获得通过。这是英国在宗教改革道路上迈出的重要一步。[③]

就在议会第四次会议召开的当月，亨利八世选定克兰麦继任坎特伯雷大主教。克兰麦具有宗教改革思想，坚决主张甩开罗马教廷由英国教会来处理国王婚姻案，由他担任英国教会大主教无疑能为国王排忧解难。果然，5 月克兰麦即召集宗教会议，宣布国王与凯瑟琳的婚配从根本上是非

① Lehmberg，*Reformation Parliament*，pp.150-1.

② Loach，*Parliaments*，p.65.

③ 有些英国史学家认为，这一步标志着英国议会已成为国王的奴仆，其理由是，在这次会议结束后不久，有一个叫乔治·思罗克莫顿的人曾经说过，上述议案之所以能够在议会顺利通过，是人们惧怕国王的宠臣托马斯·克伦威尔。（Ibid.，p.17.）但思罗克莫顿对克伦威尔积怨甚深，而且曾公开反对亨利八世与凯瑟琳离婚，所以他的评论未必公允。

法的，而与安妮·博林的婚姻才是合法的。国王对这一结果十分满意。

离婚的成功助长了国王进一步改革的雄心。1534 年初春召开的本届议会第五次会议通过了五个重要法案，他们都是克伦威尔亲自过问并参与制定的。其中第一个是《首年俸法案》。它宣布 1532 年通过的有关法案将要正式实施。但是这个法案并非完全符合克伦威尔的意愿。克伦威尔本意将首年俸的征收权从罗马教廷转到英国王室，可是他的提议在上院遭到激烈反对，所以未能写入法案。第二个法案是《废除彼得便士金法》。彼得便士金是拥有一定数量地产的土地所有者向教会缴纳的年金，自 12 世纪以后，数量固定为 200 英镑。因议员中大多数拥有地产，肯定将因该法案而受益，所以这个法案在两院通过时没有遇到任何阻力。第三个法案是《宗教立法权法案》。该法案的基本内容与 1531 年亨利八世向英国教士提出的三点要求相同，该法案的作用只是把宗教会议的暂时让步变为永久性的法律。最能体现克伦威尔苦心的是有关王位继承问题的第四和第五个法案。克伦威尔明白，亨利八世冒天下之大不韪停妻再娶，其主要动机就是想得到一名合法的男性王位继承人，而在目前其第二次婚姻没有得到教廷批准，只有英国教会认可的情况下，为确保这次婚姻所诞后代的王位继承权，必须再以议会立法的形式确认该婚姻的合法性和其后代的继位资格。为此，他精心为本次会议拟定了两个提案，其中一个宣布亨利八世与前妻凯瑟琳的婚姻不符合《圣经》，因而无效。另一个议案在批准亨利八世与安妮·博林之婚姻的同时，规定，凡反对这一婚姻的言行均属叛国罪，全体国民必须公开宣誓服从这一法案。这两个议案在两院均顺利通过。

1534 年 9 月 3 日开幕的第六次会议在政府提案的基础上颁布了亨利八世时期最重要的宗教改革法——《至尊法》。它宣布，今后英国教会奉国王为最高首脑，不再承认罗马教廷和教皇的权威；主教首年俸和教徒什一税今后均由王室财库收缴；建立专门委员会对现任神职人员进行审查；

等等。此外，本次会议还对上次会议通过的《王位继承法》做了补充。新颁布的两个涉及王位继承的法案规定，全体国民必须向亨利八世及其王位继承人宣誓效忠，今后任何攻击亨利八世、安妮·博林及其后代的言行都以叛国罪论处。

1536年春，宗教改革议会召开了最后一次会议。会上通过的最重要的立法是《解散修道院法》。根据这一法案，年收入低于200英镑的小修道院一律关闭。据说，当下院审议这一提案时，亨利八世曾亲临会场，这表明国王对该提案能否在下院获得通过没有把握。但事实证明国王过虑了。由于该议案的前言部分历数修道院的种种劣迹，而许多议员对修道院地产又已垂涎多时，所以它在下院通过时没有遇到任何阻力。

始于国王一桩婚事的改革至此告一段落，回顾其过程，国王固然如愿以偿，但事态的发展似乎远远溢出他当初的设想。从1532年开始，英国议会借助欧陆宗教改革的大背景和国内"反教士情绪"的小气候，通过一系列立法，授予英王本国教会的经济收益权、宗教授职权和司法裁判权，以《禁止上诉罗马教廷法》和《至尊法》为标志[①]，宣布英国教会脱离罗马教廷，自建民族教会，独立治理，以直接受命于上帝的亨利八世为其最高首脑（supreme head)，凡不承认国王这一地位的人均被定为叛国分子。1533年《禁止上诉罗马教廷法》的前言说，英国从此成为一个帝国(Empire)，其特征是最高权力"政教合一"，既国王和教会首脑集于亨利八世一身，形成新型的国家最高权力（national sovereignty)。按照埃尔顿的说法，这标志着一种"新宪政"的诞生。[②] 至于其合法性，终极来源是上帝法，现实依据为议会法，前者使其具有神圣性，后者使其具有可操作

① Elton，*Tudor Constitution*，pp.364-5.

② Dean and Jones，*Parliaments*，p.20.

性；前者的寓意是国王之上除上帝没有其他权威，后者则把这一寓意揭示出来并予以落实；前者是一套“虚拟”的话语，后者是坚实的保障，所以毋宁说，亨利八世借议会之力获得了神圣权力。纵观各部改革法，似乎并不是从宗教意义上反复肯定国王的上帝代表身份，而是直接宣布国王的权力得到法律认可并受法律保护，所以就上帝法和议会法二者而言，“最高首脑的实际权力，即其现实存在（更是）来自于议会法”①。

第三阶段，1536—1539 年。如此“率性”的改革，必漏洞百出，无论亨利八世本人还是克伦威尔等改革决策者都忽略了的一个明显的事实：作为形同“英国大主教”的教会最高首脑，亨利八世并不是教士，即他不具备管理宗教事务的身份。决裂罗马后英国教会的处境就是如此尴尬：一方面，各个教会的权力为国王所授，并受议会法保护；另一方面，各个教会的信条依据普世宗教法（universal law of church），受罗马教廷法保护，而该法律在改革后本不应该在英国继续生效。摆脱这一尴尬局面的唯一办法是将普通法系与教会法系统一起来，利用国王有权参与制定的世俗普通法来规范宗教信仰。为此亨利八世设计了一个“简单易行”的解决方案，即从僧俗两界各指定 16 人组成一个宗教法修订委员会，他们只须将教规和信条中含有“罗马”痕迹的内容剔除出去即完事大吉。可是亨利八世的这一方案适足证明国王对其亲自发动的这场改革的认识是多么“不到位”：既然连他本人的“至尊权”都是“立法人”赋予的，既然改革已把“立法人”推到如此高的地位，他岂有资格擅自指定“立法人”来修订法律？在这方面，杰尔曼显然比他更有悟性，前者早在 1531 年就意识到英国的立法结构已发生重大变化，包括制定宗教法在内的立法权既不属于国王，也不属于宗教会议，甚至不属于传统上仅由上下两院组成的议

① Dean and Jones，*Parliaments*，p.27.

会，而属于“由国王、上院和下院三者共同组成的议会”①。我们有理由认为，亨利八世是在没有充分思想准备的情况下接受了这一现实。1536 年议会通过立法正式授权国王组建专门委员会修订教会法，授权有效期定为三年，即止于下届议会召开。② 这一纸法律无异于宣布，教会法修改权不属于国王（尽管他是教会的最高首脑），而属于“议会中的国王”（King in Parliament），或属于议会——国王、上院、下院“三位一体”的议会。1539 年《六条信纲法》③ 的颁布标志议会开始正式行使宗教法制定权。

但还是留了一个“尾巴”。1534 年的《至尊法》曾经宣布，亨利八世依其宗教首脑地位和宗教司法裁判权有权规范教义、教规④，这显然是与议会的宗教立法权相抵触的，但此后历届议会并没有废除国王的这一权力，以致 1539 年通过的《六条信纲法》不得不“支支吾吾”。该部法律仅在前言中将“信纲”一笔带过，重点强调的是哪些“信仰罪”由普通法庭裁判。由此可以推断，该法的目的并不是颁布六条信纲，而是赋予信纲法律保障。这种“欲说还休”、闪烁其词的处理方式真实反映了亨利八世“至尊权”的双重性：第一，国王的至尊性源自上帝和上帝法，然而他行使权力只能依托普通法，而且为便于操作，又要通过议会立法来扩大他的执行权，因为只有议会才能判处叛逆罪和重罪；第二，“至尊权”使传统意义上的王权扩大到以前从未进入过的宗教领域，但如果说在世俗领域王权是完整的，在宗教领域他的最高首脑权却并不完整。这说明，在亨利八世时代，教会法系和普通法系并存的局面并没有终结，亨利八世时代也无意结束这一局面。改革的结果仍是模糊的，而亨利八世去世以后发生的事

① Dean and Jones，*Parliaments*，p.23.

② *SR*，vol.3，27 Henry VIII c.15，pp.548-9.

③ *EHD*，vol. 5，pp.814-7.

④ Elton，*Tudor Constitution*，pp.364-5.

情与这一“模糊性”有很大关系。

以上就是亨利八世宗教改革的全过程，所述不厌其详是要说明，这场意义深远的改革在很大程度上是随机应变的产物，“偶然性”与“随意性”伴随着改革的进程，要准确理解都铎议会，我们不应忘记这一点。

第三节　议会权力的扩大

“宗教改革议会”摧毁了一切外在权力，为英国建立主权国家铺平了道路，在此过程中，议会的权力也发生了本质的变化。这主要体现在以下三个方面。

（一）议会的权力范围延伸

按照中世纪天主教会的说法，上帝把教权和俗权都授予了罗马教皇，世俗君主及其政府只是作为教皇的助手行使世俗权力，他们的中心任务只限于协助教皇维持现实社会的秩序。因此，议会作为一个世俗机构，其作用同样只限于世俗方面。尽管它也曾颁布涉及宗教的法案，但只是处分“不法”行为，真正有关教权、教产、教义等方面的宗教事务历来是议会无权过问的神圣领域。都铎王朝初期，这一传统仍然延续。16 世纪 20 年代的人们普遍认为，议会无权授予包括国王在内的任何俗人以任何宗教权力。①“宗教改革议会”开幕以后，凯瑟琳王后在下院的支持者仍然认为议会无权讨论宗教事务，因为在这一领域议会法是完全无效的。② 在议会颁

① Chrimes，*Constitutional Ideas*，p.286.

② Graves，*Tudor Parliaments*，p.78.

布了一系列宗教改革法案之后，还有相当一部分反改革派议员怀疑这些法案的“合法性”。[①] 晚至 1559 年，斯科特主教仍然宣称，议会无权干预教务，因为议会的“大多数成员都是本国的贵族和平民，这些‘俗人’虽然博学多识，却不谙宗教事务，只有教会神职人员才能承担宗教事务裁决人的重任”[②]。但是，不管这些固守传统的人怎样不满，30 年代的一系列宗教改革法以既成事实证明议会已经闯入曾经是神圣不可侵犯的宗教领域，它们的全面推行也充分体现了它们的“有效性”。非但如此，在都铎王朝中、晚期，议会干预宗教问题的合法性还得到进一步确认。前文曾经说到，在亨利八世时代，国王的“宗教至尊权”仍被认为来自神授而不是议会[③]，所以亨利八世在将“宗教至尊权”委托给托马斯·克伦威尔时并未通过议会，而且后来他们在推行教义、教仪改革时一般也都是通过宗教会议而不是议会。当时议会法的作用只是充当教义改革的法律保证，而不是直接就“纯神学”问题作出规定。但是随着宗教改革的深入，到亨利八世统治结束时，人们已经普遍承认议会是讨论和决定宗教事务的中心，甚至连僧侣也不否认这一点。1547 年，出席宗教会议的下级僧侣要求享有出席议会下院会议的权利，其理由是：“只有这样，一切有关宗教和教会事务的议会法案和法规才不会在下级僧侣未曾参与的情况下获得通过。”[④] 爱德华六世继位后，摄政大臣萨默塞特起初打算以国王个人名义进行教义改革，但他很快意识到，还是应该借助议会的权威。[⑤] 结果爱德华六世时期通过的宗教法（以 1549 年和 1552 年的两个《划一法》为代表），一反由来已久的

---

① Elton，G.R.，*Reform and Renewal*（Cambridge 1973），p.67.

② Loach，*Parliaments*，p.85.

③ Williams，C. H.，*The Making of the Tudor Despotism*（London 1935），pp.738-9.

④ Loach，*Parliaments*，p.78.

⑤ Beer，B. L.，“A Critique of the Protectorate：An Unpublished Letter of Sir William Paget to the Duke of Somerset”，in *Huntington Library Quarterly* 34（1971），pp.277-83.

惯例，直接以“议会的名义”对祈祷书、圣餐礼、受职礼以及偶像崇拜等“圣事”作出规定，完全没有经过宗教会议的讨论和通过。这说明，在宗教领域议会的权威已高于宗教会议，议会的角色已从信条改革的法律保证人变为信条的制定者。玛丽一世在英国恢复天主教也没能中断议会对“圣事”的干预。既然宗教改革是通过议会立法进行的，而议会法只有议会才能废除，所以玛丽一世复辟天主教也必须通过议会。1554 年，是议会通过的一份法案宣布英国与罗马教廷重修旧好，而殉教者约翰·福克斯对恢复《六条信纲法》的抗议也采取在议会提出请愿的方式。到伊丽莎白时期，议会宗教权得以确认。1559 年，议会通过《至尊法》，以“议会的名义”宣布教权属于君主①，这样，国王的“宗教至尊权”就不再来自神授，而是来自议会。既然连国王的宗教最高首脑地位都是议会给予的，国王行使教权当然必须通过议会，这样议会就理所当然地拥有了干预一切宗教事务的权力。宗教会议曾就此提出抗议，顽固地宣称只有僧侣才有权审议教义和宗教法，但是他们的呼声已无人理睬。人们普遍坚信，即使议会在通过宗教法时“并未征得宗教会议的同意，这些法律依然生效”②。1563 年，在议员指出教会腐败和教士低能的问题之后，掌玺大臣、上议长培根宣布，革除弊端的任务固然落在主教肩上，但是必要的立法则是议会应考虑的问题。③政论家理查德·胡克在 1571 年前后发表的专论议会职能的文章中指出，宗教立法是议会不容推卸的责任，因为议会存在的主要意义就是“保证上帝受到应有的尊重”。1593 年他又说：“在一个基督教国家，宗教法既需要得到僧侣的赞同，也需要得到俗人的赞同，这是最公平合理的事情。”④事

① Elton，*Tudor Constitution*，p.374.

② Loach，*Parliaments*，p.85.

③ Hartley，*Proceedings*，pp.70-1，80-2.

④ Loach，*Parliaments*，pp.79，114.

实上，“需要得到俗人的赞同”已成为人们的共识，清教徒改革教义的主张总是以《上议会书》的形式出现就说明了这一点。而“得到僧侣的赞同”却基本上是一句空话，没有得到认真的遵守。伊丽莎白时期，议会曾颁布一系列反天主教法，在制定这些法律的过程中，原来的宗教立法权威机构——宗教会议并没有发挥作用。

综合来看，都铎议会的宗教提案主要来自三个方面：枢密院、宗教会议、普通议员。枢密院提交的政府提案主要涉及宗教权力、教义纲领，如《至尊法》(以1534年和1559年颁布的两部最为重要)、《六条信纲法》(1539年)、《划一法》(以1549年、1552年和1559年颁布的三部最为重要）等等。宗教会议的提案主要涉及教规，通常为在与议会同期举行的会议上获得通过或热议的议题，比如1566年宗教会议向议会提交了一组提案，含六个建议案，其中一个已经宗教会议通过，另外五个则未取得一致同意，特提请议会审议。[①] 议员提案大多涉及教会改革，16世纪70年代以后，随着清教运动的兴起，这类提案与日俱增，并常常引起争议。[②]

从内容看，宗教提案可分四类：第一，与教会事务直接相关，涉及仪礼、规章、教产、机构等；第二，与教会自身无关，但需要教会配合和参与，比如打击天主教和各种宗教敌对势力；第三，禁止违反基督教原则——如《圣经》、阿奎那学说——的行为，如高利贷、巫术、星期六开市等；第四，发挥教会职能解决社会问题，如济贫等。

自中世纪以来，宗教渗透于社会每一角落、生活每一细节，人们的日常生活一直受普通法和教会法的双重规范，政治运作也时常被两个法系的并存所困扰。都铎王朝经过改革结束了这种局面，将全国置于普通法一种

① Neale，*Parliament 1584–1601*，pp.165-6.

② 参见第六章第四节。

法律体系之下，而该法系的最高体现是议会法。

（二）议会法成为真正的最高法律

按照中世纪英国的法律理论，最高的法律是自然法，即来自上帝的、抽象的、只存在人们意识当中的法律。这种自然法，人不能够“制定”，而只能“发现”并加以“宣布”。一切人为的实体法都低于自然法，并要接受自然法的检验，如果有悖于自然法，它便不能生效。议会法作为实体法，同样如此，正如福蒂斯丘所言，在英国尽管议会法被视为最高的立法，但它必须与更高的法律——自然法——保持一致。[①] 晚至15世纪末叶，在议会法案中还含有这样的思想：虽然议会法案高于普通法，虽然它在一定意义上甚至比国王诏令还更具法律效力，但它仍属“判决书”，而不属于法律，因为法律不是人所能制定的，议会不能“随意立法”。[②]

亨利八世启动宗教改革以后，形势发生变化。虽然亨利八世及其谋臣宣称脱离罗马教廷符合上帝的意志，但他们毕竟是以议会的名义赋予改革合法性，那么就产生一个问题，议会法必然符合上帝法吗？如果没有必然性，那么上帝法是否高于议会法？人们可否依据上帝法挑战议会法？这些都是理论上存有争议、政治上颇为纠结的问题。

归纳起来，16世纪30年代以后关于议会法与上帝法的关系大约有三种观点。第一种观点来自反对改革的天主教派，以托马斯·莫尔等人为代表。他们坚持传统的观点，认为上帝法与议会法是两种不同层次的法律，上帝法至高无上，按照上帝法，议会法根本不应染指宗教法权，所以亨利八世的“教会最高首脑”头衔根本无效，因为它依据的只是“一个与上帝

① Chrimes, *Constitutional Ideas*, p.201.

② Elton, *Tudor Constitution*, p.236.

的法律和宗教法规相悖的议会法案"[1]。第二种是以杰尔曼为代表的新教法学家观点。尽管1528年时，杰尔曼仍称："人为的法律——有时也称为实体法——是根据理性制定的，它必须遵循自然法和上帝的法律……所以，不管是君主的法律，还是高级僧侣的法令，不管是议会的法案，还是教会的法规，只要与上帝的法律不一致，就是非正义的，没有约束力的。"[2]但在宗教改革过程中，以他为代表的一批法学家改变了看法。他们承认"宗教改革议会"颁布的法律，认可议会解释上帝法的权力，并认为上至国王下至平民代表均参与其中的议会作为国家的代表，其决定应该不会违背上帝法。但不管怎样，杰尔曼1535年发表的文章仍坚持认为上帝法与议会法是两个分离的体系，而且前者在后者之上，是最高的法律准则，议会所作所为必须符合上帝法，如果触犯上帝法即属无效，人们也不必服从。[3]第三种观点以克伦威尔为代表，他们认为议会法本身就是最高的法律，不受任何外在限制。[4]早在讨论国王婚姻危机的解决方案时，克伦威尔就在致费希尔主教的信中表示，对上帝法总会有多种解释，最终还是要靠人为制定的实体法来解决问题，真正生效的也只能是实体法。[5]这是一种典型的政治家观点，所以克伦威尔的政敌加德纳虽处处以克伦威尔为敌，但对议会法的看法却与克伦威尔高度一致[6]，而加德纳的密友大法官奥德利表达得更为直接："我从没有听说过议会法失效，除非它被议会自己废除。"[7]

---

① Elton，*Tudor Constitution*，p.237.

② Ibid.，pp.242-3.

③ Ibid.，p.237；Guy，*Politics*，*Law and Counsel*，XII，p.28.

④ Elton，*Tudor Constitution*，p.238.

⑤ Merriman，*Cromwell's Letters*，vol.1，p.376.

⑥ *The Letters of Stephen Gardiner*，ed. by J. A. Muller（Cambridge 1933），pp.370，377.

⑦ Gardiner，*Letters*，p.319.

三种观点最后哪一个“胜出”，现实是最好的答案。莫尔为捍卫自己的信仰而殉难。而克伦威尔的观点则进入了他亲自参与起草的两部法案——1534年的《豁免法》和《惩治异端法》：“在上帝之下，英国不承认除国王陛下以外的任何权威，她也不再服从任何人的法律……而只服从本国制定的法律，或其他为国王陛下及其先辈所容许、为本国人民所接受并使用的法律”[①]，基督教法并不是议会法必须服从的上位法，相反，它若非得到英国实体法的承认，便没有效力。[②]这两部法律再清楚不过地表明：议会法高于一切，其威力不在于与谁保持一致，而在于它来自于最高意志——议会，只要它的制定程序是完备的、正当的，它本身的至高无上地位就不容置疑。这一点甚至为复辟天主教的玛丽一世所承认。她继位之初本想根据上帝法自行宣布放弃“教会最高首脑”头衔，但是最后还是不得不通过议会法来达到目的。在她执政期间，议会法案仍然宣布，教皇的敕令只有在“不包含与本国君主或帝王的权威和尊严以及本届议会并未废除的那些依然生效的法律相抵触的内容、并且不对它们抱有偏见时”[③]，才能被接受。1554年，红衣主教波尔反对把教皇不收回归俗教产的承诺写进议会法，他提出的理由是，教皇的承诺是以教皇敕令的形式颁布的，如果把这一承诺写进议会法，等于把教皇敕令降到与议会法同等的地位。但是不管他如何抗议，最终敕令还是被包含在法案之内，显然，这时在英国人的观念中，只有议会法案才是最具权威性的。[④]当1565年政论家史密斯说英国议会既可以“废除旧的法律”，也可以“制定新的法律”时，议会

① Williams，*Tudor Despotism*，p.744.

② Elton，*Parliament*，p.238.

③ Dunham，W. H.，“Regal Power and the Rule of Law：A Tudor Paradox”，in *The Journal of British Studies* 3，2 (1964)，p.42.

④ Loach，*Parliament and Crown*，pp.109-12.

法已经不仅仅意味着“最后的判决”或对自然法的“宣布”，而是意味着议会完全可以按照自己的意志自由地制定法律。① 到伊丽莎白执政后期，这几乎已经不成为问题。柏立勋爵曾多次表示，在他的印象中，议会无所不能；弗朗西斯·培根则说，议会拥有“最高的、绝对的（absolute）”权力，议会法只要不被自己废除就永远生效。② 与杰尔曼的“暧昧”态度不同，理查德·胡克在其多卷本鸿篇巨制《宗教政治法律》一书中表达得直截了当：“议会法的威力在于，没有任何东西比她更符合自然法和上帝的意志。”③ 从这些政治家的态度可以看出，16 世纪下半叶的人们已经不再认为议会法会有违背上帝法的可能，议会法仿佛天然就是上帝法的实体法形式。正是因为意识到议会法体现上帝意志，在 1571 年议会讨论《济贫法》时，议员才会纷纷以《圣经》为立法依据，而 1601 年在审议《反酗酒法》过程中，议员弗朗西斯·达西发言说，“如果不制止酗酒现象，上帝的沉重打击将降临于这块土地。”④

议会权力范围延伸的另一表现是开始制定《产权法》。在都铎王朝建立以前，产权问题是议会从未涉足的领域，直到 1510 年时，当玛格丽特·比恩福特夫人试图通过一个法案将其遗产捐赠给剑桥大学的两所学院时，普通法法官还认为，议会法在这方面不具有权威，只有得到国王的特许状该捐赠才能生效。1527 年托马斯·莫尔的父亲约翰·莫尔也曾断言，议会法不能更改诸如分割继承等古老的习惯。然而，在宗教改革时期，随着《解散修道院法》的颁布，许多教产的没收和转移都以议会法为依据。约翰·莫尔绝对想不到，12 年后议会恰恰颁布了一个《更改分割继

① Elton，*Tudor Constitution*，p.241.

② Ibid.，p.238.

③ Dean and Jones，*Parliaments*，p.9.

④ Ibid.，p.10.

承习惯的法案》。[1]1554 年，在审议与罗马教廷重修旧好的议案时，红衣主教波尔坚决反对把教皇允许俗人保留归俗教产的承诺写入该法案。但是他的这一意见遭到许多议员，特别是法学家议员的激烈驳斥，后者表示，只有通过议会法，财产权才能得到可靠的保证，教皇的承诺必须写入法案。[2]

在议会权力延伸到“圣事”和产权两个领域之后，议会法的覆盖范围便基本上包括了社会生活的各个方面，正如威廉·塞西尔所宣称的，议会在立法方面无所不能。[3]1586 年出版的《卡姆登氏不列颠志》在谈到“议会”时也说：“一言以蔽之，（议会法）可涉及关于国家和个人的任何事情。”[4]

议会法成为最高法律以后，人们对议会法的态度也开始转变。法官在执行议会法时不再像以前那样根据自己的理解随便改动法律条文，而是严格按照法案原文执行。从亨利八世时代起，议会法案代替案例成为法律学校的主要教材。1571 年王室法庭作出规定，虽然上诉法庭有权复审叛国案，但是如果该案原判得到议会法案的确认，则不得复审，因为“议会已经确认的事现在是不可以更改的，虽然以前可以”[5]。

最能充分说明议会法权威的莫过于亨利八世时期议会颁布的三个《王位继承法》。以前的议会法也曾涉及王位嬗递，但一般只是在承认新王继位合法的同时附带说明其后代有权继承王位。而亨利八世时期的《王位继承法》则直接指定王位继承人。1534 年《王位继承法》宣布，亨利八

① Elton，*Parliament*，pp.34-5.

② Loach，*Parliaments*，p.79.

③ Elton，*Studies*，vol. 3，p.6.

④ Elton，*Parliament*，p.22.

⑤ Ibid.，p.33.

世与前妻凯瑟琳所生的后代——玛丽无权继承王位。1536 年《王位继承法》规定，只有亨利八世与其第三位妻子珍妮所生的爱德华王子才拥有王位继承权，国王与其前两位王后所生的两个女儿玛丽和伊丽莎白均不得继承王位。颁于 1543 年的第三个《王位继承法》在批准亨利八世通过遗嘱指定王位继承人的同时，建议国王尽快将继承人名字公布于众，同时说明，如果亨利八世及其王子爱德华之后没有其他直系男性后裔，希望由玛丽和伊丽莎白依次继承王位。1546 年亨利八世的遗嘱与这个法案所表达的“国民意愿”完全相同，这似乎可以证明，1543 年的《王位继承法》乃是秉承国王意旨制定的。国王用议会法来表达个人的意愿，这本身就反映了国王对议会法权威的认可。1559 年，当议会宣布伊丽莎白继位合法时，并不像以前议会所做的那样，以她的血统或“上帝的选择”作为依据，而是宣布，这样做符合 1543 年的《王位继承法》，言外之意，只要以议会法为根据，其合法性便毋庸置疑。① 这一点得到伊丽莎白女王的认可。她曾通过掌玺大臣之口向全体议员宣布：“议会的任何决定都不能也不应受到任何诋毁。”②

随着议会法权威的提高，人们对议会与国王敕令的关系也有了一个新的、明确的认识，即前者高于后者。在 1566 年和 1576 年，政府提出的《着装法》议案两次在下院遭到抵制，原因在于该议案规定，社会各等级的服装式样可由国王以敕令形式加以规定，对违规者没收服装和课收罚款。在讨论该议案时许多下议员发言指出，如果通过这一议案，议会就等于承认国王敕令具有与议会法相同的法律效力，这样议会法的权威就会降低，尽管在“圣明”的伊丽莎白女王统治下，这不会造成严重后果，但毕

---

① Elton, *Tudor Constitution*, pp.2-4, 6-8; *Parliament*, pp.175-6; Tanner, *Documents*, pp.389-97.

② Hartley, *Elizabeth's Parliaments*, p.18; *Proceedings*, vol. 1, p.47.

竟是一个“危险的先例”，因此不容通过。[①] 在都铎王朝，当议会立法损害到某些集团的利益时，受害者为避免损失可以采取两种对策：一种是向国王提出请愿，请求国王授予他们规免该法律的特权；另一种是在议会提出议案，用新的法律取代先前的法律。大多数利益集团两相权衡，宁肯选择后者，认为后者比前者更为可靠。例如，在伊丽莎白朝初年，议会曾经颁布了禁止伦敦鞣皮匠倒卖皮革的法律。在1566/1567年的议会上，伦敦鞣皮工匠协会的代表谋求废除这一法律，但是没有成功，于是他们求助于女王。女王答应了他们的要求，颁布敕令特许他们在伦敦城外40公里以远的任何地区购买皮革。但是鞣皮工匠们并不放心，他们担心女王的特许不能使他们彻底摆脱法律的约束，故而又找到法律专家，就女王特许令的有效性进行咨询。后来，尽管女王的另一特许令进一步扩大了他们的经营范围，已赋予他们充分的贸易自由，但他们仍连续几次在议会期间竭力为废除有关法律而奋斗。显然，在他们心目中，议会法的权威高于女王的敕令。又如，1586/1587年，伦敦面包师工匠协会向议会建议，禁止生产“不合规格的”面包。这一提案虽未能在议会宣读，但引起枢密院的重视，1590年，枢密院颁发了相应的禁令，可面包师们并不认为枢密院的禁令足以解决问题，在日后召开的议会上，他们继续呼吁制定有关法律。16世纪90年代，伦敦城的皮革商为垄断皮革贸易多次向女王申请专利权，但始终未获批准，17世纪初遂转向议会申请。他们显然认为，一旦议会制定了法律，女王也无可奈何。[②]

在议会法取得最高法律的地位以后，各级法官执行议会法的态度也有了很大的转变。在中世纪，由于议会法必须服从上帝法，而且议会作为

① Hartley, *Proceedings*, vol. 1, pp.454-6; Elton, *Parliament*, pp.772-3.

② Archer, “London Lobbies”, pp.27-8, 39.

一个法庭并不被认为比其他普通法庭高明，所以各级法官对议会法并不十分重视，执行也不尽严肃，有时甚至直斥议会法制造不公正。都铎王朝建立以后，法官对议会法稍显尊重，但仍未把它与其他法律区别开来，另眼相待，执行中草率变通的情况司空见惯。而16世纪30年代以后，情况大不相同，法官们对贯彻议会法倍加慎重，但有疑问必向权威求教，不达成共识不采取行动。最后，法官们把议会法分为“保护性”与“约束性”两类，前者指维护既有权利的法律，执行这种法律允许宽松解释，而后者指有可能损害既有权利需强制推行的法律，对这种法律不允许变通。在操作时，法官们对惩罚性议会法与福利性议会法区别对待，前者从严，后者从宽。有些议会法比较宏观，为法官留下较大的裁量权，但即使对这样的法律，法官也不敢懈怠，为精细执法，法庭出台了不少议会法执行细则、条例和法条解释文本。

（三）议会成为主权国家的化身

与罗马教廷决裂使得英国成为一个独立的主权国家。主权国家形成的标志包括两个方面：一个是排除一切外在权力，一个是建立本国的最高权力。宗教改革后，英国的最高权力在哪里？诚然，如《上诉限制法》所宣称的，国王是全国最高首脑，拥有最高权力，僧俗各色人等必须服从王权。但是，毕竟是议会通过立法才使国王获得了宗教的最高权力，而且名义上拥有最高权力与实际拥有终究是两回事，没有相应的法律维护这一权力，没有惩罚条例制止反叛行为，所谓“最高权力”即徒有虚名。因此应该说，正是议会的《至尊法》、《叛逆法》等一系列法案才使国王的最高首脑地位有了实际保证。在这个国王无法用任何超法律手段去维护王权的国度，也唯有议会才能保护王权，因为议会法是最高法律的体现。最高权力属于国王，但最高权力的授予与保证均来自议会，这种政治体制导致一种新的王权与议会关系的诞生，即“国王在议会中”（King in Parliament），亦即这个主权国家的最高体现，不是作为个人的国王，而是议会中的国王。

议会自建立至宗教改革以前一直被认为是由贵族、僧侣和平民三个等级组成的机构。15 世纪福蒂斯丘在论述英国议会时，说它与法国的三级会议无异。[①] 理查德三世在议会演说中也说“议会的成员”只包括“僧侣、贵族和平民”三个等级。[②] 在 1523 年，杰尔曼仍未将国王看作议会的一部分，他在《师生对话录》一文中写道，议会法案是由“我们至尊的国王陛下及其先辈以及议会中的僧侣、贵族和全体国民（代表）制定的”[③]。“以及”二字说明，国王与议会并列，或说国王在议会之外。自 15 世纪下半叶起，随着大贵族的逐步衰落，国王与议会长期“相安无事”，因此在都铎王朝建立前及建立初期，一些议会法以“议会中的国王”的名义颁布。[④] 但在当时，“国王在议会中”除表明国王与议会的“亲密”关系以外，并无特殊的含义。然而在亨利八世时代，议会体制和人们对议会的观念都发生变化。时任温切斯特主教的加德纳曾一语道破变化的原因：“国王依靠议会取得并行使至尊权”[⑤]，所以毋宁说，宗教改革后英国教会的最高首脑不是作为个人的国王（King in his body），而是“议会中的国王”（King in parliament）。这一结论也可以从托马斯·克伦威尔那里得到印证：他在亲自起草的《彼得便士法》序言中写道：“英国制定与废止法律的全部权力都属于在议会中代表国家最高权威的国王陛下和上下两院全体议员，这

① Fortescue，J.，*The Governance of England* (Oxford 1926)，p.113.

② Chrimes，*Constitutional Ideas*，p.123.

③ Elton，*Studies*，vol. 2，p.35.

④ Graves，*Elizabethan Parliaments*，p.8.

⑤ Guy，*Politics*，*Law and Counsel*，XII，p.26.

一点是不言自明的。”[①] 从此，国王被确定为议会的成员，“国王在议会中”作为一种体制具备了新的意义。1531 年，杰尔曼对其 1523 年的文章进行了修改，其中着重指出，国王是“议会的首脑和主要成员”[②]。1534年《豁免法》宣布，英国的立法权属于“在议会中代表着整个国家”的国王陛下和两院议员。[③]1559 年，后来成为伦敦主教的艾尔默在其论文中虽仍称议会由三个等级组成，但这时三个等级已经变为国王、上院贵族和下院城乡代表。[④]1585 年塞西尔说：“上院贵族是议会的成员之一，代表全国平民的来自郡邑的下议员也是议会的成员，女王陛下亦然。这三者构成可以立法的议会机构。”[⑤] 这一切表明，宗教改革以后的议会已成为新的三位一体机构，这就是国王、上院和下院。

当议会还被认为是由僧侣、贵族和平民这三个等级组成的时候，不管它怎样游离于王权之外，它的地位总是低于、附属于王权的，因为在中世纪，国王也是一个等级，而且是最高的等级。1467 年议会开幕祈祷词在称议会由三个等级构成之后，明确宣布国王凌驾于议会之上。[⑥]1483 年大臣拉塞尔在为理查德三世起草的议会演说词中写道：“构成议会的三个等级位于（国王）一人之下。”[⑦]1484年的议会开幕词把国王称为议会三个等级的“首脑”，这同样是宣布国王高于由三个等级组成的议会。[⑧] 这一观点也体现在立法理论方面。尽管议会早已成为一个立法会议，尽管不通

① Elton，*Tudor Constitution*，p.361.

② Elton，*Studies*，pp.2，34.

③ Williams，*Tudor Despotism*，p.744.

④ Elton，*Tudor Constitution*，p.16.

⑤ Elton，*Studies*，pp.3，6.

⑥ Chrimes，*Constitutional Ideas*，p.121.

⑦ Ibid.，p.123.

⑧ Butt，*History of Parliament*，pp.623，625.

过议会任何人不得立法，但议会却从来没有被认为拥有立法的“权力”。福蒂斯丘在其论文中说，国王在立法时需要得到议会的同意，那么不言而喻，真正的立法人是国王，立法的权力也只属于国王。① 约克王朝时期普遍流行的观念也证明了这一点。当时人认为，国王“制定法律”，而议会只是“提供咨询”和“表示赞同”。② 都铎王朝建立以前，所有法案前言也都称议会是请愿人，是咨询人，是同意人，而称国王是立法人。③ 总之，在议会与王权的关系处于这种“国王与议会”状态的时候，不管贵族曾经怎样利用议会暂时约束王权，议会仍不能代表国家的最高权力。晚至1509年，当法学家论述国王、国民与国家权力的关系时，他们根本没有提及议会。④ 但是在“国王在议会中”的体制建立之后，议会终于获得了立法的“权力”，议会法案不再是“征求议会同意后以国王的名义”颁布，而是“以议会的名义”颁布，所以议会在枢密院眼中，成为“最崇高的会议”⑤，在伦敦主教艾尔默心目中成为“政府的具体象征”⑥。关于新三位一体的议会代表国家最高权力这一点，没有人比亨利八世本人和伊丽莎白时代的政论家史密斯描述得更为清楚。1542年亨利八世在议会演说中说：“朕在任何场合都不似在议会中那样高高地屹立于王位。在议会中，朕是头脑，你们（按指两院）是四肢，我们结合在一起，组成了国家。”⑦ 他这种以“头脑”（head）自拟，以“四肢”喻议员的形象比喻也是颇耐人寻

---

① Elton, *Studies*, vol. 2, pp.29- 30.

② Ibid., p.34.

③ Chrimes, *Constitutional Ideas*, pp.101-4.

④ Elton, *Tudor Constitution*, p.16.

⑤ Dean, “Parliament and Locality”, in Dean and Jones, *Parliaments*, p.139; Snow, *Parliament in Elizabethan England*, pp.181-2.

⑥ Elton, *Tudor Constitution*, p.235; Elton, *Studies*, vol.2, pp.29-30.

⑦ Elton, *Tudor Constitution*, p.277.

味的。西欧素有以形象比喻的方式说明政体的传统，远有亚里士多德把君主比喻为家长，把臣民比喻为子女[①]；近如弗朗西斯·培根把国王比作夫君，把臣下比作内人[②]，但以“头脑”和“四肢”作比，是亨利的首创，这似乎与其承认他的最高“首脑”（head）头衔存在于“议会之中”有关。史密斯的有关论述见之于1565年的作品：“英国的最高绝对权力属于议会，（议会立法）是君主与全民的共同行动。人们只能接受和服从议会法，不能有任何微词……每一个人，从君主到平头百姓，都在议会有一席之地，他们或亲自、或委托代表出席议会……（所以）议会通过的一切都被认为得到了全民的赞同。”[③] 一方面，亨利八世没有妄称“朕即国家”；另一方面，史密斯称议会代表“从君主到百姓的全国人民”，这足以证明，国王及两院组成的议会是这个新生主权国家的真正化身。

伴随政治地位的提高，议会也从一个随机召开的会议变成一个有固定职能的机构，尽管定期召开的制度还未正式建立。前面说过，中世纪的议会也是一个法庭，但同其他法庭有一个重大区别，即她并不定期开庭。每次议会都有各自的“主题”，如征税、审理疑难案件、应对危机事件，等等，历次议会之间少有共性或连续性。在都铎王朝建立前夕，人们普遍认为，所谓议会就是为解决某些具体问题召开一次次临时会议。但宗教改革以后，情况发生很大变化。从枢密院的议会召集令可以发现，每次召开会议都有三个固定的目的：征收赋税（在伊丽莎白朝，枢密院总是在上一次会议批准的补助金全部征收完毕后发出新的议会召集令）；必要的立法；就重大国策征询社会精英的意见。议会作为一个立法机构，它的召开几乎

---

① Gordon, Scott, *Controlling the States: Constitutionalism from Ancient Athens to Today* (Massachusetts 1999), p.248.

② Guy, *Politics, Law and Counsel*, XII. p.16.

③ Elton, *Tudor Constitution*, pp.240-1.

成为制度，没有任何一个都铎王可曾设想不召开议会。[①] 伊丽莎白女王甚至因为召开议会次数较少，而专门以“不愿过多叨扰臣民”为由向议员作出解释。[②] 用埃尔顿的话说，这些都标志议会“终于纳入了英国的政权体系”[③]。

议会作为主权国家的化身，此时已具备全国代表会议的性质。1536年以后，加莱市、威尔士诸地区、切斯特市和柴郡先后获得选派议员出席议会的权利，但是与以前获得议会出席权的选郡或选邑不同，批准这些地区出席权的不是国王敕令而是议会法。批准加莱和威尔士地区获得该项权利的法案写道：“经出席本次会议的两院议员慎重考虑和一致赞同，国王以议会的名义……同意将（这两个地区）并入英国。”[④] “并入英国”与获得议会出席权同步完成，这意味着，如果这些地区不在议会这个全国性代表会议中拥有席位的话，就不成其为英国的一部分。爱德华六世即位时，每个贵族不仅要宣誓服从国王，而且要宣誓服从议会法。玛丽一世时期，议会法案宣布，议员是国家的代表，他们并非以“个人名义”而是以“国家名义”行事。[⑤] 伊丽莎白时期，女王莅临议会并发表演讲成为举国瞩目

---

① 各个国王召开议会的时间：(Elton，*Tudor Constitution*，p.233.)

国王	执政时间	议会届数	时间长度
亨利七世	24 年	7	约 60 周
亨利八世	37 年	9	183 周（后 18 年 136 周）
爱德华六世	6 年	2 (5)	46 周
玛丽女王	4 年	5	28 周
伊丽莎白	45 年	10 (13)	约 140 周

② Neale，*House of Commons*，p.381.

③ Elton，*Tudor Constitution*，p.234.

④ Hawkyard，“Enfranchisement”，*PH* 10，pp.7-8.

⑤ Dunham，“Power and Rule”，pp.36，42-3.

的大事，演讲稿由女王本人亲自执笔并于会后出版，不仅发行全国，而且收入当年的编年史，其规格之高，非同寻常。16 世纪初期的政治家们在论述国家体制时对议会鲜有提及，而 16 世纪下半叶的政治论著对议会从来不惜笔墨，追溯议会发展史成为学术时尚。1586 年建立的学术团体“尚古学会”即以考察议会史为主要取向，吸收许多下议员参加学术活动。议会的重要性甚至反映在“持不同政见者”的言行当中。当反对宗教改革的北方贵族发动暴乱时，他们把矛头首先指向议会，称议会是一切灾难的祸首，是万恶之源。但即使这些人也没有否定议会的权威，只是对议会受到“托马斯·克伦威尔之流的操纵”表示遗憾和愤慨。他们提出，为了维持议会法的“公正”和真正“代表民意”，必须改革选举办法，增加北方代表人数，甚至将会址转移到北方诺丁汉城或约克城。① 这充分说明，即使是反对改革的贵族，同样承认议会的国家政权中心的地位，当他们想要改变国家政治时，首先提出改造议会。

总之，自“宗教改革议会”召开以后，议会性质发生重大变化，它从一个隶属于国王的立法会议、一个与御前会议或贵族会议并列的政治会议，变成了唯一拥有最高权威的全国性代表会议。议会也不再是仅仅在贵族与王权的政治冲突中发挥作用，而是要在整个国家的政治运作中扮演重要的，甚至是主要的角色。议会的立法活动也不再限于就议员为个人或地方利益而提出的请愿制定法律，而是把制定国家大法，审议和决定国家的重大政治问题作为其中心任务。如果说在前都铎王朝时期，议会还具有权力主体与客体的双重性，其权力的扩大和发展在很大程度上还取决于贵族与国王的力量对比，具有一定的偶然性，那么此后议会将仅仅作为权力主体而存在。它的权力得到国王、贵族和社会观念的一致认可，具有必然性

① Loach，*Parliaments*，p.73.

和稳定性。既然议会已成为绝对的权力主体，国王只是议会中的一员，那么在国王与议会的关系方面，摆在国王面前的任务就不再是如何从外部钳制议会的问题，而是如何在内部搞好与另外两个成员的合作，或如何驾驭另外两个成员以实现自己的意志。“合作”与“驾驭”之间，国王当然倾向于后者，但这只是国王的一个愿望，历史将证明，只是国王一厢情愿的梦想。

第五章　议会的职能

议会有什么用？为谁所用？如何利用？这是本章所要回答的问题。

本章分为四节，第一节旨在说明议会的基本性质是立法机构；第二节对议会法进行分类，以说明议会影响的深度与广度；第三节说说国王是如何利用议会的，第四节描述普通议员对议会的期待与诉求。

本章书写时不惮琐细，不漏过程，尽可能追求“现场感”，这是因为议会的“用途”更需要通过阅读故事来感悟，而不能靠抽象的演绎和推理。行文容有冗赘之处，尚祈原谅。

第一节　立法的会议

议会以立法为主要的、甚至是唯一的职能，这本是不争的事实，但是由于人们常常被议会中那些戏剧性的政治斗争所吸引，再加上定义的混乱与随意，致使人们对议会职能的认识模糊起来，乃至有正本清源的必要。

都铎朝历届议会召开时，大法官或掌玺大臣在开幕词中都公开宣布，制定法律是议会召开的主要目的和中心任务。1559 年掌玺大臣培根在议会开幕时对全体议员说，本届议会的任务是“对损人利己之行径严加法律约束；对现行法律的效用进行评估；决定那些已达期限的法律应延长还是终止其生效期；权衡一些法律是否宽严得当……简而言之，你们要负责完善一切已有的法律，审议那些有待制定的法律，并根据问题之所在、人心之所向和大势之所趋，找出最为有效的兴利除弊的办法。”① 在 16 世纪人们的观念中，议会的职能也是立法。史密斯在其政论文章中就曾明确地写道，议会的职能是“废除过时的法律，制定新的法律，为已经发生或即将发生的事情制定章程”②。这个问题现在之所以变得有澄清的必要，是因为有些都铎史学家有意无意间忽略了议会的这一基本职能，而片面强调议会的某一方面，把议会称之为司法会议、咨询会议或政治辩论会议，以致使人们对议会职能乃至议会性质的认识变得模糊起来。

首先讨论都铎议会的主要职能是司法还是立法的问题。这个问题直接涉及对议会地位的评价。如果议会的基本职能是司法，那么无论如何，议会都只是英国诸多法庭中的一个，于国家政治生活就不可能举足轻重。而如果议会的基本职能是立法，其位置就另当别论，称其为政治中枢或全国性政治会议都不为过。

视议会职能为司法者无非依据两点：第一，议会成立之时就是一个法

① Hartley，*Proceedings*，vol. 1，p.35.

② MacCaffery，Wallace T.，“Parliament：The Elizabethan Experience”，in Guth，D. J. and McKenna，W. (eds.)，*Tudor Rule and Revolution* (Cambridge 1982)，p.130.

庭，嗣后长期行司法之职，进入都铎王朝以后，无论国王还是议会都未曾宣布议会中止这一职能。第二，迄至16世纪末，仍有人称议会为“高等法庭”。实际上，两种论点均难以成立。首先，在中世纪，无论在实际运作中还是在人们观念中，立法与司法并无分明界限。司法判决与制定法律往往合二为一，因此议会开庭审案并不排除兼具立法职能，而都铎议会停止行使司法裁判权以后，也不会有人特别在意，以致需要专门宣布。第二，都铎王朝的议会是否仍像以前的议会那样具有司法职能，不能简单地以人们如何称谓为凭证，而应根据议会自身的作用来下断语。的确，如前文所言，议会最初是作为一个法庭而出现的，而且直至都铎王朝建立以前，司法裁判仍是议会的重要职能之一。但是即使那个时候，议会也不是唯一的王室法庭，议会的不定期性质也使其不可能承揽过多的诉讼，因此，在14—15世纪，随着普通法的推广和其他王室法庭的发展，议会的司法职能逐渐萎缩。只是由于议会作为法庭有其特殊之处，至少在那里不必遵守刻板的诉讼程序，所以当出现超出一般普通法规范的重大案件，或当国王认为普通法烦琐的诉讼程序不利于他及时解除对王权的威胁时，议会仍作为“最高法庭”发挥作用。概而论之，在都铎王朝建立以前，议会的司法职能主要表现在三个方面：第一，审理对王室法庭判决的上诉案；第二，根据《大宪章》规定的“贵族只接受同侪审判”的原则，审判犯有叛国罪或其他重罪的贵族；第三，审理对大臣的弹劾案。进入都铎王朝以后，由于建立了采用特殊诉讼程序并具有上诉法庭性质的星室法庭，议会不再具有诉讼程序方面的“优势”，而且，议会作为非常设会议在受理审查案件方面远不如星室法庭方便，因此都铎王朝的上诉案和特案均在星室法庭审理，议会不再审理此类案件。在审判贵族方面，都铎王朝虽然仍遵循“同侪会审”的惯例，但一般采取另行召集僧俗贵族进行审判的形式，而不在议会里进行，比如1499年对沃里克伯爵、1521年对白金汉公爵、

1552年对萨默塞特公爵的审判都是如此。[①]议会对贵族的处分只限于颁布《褫夺法》，即宣布剥夺某某的封号和封土。被褫夺者通常犯有直接危害王权的叛逆罪。实际上，《褫夺法》只是一种把国王及枢密院的决定公之于众的手段，并不是真正意义上的、在依法审理和量罪定刑基础上作出的司法判决。况且，《褫夺法》在形式上毕竟是经上、下两院一致通过并获得国王批准的法案，这与以前上院单独审理贵族后所作出的判决是完全不同的，从程序上来讲，它属于立法行为，而不是司法行为。至于对弹劾案的审理，由于都铎王朝从未发生弹劾大臣的事件，所以议会事实上从未行使过这一职能。总之，议会作为一个立法会议，其司法机构的痕迹在都铎王朝已经褪尽，“法律认为……”之类的法庭专用术语，在14—15世纪的议会档案中屡见不鲜，但在都铎议会各种文献记载中却不见踪影，取而代之的是“议会宣布制定……法律”[②]。至于为什么16世纪仍有许多人称议会为“高等法庭”，英国现代法制史学家霍尔兹沃思的解释可能是最恰当的：“这种称谓只是一种习惯或误解。”[③]

其次来讨论都铎议会是不是一个咨询会议的问题。这个问题是将英国议会与欧陆等级会议相比较而引起的。在中世纪，欧洲大陆很多国家的君主都召开等级会议，与会各等级在利益方面差异很大甚至相互对立，开会时各等级分厅议事，表决时以等级为单位进行。这种等级会议从来不全体一起讨论问题，因此也谈不到什么咨询或辩论，毋宁说是单纯的表决会议。中世纪的英国议会虽然习惯上也被人们称之为“等级会议”，但与欧陆等级会议不同。国王邀集各等级代表前来开会的目的，不是为了让他们彼此牵制，以便自己从中操纵渔利，而是为了树立“众望所归”、“民心所

① Loach，*Parliaments*，p.6.

② Graves，*Elizabethan Parliaments*，p.2.

③ Holdsworth，*History of English Law*，vol. 4，pp.187-8.

向”、“得道多助”的形象，以示其统治符合“在全社会一致赞同下进行统治”的封建原则，提高其权威地位。因此英国议会中从来就是全体与会者合厅议事，这样对国王或政府来说，必然能起到一定的咨询作用。所以，毋庸置疑，无论是在都铎王朝建立前还是建立后，议会均具有咨询职能。但是在不同的时期，咨询的性质却不尽相同，甚至完全不同，以至于前都铎时期的议会在某种意义上可以称之为“咨询会议”，而对都铎议会来说，冠之以这个名称则是毫无道理的。都铎朝建立以前，在 14 世纪和 15 世纪的大部分时间里，议会，尤其是上院确曾起着很重要的咨询作用。当时的咨询可按性质分为两类，一类是立法性咨询，其目的是制定法律。它表现为上院就下院的请愿（通常为个人、地方或集团申请某种权利，或要求纠正他们受到的不公正待遇）向国王提出建议，以便修改或制定相应的法律，当时的法案前言中总是出现“在咨询上院以后制定”的字样，法学家也习惯于称上院为“咨询人”，就说明了上院的这种咨询职能。第二类咨询是建议性咨询，其目的是为国王和政府出谋划策，以便后者在决策时参考。它通常表现为国王将宣战媾和、大政方针、封建义务等内政外交问题交由议会讨论，议员们就此抒发见解，并直接或间接地向政府汇报。比如爱德华三世曾于 1332 年让上院讨论是否应接受法王的建议参加十字军东征。1366 年他询问两院可否中止向罗马教廷缴纳贡金。此外，他在考虑以缔约还是联姻的形式与法国结盟和是否应对法国宣战时，也都曾征询两院的意见。[①]1382 年 10 月议会召开之际，西方教会面临分裂的危险，英国坚决站在罗马教廷一边，因此赫里福德主教代表国王在议会宣布，英国面临着两种选择，或是出兵弗兰德尔，或是远征卡斯提尔，究竟哪一种选择更好，请两院议员各抒己见。当时下院出于

① Thompson，*Short History*，pp.69-70.

商业利益的考虑主张出兵弗兰德尔，而上院则建议远征卡斯提尔。最后国王采纳了上院的建议。①1406年，为了巩固边防，下院曾上书国王，建议由威尔士王子亲自统军戍边，同时从议会补助金中拨出一笔款项资助边界地带的商人团体，让他们分担部分边防任务。这些意见后来都得到亨利四世政府的认真考虑。② 凡此种种都属于建议性咨询，与立法没有直接联系，最后的决定是在议会外而不是议会中作出。从建议性咨询这一点来看，认为咨询是当时议会的重要职能之一确有道理。都铎王朝建立之后，从表面上看，议会仍然提供这种建议性咨询。从现在仅存的伊丽莎白朝三份议会开幕词记录中（1559年、1563年、1571年），我们发现掌玺大臣培根总是说，议会召开的目的是请议员对“宗教统一和危及或可能危及国家安全与政策实施的各种卑鄙行为……给予关注”，提出矫正弊端的“建议”，并为巩固边防，充实国库而出谋划策。③ 然而应当注意的是，当都铎政府向议会咨询时，他们并不是仅仅让议会提出建议和意见，而是要求议会“采取决定性行动”。1536年，亨利八世在“宗教改革议会”刚刚结束不久又再次召开议会，上院议长在开幕词中代表国王解释个中原因时说，“朕面临一些至关重要的问题，事关朕的荣誉和王位继承，朕和谘议会的全体大臣认为有必要召开议会，以便讨论决定。”④ 显然亨利八世主要寄望于议会的不是“讨论”，而是“决定”。1542年大法官奥德利在谈到议会职能时说，在代表全体国民的议会中，“每个人都可以充分表现自己的能力和表达自己的意愿，这将有助于发现政府施政不当之处并可立即根据议员的建议和国王陛下的权威予以纠正，法律也将因剔除冗繁成分而愈加

---

① Butt, *History of Parliament*, p.383.

② Ibid., pp.470-1.

③ Elton, *Parliament*, pp.29-31.

④ Elton, *Studies*, vol. 3, p.9.

严谨”①。在这里,“议员的建议”最后要落实为议会制定“纠正”性的“法律”。据时人笔记记载，培根在1572年的开幕词中同样强调，召开议会的目的是，在征求议员建议的基础上制定法律，打击叛逆分子。②总之，从都铎政府召集议会的目的来看，议会的咨询是立法性的，不是建议性的。

那么，在议会中，咨询与立法如何统一呢？下面的事例可以生动地说明。1532年，下院向国王上书，要求限制教会法庭的司法裁判权。这一举动深深触怒教士，他们在同期举行的宗教会议上通过了一份洋洋万言的《答辞》予以反击。双方争执不下之际，亨利八世两次召见下议长，名为了解情况，征询意见，实为鼓动下院提案。在第一次接见时他说：“依朕之见，他们（按：指教士）的《答辞》缺乏说服力，恐难令诸位满意。诸位乃社会贤达，朕相信诸位定能拿出万全之策，朕将秉公裁断。”第二次接见时则说：“朕曾将本国教士视为朕之忠实子民，不料其人皆存不臣之心，更有甚者，竟怀不轨之意，朕现将誓词两份（按：指教士分别向国王和教皇宣誓的誓词）交付汝等，任凭处置，务使朕从今以后免受其人瞒哄。”③显然，国王要求于下院的决不仅仅是提出建议，而是以“万全之策”“处置”此事，即制定法律。1539年，当亨利八世对教义改革举棋不定时，曾指定改革派与保守派议员各若干名组成专门委员会进行讨论。后来他又要求每一名议员明确表示自己的态度。但即使在这一次，议会的咨询也不是建议性的，因为一俟国王打定主意，政府就通知议会在原讨论的基础上制定《六条信纲法》。④1547年爱德华六世的枢密院不知是否应该立即废除《六条信纲法》，于是提交议会讨论，讨论的结果是通过了

① Lehmberg, *Later Parliaments*, p.142.

② Elton, *Parliament*, p.31.

③ Lehmberg, *Reformation Parliament*, pp.148, 150-1.

④ Lehmberg, *Later Parliaments*, pp.57, 68-9.

废除该法律的法案。上述国王主动征询议员意见的例子都可以说明议会的咨询以立法为目的。除此之外，议员向议会提出的许多建议也可以说明这一点。按照英国史学家的说法，在都铎王朝，“一种富于进取精神的人文主义世界观”主导着议会。当时人们热衷于在议会中探讨解决社会问题的方略。例如，在1531年前后，有人向议会建议，在全国大规模兴建公共工程，以便吸纳“剩余劳动力”；1542年一个名叫亨利·布林克罗的人向议会提出处理前教产的方案，其中包括建立济贫院以救济流离失所者；在爱德华六世时期第一届议会的第二次会议上，一名农夫上书议会，建议鼓励垦荒、取消谷物出口限制、征收进口商品税以保护国内手工业。从政府的角度看，这些建议和主张似乎表明议会的“咨询”性质，但实际上这些建议和主张提出的目的并不是要引起政府的注意，而是谋求议会制定相应的法律。[①] 以上种种表明，在都铎王朝，议会的咨询完全是立法咨询，这种咨询只是立法过程当中的一个必要程序，是包含在立法职能当中的一种行为，而不是一个可以独立存在的职能，更不能认为议会的职能以咨询为主。

政府在议会召开前的准备工作可以进一步说明都铎议会职能的立法性质。在议会的职能只限于根据下院的请愿立法，对国家政治只能提出建议而不能决定的时代，政府一般只为征收赋税而召开议会，因此一般会前无须进行过多的准备。而在都铎王朝，随着议会咨询与立法职能的一体化，议会立法成为政府加强统治的一个重要手段，于是每次召开会议之前政府都要制定详细的立法计划，周密安排议会的日程，以至使精心筹备议会成为都铎政府工作的一大特色。这一特色在“宗教改革议会”期间开始显露，托马斯·克伦威尔开风气之先。1532年议会召开前夕，他拟定了

① Loach，*Parliaments*，pp.85-6.

详细的提案计划，甚至亲笔起草《叛逆法》草案。会议一开幕，在他授意下提出的议案便按计划在上、下两院相继出台。① 自此以后，每次议会召开前托马斯·克伦威尔都要组织一个由王室法庭法官组成的议案起草班子，由他亲自主持炮制政府提案。“宗教改革议会”通过的许多法案都可以在托马斯·克伦威尔会前的备忘录中找到根源。1540 年托马斯·克伦威尔失势，但他开创的这一先例为后人所继承。1551 年 12 月议会召开前，爱德华六世曾亲笔写道，枢密院提出的一些立法设想“已经及时交给我的大臣（按：指将参加议会的枢密院成员），他们已经完成了起草提案的工作”②。1552 年 12 月，摄政王诺森伯兰公爵致函枢密院，建议为筹备即将召开的议会进行专门研究讨论。③ 玛丽一世时期的大臣佩吉特在 1553 年 10 月致神圣罗马帝国驻英大使的信中抱怨说，为准备宗教提案他忙得“昏天黑地、焦头烂额”。议会前准备工作之紧张繁忙程度由此可见。④ 玛丽一世本人对筹备工作也十分重视。1554 年 2 月，距离议会召开还有两个月，她已责令人法官组建专门委员会着手准备政府提案。⑤ 伊丽莎白朝的政府重臣威廉·塞西尔在格外重视议会准备工作方面可谓萧规曹随，以致被某些史学家称为“16 世纪下半叶的托马斯·克伦威尔”。每次议会召开前夕他都在枢密院召集筹备会议并组建议案起草小组。1559 年该小组拟定的议案涉事庞杂，包括统一宗教信仰，在贝里克地区设防，募兵制，威尔士法庭司法程序，王室封赠，重颁有关禁止圈地、严惩流民的社会经济立法，严禁贵金属输出，禁止酒类输入，禁止非贵族子女聘请家庭教

---

① Lehmberg，*Reformation Parliament*，p.132.

② Graves，*House of Lords*，pp.153-4.

③ Loach，*Parliaments*，p.93.

④ Loach，*Parliament and Crown*，p.33.

⑤ Ibid.，pp.32-3.

师，劳工工资，鞋业与皮革业工匠的产业经营，建设海军、保护航海业，伤残士兵保障，禁止不从国教者携带武器，控制煤炭产量，罚款公布制度，司法上诉程序等等。会前准备之周密细致，从中可窥一斑。①

议会的立法性质还表现在王室法院的法官和王室法律顾问参与会务方面。无论会前还是会议期间，他们都是政府立法得力助手。他们出席两院会议，全程跟踪立法。1584—1585 年监察御史约翰·波帕姆是"下院提案目录"的起草人，并为多部立法提供咨询；监察官爱德华·科克是 1593 年议会的下议长，为 1597—1598 年议会亲手起草有关王室债务的提案，1601 年他还提交了一份有关诉讼程序的提案。②

还有两点事实，通常不大为人所注意，但却有助于说明"都铎议会以立法为主要职能"的论点。其一，两院日志是两院秘书的工作备忘录，其内容应是两院发生的最重要的事件，如果议会以政治咨询为主要职能，那么两院日志应详细记录议员的发言和辩论，以便通过议长把议员的政治倾向和观点、意见向国王和枢密院汇报。但事实上，两院日志却缺少这样的内容。它们所详细记录的是议案审议的程序，如宣读次数、是否已正式誊写、是否设专案委员会审议等等，即使记录议员的发言要点，也是为了说明议案审议过程不顺利的原因。由此可见，两院秘书关注的是立法，而不是咨询或辩论。其二，1589 年枢密院曾奉伊丽莎白女王之命任命了若干"法律专员"，专门负责清理议会法，将拟废除和待修订的法律拣选出来，并在此基础上提出修订旧法、制定新法的建议。③ 在伊丽莎白朝后期，成立类似的委员会已成惯例。1601 年，下院甚至成立了两个委员会，一个

---

① Elton, *Parliament*, pp.71-2; Graves, *Tudor Parliaments*, p.128; Dean, *Law-Making*, pp.9, 11-2.

② Dean, *Law-Making*, p.10.

③ Ibid.

专门负责延长已到期的法律，另一个则负责废除过时的法律。①

议会咨询与立法职能一体化的过程，或者说政府从需要议会咨询向利用议会立法转化的过程究竟始于何时，这个问题目前似乎难于确定。如果说这一过程以出现政府议案为起点，那么它应该始于 15 世纪中期或爱德华四世时期。② 至于这一过程的完成则可以确定是在亨利八世宗教改革时期，正是在这个时期，以前兼具咨询和立法双重职能的议会变成了职能单一的纯立法的议会。而在这一过程完成的同时，议会所立法案的内容及性质也发生了重大变化。以前议会立法主要以下院请愿为基础，此后则政府提案成为法案的重要来源；以前的立法内容多半是对普通法的限定、修正和补充以及一些行政法规，此后的立法则涉及诸多国家大政方针；以前对国王来说议会的意义在于批准赋税，此后议会在政治上对于王权和政府来说也是不可或缺。立法内容和性质的这些变化，不仅从一个侧面说明了议会职能从双重向单一的转变，同时也说明了前章所论述的议会权力的增长及下节将论述的议会在国家的政治经济生活中作用的扩大。

然而，都铎议会以立法为唯一职能并不意味着它完全失去向政府提供建议性咨询的作用。都铎议会的这种作用主要体现于，议员们在审议提案时表现出来的政治取向乃是政府决策的重要参考因素。在 1529 年“宗教改革议会”召开之初，按照外国驻英大使的说法，国王及其大臣“对应提出什么议案还毫无设想”③，无疑是下院的“反教士情绪”和反教会议案给了克伦威尔和亨利八世以重要的“启示”，促使他们下决心通过议会实行宗教改革。玛丽一世曾计划为其夫婿、西班牙王子菲利普加冕，但议会对这一婚姻表现出的反感最终令她放弃了这一想法。另外，议员在就议案

① Townshend，*Historical Collections*，p.194.

② Fryde and Miller，*Historical Studies*，vol. 1，pp.182-3.

③ Lehmberg，*Reformation Parliament*，p.109.

发言时也自然会顺便向国王或政府提出一些建议。如在1586/1587年议会上，议员乔布·思罗克莫顿曾建议伊丽莎白女王提出对尼德兰最高统治权的要求，以便支持当地人民反抗西班牙统治的斗争。他的这一建议受到在场枢密大臣的高度重视。① 然而，议会时常发挥的这种咨询作用绝不意味着其职能以咨询为主。

毫无疑问，在立法过程中肯定会有磋商、辩论和争议，这既可能涉及立法中的一些技术性问题，也可能反映利益的冲突。但是只要矛盾没有尖锐到使议会中的三位一体关系趋于瓦解的地步，这种辩论和争执就仍然是以成功的立法为目的，而不是以争论本身为目的，因此，我们只能说辩论是议会开会时不可避免的程序，那种认为议会仅仅是一个辩论场所的观点肯定是不对的。

第二节　议会法分类

既然都铎议会以立法为主要职能，那么它的每次会议必然要通过一定数量的法律。具体说来，平均每次会议所通过的法律数量，在亨利七世时期为27件，在亨利八世时期为44件，在爱德华六世和玛丽一世统治时期均为27件，在伊丽莎白时期为31件。至于实际审议的提案数量，亨利七世、亨利八世时期因史料缺乏，无法统计准确数字。爱德华六世和玛丽一世时期平均每次会议为68件，伊丽莎白朝前半期，即1559—1581年为126件，后半期，即1584—1601年为95件。② 那么这些议会立法如何

① Loach, *Parliaments*, p.44.

② Ibid., p.139; Graves, *Elizabethan Parliaments*, p.65.

影响政治、经济和社会生活呢？这正是本节研究的内容。我们采取的研究方法是，将都铎王朝所颁布的议会法，按其内容、目的和施行对象进行分类，分别指出它们的功用。下文所引用的法案是从各类材料中披沙沥金搜集而来的，不求完备，但已足具代表性。通过对这些法案的归类分析，可以发现都铎议会具有下列作用。

（一）维护和强化国家政权

在这方面议会发挥着多重作用。

一是制定国策，颁布大政方针。属于这一类的法案有：

宣布与罗马教廷决裂、否认教皇权的《限制上诉法》（1533 年）、《根除教皇在英权力法》（1536 年）、《抵制教皇敕令法》（1572 年）；

削弱教会司法裁判权的《教会赦免权法》（1534 年）；

宣布国王没收教产的《教士首年俸和什一税法》（1534 年）、《解散修道院法》（1536 年、1539 年）、《废除小教堂法》（1547 年）；

宣布国王为教会最高首脑的《至尊法》（1534 年、1559 年）；

规定教义的《六条信纲法》（1539 年）、《划一法》（1549 年、1552 年、1559 年）；

玛丽一世时期宣布恢复天主教信仰的《宗教改革法案废除法》（1553 年、1554 年）。

二是确认王权，维护国家安全。如：

历代君主登基后第一届议会通过的《王位确认法》；

加强国王行政权的《国王敕令法》（1539 年）；

涉及王位继承的《王位继承法》（1534 年、1536 年、1543 年、1544 年）、《关于国王陛下婚姻的法案》（1540 年）、《确认玛丽女王与菲力普王子联姻法》（1554 年）。

自“宗教改革议会”开创了以议会法形式维护国家安全的先例后，每遇危机便制定具有国家安全法性质的法律成为都铎政治的常态，这一点以伊丽莎白朝最为明显。1580年，大批耶稣会士潜入英格兰，各地支持罗马教皇的天主教徒则向爱尔兰聚拢，英格兰国家安全和伊丽莎白女王的个人安全都受到威胁。女王发布了讨伐敕令，但震慑依然不足，于是翌年3月召开议会，制定严惩“不从国教者”的法律。1584年7月尼德兰的新教领袖沉默者威廉遇害，同时英国也破获谋杀女王案，女王人身安全再次引起忧虑。是年11月23日议会召开，第二天上午，有“女王下院发言人”之称的枢密大臣克里斯托弗·哈顿就急切地宣布，“下午将审议涉及君主安全的议案”，务请议员准时出席。① 在这次会议上，枢密院提交的政府提案集中于两大问题：女王人身安全和耶稣会，而该届议会通过的两个最重要的法律，一个是限令耶稣会士40天内离境，一个是剥夺玛丽·斯图亚特——伊丽莎白王位的直接威胁者——的王位继承权。②

如在第四章中所论述过的，干预国王婚姻、参与讨论王位继承序列，这些是都铎议会的特点之一。1536年，为解决亨利八世与博林婚姻破裂后出现的“王位继承危机”而专门召开了一届议会。1540年，当亨利八世要与第四位王后克里夫斯的安妮离婚时，议会两院举行特别联席会议，讨论可能带来的王位继承问题。尽管议会获得这一权力是由于亨利八世复杂多变的婚姻纠纷，具有某种偶然性，但是议会一旦获得这个权力，就不会轻易放弃。所以在亨利八世去世以后，议会继续在这方面发挥作用。

1586—1587年议会是在政变阴谋刚刚告破，政局分外紧张的形势下召开的。面对谣言四起，传单满天飞的局面，这次会议的中心议题是就诽

---

① Dean，*Law-Making*，p.64；Wagner and Susan Walters Schmid，*Encyclopedia of Tudor England*（Oxford 2012），vol. 2，p.569.

② *SR*，vol.4，27 Eliz. c.2，3，pp.706-8.

谤罪和出版自由权事宜立法。会议开幕以后，政府提案与议员提案彼此交叉，各种观点激辩不止，其中既有信仰分歧，也有对言论自由的不同解释。因争议过大，最终所有提案均告流产，但辩论过程对政府决策产生了很大影响。

议会法维护国家安全的作用还体现在16世纪90年代前后制定的具有国防法性质的法律中。当时英国面临群敌环伺的局面，而自身武备严重匮乏。相关立法因火炮输出引起。英产大炮火力猛，杀伤力强，威力冠绝欧洲，输出大炮可带来巨额经济收入，但同时也装备了敌人。应不应该继续出口大炮？都铎政府取否定态度，他们曾反复颁布禁令，但收效甚微，于是提交议会立法。两院讨论热烈，话题不仅涉及军火出口，还牵涉兵器走私、募兵受贿、军队短员、军饷克扣、船索质量低劣、大麻生产数量不足影响海军装备等诸多问题，所涉利益关系十分复杂，辩论动辄持续数日，议而不决，以致造成接连几次会议就同一议题持续审议，最终在1589年形成了一部各方勉强接受的法律。①

二是制定惩治叛逆的法律。如：

禁止贵族蓄养家兵的《号衣法》(1504年)。

惩处反叛贵族的《褫夺法》。根据这一法律，不仅罪犯本人或被削爵或被处死，其后裔亦被剥夺继承权。凡依《褫夺法》处置之人，没有权利在各级法庭为自己辩护。在都铎历代君主统治时期议会都曾颁布多部《褫夺法》，以打击"不法"贵族，但时过境迁之后，也随时颁布《爵位恢复法》。议会在这方面的作用以亨利七世和亨利八世两朝最为突出。在亨利七世召开的七届议会中，只有一届议会未颁《褫夺法》。同期颁布的192件议会法中，这类法律占40件，其中1504年一次就褫夺了51人。宗教

① Dean，*Law-Making*，p.77.

改革以后，亨利八世也常常利用《褫夺法》镇压反改革派贵族。1539 年议会颁布的《褫夺法》处分了 53 人，1540 年议会颁布了五件《褫夺法》。包括沃尔西和托马斯·克伦威尔在内的许多权倾朝野炙手可热的重臣，最后都是被一纸《褫夺法》结束了自己的政治生涯。①

《叛逆法》。该法是政策推行的法律保证，每当政策变化，都需要修订或补充《叛逆法》，因此它在都铎时期共颁布九次。

防止动乱的《严惩造谣惑众者法》(1549 年、1559 年、1581 年、1593 年)、《禁止非法集会法》(1549/1550 年、1553 年)。

在镇压人民反抗、稳定统治秩序方面，都铎时期最重要的法律是《反流民法》和所谓的《济贫法》。16 世纪英国有很多因破产而流离失所的农民，他们的存在对社会秩序的安定和都铎王朝的统治构成严重威胁，因此议会为解决这一问题连续颁布法律。1531 年的《反流民法》规定，只有确实残疾的乞食者才受法律“保护”，其他一切有劳动能力的流民则要受鞭挞的刑罚。1536 年《济贫法》以“为乞食者提供就业机会”为名，强迫流民受雇于人。1547 年的《济贫法》更将一切无业乞食者降为奴隶。这些严刑峻法显然没有收到预期的效果，于是在 50 年代以后，议会又至少颁布了七个《济贫法》，除加强对流民的迫害之外，还要求有产者自愿募捐，建立济贫院，“救济贫民”，以达到缓和阶级矛盾、维护封建统治的目的。②

上述所有立法的议案起草人都是执掌机要的枢密大臣。国王本人有时也亲自参与制定。

---

① Alexander，M.V.C.，*The First of the Tudors* (London 1981)，p.198；Loach，*Parliaments*，pp.55，89.

② Loach，*Parliaments*，pp.86-87，116-7.

（二）调整完善行政建制

议会颁布的行政法可分为两种。

一种旨在调整中央机构和行政区划、督促各级官吏恪尽职守、加强地方和教会管理。如：

确定地方官吏权限、严惩玩忽职守者的一系列法案（亨利七世时期颁布 21 件，亨利八世时期逾百件）；

关于查办失职狱卒的法案（亨利七世时代）；

关于郡守不得兼职的法案（1566 年）；

在威尔士划分政区并设置行政机构的法案（1534 年、1536 年、1539 年、1543 年）；

进行政府机构改革，设置“增益法庭”等中央机构的法案（1536 年）；

建立维护堤坝、保障交通之专门机构的《水利法》（1532 年）；

规定部分官员、职员薪酬的法案（1540 年）；

督促税收官认真履行职责的法案（1542 年、1571 年、1572 年）；

战时颁布的《军备法》（1542 年）、《募兵法》（1555 年、1558 年）、《严惩破坏防务工事行为法》（1572 年）、《处分逃兵法》（1558 年）、《重建北部防御工事法》（1555 年）、《海军法》（1563 年）；

关于教会管理的主教、副主教授职法案（1534 年、1547 年、1571 年）、调整教区法案（1540 年、1542 年、1545 年、1554 年）、督促教会按时纳税的法案（1543 年）、《取缔圣像崇拜法》（1549 年）、禁止圣职租借和买卖、督促教士驻节的法案（1554 年、1571 年）。

《税务官监督法》（1571 年、1572 年、1585 年、1589 年）。

1589 年议会因讨论的议题多与行政法有关，所以曾被人称为一届具有“监督”性质的会议。在这次会议上，下议员揭发主教收取贿赂，明知某些人根本不具备传教能力却授予其教职，导致基层教会充斥粗鄙文盲，亵渎神职。与此有关的提案因女王禁止议会讨论宗教事务而夭折（详见第六章第四节），但却催生一个具有行政法规性质的副产品：在任命大学、初等学校、医院或其他慈善机构的教师、长官和职员等职务时，一旦发现贿赂行为，当即撤销任命，涉案人一经查实处以10—40英镑的罚款，在规定时间内停止续用。①

在同一次会议上，下议员霍比揭发财务署长官滥设司法调查程序，榨取钱财。该发言得到财务大臣迈尔德梅的支持，后者自承本人对此无能为力，希望议会通过立法予以矫正。下院的相关提案虽然最后没有形成法律，但是受到女王的重视，誓言对此类丑行今后一经发现严惩之余必将公之于众。②

这次会议还针对王库长官克扣官饷的行为提出了一个纠正案，建议此后对王库长官的指控，一律由监察御史、财政大臣、财务大臣、主事大臣和财务署主事合议审决，一旦定罪，严惩不贷。此提案源于上院，两院因意见分歧在联席会议上反复讨论，终未达成共识。③

另一种只涉及地方的行政事务。如：

批准塔内特市建筑桥梁的法案（1485年）；

批准温切斯特市、伦敦市、苏塞克斯郡等地区铺筑公路的法案（1485年、1534年、1543年）；

要求普拉姆台德地区居民出资维护排水系统的法案（1531年）；

严惩破坏诺福克郡和伊利岛堤坝者法案（1531年）；

免除南安普顿市城市税的法案（1531年）；

---

① Dean，*Law-Making*，p.115；D'Ewes，pp.449-51.

② D'Ewes，pp.432，437-8，440，441.

③ Dean，*Law-Making*，p.96；D'Ewes，pp.687-8.

关于诺威奇和林恩市火灾后重建的法案（1534 年）；

批准某些城市政府为整顿市容收税的法案（1536 年、1540 年）；

修整保护港口、禁止在港口附近开采锡矿，以保障港口畅通的法案（1532 年、1536 年、1581 年）；

责成埃克塞特市市长清理埃克斯河河道的法案（1539 年）；

取消教会在曼彻斯特拥有荫庇犯人特权的法案（1542 年）；

在伦敦市开凿新泉眼、铺设上水管道的法案（1544 年）；

任命维护切斯特附近公路专员的法案（1545 年）；

重修斯卡巴勒市防波堤的法案（1545 年）；

禁止在塞文河上夜间摆渡，以减少犯罪的法案（1535 年）；

在一些地区修建监狱的一系列法案。

（三）管理社会经济

都铎时期，社会经济立法是议会的一项重要议事内容，即使在"宗教改革议会"期间，社会经济类立法也远多于政治、宗教立法。据统计，在亨利八世后期，议会法中涉及社会经济内容的占到总数的 75%。[①] 社会经济类立法亦可分为两种。

一种为涉及全国性社会经济政策的立法。如：

重申政府铸币特权、保护币值的《铸币法》（亨利七世时期）、《严禁伪造货币法》（1553 年）、《禁止贵金属出口法》（亨利七世时期）；

《统一度量衡法》（亨利七世时期）；

《禁止货币投机和发放高利贷法》（亨利七世时期、1545 年、1552 年）；

限制外籍归化人经营工商业，以保护英国工商业者利益的法案

---

① Loach，*Parliaments*，p.86.

（1485年、1558年）；

保护英国航海业的《进口酒类必须由英国船只运输法》（1485年、1532年、1534年）；

《衣帽价格限定法》（亨利七世时期）；

《肉食品限价法》（1533年、1536年）；

若干关于进口亚麻制品规格的法案（1529年、1536年）；

限制皮革、黄铜和活羊等原料出口的法案（1536年、1542年、1566年）；

生活燃料价格法（1543年）；

《查禁巫术法》（1542年、1563年）；

《保护森林法》（1544年）；

《打击囤积居奇行为法》（1548年）；

为平抑牛肉价格而制定的《鼓励养牛法》（1555年）；

鼓励发展英国渔业及航海业的《航海法》（1563年）；

调整手工工场劳资关系的《劳工法》（1563年）；

规定民众按身份等级着装的《服装法》（1581年）。

在都铎时期，物价飞涨和流民日增成为两大社会问题。人们普遍认为根子在圈地运动，所以都铎议会通过了一系列《反圈地法》（1489年、1491年、1534年、1536年、1550/1551年、1552年、1554年、1555年、1563年、1598年）。其内容包括：禁止圈占公有地和荒地；鼓励茅舍小农开荒；曾有四年以上耕种历史的土地，如已改为他用，复原为耕地（种植药材、啤酒花等经济作物的土地除外）；在国内物价上涨到一定水平时禁止出口谷物等生活必需品，以优先保证国内市场需求。这些立法的宗旨是鼓励农耕、平抑物价。

另一种社会经济立法只涉及个别地区或行业的利益。如：

《任何人不得兼营毛皮贩运业与鞣皮业的法案》(1485 年)；

禁止进口丝织品、不得生产和出口劣质毛纺品，以保护英国毛织制品生产和销售的法案（亨利七世时期、1532 年、1536 年、1555 年、1558 年)；

禁止在伦敦市区从事屠宰业，以保护该市肉商利益的法案（亨利七世时期)；

关于毛纺工场工艺水平的法规（亨利七世时期)；

减少徒工行会入会费的法案（1531 年)；

禁止屠宰商经营鞣皮业的法案（1531 年)；

为保护包装桶产销者的利益而禁止酒和肥皂生产者制作包装桶的法案(1532 年)；

在约克市议员请愿下制定的撤销奥斯河和洪伯河河道税卡的法案(1532 年)；

保证皮革制品质量的法案（1533 年)；

禁用劣质染料漂染毛纺织品的法案（1533 年)；

为保护出版商利益而制定的《禁止出售进口图书法》(1534 年)；

为保护德罗威奇、基德明斯特、布罗姆斯格罗夫、伍斯特四市毛纺业手工工场主免遭农村生产者的竞争而颁布的在伍斯特郡上述四个城市以外地区禁止从事毛纺业生产的法案（1534 年)；

免除伦敦市区医生对该市低级官吏的免费治疗义务的法案（1540 年)；

批准伦敦理发师兼营牙科诊所、允许伦敦外科医生解剖尸体从事研究的法案（1540 年)；

在肉商请愿下制定的《肉类限价法修正案》(1542 年)；

为保护诺福克郡毛纺制品产销者的利益，禁止该郡生产的精纺线向外地出售的法案（1542 年)；

为保护剑桥和伊利两市的市集贸易，废除林恩地区两个国王特许的年度市集的法案（1542 年）；

禁止外国人在坎特伯雷市无照开业的法案（1543 年）；

在酒商请愿下制定的《酒价随行就市法》（1543 年）；

为保护在冰岛海域从事捕鱼贩运业的“商人冒险家”利益而颁布的《禁止囤积咸鱼和鳕鱼法修正案》（1545 年）；

关于饮料价格和维护公共场所秩序的《酒肆开业法》（1552 年）；

《斜纹布生产工匠学徒期限修正案》（1552 年）；

限制进口帽子的法案（1553 年）；

允许伦敦和牛津的医生结成同业公会的法案（1553 年）；

《禁止农村居民在非集市地点经商的法案》（1554 年）；

《严格控制谷物贸易经营执照发放法》（1563 年）；

在伦敦弓箭匠的请愿下，宣布废除亨利八世时代限价法中有关弓箭部分的法案（1566 年）；

为保护伦敦小手工业者利益而制定的《禁止进口手套、刀叉、匕首等小商品的法案》（1563 年）；

根据斯坦福德市议员提案，批准韦兰河为漕运河的法案（1571 年）；

为维护英国帽商利益而制定的节日期间禁止戴进口有檐帽，必须戴国产无檐帽的法案（1571 年）；

《严禁生产劣质金制品的法案》（1576 年）；

《保证蜡烛质量的法案》（1581 年）；

为保证伦敦市有充足的取暖燃料供应而制定的《禁止在伦敦市周围 22 公里内从事冶铁业的法案》（1581 年）；

为保障皮匠的利益而制定的禁止生皮出口、限制生皮价格的法案（1559 年、1563 年、1566 年、1572 年、1576 年）；

《禁止挪用、侵吞伦敦市基督医院和圣巴塞罗缪医院基金的法案》（1572 年），批准莱斯特伯爵在沃里克或凯尼尔沃斯建立医院的法案（1571 年），保护格洛斯特、温切斯特、莱斯特和莱德伯瑞等地医院合法权利的法案（1566 年、1576 年、1581 年。在这些地区，因有人声称对医院占地享有权利，使医院生存受到威胁）；

维护吉尔福德、汤布里奇、考文垂三市在本地建立学校之权利的法案（1563 年、1572 年、1581 年），批准在艾克斯特建立孤儿院的法案（1581 年）；

《制鞋匠人法》（1559 年）；

《禁止进口腌鱼法》（1581 年）；

对啤酒酒桶进行限价和取消限价的法案（1532 年、1566 年）；

《木桶制作质量保证法》（1589 年）；

《限制衣料出口法》（1566/1567 年）；

《葡萄酒最高限价法》（1553 年）；

《禁止进口男子服饰用品法》（1563 年）；

《皮革出售法》（1563 年）；

批准伦敦市制桶协会对进口木桶进行质量验收的法律（1593 年）；

《鼓励进口隔板法》（1593 年）。

（四）修改、补充和完善普通法及其诉讼程序

议会一向具有修改普通法的职能。在 16 世纪，由于社会经济生活的多样化、复杂化，加之宗教改革对产权关系的调整，普通法进入了一个在英国法律史上只有 13 世纪和 19 世纪堪与之相比的大修订时期。① 在这当

---

① Elton，*Parliament*，p.277.

中，土地法的修改最为突出。随着土地市场日趋活跃，有关不动产产权的争议和因土地买卖过程中的欺骗行为而引起的纠纷（卖方往往不经过公证就私下将土地出售，并且隐瞒该地产所附带的义务，因而买方常常上当受骗）日益增多。旧有的土地法不能适应新形势的需要，所以法官和律师对土地产权案的处理往往有很大出入。为了取得一致标准，当时印发了许多新旧法律、新旧案例和审案报告摘要。但是这样一来，人们愈发容易发现新的判决与旧的传统明显不符，法律争议不降反增，议会也相应地更加忙碌，为制定、补充和完善土地法而疲于奔命。除土地法之外，都铎议会修订最多的是刑法。在都铎王朝建立以前，英国的刑法十分模糊，甚至对处以死刑并抄没一切家产的重罪都没有明确的界说。当时很多刑事犯罪可视为侵权行为，而大多数侵权行为并未列入普通法，因此在很多地区刑事犯罪仍根据本地区的习惯从宽处理。在都铎时期，社会的动荡促发了各种不安定因素的增长，刑事犯罪也日趋严重，廓清和完善刑法遂成为时代对议会的要求。另外，法庭建制、诉讼程序在实践当中也需要不断地调整和修改，这些也构成都铎议会有关普通法立法的一个重要方面。亨利七世时期议会共颁布 9 个完善诉讼程序的法案、7 个修订普通法的法案、4 个关于刑法审判程序的法案。① 亨利八世时期的这类法案包括：

限制教会庇护刑事嫌疑犯权利的法案（1529 年）；

处罚执法不公的郡守及陪审员的条例（1532 年）；

关于败诉者承担诉讼费的规定（1532 年）；

《侵权罪处罚条例修正案》（1532 年）；

《债务法修正案》（1533 年）；

① Alexander, *The First of the Tudors*, p.130.

《陪审员财产资格修正案》（1532年、1544年）；

《从重打击抢劫犯法案》（1536年）；

《肯特郡土地继承法修正案》（1539年）；

关于合租土地者可在普通法庭分割其租地的法案（1539年）；

对占有土地长达50—60年者，不得再对其所有权提出起诉的法案（1540年）；

一系列关于教产归俗后其继承方式的法案（1540年、1545年）；

《地方法庭开庭期修正案》（1540年、1545年）；

宽大处理通奸僧侣的法案（1540年）；

简化对叛逆罪犯、窝藏犯和谋杀犯的审判程序的法案（1542年）；

《严惩逃债人的法案》（1543年）；

在海外犯有叛逆罪和窝藏罪的英国人应在英国法庭受审的法案（1544年）；

《陪审员缺席时审判程序修正案》（1544年）；

《郡法庭首席法官和治安法官任免法修正案》（1545年）；

《关于两造（原告与被告）有权在审判现场提名陪审员的法案》（1543年；1563年重颁）；

《森林法专门法庭诉讼程序修正案》（1540年）；

《对投毒谋害罪处以烹刑的法案》（1531年；1563年重颁）；

严禁在出售土地时向买方隐瞒土地义务的法案（1536年、1563年、1581年、1584年）。

伊丽莎白朝的此类法案包括：

《严惩伪证行为法》（1563年）；

进一步限制教会庇护刑事嫌疑犯之权利的法案（1566年、1576年）；

《拖欠债务者处罚条例修正案》（1571年）；

《威尔士地区诉讼法修正案》（1571 年）；

《关于诉讼程序不全的判决的有效性问题修正案》（1576 年）；

《王室法庭再审诉讼法》（1584 年）；

《关于减轻米德尔塞克斯市陪审员工作量的法案》（1576 年）；

《关于由财务署法庭审理王座法庭上诉案的法案》（1584 年）；

《关于简化海事法庭审判程序的法案》（1566 年）；

关于女王在威尔士和柴郡任命法官组成特别法庭以保证诉讼可以在当地“迅速而公正”地予以审理和裁决的法案（1576 年）；

为防止王室封建税收入流失而制定的在达勒姆、兰开夏和柴郡三地出售土地必须在王室法庭备案的法案（1563 年、1576 年）；

在都铎时期，巡回法庭在哪个城市开庭审判，该市经济便有可能繁荣起来，因而各城市争相申请在本市开庭，因此伊丽莎白时期议会颁布了许多更改巡回法庭开庭地点的法案；

为防止被告畏罪潜逃而颁布的《王座法庭有权用特殊令状将在逃被告从任何地点拘来受审的法案》（1566 年）；

为改变因司法程序本身的缺陷而延误审判的状况而颁布的《诉讼法程序修正案》（1576 年）；

《禁止仆人盗用主人器物法》（1563 年）；

《严惩鸡奸行为法》（1563 年、1571 年）。

（五）调解社会矛盾

首先，历届议会都通过许多只涉及个人利益的私法案。在都铎王朝统治期间，平均每届议会通过的只涉及个人利益的私法案数量分别为，亨利七世时期 18.7 件，亨利八世时期 8.3 件，爱德华六世时期 9.2 件，玛丽一世时期 4.3 件，伊丽莎白时期 13.4 件。而 1529—1601 年平均每届议会通过的公法案只有 21 件。[①] 可见个人私法案在立法中占相当大的比重。个人私法案的审议过程十分缓慢，半数以上的个人私法案含补充条款，所以审议、通过个人私法案占用会议的大量时间。这类法案通常涉及地产的交换与继承。由于这类私法案有时可解决多年的产权纠纷，所以它们极有助于调解土地所有者之间，特别是大土地所有者即国王和贵族之间或贵族彼此之间的矛盾。

就缓和国王与贵族间的矛盾而言，有些公法案也能起到同样作用。以《遗嘱法》为例。按照封建习惯，在封土继承人成年以前，封土收益转归封君，直至继承人成年后缴纳继承税赎回封土占有权为止。但在 16 世纪，这一习惯时常被破坏，许多领有国王封地的贵族在去世以前留下遗嘱，以“托管”的形式将土地占有权转让给亲朋好友，借此逃避继承税。由于封土继承税一直是王室财政收入的一个重要来源，贵族的这种做法势必严重影响王室收入，因此国王绝不能坐视不管。1529 年议会召开时，代表国王的大法官与 30 名上议员经过反复磋商，最后达成协议：凡领自国王的封土，其中 1/3 必须按传统方式继承。但是这一磋商结果不能令国王满意，所以最终未能成为法案。1532 年，托马斯·克伦威尔代表国王向议会提出，将适用于“习惯继承方式”的封土比例提高到 1/2，可是这一建议又遇到众多议员的反对，结果不了了之。1534 年，大土地所有者戴克勋爵临终前“托管”出去的地产受到王室法庭的审查。这一事件对领受国王封土的贵族和乡绅颇有震动，他们担心国王对所有封地的归属权进行全面调查并宣布“托管无效”，所以在 1536 年议会上，他们对亨利八世作出了让步。是年通过的一个政府议案规定：允许封土转让（即国王放弃继承人成年前封土的收益权），但接受转让者必须代为承担包括继承税在内的

① Elton，*Studies*，vol. 3，p.15.

全部封建义务。但事过不久贵族和乡绅的不满情绪就暴露出来。在 1537 年发生的贵族暴动中，国王有关封土继承的政策是“暴民”的主要抨击目标之一。在 1540 年议会上，国王被迫妥协，重新考虑 1529 年的方案。该年通过的《遗嘱法》规定，转让出去的封土只有 1/3 需履行封建义务。[①]这一法案实行了半个多世纪。其间，虽然政府大臣与议员之间仍偶有争执[②]，但总的说来，王室与贵族、乡绅之间有关封土继承的矛盾暂时缓和下来。

国王作为封君与其封臣之间另一个围绕封建权利发生的矛盾也是在议会中得以缓解的，这就是所谓誓忠礼金问题。按照封建惯例，封臣在受封仪式上需向封君行誓忠礼。但有些封臣不愿千里迢迢赶赴王宫行誓忠礼，宁肯缴纳一笔礼金以免受长途跋涉之苦。国王因为可以借机获得一定收入，对此也不加以反对。但是到了伊丽莎白女王统治时期，封臣连这笔礼金也不再愿意缴纳。1563 年，有人在下院提出免缴礼金议案，但二读之后不见下文。1571 年，两院重提此事，上院起草的提案经两院联席会议审议后呈交女王。似乎一场冲突在所难免。孰料女王审时度势，及时作出让步的姿态，同意削减礼金金额。这样一来，女王既保持了尊严和权利，又平息了两院议员的不满，满天阴霾风吹云散。

在审议制定法案的过程中，一些地区或行业间的矛盾也能得到调解。社会经济类法案大多具有这种作用，以下仅举数例说明。皮毛商贩与鞣皮工匠为争夺市场彼此间宿怨颇深。1485 年两个行业的代表曾达成协议，并由议会颁布了《任何人不得兼营毛皮贩运业与鞣皮业的法案》。但是这

① Lehmberg，*Later Parliaments*，pp.95-9、133-4、238.

② 1585 年柏立勋爵代表政府在议会提案，力图杜绝在封土继承方面“欺骗王室的行为”。该提案在上院获得通过，在下院却以 75 票赞成、95 票反对的表决结果遭到否决。(Loach，*Parliaments*，p.128.)

两个行业的经营者都没有从此放弃“扩张”的企图，在伊丽莎白时期双方都多次提出扩大权利的提案，但总是遭到对方的抵制，最后只好同意保留和遵守原有的法案。这样就形成了双方矛盾激化、引起议会交锋并达成妥协、使矛盾暂时缓解、过一段时间又重新激化→交锋→妥协→缓解的循环。又如，在 1572 年议会上，一名伦敦市议员指出，近来在伦敦市出售的蜡烛质量低劣，引起公众不满，为此他提出议案：授予伦敦市蜡烛商对该城周围 40 英里范围内出售的蜡烛进行质量检查的权力。该议案的真实意图是以外地蜡烛质量低劣为借口将外地蜡烛商从伦敦市场上排挤出去。该议案一提出立即遭到牛津市和科尼什市议员的反对，因为他们唯恐本市商人的利益受到损害。当年该议案三读之后被否决。但在 1581 年这个问题又被提出。这一次，在枢密大臣的授意下，由上院的法律顾问精心炮制了一个新议案并获得通过。该法律对蜡烛质量做了规定，因此维护了伦敦消费者的利益，但同时也没有给予伦敦商人以特权，因为它规定，任何人都可以举报质量问题。① 有些时候甚至伦敦市内不同行业之间的矛盾也提交议会解决。例如，伦敦市的制衣工场主与该市的“商人冒险家公司”历来有隙，因为后者将大批毛纺织半成品输往安特卫普，使前者生意清淡。1566 年，制衣工场主的代表提出议案，建议将毛纺织半成品与成衣的出口比例限制在 4∶1，并由制衣工场主实行监督。“商人冒险家”的代表坚决反对，他们成功地拉拢了那些同时兼营服装业和半成品出口业务，因而不希望伦敦制衣工场主占有太多市场的肯特、诺福克两郡服装工匠，使伦敦工场主最后不得不接受 10∶1 的比例。这样，双方的矛盾暂时得以缓解。②

---

① Elton，*Parliament*，p.237.

② Ibid.，pp.82-3.

第三节　国王的统治工具

国王拥有议会召集权，议会当然总是在他认为最需要的时候才会召开。总体说来，都铎君主召开议会的动机大约有以下几种：

（1）确认王位。历代都铎君主登基后召开第一届议会都是为了这个目的。

（2）索求赋税。这可以说是最主要的动机之一。在亨利七世召开的七届议会中未索取赋税的议会只有一届，在亨利八世召开的九届议会中有三届（其中一届是1536年议会，当时“宗教改革议会”的最后一次会议刚刚结束，那次会议批准的赋税尚未开始征收），在爱德华六世召开的五届议会中有两届，在玛丽一世召开的六届议会中有三届，在伊丽莎白召开的十届中只有一届。托马斯·史密斯曾把减轻赋税与减少议会并列为国民的“奢望”，1593年大法官把伊丽莎白时期议会召开得少作为女王功德无量的象征向议员夸示，这些都间接说明，议会与税收往往联系在一起。

（3）解决王室婚姻或王位继承危机。如1529年、1536年议会都是在亨利八世决意离婚、重新确定王位继承人之际召开的。1554年玛丽一世召开议会则主要是为了使其与菲力普的婚姻得到认可。1586年议会召开的目的是剥夺苏格兰玛丽的王位继承权。

（4）除暴平乱，稳定社会秩序。都铎时期许多届议会是在政治危机前后召开的，其主要目的是加强治安立法，补充《叛逆法》，褫夺叛乱贵族或异端分子。如1487年（贵族暴乱）、1489年（贵族暴乱）、1571年（教皇开除伊丽莎白女王教籍）、1581年（耶稣会士涌入英国企图颠覆伊丽莎白政权）议会。

（5）宣布政策。有时候，国王在政府提案的基础上，通过立法来实现这一目的。如1510年议会（宣布改变亨利七世的财政和税收政策，保护贵族的利益）、1547年议会（宣布废除亨利八世时期的一些不得人心的立法，如《关于言论罪的立法》、《敕令法》等等）、1553年议会（宣布停止迫害天主教徒，废除爱德华六世时期的《叛逆法》）、1554年秋季议会（宣布恢复天主教信仰）、1555年议会（宣布政府无意收回归俗教产）、1559年议会（宣布伊丽莎白女王的宗教政策）。

（6）有时候，政府只是通过议员向国民传达政府的意向，为日后的政策实施做舆论准备，当时并不立法。比如1531年，政府让从意大利和法国12所大学访问归来的特派团在议会汇报各地“有识之士”对亨利八世婚姻案的反应，并向议员展示100多本支持国王离婚的书籍，最后大法官要求众议员返回家乡后“向人民讲明事实，以使所有的人知道，国王并非如某些别有用心的人所说的那样喜新厌旧，他是为了解除良心上的重负和确保王统（才提出离婚的）”[①]。

（7）在进行重大政治决策之前，广泛征询统治阶级的意见，以便集思广益。例如1536年，以国王名义发出的议会召集令状写道：“（最近）发生了一些非常重大的事件，为维护朕的荣誉和王统的纯正，（这些事）应在朕为此而召开的议会上加以讨论和决断。”1548年佩吉特勋爵在致摄政王萨默塞特的信中告知对方，任何改革，特别是宗教方面的改革，应等到议会召开时再议，因为那时可以在全民，尤其是社会贤达的参与下共同商定。1586年，伊丽莎白女王为了广泛了解人们对处置苏格兰玛丽的态度而召开议会。1593年，下院被告知，邀请他们到议会中来的目的“不是在其他事情上浪费时间，而是为维护女王个人和国家的安全提出各种可行

① Loach, *Parliaments*, pp.6-7.

的建议”[①]。都铎王朝时，英国的经济组织和经营类型复杂多样，而官僚系统和管理体制有欠严密健全的都铎政府难以及时稳妥地调解不同地区、行业间的利益冲突和解决复杂的社会经济问题，因此，有时在政府划定的议事范围之外由议员们临时提出的一些私议案，在政府决策中也起到重要的参考作用。例如，亨利八世时代议会制定的有关鼓励亚麻生产、制定棉布质量标准的法律，就是托马斯·克伦威尔受到议员启发，亲自促成的结果。[②]1559 年有关制鞋行业的法案表面上是按“政府计划”制定的，但是实际上这一“计划”本身是代表鞋匠利益的议员与枢密大臣共同磋商的结果。[③] 同年某下议员提出的谷物贸易法议案，虽然当年会议上未能通过，但却成为后来威廉·塞西尔提出的有关议案的雏形；关于主教位置空缺时君主有权任命主教的问题，由于《至尊法》中规定不明确，在 1559 年和 1563 年两届议会上都有下议员提出修正案，只因条文欠严谨而被否决，但下议员的提案“启发”了枢密院，1571 年，枢密院以前两届议会的提案为蓝本重拟草案，获得通过[④]；1563 年的《手工工匠法》是在议员提案的基础上，政府加以修订的产物[⑤]；同年的《反圈地法》源于威廉·塞西尔拟定的政府提案，但其中吸收了议员有关提案的若干条款[⑥]；该年威廉·塞西尔还对一个旨在加强英国海上实力的议员提案表示浓厚的兴趣，他多次督促两院加紧审议这个提案，并亲自为之补充条款。最后这个提

---

① Loach，*Parliaments*，pp.5-7.

② Elton，*Reform and Reformation*，pp.224-5.

③ Elton，*Parliament*，pp.71，72，74；Hartley，*Elizabeth's Parliaments*，p.24.

④ Elton，*Parliament*，pp.200，230-1.

⑤ Bindoff，S.T.，“The Making of the Satute of Artificers”，in Bindoff，S.T.，Hurstfield J. and Williams，C. H. (eds.)，*Elizabethan Government and Society*（London 1961），pp.59-64.

⑥ Palliser，D.M.，*The Age of Elizabeth*（London 1983），pp.150-1；Hartley，*Elizabeth's Parliaments*，pp.25-6.

案成为《航海法》[①]。1576年某手工工场主提议加强对出口商品专利者的控制，要求后者定期向财务署报告其出口商品数额。这一提案得到柏立勋爵的支持；伊丽莎白时期制鞋匠协会和鞣皮匠协会在议会上的长期争执引起枢密院的关注，1584/1585 年，政府提出调解矛盾的官方议案。[②] 最能体现政府吸收议员建议的莫过于《济贫法》的制定和修改过程。在 16 世纪 30 年代至 90 年代，“济贫”一直是议会的主要议题之一，其间议会曾颁布多部《济贫法》，这些法案都是在政府提案的基础上制定的，但其中大部分条款来自议员提案。例如，把流民分为“丧失劳动能力者”和“好吃懒做者”两类，对前者予以救济，对后者严加惩处的条款采自威廉・斯特里克兰等下议员的建议；鼓励募捐，建立“救济院”的条款则是某主教最先提出的。[③] 以上种种事例说明，了解下情，广泛听取有关社会经济问题的意见并征求解决办法，也是国王召开议会的目的之一，尽管历代国王和政府都没有公开宣布过这一点。

议会税总是首先以《赋税议案》的形式提出，最后以《赋税法案》的形式颁布和贯彻，拒绝纳税即为违法。因此批准赋税同样也是立法。在绝大多数情况下，批准赋税是历代君主召开议会的重要目的（在多数时候，甚至是主要的乃至唯一的目的）。在都铎时期，随着社会经济形态的转变和资本主义因素的增长，批准赋税问题更被染上“体制改革”的色彩，并且为 17 世纪资产阶级革命的爆发埋下了一颗“定时炸弹”。既然事关重大，本节中对英国议会批准赋税问题的来龙去脉便不得不多著

---

① Elton, *Parliament*, pp.258-62; Hartley, *Elizabeth's Parliaments*, 28; Graves, *Elizabethan Parliaments*, p.65.

② Dean, “Public or Private”, p.533.

③ Elton, *Parliament*, pp.267-71; Hartley, *Elizabeth's Parliaments*, p.27; Loach, *Parliaments*, p.115.

几笔。

按照“国王自理生计”的原则，王室和政府的日常支出应当依靠国王的固定收入。在都铎王朝建立以前，所谓固定收入包括王室地产收入、封建习惯贡金、王室法庭收入和关税收入。最初关税一项并不属于固定收入，国王征收关税也必须经过议会批准。关税包括羊毛出口税、吨税和镑税。所谓“吨税”指的是对进口酒类征收的关税，按 1373 年确定的税率，每吨进口酒纳税 2 先令。镑税指的是对羊毛以外的进出口商品所征的关税，按 1373 年确定的税率，每价值 1 英镑的商品征税 6 便士。根据 1362 年的议会法，国王征收羊毛出口税必须征得议会的同意。在爱德华三世时期开始征收的吨税和镑税亦做如是论。但议会在 1363 年和 1415 年先后将这三项关税的征收权授予国王终身享用，此后这种做法成为惯例。征收羊毛出口税后来干脆演变为国王的一项特权，根本无须议会批准。由于 15 世纪以后国王实际上享有关税征收权，所以人们也渐渐将关税列为国王固定收入之一。

都铎王室的固定收入较之前代增加很多。这首先是由于关税税率提高。1558 年玛丽一世将各种关税的税率提高 75%，王室的关税年收入从 29000 英镑增至 83000 英镑。宗教改革以后，英国教会的主教首年俸和什一税转而缴纳王室，这也是都铎王室固定收入增加的重要原因。在宗教改革以前，王室每年的固定收入约为 100000 英镑，在宗教改革后的托马斯·克伦威尔执政时期，增至 220000 英镑。由于关税和教会捐纳两项收入的增加，伊丽莎白时期王室固定年收入达到 200000—300000 英镑（因年景不同而浮动不定）。①

尽管都铎时期王室固定收入呈增长趋势，且增幅较大，但王室却经常

---

① Loach，*Parliaments*，p.120；Elton，*Tudor Constitution*，pp.42-3.

入不敷出。这主要是由于都铎朝正值英国发生“价格革命”之时，物价上涨速度奇快，如果再出现临时性额外支出需要，例如战争或婚丧嫁娶之类大典，则亏空数额常常大得惊人。例如，40 年代中期与法国和苏格兰战争当中，王室年支出额约为 700000 英镑。① 尽管伊丽莎白女王比较“节俭”，尽管 1600 年并无战争或大典，这年她的王室支出也达到 437840 英镑。② 如此巨额亏空靠固定收入绝难弥补，王室有时甚至不得不变卖地产，但是这样做只能暂时解救燃眉之急，从长远看则削减了固定收入来源，以致造成恶性循环，竭泽而渔，得不偿失。在这种情况下，国王只能转而开辟其他的收入来源。

按照封建原则，王室如需要“非正常支出”可以以“非正常方式”获得收入。在都铎王朝以前，国王获得“非正常收入”的方式约有三种。第一种是募捐。这种方式为理查德二世初创，兰开斯特王朝诸王和爱德华四世亦曾沿用。这种收入来自自愿性捐纳，不会引起国民反感，但是数量极为有限，难以满足国王所需。第二种是“教士补助金”。这是英国坎特伯雷和约克两大宗教会议批准国王向各级僧侣征收的赋税，税额由宗教会议决定，但在形式上还要经过议会批准，一般宗教会议与议会同期召开。第三种就是议会批准国王向世俗有产者征收的赋税，称为 1/15 和 1/10 税。它始于 14 世纪初，最初是动产税。农村居民缴纳其动产的 1/15，城市居民缴纳 1/10。1334 年以后，这种税的总额和各村、市应纳税额都固定下来，纳税的义务实际上附着在土地等不动产上，于是这种赋税演变为不动产税。在 15 世纪中叶，一笔 1/15 和 1/10 税的收入约在 24000 至 30000 英镑之间。③

---

① Lehmberg, *Later Parliaments*, p.200.

② Elton, *Tudor Constitution*, p.47.

③ Loach, *Parliaments*, p.13.

都铎政府的非正常收入来源与前代相比出入不大，只是增加了“强行贷款”一项。这是以“巩固国防”的名义强迫有产者向政府贷款的一种方式。从理论上讲，贷方凭枢密院签发的凭证，到期可向政府索还。但实际上，政府经常以各种借口赖账。不过，政府如不还贷，必须取得议会的同意。如 1529 年的一个议会法就宣布，“考虑到国王为维护国家安全和宗教信仰开支巨大”，议会同意政府的请求，免除其偿还 1522 年贷款的责任。可是这种做法很不得人心，1529 年当议会讨论该法案时，就有人发言表示反对。一名议员指出：“我不赞成这个议案。因为我不了解我那些乡亲的财产状况，他们当初可能是靠借钱来向政府提供贷款的。”同一年，伦敦市某议员在向其所在公司传达议会这一决定时，特别转达了国王的允诺，即除非形势所迫，否则国王绝不会再向臣民索取一个便士。① 所以都铎君主在强行借贷时，一般都十分慎重，不是迫不得已难得一用。“募捐”和“教士补助金”二项，前者虽然都铎政府多方鼓励臣民捐纳，但像以前一样，其收获微乎其微。至于“教士补助金”，数量虽比从前略有增加，但一般一年不超过 20000 英镑②，也不敷需要。因此，在都铎王朝，经议会批准后征收的赋税便成为非正常收入的主要来源。都铎时期一笔 1/15 和 1/10 税稳定在 30000 英镑左右。由于开支巨大，伊丽莎白政府经常在议会一次会议上即征收 2 笔 1/15 和 1/10 税，到 16 世纪 90 年代有时一次征收 6 笔，1601 年更达到 8 笔。③ 当一次议会征多笔 1/15 和 1/10 税时，纳税人可以分期完纳。缴纳期限一般为两至三年。随着经济的发展，这种赋税越来越引起人们的不满，因为经济发展不平衡，而各个地区的纳税数量却是固定的。于是很多人抱怨该税“摊派不均”。这样从亨利七世时期

① Loach，*Parliaments*，p.15.

② Hartley，*Elizabeth's Parliaments*，pp.38-9.

③ Loach，*Parliaments*，pp.16，119.

开始试行、亨利八世初期正式实行一种新的税种，叫作议会补助金。这也是一种动产税，其征收需得到议会的批准。征收的具体办法是，由各级官吏对所辖居民的实际收入进行估算，按每英镑纳税1—4先令的税率征收，对外国人，税率加倍，对年收入少于20英镑者，税率酌减。1545年一笔议会补助金约合90000—100000英镑，1547年增至120000英镑。在伊丽莎白时期，有时议会一次批准征收多笔补助金，如1589年征收2笔补助金，1593年征收3笔，1601年征收4笔。征收多笔补助金时，纳税人亦可分期完纳。议会补助金自开征后，成为主要的议会税种，它有时与1/15和1/10税同时征收，有时单独征收，但从未出现过只征收1/15和1/10税，而未征收补助金的情况。16世纪下半叶，议会税呈迅猛增长趋势，在伊丽莎白朝前期，即1559—1584年，共征缴6笔议会补助金和11笔1/15和1/10税，而在该朝后期，即1585—1601年，征缴了14笔议会补助金和28笔1/15和1/10税。①

为什么英国君主向臣民征税必须经过议会批准？这有一定历史渊源。在中世纪早期，英国国王除对王室直领地收取地租外，还可以征收两种赋税。一种是他作为封君向直接封臣征收的封建税，另一种是他作为国君向全国有产者征收的国税。封建税又分两类。一类是常税，即封臣有义务缴纳的封地继承税、协助金等等。另一类是非常税，即在特殊情况下封君向封臣索要的赋税。按照封建原则，封君征收非常税时，需得到封臣的同意，一般封君要在封君法庭得到批准，国王则要经过贵族会议或御前扩大会议的批准。起初，王室财政仅靠封建税支撑，但安茹王朝以后，由于政府机构扩充，战争不断，王室开支入不敷出，国王只得以征收国税来补充空虚的府库。国税也被认为是一种扩大征收范围的

① Dean, *Law-Making*, p.49.

非常税，因此原则上其征收亦应获得纳税人，也就是国民的批准。但国王不愿受此约束，经常擅自征收，而且征收的次数和金额日益增多，这就引起国民普遍不满。于是自视为国民代表的大贵族开始谋求建立国王未经批准不得擅自征收国税的制度，继而谋求将批税权归属于他们可以参加的机构。1215 年，大贵族迫使“失土王”约翰接受《大宪章》，其中第 12 条规定：今后未经国民同意，国王不得征收封建常税以外的赋税。第 14 条规定：国王征收任何形式的非常税均需召集全体封臣到场共同议决。[①]1225 年《大宪章》重颁时又补充了御前扩大会议有权批准赋税的条款，第一次从理论上明确了批税权的归属。御前扩大会议后来转化成为议会，议会继续争取这一权利。1242 年大贵族们要求国王公布赋税开支情况，国王不从，大贵族把持的议会便拒绝批准征收新税，开创了“拒批”的先例。[②]1254 年困在法国的亨利三世（1216—1272 年）向国内求援，而王后和最高司法官在给国王的复信中说：“要想获得补助金，就得召开议会，得到大贵族的同意。”[③]1297 年，因对苏格兰、爱尔兰和法国同时用兵而债台高筑的爱德华一世铤而走险，强行摊派国税，要求各郡提供 400 夸脱谷物和一些肉食。尽管数额不大，但国王的做法还是遭到举国上下一致反对，议会指责国王违背《大宪章》，并以不批准议会税相威胁，迫使爱德华一世（1272—1307 年）重新确认《大宪章》，并承认所谓“国民同意”就是指议会批准。这一事件标志着议会批税权的正式确立。[④]

都铎君主未尝不想冲破传统的束缚，但他们深知，这样做要冒很大的

---

① Stephenson and Marcham，*Sources*，pp.117-8.

② Harriss，G.H.，*King*，*Parliament and Public Finance to 1369* (Oxford 1975)，p.11.

③ Wilkinson，*Constitutional History 1216–1399*，vol. 3，p.245.

④ Stubbs，W.，*The Constitutional History of England* (Oxford 1878)，vol.2，p.154.

风险。譬如对“自理生计”的原则，都铎朝建立前夕，就曾有人站在国王立场上，提出“国王应依靠其国民维持生计，因为国民的人身及财产均属于国王。”但这一主张提出后不仅和者甚寡，而且还成为引发1450年凯特起义的主要原因之一。有此前鉴，都铎君主当然不敢轻易逾矩。1496年御前会议作出决定，“批准”亨利七世向国民征税120000英镑，但是随后它就宣布，这一决定只有在经过下届议会批准后才能生效。[①]1529年，亨利八世的大臣沃尔西曾试图不经过议会就向僧俗两界摊派动产税（俗人缴纳年收入的1/6，僧侣缴纳1/3），但除了招致“破坏法律与自由”的恶名之外，一无所获。[②]1593年，当有人建议在重新估价国民产业基础上按年征税时，宫廷副总管代表伊丽莎白宣布，在赋税制度方面她无意进行革新，而宁肯“维持旧制”。[③]

尽管从表面看来，都铎时期的赋税制度除增加赋税量之外，在赋税原则和理论方面并无重大变化，但实际上并非如此。无论从理论上还是从前都铎时期的惯例来说，非正常收入一般应用于非正常支出。而都铎政府并未因循旧制，常常从“非正常收入”中腾挪款项移作他用。就现在掌握的史料判断，这种做法是从1517年开始的。是年财务署动用议会税支付御前会议的支出。从那以后，类似事例逐年增多。1524年，军械部部分官员的薪俸从该年征收的议会补助金中划拨；1539年，王室动用议会税偿还债务；1540年修缮王宫的费用大部分出自议会税；1545年政府挪用6000英镑议会税支付日常开支；1547年王室日常开支大部分出自1545年以修建军事设施的名义征收的议会税；爱德华六世统治时期，以

① Loach, *Parliaments*, p.1.

② Bernard, G.W., *War, Taxation and Rebellion in Early Tudor England* (Brighton 1986), pp.150-2.

③ Loach, *Parliaments*, p.120.

军费等“非正常开支”为名征得总数为335988英镑的议会税，但其中只有189802英镑（约占总数的56.5%）真正用于战争和国防，其余部分或用来偿还亨利八世时期欠下的债务，或用来维持王室日常开销；1555年，仅宫室、礼部和内侍部就消耗掉15000英镑的议会税；即使在1558年与法国交战期间，在议会为进行战争而批准的赋税当中，仍有5%—10%挪作日常行政开支；在1572年末至1573年初半年的时间里，财务署共收到世俗有产者缴纳的议会税64744英镑，僧侣缴纳的议会税7896英镑，这两笔收入中用于军事支出的款额分别为35519英镑（54.9%）和1384英镑（17.5%），而用于日常行政支出的款额则分别为6773英镑（10.5%）和5156英镑（65.3%），其余22449英镑（34.7%）和1359英镑（17.2%）全部用于偿还债务，而这些欠债当中，又有16.4%属于行政借贷。总的说来，在这半年当中，正常支出占到议会税收入的24.4%。① 上述一系列数字表明，议会税已经成为政府正常支出的必要补充，甚至可以说，没有议会税，都铎政府的财力已经不能保证行政机构的正常运转。可是按照惯例，国王只有在非常时期为了非正常支出才能向臣民提出征税的要求，而所谓“非常时期”通常指的就是战争或者危机时期。在亨利七世统治时期和亨利八世在位初年，国王总是以“镇压国内暴乱”（1487年）和进行对法战争（1489年、1491年、1512年）为理由向议会提出征税要求，充分说明“非常性”乃是征税的前提。但是如果固守惯例，则都铎政府必会陷入财政困境而无法自拔。托马斯·克伦威尔似乎已经意识到这一点，因此在1534年的议会上，他开创了以“维持政府”为征税理由的先例。是年当他代表国王向议会索取赋税时，他不再以战争和军费为主要理由，而是强调王室和政府在“过去的25年中，为维护国家的繁荣、统一和安定而

---

① Alsop，J. D.，“The Theory and Practice of Tudor Taxation”，*EHR* 97，382（1982），pp.21-6.

开支巨大"①。在这以后的60余年中，通过为现政权歌功颂德，启发议员的感恩之情和维系政府正常运转的义务感来获取赋税，成为都铎税制的显著特征。

在这方面，伊丽莎白时期政府大臣在下院进行的"征税动员"可以为证。1571年，掌玺大臣培根提请下议员不要忘记"我们正在奢侈地享受着和平……世上没有哪一位君主的双手（能像女王这样）毫无鲜血的痕迹"。1576年财务大臣迈尔德梅在提出赋税议案时说："由于女王英明睿智，她治下的臣民都受到公正的对待……这一点甚至连我们的敌人也不得不承认。公正是全民族的凝聚剂，它把各个阶层的成员如此紧密地团结在一起，使得我们的国家中没有暴力，没有压迫，也没有特权和徇私枉法，而只有一视同仁。"②1598年代表政府的发言人明确宣布，赋税是一种必要的投资，其收益就是和平、统一和公正，与遭受外族侵略和奴役的苦楚相比，纳税的滋味甘之如饴。③在伊丽莎白时期，赋税法案的前言总是包含

---

① Elton, G. R., "Taxation for War and Peace in Early Tudor England", in Winter, J. M. (ed.), *War and Economic Development* (Cambridge 1975), pp.35-6. 哈里斯不同意埃尔顿的观点。他认为在三四十年代克伦威尔陈述的征税理由中，也包括镇压国内暴乱、加强国防的内容。见 Harriss, G. L., "Thomas Cromwell's New Principle of Taxation", *Historical Review* 93 (1978), pp.721-38。但事实上，"加强国防"的含义很广，它并不等于"战争危机"，因此不具有"非常性"。例如1559年掌玺大臣在陈述政府征税理由时，谈到了几年前的残酷战争耗费如何巨大，谈到了国外敌人如何时刻威胁着英国的安全，这些都是为"国防需要"做铺垫，但他或强调过去，或强调未来，而唯独没有谈到现实的紧迫需要。由此可见，"国防需要"是和平时期征税的一种借口，与过去的"战争危机需要"有很大区别。事实是，后来为商业利益修建多佛尔港、保护国内秩序、加强王权（因王权越强大，国家安全就越有保证）、替国王偿清债务以维护王权的尊严（因国王丧失尊严，国家就有可能遭到敌人的凌辱）、增加财政储备（以备不时之需）等等，都作为"保卫国家之需要"而成为征税的理由。见 Alsop, "Theory and Practice", pp.1-5, 9; Hartley, *Elizabeth's Parliaments*, pp.40, 46。

② Hartley, *Proceedings*, vol. 1, pp.184-5, 442.

③ Hartley, *Elizabeth's Parliaments*, p.55.

感谢女王英明统治的言辞，如1563年的赋税法写道，英国人民应当为有伊丽莎白女王这样英明的君主而感谢上帝，“我们应全心全意地服从和忠于她，直到生命的终点”①。1576年的赋税法一开头就写道，“当我们举目环顾四周，发现邻国都长期陷于困境时，我们，女王陛下的忠实臣民，深切地感到上帝日复一日赐予我们的极大幸福和快乐”，赋税只是我们表达感激之情的“一点小小的礼物”。②1601年的赋税法则为女王维护了上帝的荣耀和王权的尊严而大唱赞歌。③在16世纪30年代以前，赋税法案总是强调国家处在危机之中，而1586/1587年的赋税法则希望人们牢记，现政府“比以往更长久地维持了和平与稳定”④。这一措辞的不同具有深刻的含义，它意味着议会税从“战时危机税”转变为“和平时期的正常税”，臣民对君主的纳税义务转变为国民对国家的纳税义务，“王室自理生计”的原则转变为国家政府由国民供养和维持的原则。总之，中世纪的封建税制自此开始向近代国家税收制度转化。就其结果而言，都铎时期税制的这一变化也为斯图亚特王朝早期议会与王权关系的恶化埋下了伏笔。因为，既然“感谢”政府成为议员批准赋税的主要考虑因素，那么只有当政府值得“感谢”，议员们感到缴纳赋税确系义不容辞的责任时，王室才能顺利地得到赋税。而在17世纪初期，随着资产阶级与封建王权矛盾尖锐化，“感激”之情已经被不满和愤怒所取代，国王征收赋税的理论基础坍塌了。于是国王的税收要求在议会中也就越来越难以接受。但是此时议会税对政府的存在和运转来说已是不可或缺的，即使议会不予批准，政府也要想方设法强行开征，而这样做显然有悖于英国源远流长的历史传统与惯例，并

① Neale，*Parliaments 1559–1581*，p.124.

② Hartley，*Elizabeth's Parliaments*，p.54.

③ Ibid.，p.55.

④ Ibid.

且与前朝（即都铎王朝）君主至少在表面上恪守传统、遵循惯例的做法形成鲜明对照，于是也就愈发激起议会的不满和愤怒。最终，征税问题导致斯图亚特王朝早期君主与议会关系的破裂，成为革命爆发的导火索。

都铎时期不仅在赋税原则和理论方面有所变化和创新，在实践方面，议会创制赋税提案的程序也呈现出新的特点。按照传统，赋税提案总是由普通下议员提出，尽管提案人通常都是秉承政府旨意。但在16世纪下半叶，赋税议案似乎变成了政府议案。1572年，当一名有经验的议员向某枢密大臣提供提高下院工作效率的建议时，他说，办法之一是事先准备好赋税议案，甚至可以把它抄写在羊皮纸上。[①]1576年以后，赋税提案经常由出席下院的财务大臣提出，而且他们往往还要作长篇演说，代表国王和政府向议员陈述征税的理由。这也表明都铎政府至少表面上还是尊重传统的，总要想方设法为自己在和平时期征税寻找借口和理由。

尽管都铎政府为获得足够的议会税煞费苦心，但征收的结果往往不尽如人意。这首先是由于有产者隐瞒家产。在伊丽莎白时期的税册上，扣除物价上涨因素之后，富人的平均年收入从750英镑跌至311英镑。这显然与他们的实际收入不相符，因为当时富人的年人均收入肯定是上升的。1601年，一个叫作沃尔特·雷利的人在下院说，有些乡绅在税册登记的地产价值为三四十英镑，这只相当于其实有地产价值的1%。[②]柏立勋爵在报税时称自己的年收入为133英镑6先令8便士，而他的实际年收入逾4000英镑。[③]为了杜绝隐瞒财产的现象，1566年通过的《补助金法案》规定，每个纳税人必须宣誓如实呈报自己的财产。但是这一法律规定没有

① Graves, *Elizabethan Parliaments*, p.60.

② Miller, H., "Subsidy Assessments of Peerage in the Sixteen Century", *BIHR*, 28 (1955), p.18; Townshend, *Historical Collections*, p.204.

③ Loach, *Parliaments*, p.119.

收到任何效果。除隐瞒财产逃税外，各级官吏在收税过程中玩忽职守或中饱私囊也是造成税收不足的重要原因。在都铎王朝，特别是在伊丽莎白时期，议会税的实际收入不能满足政府的需要。1593 年罗伯特·塞西尔曾宣布，尽管 1589 年议会批准了两笔补助金，但在四年的时间里总共征收上来 280000 英镑，还不足政府在此期间总支出的 1/4。1588 年以后，伊丽莎白女王平均每年征收议会税 104000 英镑，这个数字固然比 40 年代高出 10%，但却低于同期的通货膨胀率。①

在都铎君主召集的议会中，大多数都提出征税要求，可以说，征税是国王召开议会的主要目的之一。1584—1601 年间，每一次议会召集令都是在上届议会批准的赋税征收完最后一笔后立即发出。1597 年议会召开前夕，柏立勋爵在备忘录“议会”一栏旁边只批注了一个词，即“补助金”。② 都铎君主似乎曾试图建立优先审议赋税议案的制度，下议员们则总是谋求把审议赋税议案的时间尽量拖后，以免国王在取得赋税后解散议会。1589 年，在补助金提案基本通过后，一些下议员却反对立即用羊皮纸誊抄，其目的就是留出时间讨论社会经济立法，他们知道，一旦批准了赋税，女王随时可能解散议会。1601 年议员温菲尔德在表决赋税议案前曾要求枢密大臣作出保证，赋税案通过以后仍留下充分时间审议其他提案。普通议员与政府之间的这种“程序战争”，终都铎一朝未曾公开，但彼此心照不宣，女王和枢密大臣通常不得不照顾议员的情绪。③

在审议赋税议案时，经常谈到赋税收缴行为。伊丽莎白时期，时有税务官徇私舞弊，帮助亲朋好友瞒报资产以减免税负的事情时有发生，如

① Hartley, *Elizabeth's Parliaments*, p.48.

② Dean, *Law-Making*, p.35; D'Ewes, p.393.

③ Dean, *Law-Making*, p.36; D'Ewes, pp.440-1, 621, 632-3.

何揭发、检举和惩治这种行为是女王和枢密院经常提交议会讨论的题目。1586—1587年议会立法规定，瞒报资产者一经查获加倍征课；延期纳税必须得到财务署批准方可执行。为提高税务官“素质”，1586—1587年议会法把税务官任职的不动产收入资格从10英镑提高到40英镑，1593年议会法在此基础上又增加400英镑动产收入。[①]16世纪80—90年代，都铎政府资金严重紧缺，下议员曾借审议赋税议案之机提出增收建议，其中包括：建立税收年度结算制度，政府贷款，出售王室森林，增加对酒馆老板的税务摊派，对不从国教者的子女进行集中教育并向其家长征收教育税，对备有武器的教区征收特别税，接管尼德兰政权并在该地区开征圈地税、富商税、一般所得税，同时没收天主教教产等建议。[②]尽管赋税议案一概出自政府，但审议赋税案的专案委员会经常吸收下议员参加，且人数众多，通常在80人至140人之间。[③]

自议会获得赋税批准权后，议会究竟是否有权拒绝国王的征税要求，始终是一个悬而未决的问题，但在都铎王朝以前，议会与国王经常围绕赋税问题发生摩擦。其主要表现有两点：第一，议会抱怨赋税苛重；第二，议会以赋税批准权要挟国王，迫使国王“改革弊端”，即所谓“以赋税换纠错”。在都铎时期，这两种表现都不十分明显。相对而言，都铎政府的征税要求在议会很少遇到阻力。特别是16世纪30年代以后，国民纳税义务似乎得到议员的认同。1589年下议员克里斯托弗·哈顿的发言可能代表下院的普遍心态。他在解释国民为什么应该纳税时说：“我们必须保护我们自己，保护我们的妻子儿女，保护我们的朋友，这是人类的天性。我们必须捍卫我们的君主和江山社稷、捍卫我们的法律和权利……我们必须

---

① Dean, *Law-Making*, p.39; D'Ewes, pp.632-3.

② Dean, *Law-Making*, p.40; D'Ewes, pp.477, 491-4.

③ Dean, *Law-Making*, p.36.

维护我们的产业、财物和权利，因为这一切关乎我们的生存。”① 但是议会不曾“要挟”，并不意味着“以赋税换纠错”这一传统不再构成无形压力。1593 年审议补助金时，枢密大臣福蒂斯丘代表女王承诺，彻底改革不得人心的宫廷采买制度；1601 年女王通过枢密大臣罗伯特·塞西尔转告下院，补助金是对女王改革专卖制的最大“酬谢”。② 议员们的心底也仍然保留“赋税换纠错”意识。1584—1585 年议会上，某议员刚启动补助金审议，其他议员就请求审议改革教会的议案，他们私下里说，此时正是时机，因为“有求于”他们的女王在这个时候一定会尽快作出回应。1593 年议员刘易斯请求女王取消对葡萄酒和谷物进出口数量的限制，他说，这应该是女王收取补助金的“回报”。③ 伊丽莎白时期的枢密院已在酝酿建立补助金议案提交之前向议会报告财政支出的制度，这看来也是迫于议会的压力。伊丽莎白承认，就缴税而言，宗教会议比议会要痛快得多，后者总要通过反复“劝导和动员”才掏腰包。④

如果说在都铎王朝也曾发生过议会以批准赋税权要挟国王的事件的话，那么这类事件只发生在 1566 年。但这一次下院的目的并不是让君主作出什么具体的“改正”，而是敦促女王尽快确认王位继承人，以保证新教信仰的延续性和国家的长期稳定。因此，这不是一次逼迫女王让步的举动。况且，当时下院并没有表示拒绝批税，只是要求在充分讨论王位继承问题之后再审议赋税议案，这与 14—15 世纪议会“以赋税换改正”的做法毕竟不同（详见第六章第四节）。然而议会在批准赋税时没有提出特别的附加条件，并不等于赋税是无条件的。前面已经讲过，只有当政府令国

① Neale，*Parliaments 1584–1601*，pp.200-1.

② D'Ewes，pp.473，654.

③ Dean，*Law-Making*，p.50.

④ Ibid.，p.52.

民满意时，国民才会感谢政府并乐于纳税。在都铎王朝，特别是在伊丽莎白时期，有关赋税的讨论发言带有浓重的政治、宗教色彩，这说明政府的政治、宗教取向是否顺应民意构成议会批税的潜在前提。如果说，在都铎王朝以前，由于议会曾代表臣民拒绝君主的赋税要求，从而使议会税含有丰富的政治内涵，因此议会的批准赋税作用值得重视的话，那么在都铎时期，在议会慷慨批准征税的举动中，政治的内涵非但没有减少，反而有所增加，因而议会的批准赋税作用也就更加不容忽视。

16 世纪，受通货膨胀、解散修道院和圈地运动等因素的影响，财产转移、土地买卖十分活跃，市场对人的命运的影响更加直接，人们的产权意识也更加强烈，因此对王室税收的合法性也就更加敏感，而伊丽莎白统治后期动辄“议会外摊牌”，更加剧富裕市民和乡绅的担忧，因此开始高度关注议会是不是征税唯一合法性来源的问题①，这在某种程度上强化了议会的赋税批准职能。

第四节　议员的创议审议平台

上文有述，枢密院每每在会前进行紧张的筹备，这说明政府对每一届议会都有既定目的和方针。总之，从国王召开议会的目的来看，都铎政府确实视议会为他们的工具。

但是问题在于，议员赴会的动机是否与政府的期望相一致？他们前来开会是不是只为充当“工具”？答案是否定的。

在都铎王朝，特别是伊丽莎白时期，议员们似乎并不认为政府所关心

① Yerby，*People and Parliament*，p.51.

的“国家大事”也是与他们本身的利益攸关、因此他们也应当倍加关注的事情。迪尤斯的记事全凭个人好恶，他认为重要的就不惜笔墨，不重要的则一带而过，细察其记录则可测知在一个普通议员看来，什么议题才是重要的。他在记述1559年2月22日下院议事内容时写道，这一天下院“宣读了两个无关紧要的议案，其中第二个涉及将宗教最高权力授予女王”，宗教至尊权竟是小事！① 而在当年4月25日的下院日志中，下院秘书写道，下院这一天将九个议案提交上院，其中一个是关于保护鱼卵的议案，另一个是关于“统一祈祷书”的议案。在迪尤斯摘录的1559年上院日志中，4月27日有这样一则记录：当天上院对两个议案进行二读，一个是“恢复有关射杀白嘴鸦和乌鸦的法律”的议案，另一个是关于“统一祈祷书”的议案。这里所提到的有关“统一祈祷书”和“将宗教最高权力授予女王”的议案是这届议会通过的两个最重要的法案——《划一法》和《至尊法》——的蓝本，是女王和政府的关注焦点。但是议会却把它们夹杂在有关鱼卵和乌鸦的提案中一同审议，显然，在包括两院秘书在内的议会人士心目中，这两个议案并没有特殊的重要性，甚至是“无关紧要”的。②

那么，议员们认为什么是重要的议案呢？是“装满他们背包的各种建议案、委托函和请托事项”③。1566年下议员拉尔夫·萨德勒自我表白说，如果议员们返回家乡时只能对乡亲父老说，“除了让你们掏腰包之外，我们一无所获”，他们将会倍感失望。④1593年议会结束后，下议员桑德斯在致友人的信中说：“本届下院最受瞩目的议题是维护地方纺织业权益法”，他本人是该提案的鼓吹者之一，而这一提案得以宣读“给予下院全

① D’Ewes，p.48.

② Ibid.，pp.27-8.

③ Dean，*Law-Making*，p.12.

④ Loach，*Parliaments*，p.18.

体议员极大安慰”。[①] 很明显，议员们更加关注有关本地区或本团体利益的提案。

在伊丽莎白时期，女王及其枢密大臣与一般下议员“争夺议会时间”的现象也颇能说明政府与广大下议员对议会抱有不同的期盼。1571 年，枢密院通知各地地方官要格外注意议员人选，因为女王陛下发现，有许多议员“是为个人私利，为提出有关个人利益的请求”而参加议会的，在会议期间，他们“为一己私利而不厌其烦地喋喋不休，毫无道理地耽误时间，置国家利益和公众利益于不顾”[②]。在会议进行过程中，女王本人、上院议长和柏立勋爵等上院贵族也曾多次敦促下院优先审议政府的公共提案，而把有关个人、团体和地方问题的私议案放在后面讨论。1571 年，上院通过财政大臣转告下院：“由于气候炎热，时疫流行，下院应抓紧时间审议紧迫的国家大事，而把私议案先放一放。”[③]1601 年，女王让上议长提请下议长“时刻注意，不要在制定无关宏旨的新法律方面耗费时间”，而应集中精力“处理那些当前最重要的、最紧迫的事务”。[④] 但是对大多数下议员来讲，“最重要的事情”是不要让赋税议案轻易通过，以免女王在自己的主要目的达到之后解散议会，致使他们所关心的议案没有机会提出和审议通过。在伊丽莎白时期，赋税议案的审议时间通常在 4—5 周以上，审议时间如此漫长的原因并不是议员们对征税持有异议，而是他们故意延宕。1589 年 2 月 27 日赋税议案在下院二读以后便不再往下进行，据史料记载，是为了“在赋税议案充分酝酿和准备通过之前，使其他有关国民生计的重要议案得到更充分的讨论……因为议员们都知道，一旦本院通过了

① Dean，*Law-Making*，pp.5-6.

② Graves，*Elizabethan Parliaments*，p.92.

③ Vardon and May，*Journals*，vol. 1，p.85；Graves，*Elizabethan Parliaments*，p.62.

④ Vardon and May，*Journals*，vol. 1，p.602；Graves，*Elizabethan Parliaments*，p.62.

赋税议案，距会议结束也就为期不远了”①。1601年，在下院通过赋税议案之后，议员温菲尔德作了专门发言，劝告大家不要着慌，他表示相信，在议会没有完成其他法律的制定工作之前女王是不会解散议会的。② 下议员们的心理由此可见。

议员为了个人、团体和地方利益而在议会中提出请愿或议案并非自都铎王朝始，在都铎王朝建立之前，这种现象就已经存在而且呈现愈演愈烈趋势。如前所述，议会从形成时起就是提出请愿的场所，所以议员把有关个人和局部利益的“区区小事”提交议会裁断是很正常的。在亨利三世时期，议会就讨论过各种有关封建义务的问题，也曾审议过关于伦敦市面包、酒类生产的规定。③1382年10月，议会根据某行会的请愿颁布了制止不法鱼贩欺行霸市、牟取暴利行为，以降低鱼类价格的法律，同时还讨论了奶油、面包等生活消费品的价格问题。在1388年秋天举行的议会上，共有13件关于压低雇工工资和防止劳动力流失的请愿提交下院。这些请愿无疑代表了中小封建主的愿望。为制止羊毛价格持续下跌而寻找良策乃是1391年议会的主要议题。1398年，有议员提出“禁止制鞋工匠兼营鞣皮业”的请愿，议会据此制定了法律。1442年，下院集体向国王提出请愿，建议国王取缔普鲁士和汉撒同盟商人的经商特权。15世纪中叶以后，随着商品经济发展和贸易往来日趋活跃，下议员们提交的有关社会经济事务的提案及议会对这类提案的审议都显著增加。1461年12月，伦敦市下议员提出保护伦敦商人不受“伤害”的议案，要求禁止伦敦市民外国内外任何地区的商人在该市从事进出口贸易。该议案在审议过程中，上院还增加了保护伦敦纺织女工“权益”和禁止出口丝绸饰带的条款，并经律师修

① Loach，*Parliaments*，p.50.

② Townshend，*Historical Collections*，p.204.

③ Sayles，*Functions*，pp.14，22.

订后在 1463 年由爱德华四世亲自提交议会，最后形成法案。1461 年，上议院指定九人组成专案委员会，与批发商商洽维护羊毛商人利益的问题。1463 年议会通过了一系列保护主义经济法，如为打击尼德兰商人而制定的“限制向外国羊毛商贷款、在加莱市批发市场进行羊毛交易必须以现金支付”的法律、“运输英国出口商品尽可能使用英国船只”的法律、“非因饥荒或谷价腾贵不得进口谷物”的法律，等等。在理查德三世统治时期，议会立法对工商业问题也多有涉及。尽管爱德华四世和理查德三世都曾亲自参与拟定社会经济提案，虽然这些提案也往往以政府议案的形式出现，但实际上这些议案的“原始”创议人通常是下议员或直接经营者。有些直接经营者不能亲自赴会，只好委托议员转交请愿书和议案。为此他们要向后者支付酬金。而议员为了使自己的提案得以通过，也不惜贿赂议长或议会秘书。①

都铎王朝是英国经济大变革的时期，随着资本主义因素的发展壮大，市场更加繁荣，竞争益发激烈，经济活动愈来愈自由化和多样化，经济纠纷也日渐复杂。在这种形势之下，向各阶层各类型经营者开放的议会也就必然在继承传统的基础之上，越来越成为议员为自身、为本集团或本地区谋取利益的场所。

如前所述，在都铎时期，每逢议会召开前夕，枢密院都进行紧张的提案筹备工作。但是这种筹备工作并不限于枢密院，许多地方政府、行业集团也不肯错过良机，他们同样紧锣密鼓地积极准备。在这方面，伦敦市最为突出。该市政府每次接到议会召集令状后都向各商人协会征集提案。1509 年 8 月，该市某商人协会主席西摩告知市政府，据说刚刚继位的国

---

① Butt，*History of Parliament*，pp.383，407，415，439，528，574，576，590，607，609，611.

王亨利八世将在即将召开的议会上宣布禁止免税进口商品，而他和其他协会的主席经过磋商后一致认为，国王没有权力这样做，因为议会授予国王的吨税和镑税征收权及身而止，不能世袭，现在亨利七世已经去世，亨利八世则尚未得到议会的这项授权，所以国王无权征收这种关税。西摩吁请市政府认真考虑“为维持这个国家、特别是伦敦市的繁荣，我们应作出哪些努力”。1510 年 1 月 10 日，伦敦市各商人协会举行联席会议，选出 17 位代表，研究“在即将召开的议会上应采取哪些必要的行动”。议会开幕以后，伦敦市议员传出消息说，亨利八世将如历代君主一样要求议会授予他关税征收权。伦敦市各商人协会代表闻讯后经与本市议员协商，向国王提出请愿，请求国王延期行使该权力，降低关税率。尽管最后他们的请愿没有成功，但伦敦市毕竟获得部分免税特权。[①]1523 年议会选举之前，伦敦商人休斯特建议“商人冒险家”公司的董事会选派那些“能为本公司谋福利”的人参加议员竞选，最后该公司选派 19 人参加竞选，其中包括休斯特本人。[②]1529 年议会召开前夕，伦敦商人公司起草了五份提案，除一份内容系控诉教会利用墓葬税盘剥百姓外，其余四份都旨在维护其成员的商业利益。[③]1545 年 10 月 6 日，伦敦市政府责成该市议员罗伯特起草议案，12 月 10 日，罗伯特向市政府汇报说，他已经将议案提交上院，他提交的议案很可能就是奉市政府指示起草的那一份。[④]1553 年 10 月 12 日，伦敦市皮革业商人协会向市政府建议，在即将举行的议会上提出“废除爱德华六世时期有关该行业的立法”的提案，市政府接受了这一建议。[⑤]1563 年，

---

① Bindoff，*House of Commons*，vol. 3，p.296.

② Ibid.，vol. 2，p.351.

③ Loach，*Parliaments*，p.62.

④ Bindoff，*House of Commons*，vol. 1，pp.505-6.

⑤ Loach，*Parliament and Crown*，p.37.

伦敦市手套商人协会提出一个提案，市政府认为不妥，但最后仍答应为他们“碰碰运气”[①]。同年，伦敦市政府还委派法律专家协助该市鱼贩起草议案。[②]1566 年，伦敦酒商协会为获得出售进口酒的权利提出“废除 1553 年《进口酒专卖法》”的建议，市政府表示支持并请求枢密大臣威廉·塞西尔起草有关议案。[③]1571 年，伦敦市政府曾许诺封漆和印章匠人，保证将其建议提交议会讨论。1576 年，他们又任命专案委员会起草改进鲜鱼包装和称量方法的议案。1581 年，伦敦市议员诺顿接到市政府指示，为改善伦敦市的粮食供应而努力。[④]1597 年，伦敦市政府甚至任命了一个委员会，专门负责拟写提案。会议进行当中，伦敦市政府也不断向其议员发出指示或增补提案。1515 年该市议员卡利收到市政府五份有关该市商业的议案。[⑤]1544 年 1 月 21 日，前面提到的那位名叫罗伯特的议员接到市政府指令：“竭尽全力阻止那些限制商人购买生铁和其他商品的议案继续在议会讨论。”[⑥]

一般来说，伦敦工商业者在议会中的一切活动都为了一个基本目标，那就是最大限度地对本市工商业加以控制和保护，排除一切外来竞争，最大限度地将就业和赚钱机会留给本市。因此，他们的提案总是反对外来商人插足，反对来自政府的限制和干涉，反对出口原材料和半成品，反对进口商品。但是，在伦敦市内部，各行业之间也存在着各种利益冲突，这一矛盾同样在议会中反映出来。比如伦敦市的武器制造工匠为了垄断该行业，在 1581 年、1584/1585 年、1597/1598 年多次提出议案，但每一次都

---

① Elton，*Parliament*，p.78.

② Ibid.，p.79.

③ Ibid.，p.84.

④ Ibid.，p.79.

⑤ Bindoff，*House of Commons*，vol. 1，p.564.

⑥ Ibid.，p.505.

遭到本市铁器制造工匠代表的反对。1597/1598 年，伦敦市喷漆业协会请求议会立法，以免该市泥灰匠人侵犯他们的“权利”。在整个伊丽莎白时期，伦敦市的烤面包师协会一直同黑面包师协会就面包的质量、重量、形状争执不下，双方的目的都是为了垄断面包制造业。伦敦的纺织和刺绣业协会曾再三提案试图将工艺美术制造业吞并。另外，伦敦城捕鱼人与肉商有关鱼类出售权的纠纷、制桶工匠与啤酒商就酒桶进出口经营权而发生的争执，如此等等都成为需要诉诸议会解决的问题。由此产生的后果是，伦敦城的议案充斥各届议会，令政府，特别是负责管理议会事务的枢密大臣十分头疼和恼火。他们认为，伦敦市议员无尽无休的提案是造成会议拖延、政府议案常常得不到应有重视的原因。1572 年有人公开向枢密院建议，为提高会议效率，缩短会议时间，必须减少伦敦市的提案数量。① 为此，1593 年枢密院要求该市成立“议案审查委员会”，专门负责本市议案的收集、审查和筛选，以便在会议召开之前就把那些“无关紧要”的提案剔除。② 随后伦敦成立了专门委员会。根据委员会制定的制度，准备提案的各工商业团体应把其议案上交市府官员，或将议案内容向市府官员做口头汇报，然后由市府官员单独或会同“议案审查委员会”进行讨论，必要时还把提案人或提案的“受益与受害”双方代表召来质询，最后由市政府决定该议案是否值得提出。有幸通过市府“检验”的提案交审查委员会修改，定稿后交还提案人。提案人有权选择四名议员当中的任何一位代为提交。有些提案未能通过市府审查这一关，但提案人并不甘心，他们采取贿赂拉拢等手段，让本市议员将其提案“悄悄地”带到议会。由于贿买手段

---

① M. A. R. Graves, “Managing Elizabethan Parliaments”, in D. M. Dean and N. L. Jones (eds.), *The Parliaments of Elizabethan England* (Oxford: Basil Blackwell Ltd. 1990), p.53.

② Dean, *Law-Making*, p.13; Dean, “Public or Private”, pp.527-9.

的成功率越来越高，所以所谓“市府审查”渐渐名存实亡，在伊丽莎白时期，“会前审查委员会”似乎只组建了一次。① 除提案之外，伦敦市的会前准备工作还包括“送礼”和“游说”两项。为了使本市的议案能够在审议过程中受到“优待”，伦敦市总是为下院秘书和下议长备下厚礼。一般说来，每次会议向下院秘书赠送 40 先令，下议长的礼金则“随行就市”，伊丽莎白晚期伦敦市贿买下议长的礼金已超过“习惯数额”的一倍。1593 年和 1597 年，伦敦市政府曾派代表专程拜会下议长，请求后者多多关照，同时赠送礼品以示谢忱。伦敦对富有议会经验的律师也格外“青睐”，不惜重金投入，并且得到“不菲”的回报。1593 年议会众多城市联合提出的将伦敦零售商经营范围限制在城市周边 20 英里之内的提案一读后即被轻易否决，而该市关于禁止外来商人经营零售业的提案得以在下院通过(后在上院被否决)，就与这些被收买的律师的精心策划密切相关。② 所谓“游说”，是指在那些有地位、有影响的人物身上下功夫，请求他们在会上支持伦敦市的议案，反对其他地区提出的有损于伦敦市利益的提案。在这种时候，伦敦市政府官员往往亲自出马，而他们游说的对象则通常是柏立勋爵等要员。对于即将在议会中展开的伦敦城内部的争斗，各行业团体事先还要做策略方面的准备，比如把内容相近的两个提案分别投往两院，以期“东方不亮西方亮”；采取“广种薄收”的多提案战术；就如何向专案委员会施加压力，如何把不利于己方的提案“拖垮”等等细节进行具体谋划；如此种种，不胜枚举。③

约克市自中世纪以来对议会一向比较“冷漠”，但 16 世纪中期以后态

---

① Neale，*House of Commons*，pp.370-1；Dean，“Public or Private”，pp.527-8；Graves，*Elizabethan Parliaments*，pp.69-70.

② Dean，*Law-Making*，p.13；Hasler，*House of Commons*，vol. 2，p.161，vol. 3，p.73.

③ Dean，“Public or Private”，p.547.

度大变。每次风闻要开议会，市政府都急忙打探开幕的日期，以便提前做好准备，并将本市关切一一安顿给本地议员。在16世纪60年代初，约克市最关注的是《学徒工议案》。1559年，这个议案曾经作为政府议案提出，其内容为：在手工业和农业中实行劳务契约制；学徒工工资标准由地方权贵制定；以及其他一些有关学徒制的规章。这些规定对约克市都很不利。由于伦敦和诺威奇两市的抵制，该议案当年未能通过。1562年12月，约克市政府听说来年将举行议会并重审《学徒工议案》，于是举行了有13名官员参加的会议，专门研究对策。他们弄来1559年政府议案和伦敦、诺威奇两市议员提出的附加条款（根据该附加条款，如果该议案获得通过，这两个城市将不受该法案的限制）的副本仔细研究，最后决定与伦敦和诺威奇市结为"统一战线"，一旦该议案形成法案，约克市也争取豁免。[①]但在翌年议会上，约克市未能如愿。以后，在1566年、1572年、1576年和1581年历次议会召开前，该市政府都曾就此事准备提案。1579年，他们风闻议会又将举行，立刻着手准备，忙得不亦乐乎。不料消息有误，议会并未召开，他们白忙了一场。[②]1558年议会召开时，约克市的议员因病不能赴会，市政府唯恐本市利益受到损害，因此致函下院议长，恳请他制止一切不利于约克市的行为。[③]爱德华六世时期，议会的主要任务是深化宗教改革，但约克市议员更关心的却是通过立法禁止在该市城外16英里范围内伐木毁林、禁止屠户在城外6英里范围内放牧、禁止任何人在城外特伦特河以北生产染织品。1552年，当该市议员写信给市政府汇报议会进展情况时，曾提到该城有关两个小教区合并的议案获得通过，却完全没有提及当年议会通过的两件有关祈祷书划一的法案，尽管这两个法案是爱

① Elton，*Parliament*，p.264.

② Ibid.，p.85.

③ Loach，*Parliaments*，pp.169-70.

德华六世时期最为重要的教义改革法案，是当时的执政者最为关注的事件。[①] 在整个16世纪50年代，约克市议员赴会时总是肩负如下三项使命：第一，到财务署法庭询问与约克市有关的法律诉讼的进展情况；第二，尽量压低约克市的赋税额；第三，竭尽全力为约克市谋取实际利益，如力谏玛丽一世出资维修该市圣托马斯医院、呼吁扩大本市金匠和鞍具商的经营权、申请承租王室教产、为本市瞒报的地产进行辩解等等。[②] 这些使命与国王或枢密院寄予议员的期望相去甚远，有的甚至完全与议会事务无关。约克市的档案也很说明问题。终都铎一朝，约克市只将有关本市经济利益的法案记录在案；即使在政府宗教政策发生重大反复的玛丽一世时期，该市与议员的通信内容仍然仅限于本地经济问题。[③]1584—1585年议会是在天主教势力反扑严重，女王人身面临危险的情势下召开的，议会召开的主要目的是为保障国家安全而立法。但会上约克市议员创议事项却与此毫不相干，他们关心的是：约克教堂地产争端、学徒法、兔皮销售、贝弗利和豪登两地市集的矛盾、鲱鱼进口、黄金制品、鞍具制造、砖窑生产等等。在1589年、1597—1598年、1601年前后三届议会上，食盐专卖都是女王和枢密院所追求实现的目标，约克市议员对这一点心知肚明，但他们的思考是反方向的：即如果本市为此作出让步，必须以获得其他利益作为补偿。1584—1585年他们的“交换条件”是获得自主选择传教士的权利；1597—1598年他们借机请求枢密大臣支持该市有关谷物生产和遗嘱法的提案。[④]16世纪90年代以后，约克市意识到提案能否成功，与有没有好的律师帮忙有很大关系，于是每逢议会召开，该市都在伦敦聘请资深律师

① Loach，*Parliaments*，p.42.

② Ibid.，p.31；Dean，“Parliament and Locality”，in Dean and Jones，*Parliaments*，pp.144-5.

③ Loach，*Parliament and Crown*，pp.36-7；Loach and Tittler，*Mid-Tudor*，p.11.

④ Dean，*Law-Making*，p.12.

提供专业指导。正是在律师的帮助和建议下，该市获准建立新的市集，积极参与船税法、咸鱼进口法、农耕法和专利法的制定，使这些法律的规定不至于伤害该市的权益。1601 年，请求在约克市设置常驻律师是该市的一个专项提案。①

1563 年，埃克赛特市委托本市议员托西尔提出两份议案，内容庞杂，涉及建立特许孤儿院，取消该市关税；限制徒工使用人数；延长“批发贸易法”有效期；修订筑路法和济贫法等等。托西尔为此付出的努力可从会议开始后不久他致该市司库的信中窥见：“兹将本市准备提交议会的两份议案寄上，请您过目。愿上帝保佑我们成功。其中有关合并小教区的那份拟提交上院，有关孤儿抚养的那份拟提交下院。我们考虑，有关孤儿抚养的议案经过我们的反复推敲，定能顺利地在下院通过并被转交上院，而我们提交上院的议案也差不多会在这时转交下院。我认为议员们在审议议案时，态度并不认真，如果我们把两个议案同时提交一院，很可能引起该院议员厌烦，从而草率处理……还有一些需要注意……关于学徒工事宜，目前已有一个关于员工的议案提交议会……如果该议案获得通过，并在前言中宣布其条款适用于英国所有有学徒工的城市，我希望埃克塞特市能够得到豁免……今日下午将根据伦敦议员的建议，以西部所有城市及地区的名义提出一个议案，我市将是其中之一。我希望由我兄弟瓦尔特给我捎来10英镑现金，因为我为此事欠了不少人情，必须偿还。”② 埃克塞特是一个商业城市，商人冒险家掌握城市领导权，所以该市的关切多与商人权益相关。1581 年，托西尔再次代表该市参加议会，这一次他是否提出议案已不可考，但他热衷参与讨论的两个提案，都直接关系到该市的商业利益：

① Dean，“Parliament and Locality”，p.159；*Law-Making*，p.12.

② Graves，*Elizabethan Parliaments*，p.109.

其中之一规定从事海外冒险的商人必须是特定城市的市民，而且必须在指定公司注册；另一个旨在确立该市所在地德文郡的特产克瑟窄面斜纹呢的质量标准。在这次会议上，埃塞克特市似乎“并不走运”，所提议案均未通过，所以同样内容的提案又出现在1584/1585年的议会记录中，而这一次，该市不仅联合托特尼斯市一起行动，而且商人冒险家主动提出负担议员会议期间的全部费用，并为“斜纹呢生产标准”提案准备了“专项津贴”。但这些提案显然极具争议，既赢得某些议员的喝彩，也招来不少骂声和热讽，结果在布里斯托尔、约克和金斯林三市议员的联合阻击下又告破产。但是埃克塞特市足够顽强，1593年该市议员为之奋斗了30年的这两个提案终于获得通过。①

地方政权利用议会为本地谋取利益的事例还有许多。如1510年桑威奇市取得每年免税举办一次市集的权利，1515年该市又因经济不景气免除了缴纳补助金的义务，这些都与五港地区议员的努力密不可分。②16世纪20年代南安普顿市经济衰落，难以继续支付沉重的城市税，1531年该市政府嘱其议员提出免税请愿，并付给他一些“活动经费”，是年议会果然通过法案，将该市的年税从226英镑13先令6便士减至200英镑。③布里德波特市以生产造船用的麻绳闻名，该市制绳工匠希图垄断制绳业。1529年他们选举弗洛克为该市议员，后者在议会中代表制绳工匠提出请愿，称该市制绳工匠为英国造船业作出重大贡献，因此不应遭受竞争的威胁。最后议会在其请愿的基础上通过法案，规定以该市为中心，方圆五英里内，任何人不得出售制绳原料——麻线，而且在该市市场上只准出售该市居民生产的绳子和麻制品，非该市市民可以制绳私用，但不得出

① Dean，“Parliament and Locality”，pp.154-6；D’Ewes，pp.571，572.

② Graves，*Tudor Parliaments*，p.55.

③ Bindoff，*House of Commons*，pp.1，101.

售。[①] 格罗斯特郡的议员为维护本郡毛纺织业的利益，在1529年至1547年间四次提出议案，均未成功，但他们仍不气馁，1552年又一次提出并终获通过。[②]1529年，新罗姆尼市为申请在城郊沼泽地带建一座新城，故意选举出身该市的国王侍卫吉布森为议员。尽管最后他们未能如愿，但吉布森确曾向国王面陈此事，一份有关议案也已转到托马斯·克伦威尔手中，只是因为上院审议该议案时，大主教克兰麦认为那样做将不利于征收什一税，这个议案才没有获得通过。[③] 汉普郡毛纺工场因生产技术落后，只能生产宽呢，因此该地毛纺工场主对限制粗呢幅宽的法案十分不满，1536年该郡议员成功地联合其他五郡议员，共同对该法案展开抨击。[④]1538年埃克塞特市议员向托马斯·克伦威尔恳切陈情，反映埃克塞特侯爵在埃克斯河上建立堤坝造成水上交通阻塞，使埃克塞特市损失无算，他请求托马斯·克伦威尔在来年举行的议会上支持他的议案，次年议会果然通过了有关法案。[⑤]1542年布里斯托尔市指示本市议员布罗克争取为本市买下一块修道院地产。[⑥]1553年10月7日距议会开幕还有两天，林肯市的特派员急如星火般飞马赶到伦敦，将一个维护该市利益的提案交给已经报到的该市议员。[⑦]1554年议会颁布《关于赤褐色手织粗布的法案》，其前言明确指出，该法案是根据约翰·科伯特和亚历山大·马瑟两名议员的提案制定的，而这两个人都是诺威奇市的布商，他们提出这个议案显然是为了该市纺织商会的利益。[⑧]1558

① Bindoff，*House of Commons*，vol. 1，p.78；vol. 2，p.177.

② Ibid.，p.92.

③ Ibid.，vol. 2，p.208.

④ Ibid.，vol. 1，p.57.

⑤ Ibid.，p.71.

⑥ Ibid.，p.501.

⑦ Loach，*Parliament and Crown*，p.35.

⑧ Loach，*Parliaments*，p.42.

年加莱港失陷，林肯市市民意识到在林肯郡和东中部地区必将重新建立一个新的羊毛市集，他们希望他们的城市获得这项权利，于是指示其议员在1559年和1563年两次提出申请。①1572年，拉伊市议员会同其他渔业城镇议员酝酿提出禁止外国渔民在英国售鱼，以保障英国渔民利益的提案，尽管当年未及采取行动，但在1576年议会上，28个沿海城镇联合提出了有关议案。②沃威克市在16世纪的大部分时间里对议会都不大在意，一度甚至主动放弃一个议会名额，只派一名代表参加会议。但到伊丽莎白统治时期，特别是在16世纪末，它突然意识到了议会的重要性。从1562年到1588年，该市议员连续五次在议会提出修订学徒法的议案，从1581年到1601年，他们为一件有关咸鱼贸易的提案整整奋斗了20年，由于该市"省悟过晚"、"缺乏经验"、"出手小气"，其提案均以失败告终。③1604年诺福克郡议员纳撒尼尔·培根在赴会前夕，收到本郡居民提出的三份请愿书，其中包括：25位面包师联名上书，要求修订有关面包制造的法律；该郡沿海居民要求采取必要手段，挽救日益萎缩的渔业生产；粮商建议修改《谷物出口法》。④这件事虽然发生在斯图亚特王朝初期，但想必是沿袭前代惯例。

若干地区代表为了共同利益而采取"联合行动"是下院的常态。16世纪70—80年代，雷伊、温彻斯利、黑斯廷斯、多佛尔、桑威奇、福克斯通和新罗姆尼等城市的森林都因周边冶铁业的发展遭到铁业工场主的大肆砍伐，1581年雷伊市指示其议员联合温彻斯利、黑斯廷斯等城市议员共同行动，"为保护城郊森林制定法律"。1572年，雷伊市议员受市政府之命协同亚茅斯市及从事渔业生产的各郡议员为"维护本国渔民利益，规

---

① Elton, *Parliament*, p.76.

② Ibid., p.77.

③ Dean, "Parliament and Locality", p.145; Elton, *Parliaments*, p.85, n. 122.

④ Loach, *Parliaments*, p.150.

避外国渔民的竞争而争取立法”。1580年，多佛尔的“城市精英”让他们住在坦内特岛的朋友们提高警惕，因为“听说有人拟在即将召开的议会上制定于我们不利的法律”；1584—1585年议会召开前夕，他们又致函其他港口城市，征求“对星期三为法定食鱼日”的意见。①

前面有述，地方当局必须支付本地议员的会议津贴，有时候在某些地区这被认为是一种额外的负担，但是如果议员在会议上“表现出色”，努力维护了本地区的利益，那么地方当局会是相当慷慨的。在巴恩斯特普尔市1514—1515年度的账簿上有一项16便士的支出，付给该市议员戈迪斯兰，理由是他为通过一个对该市有价值的法案尽心竭力。②1536年林肯市政府向两名议员许诺，如果他们能成功地使议会通过将某处修道院地产卖给该市的法案，他们每人可得40英镑奖金，其中一人还可以获得承租该地产30年的权利。③剑桥市议员布雷肯因为使该市获准铺设公路得到5英镑的嘉奖。④1542年坎特伯雷市议员达克奈尔和布里斯托尔市议员埃利奥特因分别为自己的城市谋取到一定利益而获得奖金。⑤前述埃克塞特市的议员托希尔1563年也因议会期间的“卓越贡献”而得到市政府23英镑的奖励。有时有些地区为了达到目的还付给议员“活动经费”，用以打点议长和议会秘书。1536年林肯市议员的活动经费多达40英镑。⑥伦敦市经常向下院各级职员行贿，有一次甚至每个议会秘书的助手也收到该市20先令的赠金。⑦1553年，下院议长因“善意的合作”，从伦敦得到酬金

① Dean，“Parliament and Locality”，p.156.

② Bindoff，*House of Commons*，pp.2，219.

③ Ibid.，vol. 2，p.242.

④ Lehmberg，*Later Parliaments*，p.256.

⑤ Bindoff，*House of Commons*，vol. 2，pp.16，95.

⑥ Ibid.，vol. 2，p.242.

⑦ Elton，*Parliament*，p.78.

6 英镑 13 先令 4 便士。[①]1558 年，协助埃克塞特市议员起草议案的人都得到了一定数量的酬金。1572 年伍斯特市为便利该市水路交通谋求在议会上通过一项允许打通塞文河道的法律，为此该市支付 10 英镑聘请“专家”拟定议案，又分别支付 3 先令 5 便士和 5 先令请专人誊抄议案和撰写前言。除此之外，该市政府还拨专款给该市议员，让他买两只鹅作为见面礼送给下议长，请其为该议案疏通关系。该议案二读以后，该市议员付给下院秘书 10 先令“以示感谢”。[②]1601 年当埃克塞特市将其议员派往议会时，特别叮嘱他，在有关该市提案的问题上，多征求枢密大臣罗伯特·塞西尔的意见，据该市当年账簿记载，市政府曾拨给该议员一笔款项，其用途可想而知。[③] 值得注意的是，在多数情况下，城市的“投入”往往不能带来预想的效益，其愿望经常得不到充分的满足，也就是说，很多城市的议会投资是具有很大“风险性”的。为支付议员有限的津贴而锱铢必较的城市在支付名目繁多的礼金、酬谢费、活动费和贿金时却变得如此慷慨大方，这也反映出，城市对议会寄予何等厚望。

地方政府对议会的“热情”来自哪里呢？在很大程度上来自本地的生产经营者。首先仍以伦敦为例。几乎在每一届议会上，伦敦工商业者都会为自己的利益提出议案。该城的羊毛商人一向负责为本城的制帽工匠提供羊毛，但是 1552 年的一纸议会法案剥夺了他们的这项权利，制帽工匠的原料改由伦敦城的制衣工匠和定点批发商提供。为此，羊毛商人在 1563 年和 1571 年两次向议会提出请愿，最后终于取得不受 1552 年法律约束的特权。[④]

---

① Loach，*Parliament and Crown*，p.36.

② Hasler，*House of Commons*，vol. 1，p.280；Loach，*Parliaments*，p.30；Graves，*Elizabethan Parliaments*，p.61.

③ Hasler，*House of Commons*，vol. 1，pp.292-5.

④ Vardon and May，*Journals*，vol. 1，pp.65，89.

1553 年议会曾颁布法律，限定伦敦城葡萄酒的最高价格，并规定伦敦市酒肆数量不得超过 40 家。这一法律损害了伦敦市葡萄酒商的利益，他们向女王申请高价出售葡萄酒的特权，女王批准了他们的请求，但他们并不满足于此，而是坚持认为，只有废除 1553 年法律，他们的利益才能真正有所保证，于是在 1556/1557 年的议会上提出废除该法律的提案。[①] 伦敦市的毛毡工匠主要以西班牙进口羊毛为原料，而贩卖进口羊毛的中间商在兜售其商品时或掺假，或缺斤短两，使毛毡工匠深受其害，因此毛毡工匠商会委托议员在 1563 年、1566/1567 年和 70 年代晚期多次提案，要求加强对羊毛进口业的管理，并申请验收进口羊毛的特权。[②] 伦敦城的焊锡制品工匠为了本行业的发展，坚决反对英国出口锡，在整个 16 世纪下半叶，他们不断向议会提案，请求议会通过立法限制锡的出口量。在 1566/1567 年和 1593 年的议会上，他们还曾提出喝啤酒必须使用英制焊锡杯的议案。[③] 他们十分讲究策略，总以维护本国消费者利益为口实，控诉欧洲大陆的工匠如何利用英国出口的锡冶炼锡铝合金，然后制成各种器皿高价返销英国，造成肥水流入外人田，外国商人大赚其钱，英国消费者成了冤大头。情辞恳切，颇能打动人心。[④] 伦敦市的男子服饰制造业协会，为了制定禁止进口男子服饰的法律，不屈不挠地努力了将近半个世纪，终于在 1604 年的议会上如愿以偿。[⑤] 在 1566/1567 年举行的议会上，伦敦工商业者特别活跃。剪刀制造业协会提出由该协会成员垄断伦敦市及其周围三英里内短剑和匕首生产的议案；制帽工匠协会为了维护本行业产品的质量

---

① Vardon and May, *Journals*, vol. 1, pp.76-8.

② Ibid., pp.68, 71-2, 77; Archer, "London Lobbies", p.20.

③ Archer, "London Lobbies", p.21.

④ *Journals of the House of Lords*, vol. 1, pp.418, 421; Vardon and May, *Journals*, vol. 1, pp.1, 2, 8, 12, 18-21.

⑤ Archer, "London Lobbies", pp.21, 38.

和信誉，要求议会立法，将制帽工的学徒期限提高到七年以上，同时限定每间制帽作坊的徒工人数。最后议会通过了这项法律。男子服饰制造业协会则在这次会议上获得了检验伦敦城近郊区一切男子服饰制品质量的特权(但这项法律缺少奖励检举人的条款，因此在70—80年代的议会上，他们又为此提出一系列修正案)。① 在16世纪中叶，伦敦蜡烛制造业协会与肉食品加工业协会的矛盾相当尖锐。生产蜡烛离不开牛脂，而牛脂销售为肉商所垄断，他们常常为牟取暴利而将牛脂销往外地或外国，造成伦敦城内牛脂价格上扬。为此，在1566/1567年的议会上，蜡烛制造匠人提出了放开牛脂市场，反对垄断的议案。② 伦敦的酒桶制造工匠也在1566/1567年议会上“大获全胜”。由于原材料价格上涨等原因，30多年前规定的酒桶价格早已使他们无利可图，1563年他们曾试图废除过时的法律，但是未能如愿，这一次他们再接再厉，终于使他们的提案通过成为法律，此后酒桶的价格由市政府根据市场情况随时调整，保证他们能够获利。③1571年，制帽工匠协会为扩大产品销路，建议议会制定“所有英国人在星期天必须戴礼帽”的法律。④ 伦敦武器制造业工匠的提案与制帽工匠的提案异曲同工，他们建议制定法律，凡纳税额超过10英镑的户主必须配备胸甲和新式枪支，以取代从前配备的铆钉甲和老式钩枪。在他们的提案中，还包括恢复伦敦市仲夏阅兵式的条款，这无疑也是出于促销的目的。⑤1572年，铁匠和饰针商为防止竞争分别提案，建议禁止进口各种枪支和饰针。⑥ 在

① Archer，“London Lobbies”，p.27；Hartley，*Proceedings*，vol. 1，pp.218，482，537，539.

② Vardon and May，*Journals*，vol. 1，p.74.

③ Ibid.，pp.74-5；*Journals of the House of Lords*，vol. 1，pp.635 -7.

④ Archer，“London Lobbies”，p.21.

⑤ Ibid.

⑥ Hartley，*Proceedings*，vol. 1，p.372.

1584/1585年的议会上，伦敦鞣皮商和文具商同时提出在伦敦近郊三英里内进行垄断经营的要求；而伦敦啤酒酿造业工匠协会坚决要求议会废除以前有关啤酒价格由市政府规定和高低档啤酒必须按比例生产的法律，提出“一切由市场供求情况决定”。1589年议会授权伦敦酒桶制造业协会负责验收进口酒桶，为得到这项权利该协会多年来孜孜以求。[①]1593年议会曾审议“禁止码头业主垄断木材进口”的提案，提案人是伦敦木匠协会。[②]在1597—1598年和1601年，伦敦喷漆工匠协会为防止泥灰工匠抢走他们的生意，建议议会立法，把使用油彩定为喷漆工匠协会的“专利”，使泥灰匠人失去染指这一业务的资格。[③]在1601年的议会上，伦敦两个行业协会不约而同地谋求扩大对本行业的控制和垄断，酒类酿造业协会提出“将伦敦城近郊两英里内所有酿酒匠人均吸收进本公司”的议案；而专事服装制作的制衣业协会则建议，将兼营成衣销售的裁缝也纳入该协会管辖之下。制衣业协会还建议，把“涌入伦敦的大量外地懒汉”都驱逐出去，这大概也是出于禁止外来裁缝走家串户收揽零活，实现行业垄断的动机。[④]

伦敦工商业者为使其议案顺利通过毫不吝啬“议会投资”。每每在提案准备阶段他们就会支付大笔酬金给咨询人、起草人、誊抄人等。一般来说，咨询费每次为10到20先令，但如果被咨询者是有名的律师或各级政府官员，咨询费就要翻番，达到40先令左右。1593年，伦敦的烤面包师特聘谙熟市场规章的伦敦市场稽查员约翰·鲍威尔为提案顾问，这一年他们的提案准备费总计为10英镑10先令2便士。同年，被伦敦人公认为“最有学问”的法律咨询人托马斯·弗斯特由于在为啤酒商准备议案

① Archer，“London Lobbies”，pp.19，24，20.

② D’Ewes，pp.518，520.

③ Ibid.，p.571；Townshend，*Historical Collections*，pp.191，245，270.

④ Townshend，*Historical Collections*，pp.236，332，210，222，232，206-7.

的过程中“服务热诚”，共收到五笔服务费，甚至连他的仆人也得到两笔酬金。[1]伦敦工商业者的议案多以私议案形式提出，这样他们就需缴纳各种提案手续费。如果他们把议案提交下院，需向下议长缴纳 5 英镑（1586 年以前为 3 英镑）、向下院秘书缴纳 2 英镑、向下院门卫缴纳 20 先令。如果他们把议案提交上院，费用会更高，提案一读时要向上院秘书缴纳 5 英镑，若提案最后成为法律，还要向上院秘书追加 3 英镑，同时向上院门卫缴纳 40 先令。在提案审议过程中，每逢提案宣读、修改、誊抄、转交专案委员会之时，只要劳动了两院秘书及其助手，伦敦工商业者作为提案人都要缴纳一定数量的手续费。如 1566 年，制桶工匠付给下院秘书 6 先令 8 便士，感谢后者把他们的议案誊抄在羊皮纸上。下院秘书弗克・翁斯洛曾为伦敦啤酒商改写议案、安排二读和把议案提交专案委员会，为此啤酒商付给他 6 先令。在会议召开期间，伦敦工商业者为打听消息或传递信息，常常要与个别议员或专案委员会成员取得联系，每当这时，他们需向两院门卫及其仆从缴纳手续费。

尽管伦敦工商业者在提案及审议过程中支付的“手续费”种类繁多，数目可观，但是这类费用在其“议会投资”总额中仍然占很小的比重，真正大宗的支出是贿赂费。因为没有制度约束，都铎议会行贿成风，而且不受谴责。两院议长及其助理、两院秘书，活跃在议会的枢密大臣或宫廷仆臣以及他们的亲属和仆从，都是行贿的对象，因为在任何环节有人诚心作梗，都会增加提案夭折的可能。甚至对那些偷偷透露会议进程的普通议员、门卫，甚至门卫的仆从，工商界也要适当打点，可谓遍撒金雨，广种福田。他们行贿的方式也是五花八门，从封礼金、塞红包、送礼品到设宴款待、迎来送往，称得上不择手段。他们行贿的目的或是为了获得对其议

① Dean，“Public or Private”，p.540.

案的支持，或是为了在审议程序上受到“优惠”(如提前审议)，或是为了了解议会动态以便及时采取对策。近年来，有史家对都铎王朝特别是伊丽莎白时期伦敦工商业者在议会的行贿活动进行了深入研究，揭示出大量立法行为的背景材料和内幕，其中不乏典型事例，以下仅举数件。

1571 年，鞣皮匠协会为换取对本协会议案的支持，多措并举，其中包括向约克市议员和下院秘书馈赠礼金，设宴招待利物浦和德比两地的议员及其朋友，请下院秘书吃了一顿晚餐，赠送索斯沃克议员托马斯·科尔一瓶上等葡萄酒，馈赠本市议员一只阉鸡和一打鹌鹑，行贿总支出为 6 英镑。贿赂十分奏效。比如托马斯·科尔就曾发言猛力抨击鞣皮匠协会对立面——伦敦制鞋工匠协会的议案。该协会还曾向女王的律师赠款 20 英镑，以“感谢他在反对有损本协会成员利益的提案时所表现出的友好态度”。甚至该律师的夫人也得到 5 英镑礼金。[①]1575/1576 年，伦敦市啤酒商特意向“友好城市的议员”送礼，因为后者“对下院那些于我们不利的提案给予了抵制”，会议结束后，他们又设宴款待了这些议员。1581 年伦敦武器制造匠协会送给白金汉郡议员一只羊和两只肥鸡，以示感谢。在 1584/1585 年议会期间，伦敦啤酒商为取得莱斯特伯爵的支持，首先从收买其仆人做起，塞给他 22 先令。伦敦市制衣业协会和武器制造业协会都曾经列过“重点贿赂对象清单”，并针对不同对象特点，选择不同行贿方式。[②] 那些曾经受过法律专业训练并有一定议会经验的议员是伦敦工商业者竞相趋奉的对象，这些议员得到的贿金也最为可观。他们中的一些人还受聘担任伦敦某些行业协会的常年顾问。例如曾在牛津大学学习过法律并出席过 1563—1589 年间历届议会的弗朗西斯·阿尔费德，他曾

---

① Dean and Jones，*Parliaments*，p.6；Dean，“Public or Private”，pp.543，545.

② Dean，“Public or Private”，pp.545-6；Loach，*Parliaments*，p.118.

在1575/1576年和1584/1585年“受聘”于伦敦啤酒商人协会，1581年和1584/1585年“受聘”于伦敦武器制造业协会，1589年“受聘”于伦敦鞣皮匠协会。毕业于伦敦米德尔法学院的伦敦市议员威廉·弗利特伍德在1572年、1575/1576年、1584/1585年、1586/1587年受雇于鞣皮匠协会，在1575/1576年、1584/1585年受雇于啤酒商协会，在1581年受雇于武器制造协会，在1586/1587年受雇于面包师协会，在1589年受雇于酒桶制造业协会，每次的受雇身份都是“特约咨询人”，通过“咨询服务”收获不菲酬金。1571年至1584年连续五次代表伦敦出席议会的议员托马斯·诺顿是伦敦市政会议的成员，1575年至1576年间，他因在市政府内支持鞣皮匠协会的提案得到10先令，后又因代表该协会在议会中与“竞争对手”谈判而获得6英镑；1581年，他再次充当鞣皮匠协会的“特约咨询人”，得到咨询费20先令，同年他还因支持武器制造业协会的某个议案而收到1英镑酬金。其他伦敦市议员，如约翰·马什、理查德·索顿斯托尔、乔治·巴恩、斯蒂芬·索姆等，也由于在议会中分别为焊锡工匠协会、鞣皮工匠协会、葡萄酒酿造业协会谋取利益而得到数量不等的礼金。①

由于从准备提案到形成法律的各个环节都需要支付相当多的经费，所以伦敦工商业各行业协会的“议会投资”相当不凡。如鞣皮工匠协会在伊丽莎白时期的“议会投资”总额超过160英镑，酒桶制造业协会在1589—1597/1598年三次议会期间共投入87英镑17先令3便士，而啤酒商人协会只1593年一次会议就支出167英镑。这些费用从各行业协会的公基金中支出，不足部分通过向其成员征收特别税来凑齐。1542年酒桶制造业协会向从事本行业的英国人征收36先令16便士的“特别税”，向

---

① Dean，“Public or Private”，pp.544-5.

荷兰人征收8先令16便士的“特别税”，用于弥补“议会投资”所造成的基金亏空。1593年啤酒商人协会的年度总基金为427英镑15先令8便士，该年“议会投资”占基金总数的38%左右，结果该协会不得不向其成员额外征税。①

布里斯托尔市的经济实力远逊于伦敦，但在“议会投入”方面毫不逊色。1571年，该市商人冒险家提交了一份议案，为促其成功该市议员奥尔福德（Alford）找来一众议员举行“会商”，仔细研读修改提案草稿，“会商”费用则高达50英镑。②

都铎时期的商品经营者无不面临新的困惑：一方面，经济以前所未有的速度迅速发展，市场日益扩大和活跃，从而为他们每一个人提供了巨大的、极为诱人的成功机会；另一方面，市场的发育尚不健全，对市场经济的法治管理也远不够完备，自由竞争的观念和机制都还没有形成，经营者的利益没有保障。被这个矛盾所困惑的经营者们，由于自己头脑中也时常有中世纪的行会观念、特权观念在作祟，因而他们为抓住机遇、保护自己利益而采取的对策往往是极力争取经营专利特权、竞相垄断本地区或本行业市场。而这样一来，地区之间、行业之间、经营者之间的利益冲突和法律纠纷就无法避免。按照都铎体制，地方之间的官司一般诉诸星室法院、财务署法庭、皇家普通法庭和枢密院等常设机构，或由枢密院任命专案委员会单独审理，而城市内部各行业与各公司之间的纠纷则由各城市的法院或长老法庭裁决，但是，随着人们立法意识的提高，这些矛盾与纠纷也越来越多地诉诸议会来讨论，最终以议会法的形式来裁决。都铎早期萨里、苏塞克斯和肯特诸郡林业与冶铁业之间争夺木材的“战争”，伊丽莎白时

① Dean，“Public or Private”，pp.540，546-7.

② Hartley，*Proceedings*，p.247；Dean and Jones，*Parliaments*，p.6.

期德文、康沃尔、索默赛特、威尔特和格洛斯特等中西部六郡纺织业从业者之间围绕普朗吉呢和克瑟窄面斜纹呢经营权发生的争斗，萨里、苏塞克斯和肯特三郡纺织业者有关轻薄布料宽度与重量标准的纠葛，东盎格里亚和肯特之间在沼泽排水问题上的矛盾，凡此种种，不胜枚举，都演变成相互对立的提案，并以审议、辩论的形式在议会大厅里交锋。[①]这类纷争不仅占用了大量的议会时间，而且直接关系到议员的与会动机、议会的职能、议会法的订立及其作用，因此有必要选择一些个案详加剖析。

1571年，伦敦市提出议案，欲将利河流域置于伦敦市管辖之下。议案中还建议开辟通航运河，将利河与泰晤士河在伦敦城东相连，以便利航运，缩短航程，使上行船避开逆流，为运河两岸诸多磨坊提供谷物运输的方便。这一提案显然对伦敦市及其谷物加工业经营者十分有利，而且从经营效益的角度看也是合理的。但伦敦市在同一个议案中又提出，对于运河工程所占用的土地，今后只能按当年的地租价格支付占用费，不管地价如何变动，而且今后伦敦市有权对通过运河的船只征收航行税。这两个条款引起当地地产所有者以及驳船船主的反对，周围地区的磨坊主、粮商和过去从陆路向伦敦运送粮食的车夫们也因其利益受到不同程度损害而不满，他们联合起来坚决抵制这一提案。伦敦市可能预料到这一点，所以首先将议案提交上院。果然，这个提案在上院顺利通过。但是当它转发下院后，刚刚进行一读，反对者就急不可耐地要求组成专案委员会审议（按惯例专案委员会的组成应在二读之后）。专案委员会的成员之一罗伯特·沃斯本人就是磨坊主，他的许多附庸都是转运粮食的马车夫，因此他成为反对这一提案的带头人。在专案委员会审议时，他力主删除征收航行税的条款，同时要求伦敦城一次性买断工程需占用的地产。他提出的这些要求是伦敦

① Dean，"Parliament and Locality"，p.153；Elton，*Parliament*，pp.223-62，273-5，316-8.

城绝对不能接受的。最终这个议案宣告流产。①

伦敦城的鱼商与亚茅斯的捕鱼者是一对竞争对手，双方都力求限制对方，发展自己。按照原有的法律，任何外地人不得到伦敦市内贩鱼，伦敦城少数富裕鱼商因此得以垄断该行业。但是到 1581 年，亚茅斯的捕鱼者经过艰苦努力，成功地废除了原有的法律。1581 年新制定的法律还规定，任何人不得从国外进口咸鱼。这个规定显然有利于捕鱼者而不利于鱼商，因此在此后召开的历次议会上，伦敦的鱼商都提出“废除 1581 年立法”的提案。他们百折不挠地奋斗了十几年，终于在 1597/1598 年取得进口咸鱼的权利，在 1601 年重新取得了垄断伦敦城鱼市场的特权。②

衣料出口问题是伦敦市内两大工商协会——成衣制作工匠协会和商人冒险家协会——争执的焦点。出口衣料是商人冒险家的主要财源之一，而他们这样做造成成衣制作工匠原料短缺，而且，外国成衣匠利用英国衣料制成服装返销英国又势必夺走英国成衣制作工匠的部分市场。双方的冲突由此而起。在伊丽莎白当政以前，曾有议会法规定了衣料出口的最高限量，但是商人冒险家协会及与该协会有关系的个别廷臣享有不受该法律约束的特权，这样伦敦城制衣匠人的原料来源就依然没有保证。为此，在 1566/1567 年的议会上，伦敦成衣制作工匠协会几经周折获得一部新立法，规定今后任何人在出口衣料时，都必须同时出口相当于衣料出口量 10% 的成衣，而且伦敦城的两大衣料基地索福克和肯特不得出口衣料。这一法案损害商人冒险家协会和索福克、肯特两地衣料生产者的利益，所以在以后的议会中，要求修改或废除这一立法的提案层出不穷。1571 年，商人冒险家协会提案，主张在英国“取消成衣制造业”，同年下

---

① Fairclough，K.，“A Tudor Canal Scheme for the River Lea”，*London Journal* 5，2（1979），pp.218-23.

② Archer，“London Lobbies”，pp.25，38.

院还审议了一份关于放宽索福克和肯特两地衣料出口限制的议案。1581年有人提出议案，要求授予索福克和肯特同其他各郡一样的出口衣料权利。在1584/1585年举行的议会上，索福克郡议员提出，应准许该郡出口一定数量的优质衣料。面对“对手”的频繁出击，伦敦成衣制作工匠当然不会“坐以待毙”。他们从三个方面进行“反击”：第一，要求严格执行1566/1567年的立法。为此，他们在1571年提出议案，要求加重对违反该法律者的惩罚；1576年该协会争取到检查出口商是否按法定比例出口纺织品的特权；1581年和1589年，他们又两次试图将其特权以议会法的形式固定下来。第二，力求增加成衣出口比例。1581年成衣匠们在议会中提议，将德文郡出口的粗纺衣料与成衣之比改为5：1，咔叽布与成衣之比改为2：1；1584/1585年，他们联合与其利益接近者共同提案，要求全国各地一律按成衣与衣料1：1的比例出口纺织品。第三，扩大禁止出口的范围。1589年，成衣匠们在议会中提出，自从禁止索福克和肯特两地出口衣料后，这两个郡便将染色衣料转移到其他地区生产，致使伦敦城的染色衣料仍然供不应求，因此应当禁止任何地区出口染色衣料。尽管成衣工匠的提案绝大多数没有形成法律，但它们抵消了“竞争对手”对议会所施加的压力。1566/1567年的立法始终没有被推翻。①

枪支制造是都铎王朝的一个新兴行业，伦敦的铁匠、武器制造工匠和刃具工匠见有利可图，便争相生产枪支。为了垄断这一行业，他们互相指责别人的产品质量低劣，竞相争夺产品质量的检验权。刃具工匠协会在1566/1567年议会上率先提出有关议案，虽未形成法案，但也足以触动武器制造工匠和铁匠敏感的神经。1571年，武器制造工匠协会纠合一批被

① Vardon and May，*Journals*，vol. 1，p.90；Hartley，*Proceedings*，vol. 1，pp.208，253，531，533，545；*Journals of the House of Lords*，vol. 2，pp.161，163.

排斥在伦敦刃具工匠协会之外的刃具制造者共同提案，攻击刃具工匠协会1566/1567年的议案，并付给为他们进行鼓吹的议员詹姆斯·戴尔顿30先令的“酬谢金”。铁匠利用另外两家纠缠不清两败俱伤的机会，乘虚而入，他们在1571年和1572年连续提案，声称只有他们才有资格生产枪支，并提出只有经过严格审核领取了经营执照者才有权从事枪支制造业，枪支生产者今后必须在自己的产品上刻上姓名，以防止非法生产者混水摸鱼。这些提案美其名曰维护产品质量，实际上是想为铁匠协会争取枪支生产者资格审查权。1581年武器制造工匠协会也如法炮制，他们提出提案，要求将所有枪支交由该协会质量检查部门检验，然后方可上市。① 在枪支生产问题上形成的“三足鼎立”、混战不已的局面充分显示出，在新兴产业部门中争夺垄断权的斗争丝毫不比传统生产部门逊色。

自爱德华三世时期以来，皮革行业中的争执一直困扰着议会。与此相关的有四个行业，即提供生皮的屠宰业、将生皮去毛后制成皮革的制革业、用鞣料柔软皮革的鞣皮业和皮鞋制作业，就就业人数而言，该行业是仅次于纺织业的第二大产业。它们争论的核心问题是谁具有出售皮革的权利。仅在伊丽莎白时期，有关这个问题的提案就多达22件。最激烈的争吵发生在鞋匠与鞣皮匠之间。鞋匠希望直接从制革匠手中购买皮革，自行鞣制，免得被迫遭受鞣皮匠的高价盘剥；鞣皮匠则坚决维护自己买卖和鞣制皮革的权利。他们之间的争吵导致16世纪中期议会两度授予伦敦鞣皮匠买卖皮革的权利，又两度剥夺他们的权利。在争吵的高潮阶段，每逢议会召开都有成群结伙的鞣皮匠和鞋匠围在议会大厅四周“惹是生非”，搅得议员们不得安宁，以至伦敦市政府不得不于1554年下达命令，规定这两个行业的工匠每次至多只能派四名（鞣皮业）或两名（制鞋业）代表到

① Hartley, *Proceedings*, vol. 1, pp.372, 385, 388, 530.

议会会场周围去打探消息。为了从根本上解决这个问题，1563 年议会通过了“一揽子”法案，废除以往 17 件有关法律或法律中的有关条款，明确规定保留原有的四种分工，但只有“消耗皮革”的工匠才能购买皮革，而鞣皮匠不在“消耗皮革的工匠”之列。这也就是说，虽然鞣皮匠可以继续垄断鞣制皮革这一行业，虽然鞋匠们不得自行鞣制皮革，但鞣皮匠却被排除在皮革买卖之外，今后他们只能从鞋匠那里收取代为鞣皮的加工费，而不能再通过倒卖皮革而牟取暴利。鞋匠为之欢欣鼓舞，鞣皮匠却并不甘心，他们随即展开了以废除这一法律为目标的艰苦斗争。1566 年，他们提出动议，要求修改 1563 年的法律，但是未能赢得足够的支持。会议结束半年之后，他们获得了一纸特许状，准许他们在伦敦周围 40 英里以外的市场上购买皮革。但他们仍然不满足。1571 年和 1576 年，他们的两项提案均遭失败，但却买通了负责批准特许令状的廷臣爱德华·戴尔，后者给鞣皮匠颁发了一份豁免特许状，使鞣皮匠不再受 1563 年法律的约束。鞣皮匠的成功意味着鞋匠的灾难，于是制鞋工匠协会向 1584 年议会提出议案，重申 1563 年的法律，要求把皮革原料经营权只授予制革工匠协会，他人不得染指。12 月 9 日，这一提案提交专案委员会审议。几乎就在同一天，专案委员会还收到一份内容基本相同的提案，它来自制革工匠。由此可以判断，鞋匠们在处于劣势时采取了与制革工匠联合的策略。他们互相声援，协同行动，争取到专案委员会中多数成员的支持。专案委员会只剩两张支持票的信息传来以后，鞣皮匠深感不安，但他们知道，如果仅仅针锋相对地反对鞋匠的提案，专案委员会顶多把他们的呼声当成一种反对意见来对待，在鞋匠的同情者占大多数的情况下，他们的反对意见不会受到重视，也难以对表决产生影响，因此很可能无法阻止鞋匠提案的通过。于是他们决定“另辟蹊径”，换一个角度提出新提案，不管新提案能否成功，都可以拖延审议时间，使鞋匠的提案不能立即付诸表决。他们匆忙拟就一个要求将鞣皮匠纳入“皮革消耗者”之列的提案，提交给该专案委员会。鞣皮匠的这一战术果然奏效。专案委员会不得不多次举行会议，审议过程极为缓慢。鞣皮匠在此期间抓紧活动，贿赂各方人员，5英镑贿金中，除10先令送给下议长，“请求他过问专案委员会事务”之外，其余全都分赠给各类秘书、助手，其用意在于通过他们打探专案委员会会议进程，以便及时采取对策。但是不管鞣皮匠如何煞费苦心，委员会的审议结果仍旧对他们十分不利。1585年2月25日，专案委员会提出一个修正案，不仅确认1563年的法律，而且加重了对违反该法律的鞣皮匠的处罚。该修正案的措辞表明，有政府大臣参与了起草，这表明鞋匠也找到了“靠山”。鞣皮匠听到这个消息后并不气馁，又开始新一轮的行贿。贿赂对象既有他们的“老朋友”、支持他们的议员，也包括上院秘书及其助手。钱能通神，该修正案的审议突然中止，据史料记载，原因在于人们“发现它有些问题，需要起草一个更好的处罚违法者的议案，在新议案出台之前，暂停审议此事”。在这个修正案暂时搁置期间，下院中又有人重提将鞣皮匠列入“皮革消耗者”之列的问题，上院中也有人提出内容相同的议案，这显然是鞣皮匠故伎重演，节外生枝，以使问题复杂化，从而达到再次拖延的目的。与此同时鞋匠们也并非“坐以待毙”，他们给柏立勋爵写信，请求他支持他们的提案，“限制鞣皮匠，并制止一切囤积皮革、垄断市场的行为”。双方的争斗益趋白热化，议会大厅外挤满了情绪激动的工匠。3月16日，财务大臣惊呼：“鞋匠们都聚集在这儿，叫喊着要夺走我手里的议案。”同一天，下院开庭审理布兰德案。约翰·布兰德是本届议会下议员，也是鞣皮工匠协会的成员，该协会为鼓励他在议会中尽力为本协会服务，曾付给他特殊津贴。在本届议会下院审议、通过鞋匠提出的议案时，他为鞣皮匠所受到的“不公正待遇”喊冤叫屈。他主要提出两点：第一，下院曾作出决定，在鞣皮匠的提案三读之前，中止审议鞋匠的提案，但是下院没有严格执行这一决定（这显然是与鞣皮匠的拖延战术相呼应）；第二，在下院表决鞋匠的议案时，出席者仅有 50 人，他的很多“朋友”都没有在场，如果他们出席的话，鞋匠的议案不会获得通过。下议长认为布兰德的指责是对“一贯正确”的下院的恶意中伤，不能容忍，决定对他进行开庭审查。但审查进行得并不顺利，很多议员发言为布兰德开脱“罪责”，他们作证，当时会场秩序混乱，鞋匠公会的支持者不讲道理，在对方发言时不仅集体起哄，甚至抢夺发言人的提案草稿等，致使审查草草收场。尽管鞣皮匠在议会中不乏支持者，但在这届议会的角逐中，他们最终还是败在鞋匠手下。他们在上、下两院提出的议案均未获得通过，甚至未进入表决程序。而鞋匠要求严格执行 1563 年法律的议案最终形成法案。不过在本届议会中，鞣皮匠总值 21 英镑 4 先令 5 便士的投资（约占该工匠协会该年度基金总额的 1/3。会后该协会不得不向其成员征收总值为 8 英镑 12 先令的“特别议会税”）并非毫无收益。在上述根据鞋匠提案所制定的法律中，应鞣皮匠的要求加入了一个条款，它规定，该法律的有效期为六年。这显然是鞣皮匠们“不得已求其次”之举，因为六年之后废除一个已经到期的法律终归比废除一个永久性法律容易些。事实上，鞣皮匠并没有耐心等到六年以后。1586/1587 年议会开幕后，尽管枢密大臣多次表示本次会议的中心议题是对苏格兰玛丽的处置问题，希望大家集中精力，不要再提出私议案，但是鞣皮匠还是迫不及待地通过东雷特福市的议员登齐尔·霍利斯，将多名“专家”协助他们精心拟定的议案提交下院审议。他们为本次会议共“投资”28 英镑（相当于该年度协会基金总额的 50%），然而他们的“创议”并没有取得任何进展。1589 年议会召开之际，鞣皮匠投入更大的精力和决心。会议开幕伊始，该协会的代表就登门造访下议长和伦敦市市长，向他们诉说鞣皮匠的“苦难”。在提交“拯救伦敦鞣皮工匠案”之后，该协会几乎天天派人去威斯敏斯特，或是呈送礼金，或是宴请“有关人士”，或是设法搞到鞋匠在本次议会的提案副本，或是向支持己方的议员递交信件。他们此番努力没有白费，不仅鞋匠的议案在专案委员会遭到否决（该议案已佚失，其内容不得而知，但可以料定它是不利于鞣皮匠的），而且鞣皮匠自己的提案终于第一次在下院进入表决阶段。尽管表决结果以 30 票之差遭否决，但较之前几次，这已属很大的进步。这一年该协会的议会“投资”为 19 英镑 12 先令 13 便士。到 1593 年议会召开时，1584/1585 年通过的为期六年的法案已经到期，鞣皮匠们抓住时机，以两倍于历次议会的投资（总值 41 英镑）做最后的“一搏”，终于使这一法律的有效期未能延长，这样，鞣皮匠便可凭借“特权”倒卖皮革。但他们仍不满足，在都铎王朝的最后两届议会上，鞣皮匠继续为推翻 1563 年的法律而奋斗，惜乎均以失败告终。至此，鞣皮匠协会为争取与维护自己的权益投资金额总计已达 160 英镑。①

伦敦啤酒商在 1593 年议会上的表现提供了另一个生动案例。当时啤酒商面临“双重夹击”。一重打击来自市政府。1592 年伦敦市政府宣布对啤酒出售实行限价：浓啤酒每桶售价不得超过 6 先令 8 便士，淡啤酒每桶售价不得超过 3 先令 4 便士。啤酒商认为这是一个“无法接受”的价格。他们多次向市政府和柏立勋爵等政府大臣提出申诉，请求把浓、淡啤酒价格分别提高到 7 先令和 4 先令，但毫无收效，于是降低成本，偷工减料，以生产劣质“混合型”啤酒为手段“弥补损失”。针对这一状况伦敦市政府于 1593 年 2 月 19 日向下院提交一份议案，其中规定，除浓、淡两种品质啤酒外，不准生产其他类别啤酒；每夸脱麦芽酿造浓、淡啤酒的数量分别以 3 桶和 6 桶为上限；以上两种啤酒必须分开酿造；违反以上规定者，一经发现罚款 5 英镑；三次违法，罚款 20 英镑；法官和伦敦市官员

① Dean，“Public or Private”，pp.525-48；*Law-Making*，p.143.

有权进行检查，拒绝接受检查者将被处以 14 天以下监禁。在今存的当年伦敦啤酒商同业公会备忘录里记载着他们对市政府的“严正抗议”，他们说，市政府的议案不利于酿酒业的发展，而啤酒产量下滑将严重影响对外贸易，其结果不仅将使女王大大减少关税收入，而且会造成港口城市的衰败。他们还指出，按照传统，罚没款应上缴国库，而伦敦市政府的议案却规定罚金归“受害者”所有，这既违反传统也不合常理。从这些冠冕堂皇的言辞来看，这篇东西很可能是他们交给某位议员的发言要点。除准备发言稿外，啤酒商们还动用了他们最有力的武器——行贿。据当年啤酒商同业公会账簿记载，他们为此支出 5 英镑给一位名叫约翰·布罗格雷夫的议员，请后者发言质疑伦敦市政府的提案。此外他们还计划送给下议长 10 英镑礼金，连下议长的公子也得到价值 6 便士的馈赠。啤酒商双管齐下，终于收到一定效果。伦敦市政府的提案在专案委员会审议时被补充了两个条款，第一个条款允许酿造浓淡混合型啤酒；第二个条款允许在酿造浓啤酒的剩余原料中添加适量麦芽用以酿造淡啤酒。这两个条款显然符合啤酒商的利益，然而他们并不以此为满足，其最终目标是彻底否决市政府的提案，因此，尽管该议案补充了上述条款，尽管下院已于 4 月 7 日通过这一议案并把它提交上院，但啤酒商继续为该议案设置障碍。他们深知要想“说服”上院，需要更多的金钱投入，因此，除给上院秘书及其仆从必要的礼金外，他们还一次性塞给上院议长 100 英镑！一个叫作丘恩的人只因为替他们在上议长面前美言了几句就得到 20 英镑奖赏，礼金数额之大，堪称都铎议会史“之最”。上院拖至 4 月 9 日才对该议案一读，而第二天伊丽莎白女王即宣布解散议会。伦敦市政府在这一回合的较量中终于未能战胜有雄厚金钱实力的啤酒商人。

1593 年伦敦啤酒商在议会上遭遇的第二重打击来自本市酒桶制造业协会。啤酒商会与酒桶制造业协会之间因为争夺酒桶的制造权与垄断权历来不和，伦敦的制桶工匠为了独占市场，坚决反对啤酒商自制酒桶或从国外进口廉价酒桶。1542 年，制桶匠以进口酒桶容量小为理由，成功地获得了一项立法，规定啤酒商只能使用符合容量标准的酒桶装酒，而对酒桶容量的检查权和对使用非标准酒桶者的处罚权属于制桶工匠协会。1589 年议会再度通过法案，除谴责伦敦啤酒商使用小容量酒桶外，还进一步规定，在伦敦近郊两英里范围内，所有啤酒必须使用伦敦制桶工匠检验过的木桶盛装。啤酒商协会曾竭力阻挠该法案通过，失败之后成功地为其增添一附加条款，即有效期限于下届议会结束之前。这样，1593 年议会就面临是否给这个法案延期的问题。啤酒商力促议会终止该法案生效，但“运作”力度仍然赶不上对手。制桶工匠协会不仅广赠礼金，而且四处游说，宣称酒桶标准化之后，女王每年节省数千马克的采购啤酒费用，此话颇能打动王室官员，在后者支持之下，该法律的生效期得以继续延长。但是制桶工匠在这届议会上也不是诸事顺遂。议会结束前夕，伦敦市议员约翰·哈特代表制桶工匠协会提出了一个“关于酒桶制造”的议案，指控伦敦啤酒商超额雇佣制桶工匠，自制大量酒桶库存，致使酒桶制造商的产品长期滞销，故建议制定严格的法律，坚决制止啤酒商的这种不法行为。为使这一提案通过，制桶工匠协会特意宴请下议长的兄弟及其秘书，请他们劝说下议长给予支持。啤酒商闻讯后立即与伦敦城最有名气的“谋士”、他们最信任的常年顾问托马斯·福斯特进行协商，并在后者的指导下游说上下两院，争取同情，终使制桶工匠的议案在专案委员会中议而不决，直到会议结束仍无结论，只好不了了之。

伦敦啤酒商在本次会议上还对一个有关面包规格的议案发生兴趣。他们不仅购买了该提案的副本，而且使用各种手段拉拢议员和议会秘书结成“同盟”，共同反对该提案，终于使其流产。究其原委，他们并非真的反对该议案的具体内容，只是不能容忍提案中有关“伦敦市政府有权根据谷物价格浮动随时调整面包最高限价”的条款，他们担心市政府会援引这一条款对同样以谷物为原料的啤酒也实行限价。①

综上所述，地方利益集团把涉及自身利益的问题提交议会解决确实有利可图。事实上，提案获得批准固然可喜，就算立法不成，审议过程也常常能产生效益。首先，提出议案可以有效瓦解竞争对手的“侵权”企图，或者减少对方所造成的负面影响。比如1581年成衣制造工匠和商人冒险家协会的提案均以失败告终，但他们并不是非常懊恼，因为对手也未遂愿，各自落得不赚亦不赔；其次，可以借提案之机赢得官方同情，从此与后者建立密切关系，为日后获得特殊照顾打下基础。例如1581年伦敦兵器制造协会尽管提案未果，但“感动”了枢密大臣亨利·李。1589年议会在讨论《兵器制造专利法》时，亨利·李坚决反对把兵器制造特权授予伦敦以外地区的专业公司，1590年他还为伦敦兵器制造协会和伦敦塔兵器库牵线搭桥，建立固定的购销关系。再次，提案可引起地方政府或枢密大臣的重视，收下情上达之效，促成问题的解决。如1567年议会后，下议长将伦敦市皮革商、屠宰匠和细木工人等工匠协会提交的议案移交伦敦市政府，市政府随即任命了一个委员会，协调处理相关问题。在1586/1587年议会上，伦敦面包师提出的“禁止生产劣质面包”的议案虽未在议会宣读，但却通过伦敦市场稽查员之手转到枢密院，引起枢密院的支持，不久后枢密院即下令，严格查禁生产劣质面包的作坊。既然提案好处多多，地方利益集团对议会充满热情便不足为怪。

伊丽莎白时期是英国经济蓬勃发展的时期，新技术、新产业以及新的生产组织形式不断涌现，这与“传统”生产方式产生尖锐矛盾，对立的双

---

① Dean，D. M.，“London Lobbies and Parliament：The Case of the Brewers and Coopers in the Parliament of 1593”，*PH* 8，2（1989），pp.341-65.

方都试图通过立法巩固自己的市场地位，扩大自己的经营范围，垄断该行业的生产与销售，于是在议会中演出一幕幕错综复杂、波诡云谲的活剧。

纺织业是16世纪英国的支柱产业，发展最为快速，矛盾也最为集中。议会曾于1552年和1558年先后颁布过两部纺织法，但16世纪下半叶该行业的两大变化使得这两部法律不再适用。变化之一是新兴的以斜纹呢和丝绸为代表的轻型精纺业对传统的粗布纺织业形成巨大冲击；变化之二是经营白粗布（unfinished）出口贸易的“冒险家商会”（Merchant Adventurers）与以织染为主业的“织工商会”（Clothworkers Company）之间的竞争日趋激烈。这两大变化在一定程度上又与英格兰东西两部发展不平衡的矛盾相交叉，使得局面更加复杂。由于彼此之间利益根本对立，所以纺织业提案大多中途夭折，但这些夭折的提案也非常值得研究，因为它们不仅占去会议的大量时间，而且其审议过程特别能够展示议会别具“活力”的一面，实有仔细道来的必要。

“斗争”在选举阶段就拉开序幕。1597年，约克郡一名候选人的“竞选宣言”就是，一旦当选定能为本地纺织业的发展作出贡献。[①] 而1584年里士满市谋求选邑资格的主要动机也是希望在纺织法制定中有人代表本市发声。[②]

西部地区是传统的粗纺中心，也是“冒险家商会”的利益所在，面对精纺业的挑战，西部地区希望通过立法约束后者的发展，同时修订既有法律，放宽对白粗布幅宽、长度和重量的限制，其意图是在沿用老式设备的同时，提高其市场竞争力。

在1581年和1584—1585年两届议会上，以埃克塞特郡“冒险家商会”

① Hartley，“The Sheriff and County Elections”，p.181.

② Dean，*Law-Making*，p.142.

代表为首的“西部”议员两次提出议案，试图“规范”斜纹呢生产，虽未成功，但给政府造成压力，时隔未久女王发布了相关敕令。然而“冒险家”们并不以此为满足，1597 年他们再次呼吁立法，结果仍然无功而返。①

但在放宽粗纺布规格限制方面“冒险家”们取得了成功。在 1584—1585 年的议会上，他们提出的修订 1552 年纺织法的提案获得通过，西部两种粗纺布匹的幅宽得以降低到 1.75 码。但该提案审议过程并不顺利。来自东部苏塞克斯的议员奥尔福德说该提案于国于民“毫无益处”，伦敦市议员弗利特伍德则冷嘲热讽：“这种声音已经鼓噪多年，这一次又提出来可能是因为他们以为既然在亨利八世统治的第 27 个年头曾制定过类似法律，所以不妨在今年，即女王陛下统治的第 27 个年头也来碰碰运气。”还有的议员说，倘使这一次对提案人作出让步，他们将来还会“得寸进尺”。② 果不出所料，“得寸进尺”一步步兑现：1593 年，该法律从有限效期变为无限期，从限定的两种面料扩大到所有粗纺面料，幅宽下调至 1.625 码，1601 年，长度限制亦取消。③

伴随安特卫普的衰落，欧洲大陆布匹市场一度出现“空白”，英国东部的纺织业工商业主当然不容失去这一难得的发展机遇，为此他们也要求修订旧纺织法，但他们的诉求与西部正好相反，所以争取过程也是充满周折。1593 年一份放宽对埃塞克斯和萨福克两郡布匹生产的尺寸和颜色限制，以适应欧陆消费者口味的建议案提交下院，经过激烈辩论，以胜出 26 票的表决结果获得通过。但该提案提交上院后再次引起争议，上院专案委员为增加审议的权威性，甚至邀请利益相关者的代表参加会议，曾于 1577 年发表大作《纺织技术标准》的权威专家约翰·利克也在被邀请之

---

① D’Ewes，pp.368，507，508，513，514，519，571，572.

② Dean，*Law-Making*，pp.134-5；Hasler，*House of Commons*，vol. 3，p.256.

③ Dean，*Law-Making*，p.135.

列。该委员会对下院提交的原件进行大幅修改后发还，而下院并不认可上院的“权威”，恢复了原来关于东部纺织产品的幅宽、匹重和交易市场的条款，并规定所有厂家务必在产品上钤印，否则禁止入市。该提案最终也没有形成法律，但有些内容后来出现在女王的相关敕令当中。①

“织工商会”主要为染织业的发展而呼吁。1566年，他们的代表提出，鉴于英国染织布在国外销售业绩不佳，为维持国内染织业者的生计，今后应每出口四匹白粗布（unfinished）必须搭卖一匹染织布（finished）。此议一出，“冒险家商会”的代表立即提出抗议，经过一番争论，双方达成妥协，搭卖比例从4：1改为10：1。②然而“织工商会”并不满足，1586年重提此事，建议逐年提高搭卖比例，争取到1589年达到1：1。对“搭卖法”的实施，“冒险家商会”本来就心怀不满，对这样的提案当然不能接受，在他们的强烈反对之下，该提案一读后即没有了下文。③

“织工商会”与“冒险家商会”的互相妥协还体现在《染料法》的制定中。1572年“织工商会”提出一个议案，标题是“关于淘汰劣质染织布，禁止使用洋苏木（logwood）或黑檀（blackwood）制作染料的提案”，实际上暗含禁止“非染色布匹”出口的意思，这样的“阴招”当然逃不脱“冒险家商会”的“火眼金睛”并免不了受到后者的奚落，他们说这一提案的有些条款真乃“祸国殃民的伟大发明”。“织工商会”的议员讨个没趣，只好承认“用词欠妥”，誓言下不为例。1581年，“织工商会”重提此事回避了“非染色”字眼，结果提案顺利通过。④

---

① Dean，*Law-Making*，p.137.

② G. R. Elton，*Parliament*，pp.82-4.

③ D'Ewes，p.394. Dean将该提案的提出时间记为1584—1585年，见Dean，*Law-Making*，p.138。

④ Hartley，*Proceedings*，vol.1，pp.406-7；Elton，*Parliament*，pp.252-3.

妥协并非常态，更多的是互相拆台。1593年西部“集团”试图修订到期法律，授予索默塞特等中西部四郡出口两种丝线的权利，在东部“对手”的干扰下未能如愿，而几年后东部“集团”提出禁止诺福克以外地区出口精纺纱线的提案，在下院未获通过，设置障碍的主要是来自西部的议员。[①]

纺织业从业资格是一个牵涉广泛的问题，相关立法之争贯穿都铎议会始终。讨论中涉及的问题包括：女性从业是否合法，雇佣女工是否影响产品质量，包买商可否把纺线、织纱等工序承包出去，承包人应具备什么资格，如何防止承包人往羊毛里注水、注油以增加布匹重量，如何防止织工掺假，是否赋予治安法官检查权，1566年劳工法是否适用于纺织工人，是否限制徒工人数等等，由于意见不一，夭折的提案数量远远多于立法。

由于纺织业立法过多过滥，16世纪末期有人提议整合现有法规，出台统一的法律。在纺织业者、地方官吏和中央政府合作并吸纳议员意见的基础上，最后终于制定了《英格兰纺织品质量法》。该法律对各种造假行为的处罚原则，对不同面料的幅宽、长度及重量标准调控程序做了统一规定。[②] 纺织业各方利益在议会平台上的博弈终于告一段落。

16世纪40—80年代是冶铁业发展高峰，玻璃制造业在这一时期也取得很大发展，而这两个产业都要以木材作燃料，致使树木砍伐成灾，森林面积迅速减少，议员遂发出保护森林的呼声。1572年议会通过了保护伦敦等城市周边林地的法律，对冶铁业公司乱砍滥伐行为进行限制。但有些冶铁厂受到“特殊照顾”，不受法律约束，此后历届议会提出的扩大森林保护区提案便都是针对这些“特权”厂家而去。1584—1585年斯塔福德、伍斯特和希普罗三郡代表联合提出的有关铁钉制造业的提案，1597—1598

---

① D’Ewes，pp.474，495，500，559，562，566.

② Dean，*Law-Making*，p.139.

年下院审议的规范长枪短剑类冷兵器生产的提案，都是“有的放矢”。由于冶铁和玻璃制造是贵族和枢密大臣们热衷投资的新兴产业，所以这些保护森林提案很少获得成功。相反达官贵人还亲自或通过他们的代表提出许多扩大这两个产业的提案，并往往打着“发展民族企业”的旗号。1597—1598 年上院审议的禁止进口铁制别针的提案和 1593 年禁止进口铁丝的提案，背后都隐藏着“大人物”的运作。但不管怎样，利益与立场的严重对立导致这类提案通过率极低。①

对外贸易政策也是议会热议的话题。外贸既与国家安全和收入有关，也牵涉地方利益，所以政府与两院议员都赋予极大的关注。1559 年议会出台了一部严打走私的法律，其中规定，凡经营进出口贸易的码头必须设立海关，未设置者一律取消通商资格。英国西南部沿海城市对这部法律反应不一。老外贸城市布里斯托尔拍手称快，因为当地只有它的海关系统比较健全，这一法律将使布里斯托尔获得该地区外贸的垄断地位，而格洛斯特等新兴城市因为皇家还没来得及派驻税收官而面临关闭码头的危险，当然有抵触情绪。1576 年，柏立勋爵递交了一份提案，建议议会授权地方政府自设通商码头，皇家不再干预。布里斯托尔市议员从这个提案中嗅到破坏该市“外贸特权”的味道，赶紧暗中调查该提案的来路并买来一份 1572 年议会相同内容的提案副本。他们根据该文本留下的审议记录断定，这种提案并非出自政府本意，柏立勋爵只是受人之托而已，而始作俑者乃是格洛斯特和其他塞文河港口城市。基于这一判断，他们私下找到与柏立勋爵权势相当的莱斯特伯爵，历陈利害关系，拜托伯爵大人“协助疏通”，以免发生“悲剧”，从此该提案便没有了下文。② 贵金属出口事宜也在热

---

① Dean，*Law-Making*，pp.144-6.

② Elton，*Parliament*，p.256；Dean，*Law-Making*，p.150.

烈讨论范围之内。出口贵金属无疑获利丰厚，但也带来经济和金融隐患，为此女王于 1600 年颁布敕令，禁止输出英国银币。在 1601 年议会期间，下议员直言不讳地批评女王对问题的严重性和危险性“认识不足”，以致措施不力，他们建议除禁止输出银币外还应禁止出口其他贵金属，同时实行出口商品许可证制度，未取得证书的商品一律不得出境。他们在发言中指出，英币是世界上成色最足的货币，币值远高于欧洲普遍使用的弗兰德币，兑币商通过倒腾货币和贵金属大发横财，而英国国家利益受到严重伤害，必须制定最严厉的法律加以制止，甚至不惜学习法国，对违法者格杀勿论。①

渔业立法也十分复杂，涉及捕捞、贩卖、外销和国家安全多个方面。16 世纪的西欧，各国都没有常备海军，每逢海战均采取临时招募、装备水手和船员的方式，而可以胜任战事的水手和船员全靠平时在海上贸易中培养。于是，渔业立法的经济动机与军事需要交织在一起，遏制敌国海军可以成为禁止食鱼进口的理由，训练英国“后备海军”也成为海外渔业促销的借口。由于各个利益集团都打着“为国分忧”的旗号，女王和枢密院也不好判断，所以渔业立法成功率较低。以“允许鲱鱼出口”一事为例，仅在 16 世纪 80—90 年代，上下两院就曾经四次提案，每次都引起激烈争论，但无一成功。② 还有些渔业法反复废立。1559 年法律规定，在诺曼底以北、挪威以西海域禁止小渔船捕鱼；1563 年的渔业法废除了这一规定；1571 年议会法复原这一规定却不予执行；1584—1585 年下院再次提案，请求恢复 1559 年的立法。③ 最具戏剧性的一幕发生在亚茅斯渔民和伦敦渔业公司之间。1581 年亚茅斯渔民的代表成功地在渔业法中加入一条限制

① Townshen，*Historical Collections*，pp.226-7；D'Ewes，p.643.

② Dean，*Law-Making*，p.166；D'Ewes，pp.657，686.

③ Dean，*Law-Making*，p.165.

伦敦渔业公司经营的条款。此后每逢议会召开，伦敦议员必为废除这一条款大声呼吁，但或被上院搁置，或被女王否决，究其原因是双方都打出维护国家安全的旗号，令人难以抉择。① 综观伊丽莎白时期渔业立法，政府与议员之间保持一定程度的“默契”。在1584—1585年议会上，相同内容的议案——十字小帆船每载五吨鱼必须配备一名水手——在上下两院同时“创议”，而柏立勋爵本人会前就持有提案副本。②1563年制定的《食鱼日法》（即周三禁食肉类），在70年代备受清教徒诟病，1584—1585年该法律到期，柏立勋爵本意至少在伦敦、约克和沿海地区保留食鱼日，以利渔业发展，但鉴于下院强烈反对，延长该法律有效期的提案未获通过。③

除经济外，社会治理也是议会的一个重要立法领域，这方面的创议者同样以普通议员居多，但也有部分政府提案。

在16世纪英国，典当业主因有乘人之危之嫌声誉极为不佳，几近小偷、窃贼之流。因之有议员建议，为伦敦城的声誉考虑，该市当铺数量应以100家为限，同时提高从业者的资产门槛，规范其交易记录，以免当铺成为销赃之所。还有的提案建议，当铺利润率不得超过典当品价格的10%，违者入刑，资产拍卖，用其所得救济穷人。还有议员提出，因为变卖物品的人大多是穷人，即使被店主坑骗，也打不起官司，致使当铺老板肆无忌惮地敲诈客户，因此应该降低起诉当铺老板的诉讼费用，以收打

① G. G. Elton，“Piscatorial Politics in the Early Parliaments of Elizabeth I”，in N. McKendrick and R.B. Outhwaite（eds.），*Business Life and Public Policy：Essays in Honour of D.C. Coleman*（Cambridge，1986），pp.1-20 and D.M. Dean，“Parliament，Privy Council and Local Politics in Elizabethan England：The Yamouth-Lowestoft Fishing Dispute”，*Albion* 22，1（1990），pp.39-64；D’Ewes，pp.337，340，346，351，353，361，412-5，445-6，471，487，497，500，501，504，556-8，561，564-5. 直到1601年，伦敦人才如愿以偿。

② Dean，*Law-Making*，p.165.

③ Ibid.，p.167.

击、约束之效。这一类的提案数量不少，但立法不多，原因在于当铺老板大多兼营放贷业，颇符合市场需要，而且金融业初起阶段典当与商业拆借难以区分，所以尽管对当铺声讨不断，但一涉及处理措施就陷入漫长的讨论，毫无结果。①

在 1597—1598 年和 1601 年两届议会上，两院曾为贫穷的小商品消费者共同“维权”。起因之一是有些小老板以乐善好施为名，允许穷困人家购物时赊账，然后故意拖延销账时间，待日久天长之后便利用顾客记忆模糊编造瞎账进行敲诈。针对这一现象，两院共同通过提案，要求店主恪守诚信，规定赊欠时间以一年为限。②1601 年，下院审议了一个规范批发与零售中拆借行为的提案，讨论异常激烈，最后付诸表决以 151∶102 的多数赞成票获得通过，上院对此亦无异议。③ 但不知女王和枢密院对借贷问题有何特别考虑，上述获得两院通过的提案在议会闭幕时都被女王否决。

依据 1572 年的议会法，游商属于流浪汉，在“严打”之列，但该法律一直执行不力，长期以来游商不仅逍遥法外有的还取得经营许可。1597—1598 年议会上，议员们纷纷发言，历数游商兜售假冒伪劣商品、缺斤少两、坑蒙拐骗等恶劣行径，严正指出，纵容游商等于破坏市场。当议会制定了法律，宣布经商许可统归治安法官一家发放，其他“许可”一律无效，违法游商一经发现，没收财产，用于赈济贫残。④

都铎朝建立不久即于 1496 年颁布了度量衡法，但处罚较轻，执行得也不得力。16 世纪中叶英格兰兼并威尔士，两地衡器不同，换算复杂，为不法商人留下可乘之机，以致造成市场混乱，因此修订度量衡法被下

---

① Dean，*Law-Making*，p.152.

② D’Ewes，pp.566-68，578-81.

③ Ibid.，pp.651，661-2，665-7，670；Townshen，*Historical Collections* pp.270-1，282-4.

④ Dean，*Law-Making*，p.154.

议员提上审议日程。1597—1598 年，下院讨论修法时，还破例举行了听证会，邀请市场管理员参加。①1601 年，以哲学家和科学家名世的弗朗西斯·培根以其特有的雄辩方式在下院慷慨陈词，声称他即非“心血来潮”，也不想“哗众取宠”，而是听到了太多的抱怨，使他不得不“郑重其事”地建议，对不遵守度量衡法的惯犯，要根据其犯罪次数逐级加大惩罚力度。培根的提案引起长时间的讨论，其间还有人提出重新统一全国量具的建议案。但所有提案均止于二读。②

限制外籍人口经商，确保国人就业，这是伊丽莎白议会的永恒话题，倡言者主要是伦敦人。1571 年、1572 年和 1576 年，他们连续三次提出禁止外籍人士经营手工业的议案；③1584—1585 年，他们提议禁止外籍商人在伦敦周边三英里范围内或在其他城市销售亚麻布；1586—1587 年和 1589 年，他们又建议将外国人赶出零售业。④ 但伦敦人并没有得到广泛支持。最激烈的辩论发生在 1593 年。是年伦敦议员提议，在英国出生的外国人，除在英已有七年以上徒工经历者外，一律不准在英零售外国制品。⑤ 在下院举行的听证会上，来自伦敦的官员“痛说”外商种种“劣迹”：压低商品价格，挤垮英国同行；偷税漏税；把赚到的钱转移国外，壮大敌国经济，造成英国贫困。在这一辩论中，弗朗西斯·培根率先发表反对意见。他说就公共提案举行听证本身就违反下院惯例，既然违反程序，就不应该继续讨论。还有议员发言说：“英国人是懂得感恩的民族，在玛丽女王执政时期，外国人对我国难民善待有加，这是我们不应忘记的，在

① D’Ewes，pp.587，589-91.

② Ibid.，pp.626-7，629，654，662-3.

③ Elton，*Parliament*，pp.81，230-40.

④ Dean，*Law-Making*，p.155.

⑤ D’Ewes，pp.479，489，501，504.

今天来英国经商的外国人中，许多也是因为在本国受到了宗教迫害，我们对他们岂能忘恩负义?”他们说，那种认为允许外国人经商就会造成本国人贫穷的说法纯属无稽之谈，看一看安特卫普和威尼斯，若不是当年吸引外国人入境经商，哪有他们今天冠绝欧洲的繁荣？因外商价格低廉而横加排斥，只能说明排斥者不懂得什么叫美德。还有的议员建议柏立勋爵出面制止伦敦人继续提出此类提案，因为当下英国零售商中外籍人已经很少，他们根本不可能是英国贫困的主因，英国本土的囤积商才是真正的罪魁祸首。由于争议巨大，此提案在专案委员会讨论时遭到否决。消息传至下院，“伦敦人”仍不放弃。议员帕尔默说，有数字为证，外国零售商越多，英国零售商就越贫困，英币外流就越加严重，因此这个问题是一个关乎爱国与否的问题：“敬请诸君为我们的祖国和可怜的人民想想吧。我们都是国家的主人，请大家倾听这个城市（伦敦）的呼声，要知道我们国家的荣辱兴衰可全赖于此城一身啊。”资深议员雷利说，有些荷兰商人身在英国，却既不忠于我们的宗教，也不服从我们的政府，他们垄断世界贸易，染指纽芬兰渔业，将来必成英国大害。议员科克建议抛开下院专案委员会，将提案直接誊抄在羊皮纸上呈交上院，但这一建议立即遭到反对。由于时间迫近闭幕，下院决定终止辩论，诉诸表决，结果，该提案以 162：82 多数赞成票获得通过。但该提案在上院被否决。柏立勋爵的个人笔记透露，都铎政府视外商为主要税收来源之一，据此推断，这可能是上院否决的原因。①

都铎王朝是英国圈地运动的第一个高峰期。这一运动在造就英国第一批资本主义农场主的同时，也造成耕地严重减损，失地农民无家可归。议会中既有传统“卫道士”对圈地的厉声谴责，也有既得利益者的自我辩

① Dean，*Law-Making*，pp.156-7；D’Ewes，pp.463，508-11.

护，而双方成员中，都既有政府官员和贵族，也有普通乡绅和地方代表。这说明，圈地与反圈地既有利益之争，也包含传统观念与新生事物的不协调。都铎王朝有关圈地立法的史料丰富而散乱，梳理清楚殊为困难，但这恰恰反映了立法过程曲折、对抗与妥协交织的“协商”特点。

都铎朝第一部《反圈地法》颁布于亨利八世时代。16 世纪中叶在圈地牧场主的压力下，《反圈地法》被迫修订，放宽了禁行的尺度。1563 年议会颁布了一部《农耕法》，以保护农耕为名，行限制圈地之实。值得注意的是，这部法律起源于一个普通议员的提案，枢密院发现这一提案可资利用，便力推其“落实”，这种在议员提案基础上“嫁接”政府提案的模式在后来圈地法制定中多次出现。① 在 1584—1585 年议会上，下院的提案要求恢复亨利八世时期的《反圈地法》，以遏制日益蔓延的圈地势头，但因法条“太过严厉”，在专案委员会上被否决。在同一届议会上，上院还提出两个议案。其中之一与上述下院的提案方向正好相反。为便于圈地，该提案建议禁止少于四英亩土地的自由地持有农建造房舍。这个提案上院通过后传到下院被大幅修改，但最后形成了法律。而上院的另一个提案却没有如此“好运”，它被下院几度驳回，直惹得上院心烦气躁，终于放弃。②

1593 年英国遭遇都铎历史上最严重的一次自然灾害，粮食危机使圈地再次成为“热点”。1597 年议会揭幕第一天，弗朗西斯・培根就向下院提交了两份自称“不是用笔墨，而是用心血”写成的提案，其中把农村劳动力流失、粮食减产和流民满目等现象统统归咎于圈地。为审议这两个提案，下院成立了一个超大规模的专案委员会，由培根亲自主持。委员会会

① Dean，*Law-Making*，p.161；Elton，*Parliament*，pp.229-30.

② D’Ewes，pp.453-4.

议吵成一片，以致当培根把决议草案交给下议长时，他说自己像是“一头终于卸下重负的驴”。但即使如此“精心打磨”的议案，在下院审议时仍不顺利。其中关于“退牧还耕”的议案，就“还耕”牧场如何界定、罚款如何使用、有效期持续多长时间等，议员之间仍争执不下，最后虽以微弱多数通过，但许多地区的代表成功地为本地争取到“本法不适用特权”。[①]另一个提案——防止劳力流失，增加劳动人口——在上院遇到阻力，表决时反对票达到30票以上，最后也是因为附加许多特殊条款保护了个别人特殊利益才勉强通过。有意思的是，上院在审议这个议案时，每遇改动，必先征求下院意见，待下院同意后才做修改，以免作“无用功”。[②]柏立勋爵亲自参与了这两个提案的修改，期间他还曾与牛津郡副郡守通信讨论相关事宜。[③]一部立法为何如此大费周章？下议员杰克曼一语道破天机：“各位大人各有盘算，所有发言都言不由衷。”[④]

政府提案与议员提案也交集于流民治理问题。许多议员认为，听任流民游荡而无动于衷乃是“亵渎神灵”，议会必须有所作为。由于牵涉灵魂获救，许多议员对这个问题长期关注，苏塞克斯议员奥尔福德是1572年、1576年和1584—1585年三届议会涉流民法律制定的参与者，并且担任过专案委员会的委员。[⑤]这方面的提案多为具体建议，如成立七个国家银行，给予流浪汉最低限度的救济，至少在他们离开这个世界时可以穿上一身像样的衣服；鼓励私人投资建立医院，收治流民患者；各种罚金统一用作善款，救济穷人。1597年议会期间，两院两周之内就收到流民提案

---

① D'Ewes，pp.555，557，558，560，562-4，568，570，572，574-5.

② Dean，*Law-Making*，p.164；D'Ewes，pp.578，580-3.

③ Ibid.

④ Neale，*Parliaments 1584–1601*，pp.339-43.

⑤ Dean，*Law-Making*，p.168.

11 件之多。在随后的讨论中，每有政府官员、枢密大臣参与其中，提案经常提交两院联席会议讨论并在两院之间来回传递，反复修改，尽力在处罚、遣返、安排就业、劳动教养等对流民的处置方式上达成共识。仅 16 世纪下半叶，都铎议会就有多部《济贫法》出台。1572 年的法律把“贫民”分为有劳动能力者和丧失劳动能力者两类，或救济，或严惩，区别对待。1576 年的法律决定成立若干附带原材料的手工工场，为贫民提供工作岗位。1598 年的《济贫法》经 1601 年补充修订后，一直沿用到 19 世纪。[①] 除圈地原因外，退伍及伤残士兵也是流民的一个来源，这些人好勇斗狠，对社会秩序威胁更大，因此 1593—1601 年议会连续通过四部安置及救济退伍军人的法律，创议者都是枢密院和上院。

社会风气也受到议员关注。酗酒行为首当其冲。议员呼吁从源头治理，制定啤酒酒精度标准，提高啤酒馆行业入门门槛。1589 年议会颁布了《反酗酒法》。“高消费”项目在上院遭到的批评比较多，他们说，豢养猎犬、猎鹰和维护猎场耗费了大量的耕地和粮食，必引起穷人的嫉妒，加剧贫富分裂，因此有必要提高游猎爱好者的准入资格，并禁止在公地狩猎。这些建议因争议较大，未能立法。

反奢之议还波及着装。在中世纪英国，着装规制严格，不同等级的人必须穿与其身份相称的服装，不得逾越。然而自中世纪末期起，伴随市民和乡绅阶层社会经济地位的上升，着装禁忌逐渐松弛。都铎朝官中多有从乡绅中擢升的“新贵族”，对着装改革深感兴趣，相关立法也多来自官方。在1553年和1554年，都铎议会先后颁布两部法律，淡化着装的等级差别。进入 80 年代，重褶硬领“贵族装”成为抨击对象。原因是硬领须经浆水浸泡后才能定型，而浆水需用淀粉调制，所以下院清教议员批评说，着装

① Dean，*Law-Making*，p.168.

奢侈是造成粮食短缺的原因之一，较之囤积商人，爱慕虚荣之心是更大的粮食危机制造者。在1584—1585年议会上，下院曾通过禁穿硬领装的提案。[①] 然而改革传统习惯不可能一蹴而就，服装法常常久议不决。1589年，上院提出“着装朴素促进法”草案，在本院审议时就经过反复修改，甚至三读之后还提交专案委员补充修订，而转交下院后，下院两度成立专案委员会比照现行法律逐条讨论修订。上院见下院久议不决，遂提议召开两院联席会议，当面交换意见，提高审议效率。此提案及至会议闭幕，仍无结果。[②]

婚姻法虽属教会法范畴，但离婚、通奸以及非婚生子女引起的社会问题同样引起议会的注意。1584—1585年、1597—1598年两次议会共有三项涉及非法婚姻的提案，内容包括规范婚姻登记、严惩通奸男女、明确私生子抚养责任等等。1601年下院曾再次就通奸罪及罪犯遗产处理展开讨论。所有这些提案或议论都未形成法律，但是引起女王重视，她责令议员调查各地非法婚姻状况，禀报朝廷，以便采取措施。[③]

按照都铎定制，普通法非经议会不得更改，因此修改法律也是议会的重要职能。伊丽莎白后期议会近四分之一提案与修法有关。与处理利益纠纷的仲裁性法规不同，修改普通法具有一定公共性，其出发点是提高司法效率，所以一般不会有很大争议。但这并不意味着修法轻而易举。在议会内部，修法取向并不一致。出席会议的枢密大臣、王室法官和担任治安法官的下议员（后者通常在80—90人左右）希望利用议会清理普通法，减少法律数量，以便利司法与执法。但身为律师的下议员——其数量在伊丽莎白时期增加一倍——却想法不同，他们的职业性质使他们倾向于保留尽

① Dean，*Law-Making*，p.183.

② D’Ewes，pp.447，450，452，454.

③ Dean，*Law-Making*，pp.184-6.

量多的法律条文，因为法律越复杂，他们职业越有保障。下院内部取向不一，加上法律本身的复杂性和利益攸关，所以下院的提案在本院难以通过，相比之下在法官占比较大的上院提案成功率较高。但修法事体重大，加上议员中法律“业内人士”众多，所以审议过程通常比较漫长，历经数届议会才修订完成一部普通法的事例屡见不鲜。

在刑法方面，伊丽莎白时期主要修订的是反盗窃法、追缉法、检举法和教会法庭特权法。

修改反盗窃法的起因是16世纪下半叶交通改善，方便了盗马贼易地售脏，偷盗马匹的犯罪更加猖獗。在1586—1587年议会上，上院有修法之议，但对其提案两院意见不一，虽反复修改，仍难达成共识，终未通过。1589年，政府提案旧话重提，规定马市监理务必登记出售者姓名、职业、住址，且其真实性必须取得第三方认可，同时还要将全部记录和售价的副本交付买主，以方便发现涉嫌犯罪后妥善处理。该法获得通过，[①] 但实施效果不佳，主要因为“第三方”难求且不可信，故在1597年和1601年两届议会上上、下两院各自提出一份“补正提案”，论辩再三，惜无结果。[②]

“追缉法”是关于百户区居民义务协助缉拿犯罪分子的法律。按照传统习惯，罪犯在某百户区犯罪逃跑后，周边百户区有协助捉拿的义务。而都铎英国的现实情况是，周边百户区并不认真履行义务，因为即使罪犯逃脱，周边百户也不承担责任，一切损失由案发地承担。这样所有的负担就都落在案发地富裕人家的头上，所以他们对这种状况十分不满。在1584—1585年议会上，有人提出修法动议并获得赞同。新出台的法律规

① Dean，*Law-Making*，p.189.

② D’Ewes，pp.558，560-1，570，573，622，623.

定，若罪犯逃脱，不积极协作缉拿罪犯的百户区需分担一半损失，且赔偿金在百户区居民中按财产比例分配。该议案在下院引起激烈争论，三读以后还破例提交专业委员会审议。由于存在分歧，在1589年、1597—1598年两届议会，续有修正案提出。在后一届会议上，伯克郡代表说，该郡各百户均由若干村庄组成，其间阡陌纵横，丛林密布，发现和追踪逃犯殊为困难，新法颁布后该郡已因为未及时通告逃犯行踪而分摊了太多的赔款。有鉴于此，议会同意增加一补充条款，允许该郡在特殊情况下免于赔责。①

按照习惯法，居民有向财务署法庭检举刑事犯罪的义务，检举人以分享罚没作为回报。但检举人常常与财务署官员勾结，通过与罪犯"私了"来谋取利益，有时甚至因此造成冤案。为制止这类行为，1576年枢密院向议会提交政府提案，规范检举机制，试行公诉人制度，严惩不实举报和法官舞弊行为，同时维护被告的抗诉权。这一提案当年就获得通过，并在其有效期终止的1584—1585年议会上被宣布为永久性法律。

刑事犯罪审判权究竟属于世俗法庭还是属于教会法庭，这在西欧中世纪一直是纠缠不清的问题。刑事犯罪既发生于世俗社会，自然通常在世俗法庭起诉，但如果嫌犯是教士，教会法庭即可以以"上帝"赋权为由"接管"庭审，而在教会法庭只要嫌犯"面对上帝"自辩清白，辄无罪释放。许多教士罪犯因此而逃脱惩罚。英国宗教改革以后，议会渐次剥夺教会的司法裁判权，其中包括对教士的庇护权。伊丽莎白早期议会即两次修订普通法，将强奸罪和团伙盗窃罪一律纳入世俗法庭权力范围，不管嫌犯是俗人还是僧侣。②1589年议会召开前夕，枢密院专聘律师起草提案，拟彻底

---

① Dean, *Law-Making*, pp.192-3; D'Ewes, pp.331, 335-7, 340, 342-3, 346, 430, 446, 448, 557-8.

② Elton, *Parliament*, pp.63-6, 301-2.

清理刑事诉讼法，划清教会恩典边界。该提案因对教会“侵权过甚”，未经过多审议即被放弃。[①]1593年有关盗窃和通奸罪免于教会恩典的提案，当年虽未通过，但于翌届议会获准立法。

土地法修订是一个历久常新的课题。及至16世纪30年代，英国土地市场的合法性尚未得到承认，土地交易不是按市场规则进行，而是以普通诉讼法庭判决地租权属转移的形式加以确认。这带来一系列司法程序问题。在伊丽莎白统治的前20年里，至少有三届议会曾就地产转移中产权取证等疑难问题进行讨论，但所有提案均无结果。1581年议会终于颁布了一个法律，建立了土地买卖登记制度。[②]1584—1585年议会宣布扩大该法律的适用范围，并建议废除12个相关敕令，这一建议案最终在1589年获得通过。[③]

然而，多数涉及土地买卖的提案或因争执不下或因国王行使否决权而告失败。其中包括：1584—1585年和1586—1587年两届议会上院提出的土地买卖法司法解释案；1584—1585年下院破例经过四读勉力通过的土地法司法程序案；1593年关于确权证据缺失的提案；1586—1587年下院关于土地诉讼错案处理的提案；1601年上院有关“世袭地产”进入市场交易的提案；等等。[④]“秘密”土地交易是法律打击的重点，但意见最难统一。16世纪70—80年代议会四度提案均无结果，1601年再度提议，上院三读以后仍有分歧，在就应否继续提交专门委员会审议而表决时，赞否双方竟出现平票的奇观。[⑤]

---

① D’Ewes，pp.430，432，437，441

② Elton，*Parliament*，pp.294-5.

③ D’Ewes，pp.413-7，429，432，434，437，439，441.

④ Dean，*Law-Making*，pp.197-8；D’Ewes，pp.340，349，364，371，577-8，581.

⑤ Dean，*Law-Making*，p.201.

“委托”[①]、遗嘱与捐赠也是地产转移的方式，且其中隐藏不少规避封建义务的“玄机”，所以都铎议会曾就“委托”状态的产权所有人、遗嘱的有效性、捐赠地的使用方式、遗嘱执行人的职责等反复提案，相关法律亦是反复修改。1593年的政府提案因涉及广大乡绅的权利，专门委员会为慎重起见，曾吸收出席下院的全体枢密大臣和全部郡议员参加。[②]

受“价格革命”影响，许多土地出租人租期未满即谋求修改合同，土地承租纠纷因之与日俱增，土地租赁法的修订便也提上议会日程，1589年、1593年、1601年三次会议都曾审议相关提案，但是无一通过。[③]

在商法方面，伊丽莎白时期只成功制定了一部法律，即1601年在下院提案基础上颁布的《商业保险诉讼法》。该法律决定设置“商业保险诉讼法庭”，由大法官主持，统一处理商业保险争端，普通法庭和保险公司自治组织不再涉足保险业司法裁判。该法律还详细规定了“商业保险诉讼法庭”的构成、开庭时间、权限和回避制度，并指定大法官法庭为其上位法庭。[④]

议会虽然没有颁布破产法，但已开始议论相关话题，即如何惩治失去偿还能力的债务人。80年代提出的方案多数主张宽大处理，尤其对那些因非人为因素致贫者，发言者认为，与其让债务人成为无业游民，不如给他们出路，期以来日偿还。但这些方案未被采纳。[⑤]从严惩罚方案也不受欢迎，1601年，一个极端的提案建议，把长期拖欠债务断无偿还可能的债务人一律投入监狱，结果下院一读以后即以35：45的表决结果予以否决，参加表决的人数亦创下历史最低纪录。[⑥]

---

① “委托”（use），是指土地继承人未成年时，其地产临时“委托”他人监管。

② D’Ewes，p.496.

③ Ibid.，pp.446-7，470，476，687.

④ Dean，*Law-Making*，p.203；D’Ewes，pp.626，636，669-70，680，684-5.

⑤ Dean，*Law-Making*，p.204.

⑥ D’Ewes，p.684.

改革司法制度与程序是议会的传统职能。伊丽莎白时期1584—1585年一次议会就颁布了四部相关法律。第一部宣布取消审判阶段被告人的缄默权，以提高审判效率。① 第二部将陪审员财产资格从40先令提升到4英镑，做出这一项改革的背景是，因为按制度规定陪审费用自理，郡守为讨好富人总是选择穷人做陪审员，影响了审判效果。② 第三部针对无良郡守诬陷村民缺席陪审讹诈罚金的行为，规范陪审员登记制度，重罚舞弊郡守。③ 第四部禁止郡守升堂时无故委托副郡守代理。④1589年，枢密院提交的政府提案指出，财务署法庭开庭审理上诉案时，大法官和财政大臣经常因故缺席，这不仅违背法律，而且判决难以服众。为此议会立法规定，若在开庭期上述二人不能出席，则延期开庭，直到可以出席为止。⑤

像其他领域的立法一样，在司法方面，流产的议案远多于成功者。这些流产议案涉及加强执法、减轻陪审员经济负担、严惩腐败郡守、简化司法程序、遏制律师挑诉、扩大地方法庭权限等等。

上述所有审议和立法都源于公共议案。如前所述，除公共议案外，议会还审议私议案，私议案通过以后，同样成为法律。曾有都铎人把“私人权利事项”列在议会事务的首位⑥，而这类事项均属于私议案范畴。应该说明的是，私议案所涉纠纷并非必须诉诸议会，许多可以通过其他途径申诉和解决，只是人们更乐于走议会一途。

---

① Dean，*Law-Making*，p.211.

② Ibid.，pp.207-8.

③ Ibid.，p.208.

④ Ibid.，p.209.

⑤ Ibid.，p.213.

⑥ Mary Dewar (ed.)，*De Republican Anglorum by Sir Thomas Smith* (Cambridge，1982)，p.78.

私议案有两种，一种涉及个人利益，一种涉及地方利益，这里的“地方”可以指一个地区，也可以指若干地区，但不管怎样都是指该地“共同体”，而不是其中的个别群体。这种私议案与同样涉及地方或群体利益的公共议案的区别在于，它仅代表创议者的个人意愿，并没有任何形式的“共识”做基础。仅涉及个人利益的提案成功率较高，伊丽莎白时期共创议 87 件，立法 44 件，成功率达到 57%；而涉及地方利益的私议案成功率较低，同期创议 105 件，仅有 22 件立法，成功率只有 21%。在议会的审议总量中，私议案约占三分之一，可以说议会的大量时间都消耗在私议案上。①

基于个体私议案的立法包括爵位法、归化法和产权仲裁。

爵位法即宣布剥夺骑士以上犯罪贵族的封号和财产，裁定其后代是否有权恢复封号与财产的法律。其提案既可以来自上院也可以来自下院，但不管来自哪里，提交时都已经皇室钤印，暗示议员无须多言。但因涉及财产权利，所以爵位法有时也会引起讨论。

归化人计有两类，一类是英国商人在外国娶的老婆及所生子女，另一类是长期居住在英国的外商。外商归化的目的是为了子女取得继承权。归化后的外商需加倍纳税，所以政府乐于批准归化。但议员想法不同，他们担心加剧竞争，叹息关税减少，常对归化法提出质疑。

产权仲裁是指针对纯个人性质的提案作出的裁决。有些议员就是为了“一己私利”而来。肯特郡的乡绅罗珀被一桩遗产案纠缠五年而得不到解决，于是在 1529 年通过友人托马斯·莫尔求助于诺福克公爵，为他在布兰伯市谋得一个议席。在该年举行的议会上他的案子终获解决。② 同

① Dean，*Law-Making*，p.217.

② Bindoff，*House of Commons*，vol. 3，p.215.

年，洛斯特威希尔市议员布赖恩赴会只为保住在东康沃尔的一块有争议的地产。[①]1534年，行将退休的驻加莱官员惠希尔设法成为议员，其目的是在议会提出议案，把职务传给自己的儿子，以免落入对之垂涎已久的“仇人之家”。[②]1542年伍斯特郡议员吉尔伯特·泰伯特谋得一项立法，使自己对某一庄园的所有权得到确认。[③] 康沃尔郡的钱曼德因担任郡守时曾释放一名拖欠债务的囚犯而得罪了债权人，后者向他索赔并准备对他提出起诉，于是钱曼德经过一番奔走于1544年当选为议员，企望在议会上为自己申辩并提出有关议案，维护自己的权益。[④]1545年，普雷斯顿市议员拉尔夫·萨德勒获得了确认其子合法继承权的法案。[⑤] 伊丽莎白议会总共作出10个地产仲裁。这种纯为个人利益而参加议会的议员在会上只关心自己的事情，对其他事务则漠不关心。1540年一名叫怀亚特的议员到会后就埋头准备他与国王交换土地的两个议案，以至“无暇与其他议员寒暄问候”。[⑥] 所谓地产仲裁提案，提案文本就是双方协议，但议员较起真来，对这类议案也不轻易放过，1597—1598年某仲裁案不得不诉诸表决，赞否之间只有4—5票之差。[⑦]

涉及地方利益的私议案多与当地基础设施建设有关，提案的目的主要是取得募集资金的合法性。

1597年议会批准在萨里、苏塞克斯和肯特征收筑路税，该法规定自该年10月12日至来年5月1日，冶铁场每运输10吨铁或3车煤炭须纳

---

① Bindoff, *House of Commons*, vol. 1, p.530.

② Elton, *Studies*, vol. 3, pp.13-4.

③ Loach, *Parliaments*, p.41.

④ Bindoff, *House of Commons*, vol. 1, p.619.

⑤ Loach, *Parliaments*, p.42.

⑥ Bindoff, *House of Commons*, vol. 3, pp.669-70.

⑦ Dean, *Law-Making*, p.224.

税3先令；每运铁10吨或运煤30车须免费装运一车筑路石。[①]

1585年，在肯特郡代表的建议下，谢陂岛金斯渡口久拖不决的公路维修税终于可以合法征收，法律规定渡口周边四英里之内的所有土地所有者都有纳税义务。

纽尔克和温莎两市曾要求临街商铺或住户的房东自费铺设门前人行道路，但房东们一直抵制。1585年，在该市"总管事"的帮助下，两市政府的要求得到议会法的确认，房东们如果继续抗命，将被课以罚款。[②]

争取在已获批准的法律中规免其中个别条款，是地方性私议案的主要内容之一。欧福德是一个渔业小镇，本来就不富裕，1584—1585年议会为养护鱼群而颁布的渔网网结间距不得小于2.5英寸的法律，对该市更是雪上加霜，在后来连续两届议会上，该市都亟请议员对其渔民"网开一面"，将网结间距的最低要求降至1英寸，经过艰苦努力，终于在1589年获得批准。[③]1584—1585年博克斯特市突破1558年议会法的禁令，获准经营纺织业。[④]1589年林肯市在其议员努力下，成功挣脱伦敦羊绒商业公司强加给该市的不得买卖羊毛的限制。[⑤]

私议案也可以有官方背景，1597年始于上院创议的某提案就是如此。在该议案基础上制定的法律授权大法官从重处罚拒绝缴纳伦敦干道修路费者，罚金数额远远超过已有规定。[⑥]16世纪下半叶有关修筑东南沿海港口的各个法律，也都出自中央政府授意的私议案。[⑦]

---

① D'Ewes，pp.589，594.

② Hasler，*House of Commons*，vol. 1，p.115；D'Ewes，pp.340，342-5，369，372.

③ D'Ewes，pp.364，395-6，398，403，412-3.

④ Dean，*Law-Making*，p.246.

⑤ D'Ewes，pp.444-6，448-9，451，454.

⑥ Dean，*Law-Making*，p.239；D'Ewes，pp.566-7，570.

⑦ Dean，*Law-Making*，p.243.

私议案要想获得通过，有时要付出比公议案更高的代价。1597 年，伯克郡万塔戈市的一个私议案获得批准，为此它不得不借债 88 英镑以打点各方人士，对万塔戈市这种没有代表与会的城市而言，这是为“私议案”付出的最低代价。① 当然，有代表出席的城市也免不了破费。1584—1585 年，莱米雷吉斯市市长亲自出席议会，为了一个私议案，支付了 52 英镑 11 先令的贿金。②

前面说过，私议案即使在本地也不代表共识，这是造成私议案引起争议的原因之一。比如 1598 年，赫里福德郡两个豪门冤家各有一名代理人参加议会，当代表其中一家利益的康尼施市议员克罗夫特提出在威伊河架桥的议案后，另一家的代表、该郡议员科宁斯比立刻起身抗议，称本地各种名义的摊派已经太多，居民已然怨声载道，再增加税负必将引发众怒，况且架桥选址山洪频发，修了桥也会被冲毁。③

伊丽莎白时期由于各种原因未予通过的私议案包括：1585 年东莱特福德市为修筑道路、桥梁申请征收人头费的提案④；1593 年科尔切斯特市以维修港口的名义申请对每艘货轮征收 2 便士靠岸税的提案⑤；普利茅斯 1593 年谋求拆毁经议会批准建立的麦威河两岸七家磨粉厂的提案⑥；等等。

在都铎王朝，捐资捐地兴建慈善机构和学校蔚然成风，赫赫有名的牛津大学女王学院、剑桥大学的大学学院等均建立于这一时期。这些新机构都以私议案的形式提请议会批准后取得合法性。审议这些私议案也并不轻

① D’Ewes，pp.554-5，556-7，561，567，570.

② Dean，*Law-Making*，p.244.

③ D’Ewes，pp.571-2，579，587，593；Hasler，*House of Commons*，vol. 1，pp.174-5，638-40，669，671.

④ D’Ewes，p.414.

⑤ Ibid.，pp.505，512.

⑥ Ibid.，pp.510，512.

松，争议主要来自三个方面：第一，产权纠纷；第二，教会附加条件的合理性；第三，济贫方式的分歧。①

城市设立地方法院、派遣治安法官、限定司法范围有时也要得到议会的确认，即使事先得到国王批准的也是如此。②

都铎议会立法还有一个特点不容忽视，这就是设定有效时限的立法比较多，在伊丽莎白执政后期，即1584—1603年，共通过97部法律，其中66部为永久性法律，31部设定了有效时限，可称之为临时性法律。③关于设时限的原因，1601年下议员摩尔做了解释："立法以先试行再确认为好……在限期内观察一下实施效果，对制定永久性法律来说非常必要。"④临时性法律集中于民生领域，通常是临时的妥协方案。正因为如此，临时法律到期以后，如何评价其实施效果，是否有必要延长时限或转化为永久性法律，这些往往就像揭开"伤疤"一样，导致旧话重提，引起激烈争吵。下面仅举二例说明。

征收多佛尔港维修税是1581年临时性税法批准的，1589年该法到期后，议会同意续延七年。然而1593年议会召开时，尽管距离法律到期还有三年，但部分下议员已经忍无可忍，遂提前提出了该法律的存废问题。争论焦点是资金的使用效益，反对继续征税的人认为，港口的修建工程并没有改善停泊和装卸环境，持续下去徒费赀财；同意继续征税的人并不这样认为。论辩双方争执不下，议长建议诉诸表决，但当议长就其建议征求意见时，支持方与反对方竟然人数相等，因此只好继续辩论。其中一方提请下院注意，多佛尔并非一般港口，而是国家门户，容不得半点闪失，在

---

① D'Ewes, pp.352-3, 361-2, 366, 368, 371-2; Dean, *Law-Making*, pp.251-2.

② Dean, *Law-Making*, p.253; D'Ewes, p.342.

③ Dean, *Law-Making*, p.259.

④ Ibid., p.276.

这个港口的建设费上斤斤计较未免气局太小；而另一方年逾 80 岁的老议员格里姆斯顿说，他在多佛尔生活了一辈子，太了解守护港口的官员是如何玩忽职守不堪大任的，因此增加投入纯属扔钱。最后议长再次决定诉诸表决，请每个议员就两个问题表态：第一，是否同意三年以后该法律继续延期？第二，对在西海岸靠岸的船只应当年免除该项赋税，还是三年以后免除？表决一开始采取呼喊方式，但双方音量不分伯仲，最后还是采取计数方式。结果同意该税法继续生效；西海岸船只三年以后免于纳税。①

1593 年审议的另一个“延期生效”提案也引起不小波澜。1576 年通过的《济贫法》在这一年到期，大家对延期生效并无异议，但有人提出，私生子过多加大了济贫负担，在延期法案里应该加上赋予治安法官对私生子家长施以鞭刑的条款。这个建议在一读时就被指太过严厉，但及至二读过后也未做任何修改，结果就在提交上院前的最后一刻，有些议员一反惯例，劝大家再慎重考虑一下，这样的条款是否给了治安法官“官报私仇”的机会。他们动情地说，一想到抽打奴隶的鞭子会落在绅士身上，他们就不寒而栗。下议长接受他们的意见提出一个妥协方案：只要私生子的父母承担抚养责任而不是丢下不管就可以免刑，但他的建议被“卫道士”所拒绝。最后付诸表决，维持原件不做修改。失败的一方仍然不服，欲再次挑起辩论，唯因下议长反复劝说才善罢甘休。②

总的说来，在都铎议会制定的各类法案中，只有维护和强化王权的政治立法及全国性的行政立法和社会经济立法源于政府提案，而地区性的、行业性的社会经济立法则多起源于普通议员，特别是下议员。地区性行政立法和补充修订普通法的议案更是几乎全部来自下议员，这可能与下

① Dean，*Law-Making*，pp.266-7.

② Ibid.，p.268.

议员中有许多地方官吏和普通法律师有关。如前所述，甚至某些政府提案也以下议员的提案为基础，这说明，有些政府议案也是为了满足议员的要求，实现议员的意愿，在其形成过程中也曾经有议员的参与。据英国史学家盖伊估计，在伊丽莎白时期，约有8%的私议案最终转化为公法案。①这意味着全国性政治、行政、社会经济立法中也有相当一部分始于议员提案。②

据统计，在亨利七世朝通过的192件法案中，公法案为114件，私法案为78件。曾有人认为，在这114件公法案当中只有17件源于下议员提案，但晚近的研究表明，源于下议员提案者远远不只这个数字。③总之，源于议员提案的法案至少超过法案总数的50%。在亨利八世召开的第一届议会上，2/3的法案源于下院，即使其中包括部分政府提案，但大部分肯定是下议员提出的。④在1539年至1545年间，议会共通过170件公法案和82件私法案。⑤由于公法案中肯定有一部分源于议员提案，那么议员创议的法案在法案总数中的比例不会低于40%。关于都铎王朝中

① Guy，*Tudor England*，p.329.

② 波拉德曾认为，在伊丽莎白朝以前，所有涉及国家利益的提案均来自官方。（See Pollard，A.F.，“The Clerical Organization of Parliament”，EHR 57，225（1942），pp.31-58.）诺泰斯坦则认为，只是到了詹姆斯一世时期下院才获得创议权。（Notestein，*Winning.*）晚近的研究表明，这两种看法都是错误的。但是判断社会经济类法案的起源至今仍是一个相当困难的问题。埃尔顿曾提出，法案前言如措辞简练，仅以“以本议会的权威（宣布）……”为开头，则系政府提案；如用语冗繁，出现“女王在上下两院的建议和同意下，并以其名义（宣布）……”的字眼，则系议员提案。（Elton，*Studies*，vol. 3，pp.142-55.）但哈特利认为，埃尔顿的判别方法并不可靠。（Hartley，*Elizabeth's Parliaments*，pp.24-5.）洛赫则认为，最可靠的办法是把没有明显政府提案迹象的议案均视为议员提案。（Loach，*Parliaments*，p.115.）

③ Gray，H. L.，*The Influence of the Commons on Early Legislation*（Cambridge 1932），p.46；Alexander，*The First of the Tudors*，pp.135-6；Elton，*Studies*，vol. 1，p.289.

④ Graves，*Tudor Parliaments*，p.55.

⑤ Ibid.，p.82.

期，目前还没有准确完备的统计数字，但有材料表明，在1552年议会通过的全部37件法案中，2/3源于议员提案。[①] 伊丽莎白朝共通过272件公法案，166件私法案，其中在1559—1581年通过的144件公法案中，至少有22件源于议员，按这个比例计算，整个伊丽莎白朝议员创议的法案接近公私法案总数的一半。[②] 另外还应注意到，每届议会只有一小部分议案获得通过并成为法案，多数议案虽提交议会，但或是中途夭折，或是因时间来不及而流产。上面曾提到，在1559—1581年举行的议会上共通过221个法案，但同期审议的议案却有885个之多。[③] 在爱德华六世、玛丽一世和伊丽莎白统治时期，法案与议案之比分别为36：100、45：100和28：100。[④] 流产的议案几乎全部是议员议案。于是可以得出结论：历次会议审议的议员提案要远多于政府提案。鉴于私议案往往耗费时间较长，所以每次会议在议员提案上所花费的时间肯定也多于在政府提案上所花费的时间。正是因为这个原因，在伊丽莎白时期，政府提案总是在会议开幕两周之内就交给"麻烦较少"的上院审议，然后立即进入下院审议程序，以免随着会议的进行"淹没"在下院无止无休的私议案辩论之中。

前面章节曾讲到，一般说来下议员的出席率并不高，但遇到议会讨论涉及本地方或集团利益的社会经济问题时，情况就大为不同。曾有一届议会，在讨论圈地问题时，下院出席率高达66%，而在讨论其他问题时出席率只有17%。1601年关于专卖权的提案提交到下院后，发言的下议员竟达到出席者的20%。[⑤]

---

① Graves，*Tudor Parliaments*，p.85.

② Elton，*Parliament*，p.52；Elton，*Studies*，vol. 3，p.161.

③ Elton，*Parliament*，p.52.

④ Graves，"Management"，p.14.

⑤ Haigh，C.，*Elizabeth I*（London，1988），p.108.

总之，本节所述意在说明，议会是一个多职能的会议。尽管在都铎王朝它的政治职能加强，但它不仅仅要满足王权及政府的需要，同时也要满足不同地区、行业以及个人的需要，而且为了满足后者的需要，议会付出的时间和议员付出的精力还要更多些。

第六章 “三位一体”

第一节 国王的主导地位

“国王在议会中”的体制建立以后，国王从凌驾于议会之上变成议会中的一个成员，但这并不意味着国王和议会另外两个成员的地位平等。应该说，国王在议会中是占据主导地位的。

首先，议会的召集权属于国王。没有国王的召集就没有议会，也就没有议会另两个成员的存在，所以是国王赋予两院以生命。虽然事实上都铎君主绝无可能实行无议会统治，但在理论上和形式上，议会毕竟是国王召集的一个会议，而不是一个常设的、独立存在的机构，这一点正是都铎时期的君主制与近代立宪君主制的根本区别。

其次，国王握有解散或中止议会的权力。这意味着，在一定程度上议会是为国王而存在的，因为只要国王达到了目的，或是国王认为本届议会无助于他达到目的，他就宣布结束会议，一切审议或拟议中的提案都只能半途而废。在国王与议员发生冲突时，国王的这一权力显得尤其重要。

最后，国王拥有议案批准权。两院通过的一切议案未经国王批准便不可能成为法案。国王在行使否决权时与两院议员不同，他无须陈述反对的理由。而且，由于批准议案是议会的最后一项程序，所以一旦国王否决，该议案便宣告流产，再没有重审修正的机会。关于都铎君主否决议案的具体数字，目前还没有准确的统计。伊丽莎白女王执政期间共否决 72 个提案①，据史学家估计，在她之前的各位都铎君主可能达不到这个数量，这不仅因为她在位时间长，还因为她有时可能“代人操作”。1581 年，多塞特郡某城市的提案损害女王“密友”克里斯托弗·哈顿的利益，有人即劝该城市收回，因为“即使提案（两院通过以后）到了女王手里，他（指哈顿）也不会让它通过”②。

尽管国王居于主导地位，但议会既然由“三位”构成，立法必须赢得三方一致赞同，那么稍有头脑的君主就会懂得，不管他在议会中居于怎样的优势地位，都不可一意孤行，而必须照顾到议员的情绪。在两院，特别是下院拥有全面立法参与权的情况下，国王深知要想对所有提案都达成一致是不可能的，而对自己不认可的提案肆意行使否决权也是不妥的，要想让议会的行动纳入自己预设的轨迹，唯有加强会议管理一途。议会管理被史家誉为“都铎王朝创新的政治艺术”③。

都铎君主召开议会的目的是获取赋税并通过政府提案。经验证明，为此他们需要排除两大“干扰”：第一，议员，尤其是下议员，“偏离主题”，纠缠于仅涉及其个人或地方利益的提案，导致政府提案“无暇顾及”；第

① Graves，“Managing”，p.39.

② Neale，*House of Commons*，pp.388-9.

③ Elton，*Tudor Constitution*，p.290.

二，议员，仍主要是下议员，“过度干政”，令主上难堪。议会管理的任务就是排除干扰。

管理在会议召开之前就已经开始。自托马斯·克伦威尔创设“政府提案起草小组”之后，后代君主纷纷效仿，在玛丽和伊丽莎白时代，为保证通过顺利，组织有关大臣、法官在会前就起草、打磨政府提案几成惯例。①

会议期间的管理，首先是规范审议程序，特别是下院的程序。在都铎王朝，每届下院都有一半成员是第一次参加议会，他们不懂得开会程序，也不知道遵守“会议秩序”。1584 年伦敦议员弗利特伍德在给柏立勋爵的信中写道，许多议员“一点规矩也不懂，他们仨一群俩一伙儿的在会场内旁若无人地谈笑风生”，当枢密大臣让他们提名下议长时，他们“却毫无反应”。② 由于很多下议员抱着自私的目的而来，他们并不把政府的事放在心上。1584 年某日，一位显然同情政府的老议员抱怨说：“年轻的乡绅们争先恐后地发言，有时 20 人同时起立，而我们则被挤到一边无事可做，天色已晚，一件正事也没干，大法官大人对此十分恼火。”③ 因此，为提高议会工作效率，为使政府议案得到充分讨论和顺利通过，国王必须首先规范审议程序，特别是下院的程序。16 世纪下半叶是英国议会史上出台程序性规定最多的时期之一，在 17 世纪反复引用的先例中，有 16 项出自这一时期。期间共进行了六次程序大讨论，其中五次在下院进行。议题包括：在就提案是否提交委员会讨论进行表决之后，而就是否誊抄于羊皮纸表决之前，可否进行辩论；某提案的反对者可否进入该提案的专案委员会；曾经反对将提案提交委员会的人可否在表决是否誊抄于羊皮纸之前

① Elton，*Studies*，vol. 2，p.82.

② Graves，*Elizabethan Parliaments*，p.66.

③ Ibid.，pp.66-7.

再次发言；三读表决时，应该赞成者退场还是反对者退场；举行两院联席会议时，第二院如何为创议院的提案背书；公共提案有无必要征求法官意见；如何处置向外界透露审议进程的违法行为；被墨迹污染的提案是否需要重新誊抄；上院会见下院代表的礼仪程序；等等。① 为提高审议效率，下院还设立了提案委员会和常设委员会。前者的任务是对下议员反映强烈的问题，汇集梳理，整合为若干提案，以便集中审议，而对其中争议较大者，按类别提交给常设委员会，利用下午的休会时间进行审议。为节省审议时间，16 世纪中期对下议员的发言作出规定，每人每天就一个提案只能做一次大会发言，发言时会场应保持安静。

国王管理下院很少亲自出面，通常通过“代理人”进行。

代理人之一是上院。如上所述，作为一个刚刚经历转型的上院尚未形成一个内聚力强的组织，而个人的利益诉求又往往无须通过立法来实现，所以在议会中一般都听命于王朝政府，何况在伊丽莎白时期总共有 10 名左右枢密大臣——占枢密院总人数的 2/3——担任上议员。上院影响下院的主要渠道是两院联席会议。伊丽莎白时期下院中约 1/4—1/3 的城市议员是在“大人物”的支持下当选的②，他们当然会看其“恩主”的眼色行事。另外，在上院约 80 名议员中，有 32 人曾担任下议员，他们了解下院的行为模式，可以有效地进行“引导”。③

---

① Dean，*Law-Making*，pp.22-3；D'Ewes，pp.353，432-4，584-5. 正统派曾认为程序的变化反映了下院的成熟，“程序的历史被视为政治或宪政发展的晴雨表”（埃尔顿语）。但实际上这是一种误读。程序的变化是为了改善工作效率，并不是反对派斗争的结果。很久之前两院就都有某种程序，只是执行不太严格、规范；在伊丽莎白朝，由于涉及程序的史料增加，给人以下院“成长”的印象，事实并非如此。（Neale，*House of Commons*，pp.18-2；Elton，G. R.，“Parliament in the Sixteenth Century：Function and Fortunes”，*HJ 22*（Jun.，1979），p.268.）

② Graves，“Managing”，p.49.

③ Elton，*Tudor Constitution*，p.250；D'Ewes，p.453.

代理人之二是名义上选举产生而事实上由国王任命的下议长。在都铎王朝，下议长一般都是国王的心腹。亨利七世时期的下议长由财政大臣、谘议会议长、监察御史等担任，伊丽莎白时期有三任下议长后来成为监察官，另有一名系政府要员。① 这些下议长总是优先宣读政府提案，“引导”下院“集中精力”辩论“重要事件”。他们还都很善于把握将政府议案付诸表决的“最佳时机”。比如1555年，下院在辩论“教会什一税和教士首年俸复归罗马教廷”的政府议案时发生激烈争论，很多人表示反对，于是下议长故意拖延时间，迟迟不进行表决。一直拖到下午3：00，当反对派议员饥渴难耐纷纷离席去吃午饭时，下议长突然宣布进行表决，结果该议案得以通过。②1597年，下议长克里斯托弗·耶尔弗顿为使一个政府提案获得通过，反复进行表决，直到赞成票占了多数为止。③ 由于在下院中只有下议长才享受单独觐见国王的特权，所以下议长还可以充当国王的耳目和嘴巴。国王可以随时通过下议长了解下院动态，也可以通过他向下院传达指示，干预辩论。如1532年，当亨利八世听说下院有人建议他打消与凯瑟琳王后离婚的念头，以免日后玛丽公主的继承权产生疑义时，他立即召见下议长并令他通知下院，国王“对下院竟然谈论他们不可能解决的问题感到惊诧”。御旨传达后，下院的辩论戛然而止。

代理人之三是出席下院会议的枢密大臣。在都铎王朝，这种大臣议员人数呈逐渐增多的趋势。亨利七世朝为2名，爱德华六世时期第一届议会达到6名，玛丽一世时期每届议会均有8—10名。伊丽莎白时期，几乎

---

① Alexander，*The First of the Tudors*，p.137；Roskell，*Commons and Speakers*，pp.298-307；Graves，*Elizabethan Parliaments*，p.73. 洛赫认为，都铎时期下院受政府控制的程度比兰开斯特时期加深了许多，其重要原因就是都铎时期的下议长均与国王或政府有着非同一般的密切关系，见 Loach，*Parliaments*，p.3。

② Loach and Tittler，*Mid-Tudor*，p.13.

③ Graves，*Elizabethan Parliaments*，p.73.

所有没有贵族封号的枢密大臣都进入了下院。这些人通常有利用自己的影响力在选举中帮助亲朋好友当选的经历，所以在下议员中有一定人脉，这为他们按照国王的意志疏导下院创造了条件。下议长由他们提名，专案委员会委员名单有时也由他们拟定，开会期间他们把自己的座位置放在议长周围，以便随时“面授机宜”。伊丽莎白时期，女王经常请他们入宫汇报下院辩论的情况，他们也经常把女王指令带到下院，越是言辞激烈的讨论越可能因为他们传达的指示停止下来。1572 年，当伊丽莎白女王急于让议会审议有关苏格兰玛丽的议案，而下议员却在一些有关地方经济的问题上纠缠不休时，克里斯托弗·哈顿匆匆来到下院，与下议长交头接耳，下议长随后宣布中止其他辩论，立刻宣读有关苏格兰玛丽的议案。枢密大臣议员同样负有向国王通报会议情况、向议员解释国王意图、传达国王指示的责任，必要时他们还要代表国王对议员进行“说服”或恐吓。1547 年，当有关解散小教堂的政府议案因金斯林和考文垂两市的反对而搁置时，枢密大臣议员专门找到这两个城市的议员，警告他们不要再对该议案发表任何反对言论或采取任何反对行动。① 据伊丽莎白时期以捍卫言论自由权著称的议员彼得·温特沃思说，1571 年，下议员罗伯特·贝尔在发表了反对女王无限制地颁布专利特许状的言论后，被枢密大臣议员召去“受到蛮横的对待，以致（当他回到下院时）神情恍惚。下议员们见状后面面相觑。此后十多天无人再敢轻言国事，即使在涉及较一般的问题时，他们也要不厌其烦地反复声明，希望他们的言论不要引起误解。这种不正常的现象是枢密大臣议员粗暴压制下议员的结果”②。通常情况下，这些枢密大臣议员仅靠自己的政治地位就足以影响一般下议员，当枢密大臣议员表态

---

① Loach, *Parliaments*, p.157.

② Ibid.

后，一般下议员即使自己有不同看法，但在公开场合也还是宁肯与枢密大臣“保持一致”。有时，当国王的意图实在难以在下院贯彻时，下院中所有的枢密大臣议员便私下聚首，磋商对策。[①] 财务大臣弗朗西斯·诺里斯、大法官沃尔特·迈尔德梅和国务秘书罗伯特·塞西尔都以“管理议会”见长，上下两院日志都留下他们“监管”的记录。[②] 枢密大臣缓和下院与政府矛盾、纾解议员情绪的典型案例发生在1589年。在这一年召开的议会上，议员们对皇家采购员利用皇室采买特权无法无天、巧取豪夺的行为展开愤怒声讨，大有政府如不给予满意答复便拒绝批准补助金之势。枢密大臣见状便出面为女王“担保”，承诺一定采取措施打击皇家采购员的非法行为。最后补助金顺利通过，而在会议闭幕之际女王宣布，今后皇家采购员犯法一律不予特赦。[③]

在伊丽莎白时期，当下院枢密大臣议员的人数太少时，特别是在1571年下院的主要“管理者”威廉·塞西尔因受封柏立勋爵而离开下院进入上院之后，女王不得不依靠第三种人协助她“管理”下院。这些人虽是普通议员，但一般亦有一官半职，而且是主要枢密大臣的附庸，因此属于“政治上可靠”之类。他们在下院担负着同枢密大臣议员相同的使命，并随时向上院的枢密大臣，尤其是柏立勋爵通报下院的动态。只是他们的影响力远不如枢密大臣议员。下院中这种人一般总有3—4名。另外作为议会官员而列席上院会议的“法律顾问”也是为王权服务的，当他们发现法律条文不利于王权时，便会“提议”修改。

国王虽为议会的一员，但一般不参加两院会议，可是一旦他介入两

---

① Loach，*Parliament and Crown*，p.50.

② Dean，*Law-Making*，p.10.

③ Ibid.，p.61；D'Ewes，pp.432-3，444，452，454；Townshend，*Historical Collections*，pp.286-7.

院的审议过程，他的意见便基本上是决定性的。1532年亨利八世见《限制上诉法》在上院遭到高级僧侣的抵制，便亲自莅临上院，使该议案强行通过。[①] 同年，当下院对涉及国王封建权利的政府议案提出批评时，亨利八世召来下院代表，警告他们："希望各位适可而止，否则朕将不得不采取极端行动。"[②] 结果该议案在下院顺利通过。也是在这一年，当下院表决《教士首年俸法案》时，国王曾亲自到场监督，据神圣罗马帝国驻英使节加佩斯说："很多议员因怕冒犯国王而站到他一边"[③]。1539年，亨利八世主持了上院关于《六条信纲法》的辩论，当改革派主教克兰麦对该议案提出异议时，国王当场严加斥责，因此在该议案在上院通过提交下院后，托马斯·克伦威尔威吓下院说，国王希望它不加改动地通过，敢于抵制者将难逃杀身之祸。[④] 亨利八世的两个女儿在弹压议会方面比之其父有过之而无不及。1555年，某项涉及宗教问题的政府议案在两院均遇到麻烦，玛丽一世得知后召来两院代表当面训斥，迫使他们接受该议案。[⑤] 至于伊丽莎白时代，下文将有专门论述。

亨利八世时期的西班牙驻英使节曾说，英国议会中"无人敢于不唯国王和枢密院马首是瞻"[⑥]。这一论断当然不符合整个都铎王朝的实际，即使就亨利八世时期来说也言过其实，但它确实反映了议员的普遍心态。造成这种心态的原因有二。一是担心国王的打击报复。这样的事并非没有发生过。玛丽一世的大臣佩吉特男爵就因在议会上"出言不逊"而失宠。[⑦] 亨

① Lehmberg, *Reformation Parliament*, p.137.

② Elton, *Tudor Constitution*, p.314.

③ Loach, *Parliaments*, p.75.

④ Lehmberg, *Later Parliaments*, p.72.

⑤ Loach, *Parliament and Crown*, p.62.

⑥ Notestein, *Winning*, p.7.

⑦ Graves, *House of Lords*, p.160.

利八世时期上院讨论国王婚姻问题时，虽然国王让议员们畅所欲言，但当有些议员发现自己的意见不合国王心意时还是诚惶诚恐地祈求国王原谅。另外，国王的崇高威望也令议员不敢妄存忤逆王权的念头。都铎时期，随着从前与王权分庭抗礼的大贵族阶层的衰落，随着国王获得宗教最高首脑的地位，国王的威望空前提高，而且亨利八世等君主又特别喜欢并刻意追求以豪华的排场、隆重的仪式来炫耀权威、显示高贵，这些都会加重臣民对君主的敬畏心理。伊丽莎白时期，当有的下议员在发言中直接攻击女王时，下院一面将发言人羁押，一面又请求女王予以宽宥，这种做法充分体现他们那种既同情发言人，又唯恐国王怪罪的矛盾心理。玛丽一世时期举行的第一届议会通过了恢复天主教的立法，这届议会议员共约 350 名，按照常规，每届议会都有 1/3 的议员曾出席前届议会，这就意味着，这届议会有 120 名左右的议员曾在爱德华六世时期推行宗教改革的议会上对改革法案投过赞成票。可是在这届议会上，反对恢复天主教的不过 80 人。这说明，对相当一部分议员来说，追随王权比坚持信仰更为重要。

第二节 上院的衰落

回顾历史，议会从贵族扩大会议发展而来。凡邀请骑士和市民代表参加的贵族会议（King's Council）就被称为 King's Council in Parliament，即“议会”。议会召开全体会议时，国王坐在位于大厅中央的御座上，僧俗贵族和贵族会议其他成员环绕御座周围各就其位，而骑士及市民代表则站在会场栏杆的后面，该布局暗示骑士与市民只是特邀代表，而不是议会的正式成员。虽然 15 世纪初议会形成两院分别议事的制度，但及至 16 世纪以前，上院一直被称为 a house of parliament，上院即是议会，议会即指上院，“下院”只是议事组织，而不是议会成员。上院在议会中的这种“独尊”地位并不只是形式上的，事实上自议会建立以来，上院时常单独制定法律，而这些法律以“议会法”的名义颁布。①

重要变化发生在16世纪30年代。“宗教改革议会”召开以后，议会变成“三位一体”，上院从“一枝独秀”变为“三者之一”。自1544年起，上院的名称从House of Parliament改为House of the Lords，与下院House of the Commons并列。②名称的变化反映的是成分的改变。在16世纪以前，上院虽有贵族参加，但主体是王室大臣。及至1539年，上院议员座次表中还包括大法官、财务大臣、掌玺大臣、内务大臣、国务秘书和一干宫廷侍臣③，但从亨利八世执政后期开始，贵族成为上院的主体，尽管代表国王与会的王室法庭法官、皇家律师仍然在座，但他们只起法律助理的作用，并没有发言权和表决权。随着时间推移，作为上院议员出席议会逐渐成为贵族的专有权利，他们也获得一个专门的称号：“议会贵族”(peerage)。在16世纪下半叶，peerage与nobility（贵族）几为同义语。

30年代的变革使上院这个曾经代表议会“全部”的机构变成了全新议会的“成员之一”，而其成分的变化更使新一代议员一时还把握不准他们在这个拥有国家最高立法权的“复合”组织中如何自处和扮演什么角色，所以“新”的上院虽然与宫廷有所疏离，在体制上更加独立，但在整个都铎议会史上表现并不突出，较之14—15世纪，其影响还呈衰减态势。这主要表现在两个方面。

首先，上院在立法过程中的地位下降。从14世纪中期开始，下院成为议会必不可少的成员，但是，如前所述，当时上、下两院在立法中的

---

① Chrimes, *Constitutional Ideas*, p.156.

② Elton, *Tudor Constitution*, p.246, n. 43.

③ *SR*, vol.3, 31 Henry VIII, c. 10, pp.729-30.

角色并不相同，地位也不平等。1327 年开始出现并一直沿用到 15 世纪的议会法前言标准用语清晰地表明两院在这个时期不同的立法地位：法律是根据下院请愿，经上院同意，由国王在议会中制定的。1399 年大主教阿伦德尔代表国王向下院宣布：“下院是请愿者和提出要求者，而决断是国王和上院的事”，这句话便为上述标准用语作了注释。① 亨利四世对两院在立法中的不同地位有更为明确的表述，他在把下院同样称为“请愿者和提出要求者”的同时，把上院称为“法律的通过者”。② 上述言论反映出当时议会的活动情况：第一，下议员仅以个人身份向上院或国王提出请愿，这些请愿不必得到下院全体的赞同；第二，上院可以会同王室法官对下院请愿任意进行修改，所修改的部分不必返回下院通过；第三，上院可以把它创议的提案直接提交国王批准，无需下院的讨论和同意。在兰开斯特王朝，这种局面出现些许变化。1404 年亨利四世宣布，以后未经下院同意，任何人不得修改已有的议会法案。这等于承认下院对法律有部分通过权。③ 但下院对这种不完整、不充分的权利是很不满意的。1414 年，下院向亨利五世提出请愿，宣称它既是法律的“请愿者”也是法律的“通过者”，因此今后不应在未经它同意的情况下制定法律，如上院修改它的请愿书，该请愿书必须重新得到它的同意才能成为法律。④ 显然，下院是希望取得与上院同等的立法地位。但是亨利五世并没有正面回答下院的请愿，他只说，上院今后将不得对下院的请愿进行“全面修改”。按照 1445 年议会秘书的观点，这仅意味着上院不得删削下院请愿书的条款，但是可

---

① Butt，*History of Parliament*，p.457；Brown，*Governance*，p.220.

② Brown，*Governance*，p.235.

③ Wilkinson，*Constitution History*：*15th Century*，p.303.

④ Chrimes，S. B. and Brown，A. L.，*Select Documents of English Contitutional History 1307–1485*（London 1961），pp.237-8.

以增加新条款。[①] 这说明，无论如何上院仍保留着改动请愿书的权利，改动以后的请愿书仍无须经下院同意，下院仍然不享有它所期盼的完全的法律“通过权”，法律的真正通过者仍然只限于上院（国王是批准者）。上院因其地位优越，有时根本不通过下院就单独以议会的名义制定法律或签署法令。1425 年，根据下院的请愿，补助金法案补充了一个附加条款，规定国王必须以同样税率向外籍商人征税，否则该法案失效。但次年颁布的另一个法案宣布，国王可以开征前一年批准的补助金，不必理会附加条款，因为上院已同意国王这样做。[②]1428 年，摄政王格洛斯特公爵要求议会明确他的权限，上院担心他借此揽权，于是由 27 名上议员签署了法令，拒绝摄政王的要求，该法令并没有通过下院，却以议会全体的名义加以颁布。[③]1401 年议会与宗教会议共同颁布的镇压劳拉德派的法律也从未提交下院讨论。[④]

在约克王朝，由于贵族集团之间的倾轧和社会经济的变化，上院在议会中的优势地位渐渐丧失。爱德华四世为巩固王权而极力拉拢下院。1461 年他宣称他是靠下院支持才重新获得应有权力的。同年，议会在确认以前的议会法案时，所有修改部分都征得下院同意，这说明下院在争取“法律通过权”的道路上又迈进了一大步。[⑤]15 世纪后期开始实行的议案制更是两院地位走向平等的标志，它意味着两院议案不仅要在本院获得通过，而且必须得到另一院的赞同才能提交国王批准。在理查德三世时期，法案前言的标准用语已经变为：“在上、下两院的建议和同意下，（国王）以议会

---

① Brown，*Governance*，p.223.

② Chrimes，*Constitutional Ideas*，p.153.

③ Stubbs，*Constitutional History*，vol. 3，p.115.

④ Thompson，*Short History*，p.109.

⑤ Powell, J. E. and Wallis, K.，*The House of Lords in the Middle Ages*（London，1968），p.514；Wilkinson，*Constitution History*：*15th Century*，p.285.

的名义特此宣布……”① 到1489年，法学家已经普遍认为，议会法案必须得到上院、下院和国王三者的同意，缺一不可。② 以上事实说明，都铎王朝建立之际，上院的优势地位已近乎不保。但是这时的上院也还没有“沦落”到与下院平起平坐的地步。在 16 世纪以前，下院从未修改过上院的议案（只有一次添加了限定性补充条款），而上院不但经常修改下院议案，而且修改后的议案不再返回下院征求同意的事仍时有发生。③ 晚至 1504 年，在涉及国家事务时，下院有时仍只提出请愿，而不是议案，该请愿书必须先交上院，上院同意以后，下院才能开始审议，可见下院是“请愿者”、上院是“通过者”的遗风犹在。④ 但是 16 世纪 20 年代以后，这种“遗风”便荡然无存了。到宗教改革时期，亨利八世政府更开创了政治性政府议案首先提交下院的先例。此后下议员的参与意识日益增强。其结果是 16 世纪中期以后，上院在立法中的地位几乎已无优势可言。终玛丽一世一朝，上院创议的议案只占议案总数的 26%，⑤ 在伊丽莎白朝前期议会中（1559—1581 年）曾经一读的提案总数为 785 件，其中上院提案 179 件，下院提案 606 件，上院提案只约占总数的 22.8%，伊丽莎白朝后期议会（1584—1601 年），提案总数为 573 件，其中上院提案 105 件，下院提案 468 件，上院提案所占比例下降到 18.3%。⑥ 考虑到上院提案中还含有御批议案，如果扣除这一项，按上议员实际创议的提案数来计算，则上院创议比例会更小。1588 年 9 月，上议长大法官哈顿在致下议长的信件中透露，每逢议会开幕以后，在下院将他们审议过的议案提交上院之前，上

① Chrimes，*Constitutional Ideas*，p.105.

② Graves，*Tudor Parliaments*，p.40.

③ Chrimes，*Constitutional Ideas*，pp.221-5.

④ Elton，*Studies*，vol. 2，pp.53-4.

⑤ Graves，*House of Lords*，p.178.

⑥ Elton，*Parliament*，p.93；Loach，*Parliaments*，p.140.

院总是“无所事事”。当然此说略显夸张，但反映出此时在创议方面上院的确远不如下院活跃。①

都铎时期上院衰落的第二个表现是它的政治作用下降。按英国中世纪流行的观念，上帝在赐予国王统治国家的权力同时，也给予作为国王直接封臣的大贵族以佐助国王统治的权力，所以贵族被称为“天然的国王谋士”。早期议会具有咨询职能，且这一职能只能由上院行使，其起因盖源于此。1330 年的国王敕令曾明确宣布，在有关国家政治的问题上，只需征询上院贵族的意见，因为只有他们才代表国家和社会。② 倘若国王无能，贵族还有权代国王进行统治。在 14—15 世纪，贵族势力强大，当国王侵犯了他们的利益，特别是当国王试图摆脱贵族钳制、重用无贵族封号的内廷大臣（courtier）时，贵族常常依据其所谓“天然的咨询权”，利用议会召开之机，向国王及其宠臣发起攻击。有关事例在第四章中已有叙述，此处不再赘复。需要指出的是，在都铎王朝建立以前，所谓议会与王权的斗争，实际上就是上院贵族与王权的斗争。表面上下院也参与其中，比如充当弹劾请愿的提出人等等，但实际上起主导作用的是上院，下院只是上院的追随者而已。因此，当时上院的“优越”政治地位不仅体现于它同王权的分庭抗礼，而且体现于它对下院的支配。下院对上院的这种支配地位也是承认的。1399 年，在理查德二世被废黜之后，下议长曾宣称，若没有新国王亨利四世的同意和大贵族的支持，“下院本无权过问国家的政治事务”③。1376年当有的下议员建议结束对法战争以减轻国民负担时，其他下议员指出，凡涉及国家政策的问题，他们必须取得上院的支持，“否则下

① Neale, *House of Commons*, p.373; Graves, *Elizabethan Parliaments*, p.71; Elton, *Parliament*, p.94; Dean, *Law-Making*, p.8.

② Sayles, *Functions*, p.35.

③ Brown, *Governance*, p.231.

院的一切努力都是徒劳的”①。同一年曾有人断言，下院的所有行动肯定都受上院的操纵。②事实上也正是如此，当下院向国王或大臣发难时，背后总有上院指使。1386 年下院要求罢免两名大臣的请愿状实际上就是由两名上院议员起草的。正是由于上院在议会中居于支配地位，所以在 1460 年，当教皇使节向教皇介绍英国议会时，仍称之为“僧俗贵族的会议”，而对下院未置一词。③

但是，时隔不久，到都铎王朝时，上院的这种政治上的优势地位已经丧失殆尽，他们不仅不再对王权构成有力威胁，而且失去了指挥和支配下院的能力。

如前面章节所述，在都铎王朝建立以前，议会还兼有司法职能，而“议会的法官”只限于上院议员，这也是上院地位高于下院的一种表现。而在都铎王朝，议会失去了这一职能，上院的这一特殊地位也因此而无从体现。

尽管都铎时期的上院失去了以前那种举足轻重的地位和作用，但是它也并不像正统派所认为的那样，已成为议会中可有可无的一员。曾于 16 世纪末两度出任下议员或上议员、并担任过下议长和监察御史的爱德华·科克在 17 世纪初谈到议会不成功的原因时，列举了如下几点：第一，君主与上院或下院不和；第二，上议员之间发生矛盾；第三，两院间发生分歧；第四，下院不安于本分；第五，枢密院的会议准备工作不充分。五种因素中三种与上院有关，由此可见上院在科克心目中的重要性。④

---

① McKisack，*Fourteenth Century*，p.388.

② Wilkinson，*Constitutional History 1216–1399*，vol. 2，p.217.

③ Sayles，*Functions*，p.34.

④ Coke，Sir Edward，*The Fourth Part of the Institutes of the Laws of England*（London 1664），vol. 4，p.35.

如果认真考察都铎时期上院的历史，就会发现，科克的看法并非没有道理。

首先，在立法方面，上院毕竟创议了一些议案，而且当托马斯·克伦威尔、柏立勋爵等主要枢密大臣出席上院的时候，政府议案更总是首先由上院创议。在1547年议会所有的宗教改革议案中，只有一个不是始于上院。① 是年关于圣餐礼和主教选任方式的议案在上院分别宣读了九次和五次，原政府议案被上议员修改得面目全非。②1549年和1552年，在制定两个重要的教义改革法案时，起主要作用的也是上院主教，而下院基本上没有参与。在爱德华六世时期和1563年的议会上，上院创议的议案在议案总数中分别达到2/5和1/3。③ 当1559年议会确定英国国教教义时，上院亦起到不容忽视的作用。尤其重要的是，上院提案的“成功率”很高。有时上院的提案数量虽不如下院，但提案通过率却大大高于下院。在亨利八世后期议会（1536—1547年）通过的全部法案中，183件始于上院，而始于下院的只有127件。在爱德华六世时期，上院创议的提案占提案总数的40%，但由其创议的法案占到法案总数的64%。1547年至1558年，议会共通过法案277件，其中157件为上院创议，占57%。1559年上院提案中只有一件未成为法案，而该年下院提案的成功率只有30%。1563年只有1/3的议案起源于上院，却有63%的法案系上院创议，该年上、下两院提案成功率分别为71%和21%。1572—1581年的历届议会中，上院创议的提案只占提案总数的22%，但其创议的法案却占到法案总数的40%，同期上、下两院提案成功率分别为42%和18%④，至伊丽莎白末期这一差

---

① Graves，*House of Lords*，p.178.

② Ibid.

③ Ibid.，pp.8，178.

④ Ibid.，pp.8，175；Graves，*Tudor Parliaments*，p.87；*Elizabethan Parliaments*，p.71.

距进一步拉大为16% 和44%[①]。造成这种现象的原因，除上院议案中包含许多实际上无须审议的御批议案外，还与上议员更了解国王的意向，上院的法律顾问更精通法律，因此上院议案较少引起争议有关，而重要的原因还在于，下院仍保留尊重上院的传统，对上院先期通过的议案即使不太满意通常也不便像上院对待下院议案那样轻易否决。正是由于这一点，那些与上议员有千丝万缕关系的城市——比如后者在该市拥有地产，甚或担任该市的“总管事”——只要有机会就会把涉及本市利益的社会经济提案优先提交上院审议。伊丽莎白朝最后六次议会会议，涉及地方利益的提案和法案共计 192 件，其中创议于上院的达到 41 件，占 21%。[②]1581 年亚茅斯市正是由于通过本市的总管事莱斯特伯爵将限制鲱鱼进口的议案首先在上院取得通过，才最终克服伦敦渔业公司的阻挠，成功立法。[③] 而1587年，伦敦渔业公司试图废除这一法律而未成功也是因为在上院遭到否决，这显然与当年亚茅斯市代表威廉·格赖斯系莱斯特的附庸，会议期间及时通风报信有关。[④] 总之，以上情况表明，上院在立法方面的作用仍不可忽视。

其次，在政治方面，尽管上院不能像以前那样指挥和支配下院，但在都铎王朝这个等级意识还很浓厚，以致连着装都要与身份相符的社会里，贵族的潜在影响力还是不容低估的。1572 年一位下议员在致某枢密大臣的信中写道：“没有比频繁召开两院联席会议更有损于下院言论自由的事情了，这有时是因为……在联席会议上人们不敢直抒己见。我并不是说上议员恫吓下议员，而是说在下议员都知道他们的发言根本不可能对外保密的情况下，当他们来到上议员中间并了解其意向之后，他们肯定会变得

① Dean，“Parliament and Locality”，p.158.

② Ibid.

③ Ibid.，p.157.

④ Ibid.

随声附和。”[①]1581年，曾代表下院出席过联席会议的某下议员在下院发言说，在两院联席会议上，虽然上议员从未威胁过他们，但他们心理上感受到巨大压力，以致不敢畅所欲言，更不敢与上院代表顶撞。为此，下院特通知出席联席会议的下院代表，未经本院同意，他们不得在联席会议上改变观点，不得出于畏惧心理而轻易向上院让步。[②] 即使如此，仍存在下院代表受上院代表影响的事。1593年，下院本已批准两笔补助金，但上院仍嫌不足，在他们建议下举行了两院联席会议，会上柏立勋爵代表上院提出征收第三笔补助金的要求，尽管下院认为这种做法粗暴地侵犯了他们固有的补助金创议权，但是在这个他们最有发言权的问题上，他们最终还是向上院让了步。[③]

在都铎王朝时期上院与王权的关系方面，正统派认为上院一贯追随政府，充当“橡皮图章”。[④] 这一看法值得商榷。尽管主教的任命权和贵族的敕封权都操纵在国王手中，尽管都铎上院不再像以前那样公开同王权对抗，但上院也并非总是唯政府之命是从。特别是在贵族获得真正的“议会出席权”之后，国王除非使用褫夺或拘捕手段，不能把任何僧俗贵族排除在上院之外，这就难以避免在上院中出现反对派。爱德华六世时期，上院曾否决了政府提出的“允许教士结婚”的议案。同期10名保守派主教共对关于宗教改革的政府议案投过49次反对票。[⑤] 玛丽一世时期，尽管女王清除了上院中的改革派主教，但许多在宗教改革中获得教产的世俗贵族仍留在上院，他们同情新教，尤其担心恢复天主教后地产被教会收回，另

① Graves, *Elizabethan Parliaments*, p.108.

② Graves, *Tudor Parliaments*, p.32.

③ Neale, *Parliaments 1584–1601*, vol. 2, pp.298-312.

④ Loach and Tittler, *Mid-Tudor*, p.27.

⑤ Graves, *House of Lords*, p.90.

外他们也不愿意看到女王的西班牙夫婿菲力普在英国享有过多的权力，因此凡与上述问题有关的政府议案在上院总是遇到重重阻力。1553年玛丽一世朝首届议会召开，一份政府提案建议，严惩拒绝去教堂望弥撒的教徒。尽管该提案在下院已获得通过，但却被上院断然否决。据神圣罗马帝国驻英使节雷纳报道，持反对意见的世俗贵族曾指出，政府在信仰方面不应当“管得太宽”①。1554年4月，上院否决了大主教加德纳秉承上意提交的“惩治异端”议案，理由是该议案的真实目的在于收回教产。② 同年底，宣布英国恢复天主教信仰的政府议案也是在上议员的压力下添进保证不收回教产的条款后才获得通过的。③ 而当上院讨论“一旦玛丽去世应由菲力普出任护国公”的议案时，据说“有四名贵族愤然离席，拂袖而去，以示拒绝接受，他们的理由是，它侵犯了贵族一向享有的、必要时由他们指定护国公的权利”④。玛丽一世正是由于前三届议会上政府议案在上院屡屡受挫，才从第四届议会开始，决定把政府议案更多地投向下院（虽然在那里它们的命运也未见好转）。即使在伊丽莎白时期，上院也并非像尼尔所说的那样，一味充当女王的应声虫。在伊丽莎白初期，在讨论女王婚姻和王位继承问题时，上院经常违拗女王的意愿，以致1566年女王对此大为光火，她说：“上议员先生们，你们想干什么悉听尊便，但我是决不干违心的事的。而没有我的同意和批准，你们的提案终归徒劳。”⑤1571年，出于自身利益考虑，上院坚决支持下院有关“允许女王封臣缓行誓忠礼”的议案，尽管这样做侵犯了女王的特权。⑥1589年，上议员格雷勋爵公开指责

① Loach，*Parliament and Crown*，p.80.

② Ibid.，p.99.

③ Graves，*House of Lords*，p.196.

④ Ibid.，p.86.

⑤ Neale，*Parliaments 1559–1581*，vol. 1，p.142.

⑥ Ibid.，p.219；Elton，*Parliament*，pp.102-3，123；Hartley，*Elizabeth's Parliaments*，p.88.

英国主教是宗教改革的敌人，随后上院提出进一步改革教会的议案，这种做法同女王“不准议会干涉宗教事务”的方针直接抵触，故而该提案未能形成法案。[①]

第三节 下院的兴起

如上所述，都铎时期下院已从议会的“编外成员”变为议会的必要组成部分，而这一改变是与其获得立法权同步进行的。这是一个漫长的过程。都铎建立之际，这一过程已在进行之中。1489 年，法官们在讨论某褫夺法的有效性时一致表示，因为该法“只体现了国王的意愿，只得到上院的赞同，而下院未予表态”，所以不应该生效。[②]“宗教改革议会”标志这一过程的完成，从此下院在议会立法中不可或缺。到伊丽莎白建立初期，极端看法甚至认为下院与国王两者即可组成议会，而上院可有可无，因为“下院代表民众，其诉求远比贵族和主教重要”[③]。

都铎时期人们对下院的关注和重视程度是前所未见的。在都铎王朝以前，贵族子弟对下院不屑一顾，特别是贵族的长子，因其可以继承上院出席权，所以决不愿与下议员为伍。而在都铎王朝，像贝德福德伯爵那样把长子和次子都送进下院的事例并不鲜见。1539 年的法案曾规定，国务秘书有资格作为顾问列席上院会议，但实际上他们中大多数人更愿意通过选举以下议员的身份参加议会。16 世纪 80 年代一个枢密院秘书郑重其事

---

① Neale, *Parliaments 1584–1601*, vol. 2, pp.227-9; Hartley, *Elizabeth's Parliaments*, p.88.

② Elton, *Tudor Constitution*, p.245.

③ Thorne, S.E. ed., *A Discourse upon the the Exposicion and Understanding of Statutes* (California 1942), p.113.

地提醒柏立勋爵，切勿忽视来自下院的声音，因为下院乃是“女王陛下千百万臣民的代表”。都铎时期下议员的人数大幅增长，素质明显提高，其中不仅有地方利益的代言人，也有抱负更大的“政治精英”（详见第二章），这样的成员结构大大提升了下院的独立判断能力和独立表达意识，从而增强了下院在立法过程中的活力。与此同时，下院也变得愈发自尊与自重，《下院日志》的创制和下议员越来越热衷于每日记录会议议程便是证明。

都铎时期下院兴起的标志主要有以下三点：

（一）下院在立法中的作用明显增强

这表现在三个方面。

第一，下院确立了在社会经济立法中的地位。下院创议社会经济提案并非自都铎王朝始，15 世纪以前下议员在陈诉“冤情”的“请愿”中，有时也涉及市场贸易或币制之类的事，只是在封建制度占统治地位的时期，这类请愿数量不多而且也不受重视。15 世纪中叶以后，随着资本主义经济成分的增长，在社会经济生活中不断出现新的问题，它们不仅影响到某些个人或某些集团的切身利益，而且处理不好，还会影响整个国家的政治稳定。因此，社会经济立法逐渐成为议会的一大议事主题。1461 年下院提出的一项涉及经济的请愿，引起国王爱德华四世的高度重视，后者把请愿书亲自提交议会，下议员还被破例邀请到上院，“与上议员和大法官共商有关事宜”①。这是下院首次扮演社会经济提案创议人的角色。在都铎王朝，社会经济立法在议会法中所占比重大为增加，下议员在创议社会经济提案方面也表现得更加踊跃。比如在农业歉收、粮价腾贵的 1597 年，

---

① Butt，*History of Parliament*，p.575.

下议员仅为克服粮食危机一事就提出 11 件建议案。在伊丽莎白朝，酗酒一度成为令人关注的社会问题，有人认为它是引起粮食短缺的一个重要原因，有人认为它是对社会治安的一个严重威胁，这些人都主张严禁酗酒。但是严禁酗酒又势必损害酒类经营者的利益，因而反对禁酒者也大有人在。结果在1576—1601年间，下院有关酗酒问题的提案也多达11件。[①]由于下议员与直接经营者关系密切，有的更直接来自经营者阶层，所以在他们的提案基础上制定的经济法往往具有较强的可行性，包括上院议员在内的许多人都承认，社会经济提案唯有来自下议员者才有较大可能成为法律。基于这一点，对经济立法日趋重视的都铎政府吸取政府制定的经济法案因脱离实际而难于推行的经验教训，越来越多地把有关社会经济的政府提案首先提交下院，倾听下议员的意见，下院于是成为这些议案的创议院。有时，即使政府决意强迫议会通过某些经济法，也不能完全不理会下院的意见。伊丽莎白时期的《破产法》通过过程就说明了这一点。从 1559 年起，枢密院曾三次在议会提出按重罪犯处置破产者的提案，但每次都遭到部分下议员的抵制。1566 年，该提案在下院以 60 票赞成、76 票反对而告流产。1571 年，柏立勋爵为了避开下院的干扰，首先将此议案提交上院，但就在上院专案委员会开始审议这一提案时，枢密院下达指示，“授权”上院专案委员会走访下议员以征求意见。该年，这个议案成为法案，但根据下院的建议，该法案的惩治对象从一切破产者改变为“伪装的”破产者。[②]

值得注意的是，至少在伊丽莎白时期，原本一向出自枢密院之手的公共提案，也开始从最初只涉及地方利益的下议员提案转化而来，事关西部

① Loach，*Parliaments*，p.116.

② Elton，*Parliament*，pp.297-8.

纺织业、进出口贸易、学徒制度等几部重要的公共立法莫不如此。伦敦市档案证明，该市科尔瓦多皮制作公司企图将鞣皮工匠赶出该行业的提案后来转化为全国性的皮革产销法，该市酒桶制造商会旨在禁止本市啤酒销售商自制酒桶的提案最终演变成通行全国的酒桶生产法，而该市的武器制造公司谋求将刚刚兴起的枪支制造业控制在旗下的提案最后变成了枪支供应法。① 伊丽莎白末期的几次议会对济贫法、农耕法、反圈地法、专利法的审议过程更清晰说明中央政府与地方利益集团的“共谋”关系，这些提案都来自政府，但一经提出立即得到若干地区下议员的热烈响应，《下院日志》所记录的有关场景很难让人相信这是“不谋而合”。②1601 年，来自桑威奇市的一名议员在控诉海盗危害时直接建言制定公共法案，而来自亚茅斯的支持者似乎认为，普通下议员替代政府提出公共议案并无不妥，因为下议员负有“对君主和国家的责任”。③

第二，下院开始在政治立法中发挥作用。如果说都铎时期下院在经济立法中作用增强尚不足以说明下院立法地位的“质变”的话，那么下院在这一时期政治立法中所发挥的作用则充分体现了这一点。在 14—15 世纪，除了在偶尔发生的议会与王权的冲突中充当上院贵族的追随者之外，下院很少介入国家政治。但在都铎王朝，特别是在宗教改革过程中，国王和枢密院逐渐发现，他们的改革意向和措施在下院比在上院可以赢得更多的理解和支持，因此，亨利八世政府的政治性提案越来越多地投往下院，使下院成为这些政治性提案的名义上的创议人。政府的这种做法也唤醒了下议员的政治意识，提高了他们的政治热情和主动性，在玛丽和伊丽莎白两位女王统治时期，真正由下院创议的政治性议案也渐渐增多。1584—1585

① Dean，“Parliament and Locality”，p.160；Elton，*Parliament*，pp.263-7.

② D’Ewes，pp.552，560-1.

③ Dean，“Parliament and Locality”，p.161；D’Ewes，pp.645，645-6，665.

年议会审议的“安息日休市案”本是一个政府提案，其主要起草人是主教，但可能考虑该提案更多涉及下议员的切身利益，所以首先提交下院审议。果然下议员提出不少修改意见，并且“固执己见”，致使该提案两次提交两院联席会议讨论。在审议过程中，曾有人怀疑下院是否具有驳回上院建议的权利，下院就此质疑专门展开长时间的讨论，并不厌其烦地援引先例予以证实，最终再次郑重肯定下院拥有这一权利。① 同一届会议，在讨论涉及国家安全的政府提案时，下议员托马斯·迪格对上院一致通过的宽宥不从国教者的条款公开表示反对，称上院混淆叛逆罪与重罪的概念，放松对违反教规行为的法律追责，实乃纵容犯罪。他的这些过激言论虽然令上院很不开心，但其意见最终还是被吸纳。②1593 年类似的事情再次发生，这一次下院是指责政府提案对不从国教者界定不清，在执法中不仅可能造成天主教徒免于追究，而且会使清教徒横遭迫害。按上院的说法，下院的激烈态度几乎致这一政府提案流产。最后该提案在按下院意见做了一定修改后才得以通过。③ 下议员们对主教尤其不客气。1584—1585 年，一纸提案建议强制主教在小教堂对女王行效忠礼，同时禁止他们再按罗马教规对任何大主教表示效忠；在伊丽莎白朝最后两届议会上，下议员博伊斯连续提出限制大主教和主教出租教产的提案。④ 尽管伊丽莎白女王多次重申，宗教事务无须下院“多嘴多舌”，尽管置女王禁令于不顾的议员多次受到打压，尽管下议长费尽心思设置障碍，但都挡不住议员就宗教改革、王位继承、国家安全大胆发表意见，这反映了他们足够强烈的政治参与意识。

---

① D'Ewes, pp.333, 335, 336, 342-3, 353-5, 361-4, 367, 369-70.

② Dean, *Law-Making*, p.66.

③ D'Ewes, pp.517. 519, 520.

④ Dean, *Law-Making*, pp.130-1; D'Ewes, pp.130, 562, 623, 625-6.

第三，在审议过程中，下议员的参与意识越来越强。如前所述，在14世纪，按照请愿制立法程序，下议员只是请愿人而不是立法人，法律是在他们离会以后制定的，所以他们实际上并没有参与立法，或者说他们的“参与”仅仅表现为“提议”。15世纪上半叶实行议案制后，下院成为立法者之一，但并不是一个积极主动和平等的立法者，上院提案仍很少提交下院审议，下院修改上院提案的事更绝少发生，在都铎王朝建立以前，下院甚至从未否决过一个上院提案。① 都铎王朝早期，情况仍一如既往。但到都铎中期以后，下院批评、修正或否决上院提案的事例与日俱增。1576年，上院创议并通过的“森林法”议案和“着装法”议案在下院遭到反对，在随后举行的两院代表联席会议上，上院代表承认下议员言之有理，并声称下议员可以“放心大胆地”提出修改意见。这说明，上院对下院修改自己的提案已经习以为常。② 即使对御批议案，下院也认为自己拥有修改或否决的权利。同样是在1576年，伊丽莎白女王为了恢复宠臣斯托顿勋爵（其父在玛丽一世时期因谋杀罪而被削爵处死）的名分和权利，向议会提交一件御批议案，该议案在上院顺利通过，在下院却遭到批评。上院闻讯后表示，简直无法理解下院何以能对一个已经上院通过的御批议案持有异议，建议举行两院代表联席会议磋商此事。面对上院的责问，下院回答说，下院不仅有权修改上院通过的议案，而且还有权否决它们；女王御批只说明她向议会推荐议案，并不意味着对该议案不能再行审议、修改和否决，否则女王就没必要把它提交议会了。下院拒绝接受上院召开联席会议的建议，说建议举行联席会议是持有议案一方的权利，现在议案在下院，上院无权提出这种建议。僵持不下之际，枢密大臣柏立勋爵曾召见

① Butt, *History of Parliament*, p.579.

② Hartley, *Proceedings*, vol. 1, pp.448-51, 454-6; Neale, *Parliaments 1559–1581*, vol. 1, p.355; Elton, *Parliament*, pp.272-3, 284-6.

下院代表，斥责下院对上院有失尊重。但当代表回去将这一斥责向下议员们传达后，下院哗然，派代表告知上院："我们确应尊重上院，但这要以不破坏下院的权利为前提，我们有责任将这种权利完整无缺地传给我们的后代。"当柏立勋爵问他们反对该议案的理由时，下院代表以保守秘密为由拒绝回答。最终这个提案也没有获得通过。据说下院反对该议案并不是因为对斯托顿勋爵本人抱有恶感，而是因为在此之前上院曾否决了下院的"产权法"提案，下院以此进行报复。[①] 不管原因如何，这件事反映出下议员参与意识和权利意识的增强。能够说明这一点的事例不胜枚举。1572年下院在得知只能派40名代表去听掌玺大臣关于苏格兰玛丽案的报告后表示，全体议员对此事都极为关心，因此不应该对下院参会人数进行限制。最后，下院同意选派44名代表。[②] 这个数字显然与政府规定的代表人数相差并不多，可见下院争的不是名额，而是下院的事情下院做主的权利。前面有述，很多下议员是为了本地区或本集团的利益而参加议会的，但有时他们也会对重大政治、宗教议题态度执着。1571年，下院在审议《宗教信纲法》时，只赞成其中部分条款，对其他条款则不表态，大主教帕克责问下院代表这是怎么回事，下议员温特沃思回答说，因为时间有限来不及审议，而下议员"对尚未充分理解的东西，不会轻易表示赞同"[③]。

1589年上院通过的《税务官监督法修正案》提交下院以后，下议员提出了15条修改意见，在随后召开的两院联席会议上，下院与会代表再补充19条修改建议。即使经过如此反复修改，该提案在下院表决时仍需要诉诸计数方式，最后仅以195：112的多数票通过。下院通过的草案送

① Hartley, *Proceedings*, pp.457-461, 492; *Elizabeth's Parliaments*, pp.114-5; Neale, *Parliaments 1559–1581*, vol. 1, pp.356-9.

② Hartley, *Proceedings*, p.345.

③ Ibid., vol. 1, p.432.

交上院后没有遇到任何麻烦，说明至少在这个立法案例中，下院具有主导性。①

随着下议员参与意识的增长，下院的“自尊心”似乎也越来越强，对“程序合理”也越来越计较。在1584—1585年议会上爆发都铎期间最严重的一次程序之争，而事情的起因就是对下院“尊重不足”。会上下院收到一份有关授权星室法院审理非法转移财产案的提案。这是一个政府提案，而且如后来柏立勋爵对下院所说，事先已得到女王签署，所以实际上是一份“御批议案”。按“御批议案”的常规处理方式，它首先提交上院审议并顺利通过，但转到下院以后，下院并不买“御批”的账，硬要在星室法院是否具有民事诉讼审判权问题上纠缠不休，而且一反常规，在形成一致意见以后不是在原提案上加以修改，而是提出并通过一个新的议案提交上院。柏立勋爵对下院这一“有悖常理”的做法十分恼火，责令按常规做法召开两院联席会议统一意见，而不允许下院甩开原提案另起炉灶。下院对柏立勋爵的指令颇不以为然，一面在联席会议上敷衍，一面在下院就程序合理问题展开讨论。发言者都对柏立勋爵的做法表示不满，他们说，是否召开两院联席会议应由下院自己决定，这是下院的权利，柏立勋爵无权干涉。为了表达抗议，一些原本支持该提案的人也转而反对，以示绝不当应声虫的决心。该提案最终按下院意见将授权对象改为普通法庭，上院虽很不情愿但还是接受了下院的意见。②

1593年审议议会税时，下院的初步意见是批准两笔补助金，而柏立勋爵秉承女王意志建议增加一笔，并试图召开两院联席会议以压服下院。这一下子惹恼了下议员，他们认为柏立勋爵的粗暴干预侵犯了下院的补助

① D'Ewes，pp.565，568，572，573.

② Dean，*Law-Making*，pp.28-9；D'Ewes，pp.350-2，361-3，369-71.

金创议权。弗朗西斯·培根发言说："我不反对三笔补助金，但是我认为不应该就补助金事宜与上院开什么联席会议……既然税负大都落在我们头上，那么（女王的）的答谢就不应有他们的份儿。"他说 1532 年议会召开时上院亦曾希望下院增批补助金，但仅仅限于建议，并无具体的数量要求，言外之意柏立勋爵硬性"规定"为三笔未免过分。① 其他议员认为，就补助金事宜召开任何形式的联席会议都意味着侵犯和破坏下院的传统特权。比尔援引 1407 年先例说，当年上院为压迫下院增加赋税曾强令召开两院联席会议，下院坚决抵制并得到国王的支持。② 尽管下院的枢密大臣议员们都说召开联席会议也未尝不可，但在多数议员的压力下，下议长还是决定就此问题进行表决，结果柏立勋爵的建议以 128∶217 票遭到否决。上院得知此事以后深感受到漠视乃至侮辱，于是要求下院说明它所依据的"先例"来自哪里，而下院对此置之不理。最后在女王亲自干预之下两院召开了联席会议，但下院并不掩饰自己的不满。有的下院代表在联席会议上质疑会议的"合法性"，有的则在下院继续鼓吹："属于本院职权范围内的事务，所有意见都应在本院发表，一切决定都应该由本院审议。"③ 会后，这些敢言者均因"开罪君主"在官场一度失宠。④

1597 年，在上院审议下院已通过的某议案时，因当年的上院秘书是个新手，他没有按照规定程序将上院的修订部分写在议案原文之上，而是直接誊抄于羊皮卷发还下院。下院认为，这种做法说明上院实际上不想再征求下院的意见，这是对下院审议权的严重轻蔑，于是提出严正抗议。尽管上院一再表示这只不过是一个小小的失误，绝对不带有任何"歧

① D'Ewes，pp.483-4，S.E. Lehmberg，*The Reformation Parliament*，pp.147-8，157-8.

② D'Ewes，p.485.

③ Ibid.，pp.483-95，499-503，507，509，521.

④ Dean，*Law-Making*，p.46.

视”色彩，希望下院不要在意，但下院还是不依不饶，坚持让上院严格按程序重来一遍。[①] 在同一届议会上，上院还曾对下院通过的一个“反流民提案”提出异议，并托人向下院口头建议召开两院联席会议当面协商。下院告诉传话者，开会可以，但上院务必正式提交书面的建议报告，在口头建议基础上召开的联席会议不具备合法性，下院代表也不便发言。下院的回复让上院心里很不舒服，但无可奈何，只好回复“认真考虑”下院的建议。[②]1601 年，枢密大臣罗伯特·塞西尔在一次两院联席会议上说，对上院在会上提出的意见，下院代表没有说服下议员接受的义务，上议员追问原因，塞西尔解释说，议会毕竟由“两院组成，两者并存，互为补充”，言外之意，彼此并没有互相“补台”的义务。[③]

由于下院在立法过程中的积极参与，正如前面谈到上院衰落时已经说过的，都铎时期的下院不仅获得和巩固了同上院平等的提案权，而且其提案所占比例也越来越大。至都铎晚期，下院不仅提案数量多于上院，而且其提案在法案中所占的比例，即提案的通过率也大为提高。在 1563 年，下院创议的法案只占该年法案总数的 37%，1584 年则为 65%，1589 年达到 80%，到 1601 年则高达 90%。[④]

不过，尽管都铎时期下院的立法地位有所提高，但对这一点我们也不能估计过高，因为毕竟每次会议都有大量下院提案只因为没有时间审议就被放弃。在爱德华六世时期，79% 的下院议案没有形成法案。1572 年，下院 278 件提案中只有 51 件成为法律。[⑤] 相比之下，不仅政府的议案很

① D’Ewes，pp.575-7.

② Ibid.，p.578.

③ Ibid.，p.679.

④ Graves，*House of Lords*，p.8；*Tudor Parliaments*，p.156；*Elizabethan Parliaments*，p.71.

⑤ Graves，*Tudor Parliaments*，p.141.

少流产，就是上院议案的流产率也没有这样高。1559 年流产的 58 件议案中，只有 1 件源于上院，其他均源于下院。① 在 1572—1581 年间，流产议案总计 271 件，其中 227 件系下院提案。伊丽莎白朝前期下院提案的通过率仅为 20%，后期略有提高，但仍未超过 33%。而同期上院议案的通过率则分别为 66% 和 50%。②

（二）下议员的特权得到确认和维护

下议员的特权有两项，一项是豁免权，一项是自由发言权。所谓豁免权，是指在赴会前 40 天至会后 40 天的时间内，任何人不得因民事纠纷对下议员提出起诉，以免下议员因出庭作证或被拘押而无法出席议会。下议员的这项特权至晚在 15 世纪中期已得到承认，但似乎没有得到有力的维护。1512 年，德文郡某市议员斯特罗德因支持一个损害该郡锡制品产业的提案而遭到该郡法庭监禁和罚款，斯特罗德不服提出上诉，财务署法庭重审后撤销了原判决，议会随后重颁《议员豁免法》，其中有一条规定，会议期间除议会自身以外，任何法庭不得因任何罪行羁押下议员。③1542 年，下院第一次采取捍卫豁免权的行动。当时两名下议员因涉狱而无法赴会，下院得知后，一面派代表去监狱交涉，一面吁请亨利八世保护他们的特权。最后国王宣布承认他们的这一权利，两名下议员遂获释放。这个事件还开创了下院自行审理此类案件的先例。自此以后，下院不再像从前那样把此类案件提请大法官庭审查，由后者签发释放令，而是直接进行审查，下院的判决书即是释放议员的依据。从 16 世纪 70 年代开始，这

① Graves, *Tudor Parliaments*, p.123.

② Elton, *Parliament*, p.106; Graves, *Elizabethan Parliaments*, p.70; Loach, *Parliaments*, p.50.

③ *EHD*, vol.5, pp.607-8.

项特权还延及议员的家仆，理由是家仆戴罪，下议员同样无法安心开会。1601 年议会进行当中，下议员威廉·库克的家仆被拘捕，在下议员爱德华·霍比的动议下，下院一致同意，立即派下院守卫执其权杖（下院传唤被告的标志）把该家仆及看守他的狱卒带到下院接受审查。一个半小时后，两人均被召来，在库克确认囚犯系其家仆后，下院责令狱卒立即将其释放。①1572 年还曾发生对侵犯下议员这一特权的地方法官绳之以法的事件。② 在都铎王朝，有些人利用议员豁免权作为逃避债务的手段，因为按照普通法诉讼程序，如第一次起诉无效，便不得提出第二次起诉，于是一些因债务受到起诉的人就纯粹为了取得豁免权而参加竞选，这样一旦当选，不仅会议期间债权人对他奈何不得，即使在会议结束后，债权人也对他毫无办法。对这种滥用特权的行为，下院并不保护。1576 年，下院在审理了一个这样的欺骗案后宣布，下院支持对滥用豁免权的人绳之以法。③ 另外，如果下议员的债务纠纷涉及王室利益，当事人同样难以享受豁免权。1593 年，下议员托马斯·菲茨赫伯特因欠王库 1400 英镑遭到逮捕，下院对此并没有提出抗议。④

下议员的自由发言权是一个比较复杂的问题。1378 年，下议长皮克林在就职演说中曾经表示，在他代表下议员向国王汇报时，言辞当中若有唐突冒犯之处，完全由他本人负责，请国王不要因此而迁怒于下议员。有人认为，这是下院言论自由权的起源。⑤ 但事实上，当时的下议员还根本谈不到享受言论自由。1387 年，理查德二世曾询问王室法官，下议员的

① Townshend，*Historical Collections*，p.196.

② Graves，*Elizabethan Parliaments*，p.99.

③ Graves，*Tudor Parliaments*，p.146.

④ Neale，*Parliaments 1584–1601*，vol. 2，p.125.

⑤ Graves，*Elizabethan Parliaments*，p.7；Butt，*History of Parliament*，p.365.

讨论是否百无禁忌，法官做了否定的回答。1397 年，一个叫海克西的人因在下院指责宫廷过于臃肿而被国王和上院定为“叛逆罪”。尽管亨利四世举行的第一届议会为海克西平了反，并声称这样做“有助于维护下院的自由”，但是平反的理由并非该案侵犯或威胁了下院的自由权利，而是海克西的行为不构成叛逆罪和判决程序不完全。① 在亨利四世统治时期，下议长曾多次请求国王不要听信有关下院辩论的传言。1456 年下议员托马斯·扬格发言指出，那些把下议员的言论透露给宫廷的人“别有用心”，其行径“极不光彩”，他认为下议员应享有畅所欲言的自由，这是下院“固有的权利”。② 这些均可视作下院争取言论自由的行动，但并不能据此认为言论自由已成为下议员的一种权利。15 世纪，下议长在发表就职演说时，常常请求国王维护下院的权利，但是他们从来没有提出过自由发言权。

就现有材料来看，关于下院争取言论自由权的最早记载见于都铎王朝。1523 年，下议长莫尔在就职演说中第一次明确请求国王允许下议员自由发言。他说：“鉴于陛下召集议会所讨论的都是帝业王祚、江山社稷之计，事关重大，是以应让诚惶诚恐的下议员们知无不言。陛下应使他们相信言者无罪，否则于君于国必有大弊。因此，恳请至尊至圣的陛下、最最仁慈的国王，慨允在场的每一名议员自由地、无须担心触犯圣怒地、就其所见一切问题直抒己见。我们恳请最最高贵的陛下以无量的仁慈海涵我们的一切言论。无论我们表达得多么拙劣，请陛下明鉴，我们的每句话都发自对国家利益、对陛下及陛下荣誉的无比珍重和挚爱。”③ 亨利八世接受了莫尔的请求。此后，下议长在就职演说中向国王提出这类请求，以及

① Thompson，*Short History*，pp.86-8.

② Butt，*History of Parliament*，pp.461，465.

③ *EHD*，vol.5，pp.606-7.

国王接受请求均成为惯例。但在亨利八世时代，国王“容忍”的范围有多大？是仅限于议长本人还是包括其他议员？这些都没有人认真追究。只是在伊丽莎白继位以后，这些才明确下来。1559 年下议长加格雷夫向女王请愿说，希望全体下议员“在本院提出、研究或辩论任何事项时，都享受言论自由权利”①，女王答应了这一请求，言论自由从此才成为全体下议员的权利。

上述权利的获得为下议员创议提案、审议提案提供了基本保障。但是何谓言论自由？这在都铎王朝并没有明确的界定。按照莫尔的说法，下议员可“就其所见一切问题”“知无不言”，那么“所见一切问题”中是否既包括政府提案也包括下院提案？下院是否可以随意创议？在这些方面，似有颇多歧见。1559 年，上议长代表伊丽莎白女王回答下议长的请愿时说，女王给予下议员言论自由权，但是下议员在发言时不应忘记对君主应有的责任、尊重和服从。② 按照下议员的理解，这意味着除非直接攻击君主，一切言论都应该是允许的，而且为了确保言论自由，议员发言必须对外保密，对泄露者必须追责。1581 年议员阿瑟·霍尔违反“规定”，向外界泄露某议案的审议过程，就被下院判为蔑视下院权威、伤害言论自由罪，予以罚款、监禁乃至驱逐。③ 但下院自己也有破坏“言论自由”的案例。1584 年议员帕里就因以“恶毒语言”攻击“严打耶稣会提案”，被下院隔离审查，直到认罪。④

尽管都铎时期下院争取言论自由尚无争取政治民主的性质，但下院提出这种要求在很大程度上还是出于对“因言获罪”的担忧，还是以女王

① D’Ewes，pp.16-7.

② Hartley，*Proceedings*，p.43.

③ D’Ewes，pp.296，298.

④ Ibid.，pp.340-2.

为主要“防范对象”。1566年某议员发言说：“根据上帝的律法，每个人都可以在下院自由发言和表态，未经本院同意就把这里的发言和表态向女王透露对国家没有好处，代替女王向我们传达禁止自由发言和表态的指令也对国家没有好处。”他说，没有言论自由，下院只会充斥“谄媚与虚伪”。① 伊丽莎白时期，议员们对阿谀奉承、曲意逢迎的言行十分鄙视和厌恶。在1601年那届女王与下院就专卖权利问题发生重大分歧的议会上，议员赫尔显得颇为“不识时务”，他在发言中说：“我真奇怪，下院怎能不心甘情愿地满足女王的要求呢？要知道，我们拥有的一切都归属女王，她有权从我们这里任意索取。”他的法言引起嘘声一片，直到第二天仍被人拿来冷嘲热讽，幸而赫尔比较知趣，借故缺席了第二天的会议，否则必定十分尴尬。②

一般来说，在16世纪中叶以前，都铎君主还是比较尊重下院的言论自由权的。亨利八世在位时曾有下议员批评政府的税收和外交政策，甚至有人公开批评国王在“婚姻大事”上不够慎重，国王并没有怪罪这些人。1547年加德纳主教在追溯往事时说，议会发言是绝对自由的，发言者完全无所顾忌。③ 这可能是当时国王与下院在重大问题上立场基本一致的缘故，即在“大同”前提下能够容忍“小异”。也就是在这个时期的议会实践中，下议员们形成了享有绝对言论自由权的观念。因此，在玛丽一世当政以后，当下院在王位继承、宗教等问题上与女王意见相左时，下议员并不隐瞒自己的观点，而下议员因言获罪的事也就从这个时期开始发生。④ 到伊丽莎白时期，下院的自由发言权问题更成为下院与女王冲突的焦点之

---

① Elton，*Tudor Constitution*，p.8；Hartley，*Proceedings*，p.130.

② D'Ewes，p.633.

③ Pollard，*Factors*，p.124；Elton，*Parliament*，p.341.

④ Loach，*Parliaments*，pp.42，139，169.

一，这一点在下一节将专门论述。总之，在都铎王朝，言论自由作为下议员的一项特权已被国王和下院双方所意识。国王方面虽然承认其存在，但越来越倾向于将其限制在“无害”范围内，下院方面则力图挣脱一切限制，将其无限扩大。在言论自由权方面国王与下院的矛盾不仅对本朝而且对以后英国议会政治的发展都具有深刻影响。

（三）下院获得对本院议员的处分权

在都铎王朝建立以前，有关下议员权利与义务的纠纷都由上院或大法官庭来仲裁和审理，而在都铎王朝，这种裁判权转由下院来行使。从上述 1542 年豁免权事件开始，下院获得审理下议员豁免权案件的权力。从此形成惯例，无论是下议员的豁免权受到侵犯，还是某些下议员利用豁免权逃避官司，一经发现都提交下院会议讨论，最后按表决结果进行处理。1515 年的一件议会法案宣布，对缺席议员的惩罚权属于下院议长。16 世纪 50 年代，下院开始对议员资格进行审查，在 50—60 年代特雷哥尼、圣马威斯、圣杰曼斯、敏海德等新选邑第一次派代表参加议会时，下院成立专门委员会负责审查这些新议员是否具备议员资格。在 80 年代，议员资格审查权一度收归大法官庭，但 90 年代这项权力复为下院所拥有。虽然直到 1604 年才有关于议员资格审查权归属问题的明文规定，但在都铎王朝时已经有了该权力归属下院的明显倾向。所以当 1610 年詹姆斯一世质疑下院这一权力时，议员援引伊丽莎白时期的先例予以反驳。[①] 此外，在都铎王朝，下院有权在本院议员的人身或名誉受到损害时保护本院议员。例如 1576 年 2 月 29 日，下议员罗伯特·班布里奇发言说，有一个叫威廉斯的人公开散布反国家言论，他上前予以制止，却遭到毒打和刺伤。下院

---

① Yerby，*People and Parliament*，p.45；Notestein，*Winning*，pp.74-5.

立即决定，派下院守卫捉拿那个威廉斯，并将其依法治罪。[①]1581 年议会召开期间，伦敦律师会馆两名守卫因辱骂下议员，当即被下院拘留审查，直至认罪认罚，方才获得释放。[②]

（四）下院有了独立的意志，敢于批评政府与王权

在 14 和 15 世纪，下院也曾反抗过王权，其中大多数时候是受上院贵族的指使，但也有独立地、自觉地进行反抗的情况。这种独立、自觉的反抗主要表现为抵制赋税。他们或是迫使政府减轻议会税，或是在批税时提出一些附加条件，诸如政府必须公布议会税支出账目之类。还有的时候，下院以拒批议会税相要挟，迫使国王答复其请愿。此外，前都铎时期下院还经常批评王室强买制。所谓王室强买制是指商人必须以低于市价的价格向王室提供食品和日用消费品，类似于中国古代的“宫市”。由于市价既不统一，又不固定，王室的消费量也没有一个固定的标准，这就为负责为宫廷采买的大小官员狐假虎威、营私舞弊、中饱私囊开了方便之门，而遭到他们巧取豪夺、肆意搜刮的手工工场主和商家则不堪其苦。下院多次为民请命，提出王室强买制乃是一种变相税收，必须对之加以限制、约束和监督。下院的请愿收到了一些效果。

都铎王朝建立以后，下院与王权在赋税方面的矛盾继续存在，但程度有些不同。就议会税而言，在这方面双方的矛盾明显缓和。有都铎一朝，下院坚决抵制国王征税的事件只发生三次，分别发生在 1504 年、1512 年和 1523 年。1504 年亨利七世向议会提出，为王子晋封和公主出嫁需征收封建税。很多下议员担心征税前对所有王室领地进行的清查将使他们长期

① Graves，*Elizabethan Parliaments*，p.97.

② Vardon and May，*Journals*，vol. 1，p.121.

逃避义务的行径暴露出来，因此极力反对国王征收封建税，宁肯以议会税取而代之。[①] 在1512年和1523年，政府征税的理由是为了进行对法国的战争，而大多数下议员认为这一战争意思不大，不能给英国带来多大好处，所以拒绝如数批准赋税。由此可见，这几次下院抵制赋税并非因为赋税苛重，只是在收税名目等问题上略有分歧而已。正是因为如此，所以都铎时期下院与政府很少因议会税而发生冲突，在赋税量方面也比较容易取得一致。但是在王室强买制方面，情况就完全不同了，下院在这方面的抵制比前都铎时期激烈得多。自亨利八世时期起，下院多次提案，控诉“强买制”破坏经济秩序，要求严格规定“强买官员”的人数，约束他们的行为，甚至提出废除强买制。最初都铎君主对下院此举持容忍态度，但到伊丽莎白时期，女王断然否认下院有干涉此事的权利，双方矛盾加剧，致使这个问题直到都铎王朝终了仍悬而未决。

虽然如此，赋税问题却并非都铎时期下院表现其独立意志的主要方面。都铎时期，下院常有修改政府议案和上院提案之举，当然这种修改多数是“技术性”的，即以立法更为完善为目的，因此它反映的是下院与王权或政府合作。但是，也有少数修改或否决是抵制性或反对性的，下院独立性就体现在这些为捍卫自己的利益而批评政府的政策、抵制政府的提案上。从1515年至1555年，都铎政府提出的十几个限制养羊、禁止圈地的议案无一不在下院受到猛烈的抨击，其结局不是被改得面目全非，就是流产。[②]1533年《限制上诉法》提交下院后，一些议员担心教皇和天主教国家君主以中断对英贸易为手段进行报复，因此坚决反对。有人甚至提出，如果国王放弃与罗马决裂的政策，议会愿给国王20万英镑的“赠

① Chrimes, *Henry* Ⅶ, pp.182-3; Loach, *Parliaments*, p.57.

② Loach and Tittler, *Mid-Tudor*, p.101.

金”。①1534 年，当下院审议政府提出的《叛逆法》议案时，因其中含有“攻击国王政策的言论将按叛国罪论处”的条款而发生“空前激烈”的争论，许多议员以“闻所未闻”为由，要求将该条款删除。这个法律尽管在这一年获得通过，但亨利八世去世后，在爱德华六世继位的第一届议会上就被废除，这说明下院的抵制终于收到了一定效果。②1539 年托马斯·克伦威尔亲自拟定的“国王敕令法（草案）”提交下院后，许多下议员担心产权受到侵犯，因此强烈要求该议案加入“国王敕令不得涉及任何财产和遗产事宜”的条款，导致这个克伦威尔所“钟爱”的议案在下院被搁置几十天之久。③ 同年，亨利八世亲自参与制定的《六条信纲法》在下院通过得也很勉强。来自加莱市的议员托马斯·布罗克发言说，该议案所承认的“化体说”是一个“愚蠢至极的错误观念”。他的激烈态度和尖刻语言触怒了政府，政府以“涉嫌异端”的罪名把他囚禁了数年。④1545 年在审议政府提交的《解散小教堂法》时，下院的“争论一直进行到最后一刻”。1547 年在重新确认这个法案时，上院的草案将世俗同业公会也列入被解散之列，下院对这个草案断然否决。上院被迫按照下院的意见重新拟定草案，但是新草案在下院仍然受到金斯林和考文垂两市议员的反对，因为在这两个城市，小教堂的收入是城市建设资金的重要来源。据称这两个城市的议员“拉拢了许多人”，致使新草案又面临被否决的危险。最后在场的枢密大臣向这两个城市的议员许诺，会后将颁布国王特许状将这两个城市排除在该法律生效范围之外，这样该提案才获得通过。⑤1553 年玛丽一世政府提出

① Lehmberg，*Reformation Parliament*，p.175；Elton，*England under Tudors*，pp.131-2.

② Loach，*Parliaments*，p.69.

③ Lehmberg，*Later Parliaments*，pp.76-7.

④ Loach，*Parliaments*，p.79.

⑤ Ibid.，pp.80-1.

的“恢复达勒姆主教区”的议案，因牵涉教产回归问题，遭到许多曾获得教产的下议员的反对，当年未能形成法案。次年政府再次提出此议案，虽获通过，但在下院表决时仍有 120 票反对，占总票数的 37.4%。①

玛丽一世复辟天主教的政策使许多在宗教改革中受益的下议员警醒到，如果他们不介入政治斗争，他们的经济利益就难以保证。因此在玛丽一世时期，下院与政府和王权斗争的内容从经济领域扩大到政治领域，对政府提案的抵制也更多地体现于政治方面。1553 年 10 月，废除《叛逆法》的御批议案在上院通过以后，在下院遭到很多人的反对，因为下议员们清楚地意识到，这个议案预示着天主教卷土重来。下议员发言之激烈、态度之坚决给玛丽一世留下深刻印象，她说：“下议员不肯接受这个废除法，尤其不愿废除那曾授予君主宗教至尊权的法律。他们认为那将使教皇的权威进入这个国度，而他们对此并不欢迎。”神圣罗马帝国驻英大使在评论这一事件时也说，有些下议员“宁死也不让步”。② 就在这届议会召开时，玛丽一世将与西班牙王子菲力普结婚的意向逐渐公开。大多数下议员不希望看到女王的意愿成为现实，因为菲力普是天主教徒。他们派代表谒见女王，请求她为国家和民众的利益着想，放弃与外国人联姻的想法。对此玛丽一世极为恼火，她说：“岂有此理！议会竟以如此口吻对君主讲话！这既违反传统又不合礼法，简直是犯上谋逆！”③ 该届议会结束时，玛丽一世通过大法官对议员进行威胁和恐吓，他说，尽管女王天性仁慈，但若她发现某些人滥用他们的权利，她将不得不改变自己的天性，毫不犹豫地给予那些人以应有的惩罚，不管他们是贵族还是平民。④ 这是自都铎王朝建立

① Loach，*Parliament and Crown*，p.95.

② Ibid.，pp.76，86.

③ Loach，*Parliaments*，p.94.

④ Loach，*Parliament and Crown*，p.83.

以来，政府大臣第一次以这样严厉的口气代表君主致闭幕词。1554 年春季，政府提交的废除宗教改革立法的提案在下院辩论达五天之久，最后通过时仍有 80 人投了反对票。在同一届议会上，下院再次提出请愿，恳请女王嫁给一位英国人。同年底，当下院审议“承认玛丽一世与菲力普的后代为王位继承人，并把一切反对菲力普的行为列入叛国罪范围”的政府议案时，有 106 名下议员退出会场以示抗议。[①]1555 年，下院“反对派”议员的活动更加活跃，他们甚至筹划罢免女王。同年，枢密院提出的“把英国教会什一税和教士首年俸归还罗马教廷”的议案由于下院的反对而删掉了“上缴教皇”的条款，只宣布女王放弃该项赋税征收权。即使如此，它仍难以通过。最后下议长抓住一个“反对派”议员多不在场的机会，命令下院警卫把大门锁起来进行表决，这样该议案才以 193∶125 票的微弱多数通过。[②] 但是下议长并非总是能够如此有效地控制下院。就在同一年，一件得到枢密大臣支持的宣布菲力普有权继承英国王位的议案就在下院遭到否决。当下院审议枢密院提交的《惩治流亡海外异端分子法》时，下议员因同情流亡者而坚决抵制，他们还“以其人之道还治其人之身”，仿效下议长此前的做法，乘反对派人数居多时进行表决并锁起下院大门以防外来干扰，终使这一议案亦遭否决。[③] 据时人记载，该届议会结束时，玛丽一世“神情恼怒”，“毫不掩饰”她“内心的痛苦”。[④]

玛丽一世时期下院表现出来的这种政治独立性在伊丽莎白朝有了突出的发展和表现。

---

① Graves，*House of Lords*，pp.187-97.

② Loach，*Parliament and Crown*，p.137.

③ Ibid.，p.139.

④ Ibid.，p.143.

第四节 伊丽莎白时期下院同女王的冲突

伊丽莎白时期下院同女王的关系反映了都铎晚期君主制与议会的特征，并在一定程度上标志着议会性质的变化，因此这一问题历来为都铎史研究者所重视。在正统派与修正派的论战中，这一问题也是他们争论的焦点之一。无论正统派抑或修正派，都承认在伊丽莎白女王与下院之间存在政治对立，但是他们两派对于这种政治对立的分析和解释完全不同。孰是孰非？在详细阐述和分析这一政治对立的种种表现之后，我们将对此作出自己的判断。

归纳起来，伊丽莎白时期女王与下院的政治对立主要表现在下列三个方面。

（一）宗教改革问题

伊丽莎白女王支持宗教改革，但是她所主张的改革比之多数下议员所主张的改革似乎更多局限性。女王所热衷的是君主在教会中的最高权威，是君主的政治统治权与经济收益权。而下议员们所热衷的是建立全新的宗教秩序和社会秩序。女王与下议员们在宗教改革问题上的不同主张在伊丽莎白朝的第一届议会（1559 年）上就表现出来。

1559 年议会被称为“16 世纪议会史上最大的一个谜”，其谜面是：该年议会召开后，2 月 9 日有一议案在下院宣读（后来多数学者认为这是一份政府议案，是《至尊法》的雏形），议案中提出英国宗教最高权力属于君主。这份有关教权的议案不知为什么一读后便不了了之。2 月 21 日，一件创议于下院的新议案在下院宣读，这份议案不仅申明教权转移，而且提出改革教义。最后，就在这份新议案基础上形成了标志英国国教会诞生的两个重要法案——《至尊法》和《划一法》。在2月9日至2月21日之间发生了什么？如果女王本意并不想改革教义只想转移教权，那为什么后来屈从了下院的意志？如果女王自己本来就想改革教义，又为什么不一开始就提出来？隐藏在《至尊法》和《划一法》背后的究竟是女王与下院的斗争还是妥协？抑或是相互间的一致与利用？由于史料阙如，对于这个"谜"，人们只能猜测。

一种出现于16世纪晚期的传统看法认为，伊丽莎白女王从一开始就想在教权、教义两方面同时进行改革，只是由于担心来自上院保守派主教的阻力，才搞了一个"分两步走"的策略：先由政府抛出一个只改革教权的议案，再指使下院提出新的议案，利用下院压迫上院保守派让步。这种看法流行近400年，却在本世纪中叶遭到尼尔的彻底否定。尼尔认为，女王本来无意改革教义，2月9日的提案体现了女王的初衷，但是下院中那些"玛丽一世时期的流亡者"坚决要求进行彻底的改革，女王无奈，只好让步，接受了下院的新提案。修正派兴起后，以诺曼·琼斯为代表的一些史学家重新考察了1559年议会史，他们指出，尼尔笔下的那些激进的"流亡者"，其实多数并不同情新教，甚至他们当中的很多人根本不是什么"流亡者"，他们并非由于遭受宗教迫害，而是为了躲债、逃避官司、旅游或求学跑到海外去的。琼斯等人重新肯定了16世纪晚期出现的那种传统看法。

其实这个谜并不难破解。根据伊丽莎白即位时的国内外形势和晚近研究所发现的些许史实，完全可以得出正确的结论。

伊丽莎白继位之初，王位并不稳固。国内"君权神授说"已经不复存在，臣民不再视忠君为天命；玛丽一世在位时丢失加莱港更为都铎朝的统治留下不光彩的一页；国外，英国与西班牙矛盾重重，和平谈判未见分晓；法国屯兵苏格兰，虎视眈眈，对英国构成严重威胁。在这种内忧外患的形势下，伊丽莎白一方面要加强王权，加强君主对教会的控制，恢复亨利八世时期英国君主的最高宗教地位；另一方面又唯恐一步不慎，满盘皆乱，万一宗教改革步子太快太大，触怒了国内外天主教势力，就会酿成大祸。1559 年议会前夕，伊丽莎白曾对西班牙使节说，她要使英国宗教“恢复到她父亲时代的样子”，这句话充分反映出她对宗教改革的目标和策略已有设想，即只求获取教权，不去更动教义，免得惹犯众怒。她召开 1559 年议会就是为了贯彻这一“中间路线”。掌玺大臣培根的开幕词可以为证。这位大臣在宣布两院的任务是“制定法律，使国民统一在一个宗教体系中”（意即建立服从英国君主和世俗法律的教会）的同时，又提醒议员务必“谨慎从事”，“以维持国家的稳定”为重，为了“全民团结”的大局而“放弃无谓的争执”，不要使用“异端、宗教分裂分子、教皇的走狗”等刺激性字眼，以免引起“敌对和仇恨”的情绪。①1559 年 2 月 9 日，政府提交下院一读的议案只谈英国教权属于女王，而不谈教义改革，也是符合女王设想的“中间路线”的。但是该议案在下院审议时引起很大骚动。众多下议员发言，呼吁学习欧洲大陆加尔文教派的榜样，在英国实行以修改教义为中心的全面宗教改革。具体策略是，在本届议会上通过统一教义的《划一法》，确定新的祈祷书，而且新祈祷书必须以爱德华六世时期曾使用过的、体现新教精神的祈祷书为基础。迫于下院的巨大压力，伊丽莎白政府不得不对其最初的设想和“中间路线”作调整，在短期休会之后，同时提出了《至尊法》和《划一法》两个提案。但是此举仍不能令所有下议员满意，因为《划一法》提案规定今后英国教会使用爱德华六世时期颁布的、较为保守的一部祈祷书，即《1549 年祈祷书》，而不是使用较

---

① D’Ewes，pp.11-2.

为激进的一部，即《1552年祈祷书》。许多下议员指出，即使《1552年祈祷书》尚有不尽如人意之处，遑论1549年那一部。下院对《划一法》提案进行了修改，将《1552年祈祷书》定为英国教会祈祷书的暂用本，同时作出姿态，表示如果政府不接受下院的修改意见，就连同《至尊法》议案一道否决。面对下院咄咄逼人的强硬姿态，女王虽不情愿，但还是批准了修改过的《划一法》，使之与《至尊法》一起成为法律。《划一法》中包含"女王有权进一步改革教仪"的条款，下院本指望女王依据这一条款剔除《1552年祈祷书》中在教仪方面所保留的天主教成分。没想到议会闭幕后，女王却反其道而行之，特颁诏令宣布天主教仪式保留不变，使下议员们大失所望。实际上，女王这一举动是顺理成章的，她是要以此来安抚天主教徒。

总之，伊丽莎白继位伊始所确立的宗教改革路线是不折不扣的"中庸之道"，它既与罗马教皇划清了界限，又保留了天主教的教会结构和教规，并由于采纳《1552年祈祷书》而在教士法衣和礼拜法器等外在仪礼方面平添天主教色彩。这就使得伊丽莎白的宗教政策在具有较大"包容性"的同时，既难彻底收服天主教徒之心，又饱受激进改革者的诟病，这种诟病因为女王迟迟不兑现"继续改革"的承诺而逐渐发展为下院与女王冲突的主题，"下院的清教运动"由此形成。下文即陈述这一过程。

尽管女王对天主教徒极尽安抚，尽管1559年的《至尊法》和《划一法》具有相当大的保守性，但是直到四年之后，仍有许多顽固的天主教徒拒绝接受它们，英国国民也未能如政府所愿，团结在"一个宗教体系之内"。如何能够既顺应时势、根据国家的长远利益完成宗教的统一（至少在表面上），又不至于引起激烈的反对，从而保持社会的安定和王权的稳固，这是1563年议会召开之际伊丽莎白政府所面临的难题。

1563年议会开幕前，女王和主教们已通过宗教会议就如何正当行使开除教籍法令达成共识，会议开幕以后上院迅速通过了相关提案，而当枢密院将该提案转交下院审议时，它并未如其所愿“一帆风顺”，而是如威廉·塞西尔所云，“遇到麻烦”。原提案建议，唯高级教俗官员才须宣誓接受1559年的两个法案，对一般国民则不做要求；而且即使高级官吏拒绝宣誓，也不判死罪，其“宽宥”之意十分明显。但多数下议员在审议时表示，“对天主教徒无论怎么严厉都不过分”，必须强迫他们接受新教信仰。某议员发言说，必须首先明确“开除教籍罪”的性质，“这不是宗教问题，而是世俗问题，是对君主统治权承认与否的问题，而承认君主统治权是每个臣民的本分，不承认就是犯了叛国罪”①。下院修订了这件政府议案，并以186票比83票的表决结果通过。修订后的议案规定，不仅高级教俗官员，而且所有神职人员、所有大学的研究生、所有教员、法学家和其他社会上层人物都必须对1559年的两个法案宣誓。一次拒绝宣誓者，判重罪，没收一切财产，处以无期徒刑；两次拒绝宣誓者，按叛国罪处以死刑。②这个议案最后成为法案，但它显然使伊丽莎白政府不满和不安。威廉·塞西尔明确表示这一法案“过于严厉”③，伊丽莎白女王则立即指示大主教通知各地主教，未经大主教的批准，主教们不得强求天主教徒进行第二次宣誓。④

16世纪60年代后期，清教运动兴起。这个社会动向立即在议会中反映出来。1571年，约克郡乡绅、清教徒斯特里克兰提交了两个提案，指责英国教会充斥太多罗马教皇门徒、纵容他们放言邪说；教会法庭贪赃枉

---

① Neale, *Parliaments 1559–1581*, pp.117, 119; Jones, N. L., “Religion in Parliament”, in Dean and Jones, *Parliaments*, pp.120-1.

② Prothero, G.W., *Select Statutes and Other Constitutional Documents* (Oxford 1954), pp.40-1.

③ Neale, *Parliaments 1559–1581*, p.117.

④ Williams, N., *Elizabeth, Queen of England* (London 1967), p.75.

法；住持教士贪婪无用。他在说明提案时说，1559 年议会批准使用的祈祷书仍“含有无法容忍的迷信因素”，而女王竟允许其继续使用，实乃过于慈悲，他呼吁恢复爱德华六世时期的《宗教改革法》，严厉打击天主教徒。[①] 尽管斯特里克兰的观点与某些枢密大臣的部分相合，但据考证他的提案确无任何“官方背景”，相反倒引起大臣们的不安。后者担心该提案触怒女王，力劝下院终止讨论，因为宗教问题应由教会的最高统治者女王考虑，下院越俎代庖有百害而无一利。[②] 但大臣的劝阻毫无作用，议员们发言表示，拯救灵魂是第一要务，任何世俗顾忌在这第一要务面前都属多余，他们支持斯特里克兰，并进而提出取消十字架、戒指等“迷信标志”，使教会组织更接近原始朴素状态等具体建议。最终下院接受斯特里克兰的建议，成立一个 21 人委员会，代表下院与主教们会商教会改革事宜。事已至此，枢密大臣只好奏知女王，为防止事态进一步“恶化”，后者亟令枢密院拘禁斯特里克兰。但无论如何下院还是通过了两个宗教提案。其中第一个提案规定，所有英国国民只须对教会纲领《三十九条信纲》中议会“认定”的条款宣誓，而不必对所有条款宣誓。这个议案的目的在于，一方面使清教徒不必受《三十九条信纲》全部条款的约束（因某些条款含有天主教痕迹），另一方面又强迫人们接受“议会认定条款”所包含的清教教义。第二个提案称作“到教堂领圣餐议案”，内容为，所有英国人必须定期去教堂领圣餐，而领受仪式须按新教教规安排。这个议案的目的是让隐蔽的天主教徒“自我暴露”以便予以处罚。第一个议案刚刚提交上院一读，女王即命令上院告知下院，她对《三十九条信纲》的“全部”条款都感到满意，并将在她——英国教会最高权威——的指导下由主教予以推

---

① Hartley, *Proceedings*, vol. 1, pp.200-1, 220; Jones, “Religion in Parliament”, pp.122-3.

② Hartley, *Proceedings*, vol. 1, pp.220-1.

行，“她不希望议会从中作梗”。对第二个议案，女王在闭幕式上宣布拒绝批准。[①]

16 世纪 70 年代初，一些清教徒组成民主的宗教团体“先知会”，他们无视《划一法》，拒绝使用《划一法》规定的祈祷书，自行解释《圣经》、训导牧师和制定律条，并仿效日内瓦教会的形式组织宗教活动。“先知会”的活动遭到各地主教的镇压。这些清教徒企望利用下院宣传他们的主张并为他们的宗教团体争取更大的权利和自由，因此，1572 年议会开幕后，从属于“先知会”的部分议员向下院郑重提交《上议会书》，这标志着“议会中的清教运动”正式启动。这些议员在提案中指出，经过“先知会”训导的牧师不能容忍具有迷信色彩的《1559 年祈祷书》，但是他们却因坚持自己的信仰而遭到迫害，迫害他们的依据就是《划一法》，因此亟须修改《划一法》，使它成为一个只限制天主教徒活动，而不限制清教活动的法律。[②] 他们的主张得到某些下议员的同情。在随后的辩论中，许多下议员认为，“《划一法》使英国每一个教会都面临危险”，如果下院不采取行动，“我们的罪愆将置我们于死地”。[③] 该提案二读后无异议通过，而为慎重起见，下院打破常规在三读以后任命了一个专案委员会进行文字打磨，以缓和锋芒。然而下院的“清教活动”令女王既不安又恼火。她降谕下院，非经主教允许，下院不得再宣读和审议任何宗教提案。而对于已在审议当中的有关议案，她表示“极为厌恶”。同时女王又表示，对于新教牧师遭受迫害一事，她将着人调查。女王刚柔兼济，终使该议案宣告

① Hartley，*Proceedings*，vol. 1，pp.89-90；Elton，*Parliament*，p.105；Neale，*Parliaments 1559–1581*，pp.203，206；Graves，*Elizabethan Parliaments*，p.52.

② Neale，*Parliaments 1559–1581*，p.298.

③ Ibid.，pp.299，301；Jones，“Religion in Parliament”，p.124；Hartley，*Proceeding*，vol. 1，p.359.

流产。①

1581 年议会是在政治危机中召开的。随着罗马教皇开除伊丽莎白教籍，随着英西关系日益恶化和耶稣会士大量涌入，英国的天主教势力更加猖獗，以至于政府也认为有必要镇压天主教徒。但是正如弗朗西斯·培根所说的，女王“在宗教问题上有两个原则，第一，对内心的信仰不予强求；第二，内心的信仰当越出其界限变为宗派问题时就改变了性质”。他还说：“女王陛下不愿刺探人们的灵魂和隐匿的思想，除非它们膨胀为明显的、公然的行动或主张。她使她的法律如此温和，以至于它仅仅限制那些恶毒攻击和诋毁陛下最高权力并坚持拥护外国司法裁判权的反叛行为。”② 伊丽莎白女王在这届议会上的指导方针正是如此。而下院则希望借此机会一举根除天主教。1581 年 2 月 8 日，下院提出了反天主教的第一议案——“服从女王陛下、反对罗马教廷的议案”。上院也随后提出内容相同的议案。下院为了更有效地对女王施加压力，建议举行两院联席会议。联席会议之后提出的第二议案内容与第一议案基本相同。2 月 18 日，第二议案刚刚在下院宣读，女王就进行干预并责令上院修改第二议案。于是在上院建议下，两院再次举行联席会议，提出了第三议案。这个议案体现了女王的意志，因而得到了她的批准。将第三议案同前两个议案相对照，就会发现下院与女王的对立之处。第三议案规定，凡唆使英国人反抗女王，以及“为了这个目的”而引诱英国人皈依天主教者，一律按叛国罪论处；凡自愿与他们为伍者也做如是论。这个规定把一般的天主教徒同外来的耶稣会士以及新近改宗者区别开来，只把从事颠覆活动的后者列为打

① Prothero, *Select Statutes*, p.120; Neale, *Parliaments 1559–1581*, p.303; Hartley, *Proceedings*, pp.330-1, 362-3; Hartley, *Elizabeth's Parliaments*, p.90; Jones, "Religion in Parliament", p.124.

② Neale, *Parliaments 1559–1581*, p.391.

击目标。而第一、第二议案则没有这种区分，一切坚持天主教信仰的人都在其按叛国罪严加惩处之列。对于坚持天主教仪式、主持弥撒和望弥撒的人，第一、二议案规定，前者为重罪，处以死刑；后者初犯罚200马克，再犯为支持教皇罪，罚没财产并处以无期徒刑。而第三议案对于前者罚200马克，对于后者罚100马克，再犯也不加刑。第一、二议案规定，凡一个月不去教堂者（按：当时天主教徒不肯去教堂听新教牧师布道）罚20英镑；两个月不去者罚40英镑；三个月不去者罚100英镑；四个月以上则按支持教皇罪论处。第三议案则只是规定，一个月不到教堂罚金20英镑。第一、二议案规定，拒绝对《至尊法》宣誓的律师一律免职；所有的校长、私人教师不仅要宣誓，而且必须遵守1571年议会法所规定的信条，法律专业学生及任何从事法律事务的人也必须宣誓服从《至尊法》；第三议案则删去了这些规定。① 很明显，第三议案比第一、二议案更符合女王“对内心的信仰不予强求”的原则，而第一、二议案尤体现了下院“斩草除根”的主张。

在1581年议会上，许多下议员还提出了有关深化宗教改革、取缔国教会主教制度、在议会中举行清教仪式等一系列请愿或提案，以致枢密大臣沃尔辛厄姆发出“本次会议从一开始就不顺利”的慨叹，而后来成为伊丽莎白心腹的大主教怀特吉夫特更忍不住咒骂下院是“一群恶棍”。这一系列请愿或议案均被女王“以议会不应干预宗教事务”为名压制下去。②

在伊丽莎白政府看来，清教运动同样不利于实现国家宗教统一，因此对清教运动亦应严加限制甚至镇压。早在1577年，女王就曾通谕各地主教，让他们严厉打击日益活跃的“先知会”：“朕惊悉治下各地均有众多不

① Neale, *Parliaments 1559–1581*, pp.388-390; Prothero, *Select Statutes*, pp.74-6.

② Loach, *Parliaments*, p.107; Collinson, “Puritans”, pp.193, 201.

法之徒时刻图谋更新教仪并已付诸行动，此乃悖逆法律之行为……朕责成各地主教恪尽职守，严密监视并制止这些亵渎神明、扰乱国教会的行为，倘若有人心怀不轨，继续违法乱纪，朕授权各地主教尽速将其首恶羁押在案，并向朕禀报其姓名、身份及幕后主使者，朕将据此严加惩处，以儆效尤。”① 为了镇压清教徒的宣传活动，在 1581 年议会上，枢密院向上院提交了“治安议案”，其内容以玛丽一世时期相同性质的法案为基础，但比原法案更加严厉。对诽谤君主者的监禁期从三个月改为无期徒刑；对以出版物中伤国王者的处罚从断其右手改为断其头颅。一些下议员意识到这个议案主要是针对清教运动的，因此当该议案在上院通过提交下院后，下院进行了修改，缩短了监禁期，恢复了纳币减刑的规定。此外，下院还特别加上一个限定词，规定只有“怀有恶毒动机”中伤或诽谤女王者才算犯罪。因为当时忠君的标准是看是否对 1559 年的两个法案宣誓，清教徒均已宣誓，因此下院所谓“怀有恶毒动机的中伤者”显然特指拒绝宣誓的天主教徒，而清教徒则可以以没有“恶毒动机”为由免遭迫害。下院还给该议案加上了两个条款：其一，凡攻击英国教义为异端者即属危害社会治安行为，应按照本法案严厉镇压。这使该议案的打击矛头更加对准天主教徒，因为清教徒承认国教的基本教义。其二，废除旧法案（按：即玛丽一世时期相同性质的法案）。因旧法案规定，中伤主教的人也要受到惩罚，这对要求改革教会、废除主教制的清教徒显然不利。下院把修改后的议案提交上院后，上院要求删除下院新添的两个条款。下院考虑若不作出让步，会使整个议案均不能通过，这样更不利于清教，因为如本届议会不通过新法案的话，玛丽一世时期的旧法案就会继续生效，主教就仍然是神圣不可侵犯的。于是下院同意删去第一个后加条款，但坚持保留第二个后加

① Prothero, *Select Statutes*, pp.205-6.

条款。[①] 这样，政府原来旨在镇压清教的提案，经下院修改后，就变成一个主要针对天主教徒而不是清教徒的法案。

16 世纪 80 年代，组织完善的清教教会——长老会已经在全国范围内建立起来。他们拒绝使用《1559 年祈祷书》，要求严格按照《圣经》中所描绘的古代教会的模式对英国国教会的教仪、教会组织进行彻底改革，最终建立民主的教会组织，每个教徒团体都由选举出的长老主持。他们宣布不承认除《圣经》和长老之外的任何宗教权威。女王对长老会当然不能容忍。她在给其侄、苏格兰国王詹姆期六世的信中写道：“我提醒你注意，在我们两国都出现了一个危险的教派，他们不要国王，而要长老制，他们要享有我们的特权，同时取代我们。”[②]1583 年她任命反清教的怀特吉夫特接替倾向清教的格林德尔担任坎特伯雷大主教。怀特吉夫特就任后，为制止长老会的传教活动，要求全国的神职人员宣誓：一、承认女王的最高权力；二、承认《1559 年祈祷书》完全符合《圣经》；三、服从国教会的 39 条信纲。清教牧师拒绝对第二、三点宣誓，因而被剥夺教职。清教徒为使被解职的牧师恢复职位和为长老会争取合法权利，在 1584/1585 年召开的议会上进行了不屈不挠的斗争。他们向女王呈递一件含有 16 条款的请愿书，指出不使用《1559 年祈祷书》或不遵守该祈祷书所规定的教仪都不应该受到惩罚，怀特吉夫特要求牧师对 39 条信纲宣誓的做法是非法的，因为没有这样的法律规定；各地主教剥夺清教牧师教职的行为也是非法的，应立即恢复清教牧师的职务，并用他们来取代那些尸位素餐、愚昧贪婪的教士；改革英国教会体制，变主教制为长老会制。[③] 首先对下院的请愿作出反应的是怀特吉夫特，他傲慢地说，下院根本没有资格就教会事

① Prothero, *Select Statutes*, pp.77-80; Neale, *Parliaments 1559–1581*, pp.393-7.

② Williams, *Elizabeth*, p.84.

③ Prothero, *Select Statutes*, pp.215-9.

务说三道四，更没资格对他指手画脚，因为当这些下议员还在襁褓中的时候，他就已经是一个教士了。据记载，怀特吉夫特的恶劣态度令“下院非常不满”，“引发一系列动议和长篇大论”。下院组成专门委员会，精通教会法的议员聚集一处，认真检视怀特吉夫特的发言，“查找其中漏洞”，最后表示坚决支持清教牧师，任何剥夺其传教权利的做法都是违反上帝旨意的，也是非法的。他们宣称，他们作出这样的判断“绝非出自个人恩怨，而是表达全民公意”，怀特吉夫特侮辱他们就是侮辱国民，就是触犯法律，他们将依法向大主教提出抗议。① 见场面近于失控，在场的枢密大臣急忙出来圆场。他们劝说下院以请愿的形式，请求女王微调政策，如保护虔诚的布道者权利、延用称职牧师等等，而不宜过分激烈地抨击教会。他们承诺一定把下院的请愿转呈女王。然而不待大臣转达讯息，女王已经出面干预。她召见宗教会议代表，对其抚慰有加的同时，对下院严词斥责：“朕获悉，下院某些人恶语伤人，侮辱各位，朕对此决不姑息。朕以为，下院超越职权置喙宗教事务，纯属非分之举，朕将因此而制裁他们。”② 在得知下院正谋划向大主教递交抗议书后，女王又召见下议长。后据下议长向下院传达，女王认为，下议员的意见应该通过私下途径向她本人或枢密大臣反映，而不应该在公开场合乱发议论，“议会不是胡说八道的地方，（某些人）这样做有损下院尊严”，有失体统。与此同时，女王还斥责枢密大臣议员“严重失职”，指出下院发生这种“骚乱”完全是他们对下院“管理不善”所致。她警告枢密大臣们，如果他们再姑息养奸，甚至与“那些脑后长了反骨的议员”狼狈为奸，那她不光要将他们革职，还要将他们法办。女王的指示在下院传达后，下议员们一方面被女王的暴怒和威严所震

---

① Dean，*Law-Making*，p.109.

② Neale，*Parliaments 1584–1601*，pp.69-70.

慑，另一方面也为自己的权利遭到粗暴践踏而悲哀。于是他们采取了消极抵抗的策略，虽然不再组织“抗议”之类“挑战性”行动，但是继续在下院宣读和通过宗教议案，即建议修订 1571 年《三十九条信纲》，纯洁教士队伍，清除天主教色彩。他们对这些议案不抱任何成功希望，只是用这种做法捍卫他们的权利，表示他们有权就宗教事务发表意见。① 果然，该提案在下院二读通过，在上院则一读后被否决。

1587 年议会召开时，下议长在下院宣布：“女王陛下指示我提醒诸位，上届议会曾被一些别有用心的清教徒所扰乱，本届议会务必不要再受他们的蛊惑和干扰。”言外之意，禁止下议员提出宗教议案。但是下议员科普却无视女王的禁令，把他与另外几名议员事先草拟的议案和清教祈祷书提交下院，该议案与 1584 年议会的“清教议案”毫无二致。科普就该提案做的解释性发言得到许多下议员的响应，他们说下议长不应理会女王的禁令，因为该议案已经列入议程，不予宣读违反程序规则。枢密大臣再次出面“调解”，但收效甚微，激烈辩论持续整整一天。女王闻讯，除故伎重演，召见下议长，严令禁止下院继续讨论宗教问题外，还于次日指令枢密院将科普和他的三个主要支持者送进伦敦塔监禁起来。面对女王的强硬弹压，部分清教议员改变策略，他们不再直接提出宗教改革的主张，而是强调天主教的威胁和国教会的腐败，希望从这个侧面促使女王认识到问题的严重性和改革的必要性。但是女王却不为所动。她发布了一个题为“你们为什么不应干预宗教事务”的诏令作为答复。在诏令中，除了重弹教会是特殊机构，只有女王才是它的最高权威，议会无权过问其事务的老调外，

① Neale, *Parliaments 1584–1601*, pp.62-6, 69-70, 73-4, 82; Dean, *Law-Making*, p.109; Prothero, *Select Statutes*, pp.215-9; Collinson, “Puritans”, pp.202-3; Graves, *Elizabethan Parliaments*, p.37; D’Ewes, pp.339, 340, 344, 349, 357-60; Jones, “Religion in Parliament”, p.125.

还明确宣布，国教会完全符合《圣经》原则，任何进一步改革国教会的要求都不利于宗教、王权和国家。私下里她还表示，下议员批评国教会纯属“狗拿耗子”，“无事生非”。①

在女王的打压之下，伊丽莎白朝的“下院清教运动”于1587年议会后宣告终止，重建英国教会的呼声就此歇息，但女王对下院下达的“禁口令”并未收到令行禁止之效。在1593年议会上，下院继续对教会“说三道四”。这一次争论的焦点是主教剥夺清教牧师教职这一行为的合法性问题，以及由此产生的议会是不是宗教事务最高权威的问题。下议员们在发言中抗议主教剥夺清教牧师教职的粗暴行径，认为其做法与国家的法律、人民的自由相违背，同时指出，主教触犯法律也应该受到制裁，不能容许一个不受法律和世俗政府控制的宗教政府的存在，不能容许主教在教会内单独组成一个权力系统。这些发言的实质是要求用议会法约束教会，强调宗教最高权威属于议会而不是女王个人。这些发言在下院获得多数人支持，却使大主教怀特吉夫特惶惶不安。他致函女王，危言耸听地提醒她说：“那些正在攻击教权的人也将竭力诋毁世俗权力，甚至会把国王和君主置于他们监督之下。”② 而女王的反应比怀特吉夫特更为迅速和强烈，她召见下议长，宣称对下院一再违反其禁令感到“恼怒”，威胁要解散议会，同时还下令把发言的议员关进监狱。③ 然而，不管女王如何压制，直至她当政的最后一届议会（1601年），下院仍有人提出宗教议案。

① Collinson, P., *The Elizabethan Puritan Movement* (London 1965), pp.311-2; Neale, *Parliaments 1584–1601*, vol. 2, pp.148-9; D'Ewes, pp.410-1; Tanner, J. R. (ed.), *Tudor Constitutional Documents* (Cambridge 1950), p.557; Loach, *Parliaments*, p.107; Hartley, *Elizabeth's Parliaments*, p.213.

② Neale, *Parliaments 1584–1601*, pp.273-4.

③ Tanner, *Constitutional Documents*, pp.572-3.

（二）王位继承问题

伊丽莎白是1543年王位继承法中最后一位法定继承人。按照这个法律的规定，如果伊丽莎白死后无嗣，英国王位将由亨利八世之姊玛格丽特的后代继承，这就意味着苏格兰女王玛丽·斯图亚特将有可能成为英国君主，而这是英国新教徒最不愿看到的一幕，因为苏格兰玛丽是一个天主教徒。英国新教徒希望尚未婚配的伊丽莎白女王尽早选择一位新教意中人结婚诞子，或至少指定一名信奉新教的王位继承人，以确保英国王位不致落入天主教君主之手。由于在亨利七世、亨利八世和玛丽一世统治时期，君主在决定婚姻大事时都通过议会，所以，新教徒认为议会是他们提出女王婚姻和王位继承问题的正当场所。而伊丽莎白本人却持另一种看法。她不愿仓促成婚或确定王位继承人，这是因为：第一，在前代女王、其姊玛丽一世统治时期，伊丽莎白作为王位继承人曾参与了旨在夺取王位的怀亚特暴动。她显然担心确定继承人后同样的事情也会在她统治期间发生。她曾经说过：“只有天使才可能处于第二位而不想升为第一位，处于第三位而不想升为第二位”①；第二，在16世纪的欧洲，王室联姻是一种重要的行之有效的外交手段。伊丽莎白成年后，西班牙、法国、神圣罗马帝国的国王、王子或王室成员不断向她求婚，于是她利用联姻谈判在欧洲诸强国间纵横捭阖。她深知这种手段“就像蜜蜂的刺一样只能使用一次”，所以决不肯轻率从事。② 但是女王的这两点考虑都是难与人言更不能公之于众的，这样，当议会敦促她结婚或指定继承人时，她就感到十分尴尬，因此她一反惯例，否认议会干涉君主“私事”的权利。下院与女王的冲突由此

---

① Rowse，A.L.，*The England of Elizabeth*（London 1951），p.298.

② Russell，*Crisis*，pp.147-8.

展开。

1559 年伊丽莎白朝第一届议会召开时，有传闻说，信奉天主教的西班牙国王正准备向女王求婚，一些下议员对此忧心忡忡。于是，会议开幕不久，下院便派代表谒见女王，请求女王不要与外国人联姻。当时伊丽莎白并未意识到下院会在这个问题上与她纠缠不休，遂轻率地许诺说，不管她是否结婚和何时结婚，她都会为了国家的安全，尽快明确王位继承人。然而下议员对这一许诺是相当认真和重视的。四年过去了，女王非但没有履行许诺，而且由于她 1562 年患天花险些丧生，从而使王位继承问题更加突出，新教国民的忧虑也随之加重。在 1563 年的议会上，下议员们纷纷发言，指出“每一个血统纯正的英国人”都“极不情愿屈从于外国君主的统治”，“因为她（按：指苏格兰玛丽）是外国人，所以如若她继承英国王位的话，那么不仅全体国民，就连街上的石块都会跳起来抗议”。下院吁请女王注意，她是先王亨利八世指定的最后一位继承人，因此她极有必要立即宣布王位继承人，以免王权旁落。与此同时，他们还委婉地劝告女王尽快结婚，理由是英国历史上从未有过国王无嗣的先例。然而女王拒绝明确表态，并对下院公然向她施加压力非常恼火，她提醒下院，不要忘记他们曾向她作出过“服从的保证”。①

1566 年 7 月，苏格兰玛丽生子詹姆斯，斯图亚特家族长期统治英国的可能性随之增大。因此在当年召开的议会上，下院更加强烈地敦促女王明确继承人。当枢密大臣议员说，女王已经着手进行联姻谈判，下院应暂时把王位继承问题放一放，先讨论议会补助金议案时，下议员们回答说：“不！不！我们受到人民明确的嘱托，在女王对我们的要求作出肯定答复以前，我们什么也不能批准。”他们要求枢密大臣禀报女王，下院所代表

① Hartley, *Proceedings*, pp.87, 90-3, 95; Hartley, *Elizabeth's Parliaments*, pp.65, 70.

的是全国人民的愿望。女王得知消息后，坚决谴责这种“造反”和“背叛”行为，她宣布，下院根本不该干预她个人的私事，她也绝不会屈服于任何压力而提名王位继承人。她禁止下院再谈论此事，并告诉下议长，如果有人对此禁令不满，就“把他们交付枢密院处置”①。然而下院并没有退却。议员兰巴德在演说中驳斥了女王所说的不能确定继承人的各种借口，并建议用批准赋税来换取女王的明确答复。② 下院在随后提交的请愿书中宣布，下院向君主提出忠告是“古老的权利”，这种权利不应遭到剥夺。女王担心僵持下去下院真的会拒绝批税，于是作出让步，再次承诺“一定在适当的时候”，“对这个问题给予适当的考虑”。③

1567 年，苏格兰玛丽被苏格兰新教贵族赶下台，次年来到英国避难。英国国内外的天主教势力随即展开一系列阴谋活动，准备拥立玛丽篡英王位，以使英国重新变成天主教国家。他们的这些活动既给英国社会带来了混乱，也为谋求剥夺玛丽王位继承权的新教徒提供了机会。1571 年，下院拂逆女王意愿，通过了一个议案。它宣布，无论何人，若对伊丽莎白王位的合法性持有异议，都将被剥夺王位继承权。这个议案的矛头直接指向苏格兰玛丽，因为她和她的支持者曾经表示，她比伊丽莎白更有资格继承英国王位。由于伊丽莎白女王的压制，这个议案未能形成法案。但就在这届议会结束后不久，一起以苏格兰玛丽为中心的颠覆英国政权的阴谋事件被揭露出来，举国大哗。伊丽莎白女王被迫于 1572 年紧急召集议会，商讨处置苏格兰玛丽的办法。对于这个机会，新教议员已期盼和等待多年，因此他们欣然赴会。然而，女王虽然不得不把这一问题交付议会讨论，却和下院有着截然不同的打算。大多数下议员希望利用这一有利时机，处死

---

① Neale，*Parliaments 1559–1581*，pp.140，142；Elton，*Tudor Constitution*，p.309.

② Hartley，*Proceedings*，pp.129-41.

③ Neale，*Parliaments 1584–1601*，pp.155，164.

玛丽并剥夺其子詹姆斯的英国王位继承权，从而根绝后患，一举粉碎天主教徒继承英国王位的任何图谋。伊丽莎白却只想就事论事地讨论对苏格兰玛丽参与阴谋罪的处置办法，不愿涉及王位继承问题，而且在处罚玛丽的办法上，她也不愿采取极端手段，因为第一，她担心会因此触怒苏格兰，导致西班牙、法国、苏格兰结成反英同盟；第二，她不愿以任何形式支持造反的苏格兰贵族，免得英国人群起效尤，使她自己也遭受同样命运；第三，出于封建等级观念，她不能听任下院对一个国君作出裁决，她本人也不愿承担弑戮一国之君的罪名；第四，保留斯图亚特家族的继承权对她并无不利，他们已有苏格兰王位满足其权力欲，不必担心他们来篡夺她的王位。由于下院与女王目标各异，所以1572年议会一开场就显得很不和谐。掌玺大臣培根在开幕式上宣布，召开本届议会的中心目的是“保障女王个人的安全”。但下院辩论伊始，肯特郡议员托马斯·丹内特就发言说，无论对女王还是对国民来说，最可靠的安全保障是指定王位继承人，而女王在这个问题上已经“拖延过久”，“如果继续拖延下去，国家就会毁灭，她本人也会被推翻”。至于苏格兰玛丽，下议员们指出，她在英国并不是一国之君，而是一介平民，既然她现在破坏了英国的和平安定，犯有参与叛国阴谋罪，就应该处死她，否则必将祸国殃民，国无宁日；即使今后伊丽莎白另外指定了继承人，只要玛丽尚在，该继承人也没有继位的可靠保证。下院专案委员会也宣布，玛丽确实犯有叛国罪。该委员会准备了两个议案。第一议案宣布玛丽犯有叛国罪，令其听候审判，同时宣布玛丽无权继承王位，凡承认她这一权利者，均以叛国罪论处。第二议案则仅仅宣布玛丽“没有资格”继承王位。下院在讨论这两个议案时，多数人主张采用第一议案。他们认为，仅是“剥夺”玛丽的王位继承“资格”实际上恰恰等于承认她确实曾拥有这一资格和继承王位的“权利”，这样就为她及其子嗣篡权提供了依据。但当两个议案提交伊丽莎白女王后，她声称，“为了荣誉，为了良心，为了一些只有她本人知道的原因”，她只能同意第二议案。消息传到下院，下议员为女王的选择感到悲哀，他们责备女王“毫无防人之心”，“盲目地过分乐观”，其结果不仅会危害她本人，而且会造成信仰的沦落和国家与国民的悲剧。后来，枢密院按照女王的意志重新起草一个议案，仍使用“没有资格”的字眼，而下院坚持在该议案后面加上附言，声明该议案中所用的字眼并不表示承认苏格兰玛丽的任何权利。由于下院态度坚决，双方难以取得一致，再加上担心事态扩大引起严重后果，女王最后把这份议案也否决了，同时匆忙宣布议会解散。①

16 世纪 80 年代，西班牙、法国和罗马教皇结成反英同盟，与英国国内的天主教徒里应外合，阴谋推翻伊丽莎白，以苏格兰玛丽取而代之。谋刺伊丽莎白女王的事件频频发生。因此，在 1584/1585 年议会上，枢密院向议会提交了一份维护国家安全的政府提案，该提案在上院通过转交下院后，有些下议员明知女王严禁对其中所涉王位继承问题再说三道四，但仍然提出，在严厉惩罚各种阴谋活动的同时，为了彻底粉碎天主教复辟的企图，应当制定法律剥夺玛丽和詹姆斯的继承权。其修改意见为，如再发现篡权阴谋，不仅被告本身，而且其后裔的王位继承权也将被剥夺。这个议案的矛头不仅指向玛丽，而且指向詹姆斯。但伊丽莎白女王却表示，她“不愿意让任何人代他人受过……也不愿意把惩罚扩及罪犯的后代”②。最后，按女王的意愿，议案中株连后代的条款被删除，詹姆斯的王位继承权得以保留。在本次会议上，为维护国家安全，下院还提出了禁止不从国教者持有武器的议案，在两院均获通过，但最后被女王否决。③

---

① Neale，*Parliaments 1559–1581*，pp.263，284-7；Hartley，*Proceedings*，pp.317，373，382；Hartley，*Elizabeth's Parliaments*，pp.66，72-4.

② Neale，*Parliaments 1584–1601*，p.36.

③ Dean，*Law-Making*，pp.66-7；D'Ewes，p.374.

1586年，又一起阴谋败露，有确凿证据证明苏格兰玛丽参与其中，下院借机坚决要求处死玛丽，并会同上院组成两院联席会议向女王提出请愿。伊丽莎白虽然同意将苏格兰玛丽交付审判，却反对将其处死。直到翌年1月，又一起谋刺女王的阴谋被揭发，整个伦敦城里人心惶惶，谣言四起，下院再次借机向女王施加压力。最后伊丽莎白迫不得已，不得不下决心签发了处决玛丽的命令。但事后却又对执行该处决令的枢密院大加斥责。这一斥责是出于真心翻悔还是故作姿态，英国史学家众说纷纭。但有一点是清楚的，即尽管女王决不容许任何人威胁她的王位，也决不会同意天主教在英国复辟，但在如何达到这一目的方面，她与下院之间一直存在分歧和矛盾。

（三）自由发言权问题

如上所述，1523年后，下议长在开幕式上为言论自由权向国王请愿已成惯例，自由发言亦成为下议员的一项权利。但是“自由”有没有限度？在16世纪中叶以前并没有一个明确的说法。这种言论自由权在行使中几乎等同于自由创议权。总的说来，都铎朝的前四位君主，除玛丽一世曾禁止议会讨论其婚姻问题外，通常都慨然允诺下议长的请求，对议员的言论自由和创议自由也不加限制。但是进入伊丽莎白时期以后，随着下院政治独立性的加强，下议员的自由发言或自由创议常常使女王陷入十分被动的境地。因此她开始限制下院的言论自由。1571年，她通过掌玺大臣在议会宣布，议会是一个讨论国事的场所，所谓国事分为两类，一类是“国家事务”（matters of state），另一类是“国民事务”（matters of commonweal）。议会有权讨论“国民事务”，但对“国家事务”则不得置喙，因为这类事务处于女王的特权范围之内。伊丽莎白本人从未给“国家事务”或“国民事务”下过严格的定义，但从实际情况来看，宗教问题、王室婚姻问题、王位继承问题、强买制问题、专利权问题、外交问题，或者说，举凡下院常持“异议”的问题，都被她列为“国家事务”，而“国民事务”几乎只有批准议会税一项。在议会开幕式上回答下议长有关言论自由的请愿时，她总是强调，言论自由不等于信口开河，它应该有一定限度，超出这个限度，任意干预君主权力范围内的事则属“僭越”。她每每警告下议员，她“厌恶那些不着边际、大而无当的发言和争论”，“决不会对这种荒唐的事情听之任之”①。会议进行期间，她也经常以各种手段限制下议员的言论自由。例如1566年，她下令禁止下院讨论宗教议案，声称要对提案人追究到底。②在1586/1587年议会上，下院刚刚提出宗教议案，女王就召见下议长，痛责其失职，竟容许下院出现这样的议案，同时重申，只有她本人才具有决定宗教事务的最高权力，下院对宗教问题提案、请愿，就是对她的这一权力的冒犯。③即使“冒犯者”是显贵重臣，女王也不容忍。1589年，王室法庭法官莫里斯因擅自在下院提出限制宗教法庭权力的主张而被禁闭八周。④在前面有关宗教改革和王位继承方面女王与下院冲突的描述中，也不乏女王限制下院言论自由的事例。

但是，伊丽莎白把国事划分为“国家事务”与“国民事务”的理论以及不许议会染指国家事务的做法，并没有任何历史的和事实的根据。远者不提，仅就都铎王朝前四位君主时期而言，被伊丽莎白列入“国家事务”之内的各类事务在议会中都曾审议过，大者如宗教改革法、伊丽莎白借以登位的《王位继承法》，小者如1555年颁布的《强买制法案》。甚至对议会干涉其婚姻的举动极为反感的玛丽一世，也曾公开宣布，她“决不会不

① Neale, *Parliaments 1559–1581*, p.246; Tanner, *Constitutional Documents*, p.553.

② Neale, *Parliaments 1559–1581*, pp.167-8.

③ Neale, *Parliaments 1584–1601*, pp.157, 164.

④ Collinson, “Puritans”, p.194.

得到议会全体的同意而结婚”①。总之在经历16世纪30年代的改革之后，传统中的普通法、宗教法、议会法已趋统一，“三位一体”的议会成为国家最高主权的化身，治理权与裁判权的分离原则已不再适用。在这种新形势下，女王仍以“权力特区”为名给下院下达“封口令”自然不合时宜，引起强烈反弹也就不足为怪。议员们对伊丽莎白女王突然划定“禁区”感到“大惑不解”，“难以接受”。② 他们认为，“限制下院，这简直不可思议”③。1566年，当女王禁止辩论王位继承问题的命令传达到下院时，有的下议员当场质问：“女王陛下的命令……是否侵犯了上帝赐予下院的言论自由权?”④ 下院在随后起草的请愿书中把言论自由提高到法律的高度，它写道，言论自由“是一项渊源久远、合理合法、值得称道的古老惯例，它不应该受到侵犯”，女王不应该因下院行使其言论自由的权利而对下议员们不满，也不应该“削弱或剥夺这一自由”，相反，她应该“提倡、至少是承认它”。他们要求继续辩论有关王位继承的议案，而“不受女王命令的禁锢”。⑤ 最后女王只得让步，撤销禁令。1571年，当斯特里克兰因言及宗教问题被扣押后，很多下议员表示抗议，呼吁“维护下院的自由”。议员卡尔顿说，斯特里克兰不是一般的人，而是一名议员，“为了下院的自由不受到侵犯，我们不能听任一名议员被拘留”⑥。另一名议员耶尔弗顿说，议会乃是“对一切问题做最后考虑，并有如此之大的全权，以至国王的权力也由其决定的地方。在这里，除叛国罪或谋害君主罪之外，一切都应该是容许的。”他认为，女王限制下议员自由辩论就是破坏法律，而

① Dunham，“Power and Rule”，p.40.

② Elton，*Parliament*，p.343.

③ Neale，*Parliaments 1584–1601*，p.26.

④ Hartley，*Proceedings*，vol. 1，pp.130，154.

⑤ Ibid.，p.156.

⑥ Elton，*Tudor Constitution*，p.310.

法律是“君主不得破坏的”，斯特里克兰的“先例将贻害无穷”。[①]下院决定派代表向女王请愿，请求她下令释放斯特里克兰。迫于压力，女王接受了下院的请求。女王对下院的粗暴干涉还引起下议员对“保密原则”的重视。有的议员提出，为维护下院的言论自由，应该重申不得将下院辩论情况向包括女王在内的所有“外人”透露的原则，如有人违反这一原则，应予以严惩。[②]1572 年，下议员克利斯托弗发言说，在辩论中，由于情绪激动，难免有时说话“出格”，把这些话传出去，势必引起女王与议员之间的误会，而议员们此后就会因为怕发生误会而保持沉默，结果是有“审”无“议”，无法保证立法的质量。下议员弗利特伍德则主张，对那些“向上打小报告”的人按叛逆罪处置。[③]1576 年，下议员彼得·温特沃思就言论自由问题作了著名演说，他说：“自由胜过一切无价之宝，它在这个光荣的国度里所能具有的最大意义……莫过于将它赋予下院……然而，在上两届议会上，我看到言论自由这唯一能医治本国痼疾的良药遭到如此粗暴、如此多方面的侵犯，庄严的下院遭到如此无理的对待，我为此感到非常悲哀……我认为，第一，所有关于上帝荣耀的问题都应该以自由发言的形式在下院提出和传布，有碍于这样做的一切，都应该排除、摧毁和取缔之；第二，任何事情，非经诚实忠良人们在下院讨论便不会有益于君主或国家。我敢断定，对下院来说，为了保护君主和国家，再没有什么东西像言论自由这样必要。没有言论自由，议会就成为一种嘲弄和讽刺，因为那样一来，它就会变成学习谄媚和伪善的地方，变成服务于魔鬼和它的保护神的地方，而不是称颂上帝和为国为民谋利的地方。”他说，在下院里常听到这样的警告：“女王不喜欢这件事，支持它就会触怒女王”，或者“女

---

① Hartley，*Proceedings*，vol. 1，pp.238-9；Loach，*Parliaments*，p.106.

② Neale，*Parliaments 1559–1581*，pp.222-3，306-7.

③ Loach，*Parliaments*，pp.140-1.

王喜欢这件事，反对它就会触怒女王”。他认为，这些警告是非常有害的，“我们（下议员们）在任何时候都应该实事求是，坚持原则，绝不能一味看君主的眼色行事”，因为“我们是全体国民推选出来的代表”，如果君主作出有损于国家利益的决定，作为代表“我们有权拒绝服从君主的意志”。他认为，如果在议事内容上下院听任别人摆布，那就是“亵渎上帝”，就等于“容忍本院高贵的自由权利受到侵犯”。他还说，女王在会议期间向下院发号施令是违法的，“固然女王不应该服从于任何个人，但是她应该服从于上帝，服从于法律，我们到这里来就是为了参与上帝的事业，直抒胸臆更是法律赋予我们的权利”。他公开指责伊丽莎白女王，“女王陛下在上次会议时（1572 年）所做的事情是极其危险的，因为她如此粗暴地虐待和凌辱她的臣民，以前任何君主都无出其右”。[①] 彼得·温特沃思的发言直接攻击女王，越出了下院的“言论自由界限”，于是下院主动决定将其拘押审查，以防女王怪罪（需要注意的是，下院作此决定的原因，是因为他攻击女王，而不是因为他主张言论自由）。在审查期间，当审查官对温特沃思说，对下院“发号施令”的不是别人而是女王，因此应该无条件服从时，温特沃思回答说，即使是来自女王的指令，下院在接受时也应有若干前提，不损害议会的自由就是其中之一。[②] 由于当时女王认为温特沃思不过是个捣乱分子，不会造成多大危害，因此没有治他的罪。11 年之后，当科普因在 1587 年议会上提出宗教议案而被拘禁时，温特沃思又一次挺身而出。他首先严厉谴责出卖科普的“告密者”，继而指出，对于君主和国家而言，议会是不可或缺的，既然下议员的合法权利已经受到粗暴侵犯，他对议会究竟还是不是一个表达民众呼声、改革社会弊端、服务于

① Loach，*Parliaments*，p.106；Hartley，*Proceedings*，pp.425-34；*Elizabeth's Parliaments*，p.128-30；Elton，*Tudor Constitution*，pp.271-4.

② Hartley，*Proceedings*，p.133.

上帝和国家的场所感到怀疑。[①] 在同一届议会上，一个叫乔布·思罗克莫顿的下议员也对女王划定下院审议“禁区”表示不满。他说，不允许讨论“禁区”内的事务，国民寄予议会的期望就会全部落空，下院的自由权利就是“徒有其名”，其结局将“极为悲惨”。他断然宣称：“下院审议无禁区，应当让下院为所欲为”，“否认下院的权利，就是叛国罪”。[②] 这一次女王不再像 1576 年那样宽容，她发现温特沃思和思罗克莫顿的言论很有煽动性，如果任其发展下去很可能造成不可收拾的局面。于是，女王亲自下令将这二人监禁起来。而下院的反应也与 1576 年那次完全不同，他们非但没有主动“审查”自己的议员，还立即组成专案委员会声援他们。委员会搜集了自爱德华三世以来所有有关的宪章、法案、议会日志、编年史和法律报告书等等，作为根据和例证，证明下院言论自由的合法性和必要性，证明女王监禁温特沃思等人是完全错误的。在下院的巨大压力下，被监禁者终于获释。

1589 年，言论自由问题再次引起波澜。起因是议员霍比说他揭发财务署官员腐败行为的发言（详见前文）被某些人向枢密大臣柏立勋爵打了“小报告”，结果这位“大人物”把他“臭骂一顿”，霍比满腹委屈地抱怨，既然下议长已经宣布任何人不得以任何方式对外透露“下院的秘密”，那么下院就必须给他“正名”。霍比的遭遇引起众多议员的同情，打抱不平之声此起彼伏。[③] 在伊丽莎白女王召开的最后一次议会上，当伦敦市议员菲提普莱斯再次因发言触犯“言论禁区”而遭到禁止时，他终于按捺不住了。他说，每逢讨论重要的事情，就传来这“牵涉女王特权，不宜多言”的指令，但“我们是为了家乡父老的福祉而前来开会的，这些禁令将使我

① Hartley，*Proceedings*，p.135.

② Collinson，“Puritans”，pp.188，195；Loach，*Parliaments*，p.108.

③ D’Ewes，pp.432-8.

们无法兑现我们对他们作出的承诺”[1]。

及至都铎王朝终了，关于下议员的“言论自由权利”仍没有明确的定义和充分的保障，但是下院日益强烈的呼声以及下议员在抗议伊丽莎白女王侵犯其权利时所提出的原则都为下院后来获得真正的言论自由权奠定了基础。在17世纪初叶的三届议会（1604年、1610年、1621年）上，下院言论自由权问题成为中心议题并获得明确定义决不是偶然的。也正是由于这个原因，英国史学家将温特沃思誉为皮姆（按：17世纪英国革命前夕议会反对派领袖）的前辈。

以上列举了下院与伊丽莎白女王之间的冲突事件，下面对这些事实试作分析和解释。

正统派代表人物尼尔认为，上述事件表明英国人民宪政意识的觉醒。他说，在伊丽莎白统治早期，下院中少数清教徒组成“政治反对派核心”，他们挑动和组织下议员们与包括上院和枢密院在内的一切“王党”相对峙，结果导致上述政治冲突的发生。1587年以后，随着清教运动衰落，这个核心解体，下院与女王的对立遂趋于缓和。

修正派关于这个问题的观点可以分为“破”和“立”两部分。所谓“破”指的是对正统派观点的批判。他们指出，第一，尼尔笔下的所谓“清教政治反对派核心”（约43人），其中半数以上并不是清教徒，下院的清教主张与这些“核心”人员也没有必然的联系；第二，在宗教和王位继承问题上，上院和枢密院有时亦与女王意见分歧，因此不存在下院与所谓“王党”的对峙；第三，1587年之后，在下院与女王之间仍然存在对立，双方矛盾并未缓和。所谓“立”是指修正派对下院与女王冲突的全新解释。他们认为，矛盾和冲突表面上存在于下院与女王之间，实际上存在

① D’Ewes，pp.670-2.

于枢密院与女王之间，下院只是枢密院的工具。其理由有三：第一，枢密院作为下院的“管理者”，完全可以支配下院；第二，下院的主张和行动常与枢密院的意向相吻合；第三，下议员中有许多人是枢密院的代理人。

我们认为，修正派观点中“破”的部分，证据充足，言之成理，但“立”的部分却值得商榷。

首先，修正派所谓“枢密院的管理作用”实际上只限于参与任命下议长；同下议长一道决定议案审议顺序；指令一些下议员为他们搜集下院的“情报”；等等。这种“管理”充其量只能保证下院集中精力优先审议枢密院感兴趣的议案，只意味着枢密院在一定程度上可以安排下院的“活动”，并不意味着枢密院可以支配下院的“意志”。

其次，的确应该承认，在敦促女王早日确定王位继承人和加强国教会管理等方面，下院有时确实与枢密院异口同声，步调一致，甚至上下呼应，配合默契，共同向女王施加压力。例如1566年议会召开前夕，威廉·塞西尔曾召开枢密院会议，商讨利用议会促使女王应允结婚的具体办法，他还亲自为下院起草了致女王的请愿书，并力主在补助金法案的前言中写进“女王已允诺结婚”的内容；16世纪60至80年代，在下院提出和辩论革除国教会弊端的议案时也确有一些枢密大臣参与其间；下院决定处死苏格兰玛丽也深合枢密院之意，正如威廉·塞西尔所说，当时把这一问题提交下院讨论就不是女王的，而是枢密院的主张。① 但问题在于，下院的主张和行动是被动的还是主动的？下院与枢密院的“一致”、“呼应”是出于前者对后者的“亦步亦趋”、“人云亦云”？还是出于“不谋而合”、“所见略同”？正确的答案应当是后者。事实上，无论是呼吁深化宗教改革，还是主张严惩天主教徒，无论是敦促女王从速指定继承人，还是要求

① Graves，*Tudor Parliaments*，pp.116，128；Elton，*Parliament*，pp.115-7.

剥夺苏格兰玛丽的王位继承权，下院都是完全出于自觉。威廉·塞西尔以及枢密院全体在议会召开前就已对下院“人心所向”了然于胸，在议会上他们所做的不过是“因势利导”、“推波助澜”而已。[①] 非但如此，有些时候枢密院甚至还被下院牵着走。例如，有的英国史学家就认为，某些枢密大臣之所以在下院批评国教会主教，就是因为他们不愿意在下院与女王政府之间出现公开对抗，因此曲意迎合下院，甚至不惜以主教为牺牲品。[②] 况且，枢密院与下院的“一致”有时只是表面上的，其实质并不相同。以改革国教会为例。枢密大臣和下议员虽都倡导改革国教会，但前者只要求严肃教纪，惩治腐败教士，目的在于维护和加强国教会的权威地位；而后者却是试图以清教教会取而代之。1563 年枢密大臣培根在指斥国教会的种种弊端后，又称这些应由主教来负责纠正，议会不宜过多干预，这种论调与下议员要求建立没有教阶制的原始教会的主张可谓南辕北辙。[③]1572 年财政大臣诺利斯在议会发言中支持改革教仪，但同时又要求下院不要提出激进的改革提案，以免引起“女王震怒”。[④]1584 年科普提出清教议案后，在场的所有枢密大臣均表示反对，其中迈尔德梅表示，即使国教会存在各种缺陷，也绝不能采纳科普的建议。[⑤] 由于下院和枢密院在很多方面出发点和目的完全不同，所以双方经常互不信任。1593 年议会前夕，当彼得·温特沃思邀集一些人商议起草宗教提案时，有人建议他征求“年高德邵”的枢密大臣的意见，而温特沃思表示，他以前这样做过，但结果令他十分失望。[⑥] 枢密大臣罗伯特·塞西尔则讥笑下议员“不懂规矩”，说

---

① MacCaffery，“Elizabethan Experience”，p.138.

② Collinson，“Puritans”，pp.202-3.

③ Hartley，*Proceedings*，vol . 1，pp.70-1，80-2.

④ Ibid.，pp.368-9.

⑤ Hartley，*Elizabeth's Parliaments*，p.91.

⑥ Collinson，“Puritans”，p.194.

他们的举动“应该出现在小学校里，而不是在议会大厅内”。[①]

最后，修正派指称某些下议员系枢密院代理人的根据，只是这些人在“竞选”时曾得到枢密大臣的推荐，而他们当选后在议会上提出的某些主张又与枢密院的意向相一致。[②] 这种推断其实难于成立。正如前面第二章所述，在都铎王朝，靠权贵的帮助而当选为议员乃是一种十分普遍的现象，在“帮助者”与“被帮助者”之间只有一种十分松散的“领主—附庸”关系，而没有政治从属关系，没有任何证据表明在他们之间存在政治上的默契。即使那些被指称为枢密院“代理人”的议员在会议期间确曾有过向枢密院汇报会议情况，以及有时引导下院集中审议政府议案的举动，但这也只能算是协助枢密院进行管理，并不能说明他们是在代表枢密院“支配”议会。修正派学者始终未能拿出具体而充足的材料，证明这些人曾从枢密院那里得到指示并在下院予以贯彻。被修正派学者视为枢密院主要代理人的伦敦市议员诺顿，尽管在改革国教会、反对斯特里克兰的激进议案、批评温特沃思、为政府的失误进行辩护等等方面与枢密院口径一致，但是他也曾积极为维护伦敦市的利益而活动，参与起草关于禁止伪造印章、禁止使用劣质染料、改革诉讼程序、制定毛纺和冶铁业的规章、限制燃料价格等议案，他的这些活动显然不是出自枢密院的授意，因为枢密院对议会在这些问题上花费时间历来不以为然。诺顿自已也曾抱怨说，他的发言经常不合枢密大臣和女王之意。[③]1581 年打击天主教徒的议案，第一草案由诺顿起草，第二草案则出自威廉·塞西尔之手，两个草案显然大不相同。该年议会结束后不久，诺顿因为挖苦一名主教而遭监禁。在狱中他曾经写道，他有时冲动，有时言语冲撞，甚至冒犯女王，但是上

① 此事发生于 1601 年。见 D’Ewes，p.651。

② Graves，“Thomas Norton”，pp.17-35；“Management”，pp.11-38；Haigh，*Elizabeth I*，p.114.

③ Graves，“Management”，p.30.

帝作证，他这样做完全是由于对上帝及其事业的忠诚，出于自己良心的驱使。[①] 从这段自白来看，诺顿并不是一个毫无主见、毫无原则的枢密院"喉舌"。活跃于下院，但因其主张时与枢密院相合而被修正派视为"枢密院代理人"的议员还有弗利特伍德、贝尔、耶尔弗顿等人，但事实证明这些人并非总是唯枢密院马首是瞻。伦敦市议员弗利特伍德经常在下院为本市的利益发表长篇大论，因而干扰枢密院的"工作计划"。1571 年，在讨论"英国国民必须每季度去教堂一次"的议案时，弗利特伍德公开反对国务秘书史密斯的意见，为此还受到枢密院的斥责。[②] 贝尔曾在 1571 年攻击女王颁发过多的专利特许状，按照温特沃思的说法，"他的这一发言违背某些枢密大臣的意愿，因而受到严厉斥责，当他（从枢密大臣处）回到下院时，其脸色之坏竟使下议员们不寒而栗"[③]。同年，耶尔弗顿在斯特里克兰被扣押后曾发言，坚决反对这种践踏下议员自由权利的做法。[④] 如果这些人确系枢密院的"代理人"，上述事件便无从解释。

修正派的另一个说法是，下院与女王的冲突是枢密院在不能说服女王的情况下，借助下院向女王施加压力的结果。[⑤] 此说同样难以成立。首先，如果枢密院特别是主要的枢密大臣确实想要向女王施加压力的话，他们有更为有效的手段，完全没有必要让下院代行其事。以威廉·塞西尔为例。1559 年和 1560 年，为迫使女王支持苏格兰叛乱贵族和放弃与其政敌达德利联姻的计划，他两次以辞职相要挟，最后均达到了目的。[⑥] 其次，女王

---

① Collinson，"Puritans"，pp.198-202.

② Elton，*Parliament*，p.201.

③ Hasler，*House of Commons*，vol. 1，p.422.

④ Hartley，*Proceedings*，vol. 1，p.239.

⑤ Graves，*Tudor Parliaments*，p.143；Haigh，*Elizabeth I*，p.113；*The Reigh of Elizabeth I*（London 1984），p.98.

⑥ Haigh，*Elizabeth I*，p.71.

对议会动向极为关注，如果枢密院确曾利用议会向她施加压力，她不会不发现。而一旦她发现，她不会不采取行动，因为她对“图谋不轨”的枢密大臣从不手软。但在她统治期间，并没有哪位枢密大臣因在下院煽动不满情绪而受到制裁。每当女王痛斥下院时也从未对枢密院进行追究和指责。在1566年议会上（修正派认为该年议会是枢密院利用下院向女王施加压力的典型事例），女王严令禁止下院就王位继承问题“摇唇鼓舌”，并痛斥其行为“卑劣不堪”，却没有对枢密院表示不满。相反她却说，有些问题是议会无权干预、只能由她与枢密院“共同协商”解决的。如果确实如修正派学者所说，与女王作对的既有议会也有枢密院，那么女王的这种态度就难以理解了。①

总之，修正派对正统派的批评是值得肯定的，但他们对伊丽莎白时期下院政治斗争的解释同样有许多破绽。也可以说，修正派史学家在批判正统派的过程中，自己也不知不觉地犯了与正统派相同的概念错误和方法论错误。在修正派学者的潜意识里，同样也存在一种公式化的概念，即只要议会中出现不同声音，那么一定意味着存在一个如同现代在野党一样的“政治反对派”，而且这个“政治反对派”的立场一定是与当政者绝然对立的。所谓“当政者”，在现代即指执政党成员组成的内阁，在16世纪则应是枢密院。但是，修正派学者发现都铎时期下院反对派议员与枢密院成员之间并不存在“绝然对立”，相反二者还有一种相当亲密的关系，譬如某些议员是以“领主—附庸”关系被枢密大臣提携进入议会的，譬如某些枢密大臣曾支持下院的“反对”行为甚至公然与之站在同一立场上。基于这一点，修正派就得出这样的结论：16世纪不存在下院的“政治反对派”，也不存在下院反对派与政府之间的政治斗争；如果说16世纪下半期英国

① Haigh, *Elizabeth I*, pp.118, 120; Neale, *Parliaments 1559–1581*, pp.174-5.

政治生活中有什么矛盾和冲突的话，那么这种矛盾冲突只存在于女王与枢密院之间，而不是女王和下院之间。换言之，修正派认为，既然伊丽莎白时期尚未出现现代意义上的反对党，那么便不可能存在下院与政府间的政治对立。修正派基于对正统派的批判而得出这一结论，可谓是"在倒洗澡水的同时，把澡盆里的孩子一同倒了出去"。

那么，在伊丽莎白时期究竟存在不存在真正的政治斗争？如何正确认识和评价伊丽莎白时期的政治斗争？我们认为，还是应该结合时代背景，运用阶级分析的方法。

在伊丽莎白当政的16世纪下半期，随着资本主义因素的蓬勃发展，资产阶级和有资本主义倾向的乡绅也成长起来，他们需要一个能够提出自己政治主张、维护自己经济利益的舞台。而这个时期的议会恰恰符合他们的要求。如前所述，宗教改革以后，议会已经成为主权国家的化身，成为国家的政治中心之一，其职能也从仅仅解决地方性问题转为解决全国性的问题，某些下议员出席议会的主要目的，也不再是仅仅为本地方谋利，而是参与国家政治。伊丽莎白时期的下院选举已经开始与政治倾向相联系。例如，1584年汉普郡的克赖斯特彻奇市一反惯例，拒绝接受拥护国教会的政府大臣沃尔辛厄姆推荐的人选，而选举了两名"清教伯爵"亨廷顿的附庸，因为后者属于宗教激进派，代表了他们的宗教改革立场。[①]1586年，弗朗西斯·古得温以22岁的年龄"破例"当选为白金汉郡议员，因为他的岳父是知名清教徒，而他本人又以"信仰诚笃"著称。[②]在同年举行的议会上曾大声呼吁尊重下院言论自由权的议员乔布·思罗克莫顿，在他刚当选为沃里克市议员时，该市行政官员就评论道，此公之所以参加竞

---

① Neale，*House of Commons*，pp.168-9.

② Ibid.，pp.204-5.

选，并不是要为本市谋取利益，而是要到议会去与他的朋友们一同“政海弄潮”。① 伊丽莎白时期，平均每届议会都有 1/3 以上的城市议员并非该市居民，这些人对国家政治的关心程度恐怕远大于对本选区地方利益的关心，因此可以说，伊丽莎白时期的下议员不全是、至少不仅仅是代表地方来向中央请愿的，他们中有相当一部分是作为个人，作为某个阶层、某个阶级或某个利益集团的代表来参与国家政治决策的。正因为如此，下院会议的政治性也明显增强。下议员所关心的问题，除上述有关宗教改革和王位继承等“政治大事”外，一些被修正派认为“无关大局的小事”，其实也带有浓重的政治色彩。例如 1581 年议会开幕不久，彼得·温特沃思的弟弟保罗·温特沃思就提出动议，号召全体议员在会议期间集体斋戒，并在每天会议召开之前进行祷告。这一动议在下院引起热烈讨论并以 115 票对 100 票的表决结果获得通过。女王得知后下令禁止，使这一决议未能执行，结果又引起一场抗议女王侵犯下院权利的风波。这件事看上去好似无关紧要，但实际上，保罗·温特沃思所倡导的是一种典型的清教仪式，是否履行这种仪式关系到议会及至整个国家的宗教取向，所以沃尔辛厄姆在听到这个动议时感慨道：“本届议会出师不利，从一开始就遇上了麻烦。”②

但是，提出某些带政治色彩的动议是一回事，公然与女王对立又是另一回事。伊丽莎白时期的下院究竟从哪里来的勇气敢与女王公开对抗？如果像正统派所分析的，这种勇气产生于“宪政意识”的觉醒，那么这种“宪政意识”又何以突然“觉醒”？在回答这些问题时，我们绝不能忽略下院为维护自己的经济利益所作出的努力。上文曾反复指出，议会自成立之日起就以“听取请愿”为其主要特征。请愿的主要内容是控诉自己所受的

① Collinson，“Puritans”，p.206.

② Ibid.，p.193；Neale，*Parliaments 1559–1581*，pp.378-82.

“不公正待遇”，请求政府予以“纠正”。所谓“不公正待遇”表面上是指某些他们认为不合理的判决，似乎属于法律问题，但实际上“不合理”主要是由于对他们不利，实质上是经济利益问题。15—16世纪，随着经济的发展，新兴的资产阶级工商业者为突破旧的传统经济模式的束缚，追求新的发展机会，不断地委托他们的代表提出经济议案，以改正种种“不公正”之处。由于这些提案人直接来自经营者阶层，其议案具有较大针对性和可行性，更因为这些提案归根结底有利于英国的繁荣和富强，所以自约克王朝开始，都铎王朝得以继续，历代君主对下院的社会经济提案都采取重视、容纳乃至鼓励的政策。在第五章第四节和本章第三节中，已有诸多事例表明下议员在社会经济立法方面是何等活跃，何等不屈不挠、坚持不懈。而这些经验的积累无疑会助长下议员的独立意识，增强他们的自信心，提高他们抗拒王权的勇气。在伊丽莎白时期这一趋势更加明显，下议员为维护自己的经济利益不惜抗上，违逆政府或女王意志的事件频有发生。例如，1559年，政府为减少人口流动，稳定社会秩序，提出肯特和苏塞克斯两郡农村手工业者不得到指定城市以外地区经营的议案，该议案在下院遭到断然否决。[①]1563年，在议会审议《限制赊购法》议案时，政府原意将赊购者的财产资格限定在年收入200英镑以上，但下院却把它一下子提高到3000英镑。[②]最后政府不得不让步。同年，为保证王室地产的封建收入，枢密院提出议案，规定，王室领地的占有者如在去世前八天之内将其地产的1/8以上转到他人名下，一律按叛逆罪论处。此议案交付下院表决时，63票赞成，89票反对，结果未获通过。[③]1566年，政府提出的取消债权人对破产债务人索债权的议案遭到下院否决；威廉·塞西尔

---

① Vardon and May，*Journals*，pp.54，56-9.

② Elton，*Parliament*，p.67.

③ Ibid.，p.296.

提出的政府在10年内每季向每户征收一定数量的特别税用于修缮从普特茅斯至泰晤士河之间所有港口的议案，亦遭同样命运。1576年政府强化森林管理的议案因触犯占有王室林地的乡绅利益也被下院拒绝通过。① 从1563年至1581年，威廉·塞西尔四次向议会提出议案，要求教产的世俗占有者付给教士足够的俸禄，但这些议案均在一读后便被打入冷宫。②16世纪70—80年代，政府提出一系列限制火器生产和使用的议案，只因损害火器生产者的利益，始终未在下院获得通过。③1576年，在威廉·塞西尔的建议下，有人提出今后只有经国王特派员核准的口岸才允许从事进口贸易的议案，该议案亦被下院否决。④1581年，政府要求议会授权女王对所有参与对英禁运的国家采取相应报复措施，来自利物浦的一名议员指出，这样做只能使汉堡商人受益，而于英国商人有害。最后政府不得不撤回提案。⑤

在伊丽莎白时期，下院与女王政府在社会经济方面最尖锐的冲突表现在授予专利等特权和圈地问题上。

所谓专利权最初是国王为鼓励发明授予产品发明人的生产和销售该产品的特权。根据这项特权，专利人有权向任何生产和销售同类产品的人抽税。但是这项特权后来逐渐被滥用。到伊丽莎白时期，由于府库空虚，廷臣常常不能按期如数领到薪俸，为平息他们的不满，女王赐予他们各种专利权作为补偿，结果使专利范围越来越广，不仅盐、糖、扑克牌等日常消费品被划入“专利品”之列，而且经营对外贸易、输出禁运品、管理商品

---

① Elton, *Parliament*, pp.74, 258, 284.

② Ibid., pp.218-9; Hartley, *Proceedings*, vol. 1, pp.491, 543.

③ Elton, *Parliament*, p.244.

④ Hartley, *Proceedings*, vol. 1, p.491.

⑤ Elton, *Parliament*, p.255.

市场、承包国家关税也成为某些人的“专利”。乡绅和资产阶级对这种现象极为不满，因为它造成不公平竞争并且破坏商品交换自由，同时也使国家收入流入私人腰包，导致国帑短缺，税收提高，最终加重他们的纳税负担。而最令他们不能容忍的是，某些人利用管理市场的“专利”，肆意对经营者敲诈勒索。因此从16世纪70年代开始，下院出现反专利权的斗争，16世纪末17世纪初这一斗争达到高潮。最初，下议员们主要批评某些专利人的不法行为，进入80年代以后，他们开始指责女王滥发特许状。由于颁发特许状是君主的特权，按照伊丽莎白女王的观点，这自然又是议会不应过问的领域，所以下院反专利权的斗争又与是否应以议会法来限制君主特权的问题交织在一起。

在1597/1598年议会上，有下议员提出，专利权已发展到“无法无天”的地步，必须严加限制，下院为此成立了专案委员会，准备向女王提出请愿。女王闻讯后，一面答应对所有的专利公司进行审查，一面又表示这是君主特权范围内的事，议会只可以提出请愿，供女王考虑，但不可就此提案和立法。① 在此后的三年间，女王的确废除了十五六个特许公司，但新颁发的专利特许状远远超过这一数字。因此在1601年的议会上，矛盾变得更加尖锐，下院宣读的一份议案指出，有些专利权与普通法相抵触，应坚决予以取缔，为防止再发生类似事情，议会还应该立法限制女王的特权。当有人提出这样做可能触犯女王时，沃里克市议员斯派塞发言说，他的城市深受专利权之害，已达忍无可忍的程度，因此他坚决要求议会制定法律加以限制，即使为此而冒犯女王也在所不惜。② 议员格雷戈里·敦豪特认为，必须提出议案，如果只以口头形式提出请愿，他们“就

① Holdwworth, *History of Law*, vol. 4, p.347.

② Neale, *Parliaments 1584–1601*, pp.377-8.

不会得到比上次议会（1597/1598年）的甜蜜许诺更多的东西”[1]。议员海德则说：“我认为，哪怕是对全能的上帝，我们也可以提出不得为害于民的忠告，因为这对他无损。同样，向女王提出这样的忠告，对她的光荣和她本人也不会有任何损害。”雷丁郡议员莫尔指出，专利权“把全民利益送给私人，最后的结局将是人民变为乞丐，受到奴役……在女王迄今实行的一切措施中，没有比专利权的赐予更有损于她个人的威望，更有害于国家和更为人民所憎恶的了”[2]。议员马丁攻击专利公司是“国家的吸血鬼”。他说：“如果我们听任这些吸血鬼逍遥法外，继续侵占这个世界赋予我们大家的生活必需品，我们通过辛苦的劳作所换得的一切就都会因最高权力签发的一纸特许状而被悉数剥夺。”[3] 约克市议员约翰·贝内特说，食盐专卖已令“我所代表的城市十分痛苦”；议员弗朗西斯·莫尔代表雷丁市和伯克郡控诉皮革商借专卖之利破坏市场规则；巴恩斯特波尔市议员理查德·马丁则为本地蒙受淀粉、鱼类、锡、纺织品、醋、油盐等商品专卖之苦的人民“叫苦不迭”；萨里郡议员乔治·莫尔说商品专卖是当下该郡面临的最大麻烦，约克郡代表斯坦霍普则抱怨说食盐专卖导致其家乡物价飞涨，如禁止专卖使金斯林、波司登、胡尔等三地的居民每年节约3000英镑的支出。[4] 诺森伯兰郡议员蒙塔古则指出，用议会法来限制专利权并不与女王的特权相抵触，因为“法律和国王的特权是统一的……女王也不可以改变法律”[5]。不知是否有备而来，总之在讨论这一话题时，会场外突然聚集了大批民众，他们与大厅里面的“控诉”相呼应，在场外“众声喧

---

① Loach，*Parliaments*，p.135.

② Prothero，*Select Statutes*，p.113.

③ Loach，*Parliaments*，p.134；Neale，*Parliaments 1584–1601*，p.379.

④ D'Ewes，pp.644-7；Townshend，*Historical Collections*，pp.229-36，238-53；Dean，*Law-Making*，p.88.

⑤ Neale，*Parliaments 1584–1601*，p.382.

哗，奋力疾呼”，敦促女王“当机立断”。[①] 当女王得知下院的态度如此坚决之后，由于害怕其特权受到议会法的限制，于是被迫在具体问题上作出让步，当即发布敕令废除了若干专利公司，但在原则问题上她毫不含糊，敕令中特别强调，决不可以用议会法取代国王特权。综观 1601 年议会“专卖权之争”的全过程，在枢密院内部和议员之间意见都不统一，而争论的焦点逐步从一个具体政策上升为政治体制的基本原则。建言形式——请愿还是提案——之争最终以表决方式了结，支持提案制的议员作出“绝无挑战王权之意”的辩白，恰恰揭示了这一争端的本质：最终决定权属于君主还是议会？[②] 下院辩论中就专卖诉讼诉诸特权法庭还是普通法庭的争论，背后隐含的是国王特许权是否应该服从普通法的问题，本质是王权至上（诉诸特权法庭）与议会至上（诉诸普通法庭）的问题，所以英国学者迪安认为，尽管这次会议最后把权力留给了女王，但是辩论过程“鲜明地体现了某些议员的主张：议会权高于王权”[③]。这为斯图亚特王朝的政治危机埋下了伏笔。

伊丽莎白就“王室特权”留给后朝的疑难还有一项，即王室监护权(Wardship)。这是一项古老的封建权利，即如果封土继承人在继承封土时尚未成年，则领主对该继承人实行名义上的监护，在此期间全部封土收益归领主所有。在封建时代领主的这一权利就因为封臣“发明”不少逃避手段而少有保证，在土地租期动辄百年以上且中途转让习以为常而土地市场又极其活跃的 16 世纪下半叶，女王要想兑现她的“监护权”谈何容易？在 1584—1585 年会议上，上院秉承女王意志提出了两个保障王室监护权的提案并在本院顺利通过。但在下院审议时，怨声四起。发言者指出，监

① D'Ewes，pp.649-50.

② Ibid.，pp.653-4.

③ Dean，*Law-Making*，p.92.

护一说已是不知何年的“老皇历”，而时光不能倒流，其言语之尖刻使持不同意见的人简直“羞于开口”。这本是两个“私议案”性质的提案，但却引起“公共关切”，最后其中之一不得不付诸表决，结果以 75 票支持、95 票反对被否决，另一提案则不了了之。两院最后虽有听凭女王个人决定、保证服从的表态，但下院的审议过程足以令女王“三思而后行”。冲突再起之日——1604 年——已经进入另一个朝代。①

下院与女王在圈地问题上的冲突是16世纪90年代的粮食危机引起的。政府认为把大片耕地圈为牧场是造成危机的首要原因，因而提出反圈地议案。该议案严重损害乡绅和毛纺织业手工工场主的利益，因而遭到大多数议员的反对。在 1597/1598 年的议会上，根据政府意向制定的议案规定，凡曾被耕种达 12 年以上的耕地，如果在女王继位后被圈为牧场，一律恢复为耕地；今后也不准再把这样的耕地圈为牧场。在辩论中，伦敦布商杰克曼说，造成饥馑的真正原因并非圈地，而是气候不佳，法国和威尔士圈地并不严重，但粮食照样歉收。他说，反圈地法只能造成纺织业的衰落，造成广泛的失业，加重人民的灾难。② 另一名议员说，像希罗普这样的地区已经变成了专门出产羊毛和羊乳制品的地区，如果这样的地区也受该法案的限制，就会出现比饥馑更严重的危机。③ 有的议员宣称：“英国人的真正希望是，（生产什么）任其自便。”④ 由于阻力太大，原议案不得不进行修改，其适用范围从全国缩小到 23 个郡和一个主教区，而且那些圈地最严重的郡都以各种借口摆脱了它的束缚。枢密大臣罗伯特·塞西尔对此极为不满，但枢密院的压力也不过使下院同意将法案适用范围再扩大两个

---

① Dean, *Law-Making*, pp.83-4; D'Ewes, pp.370, 371, 372, 373.

② Neale, *Parliaments 1584–1601*, p.343.

③ Thirsk, J., *The Agrarian History of England and Wales* (Cambridge 1967), vol. 4, p.230.

④ Neale, *Parliaments 1584–1601*, p.343.

郡而已。1601 年，粮食危机刚刚有所缓和就有很多下议员在议会中呼吁废除 1597/1598 年《反圈地法》，只是由于枢密大臣的极力阻挠才未能提出相关议案。

上述种种事例说明，在伊丽莎白时期，下议员们继续为维护自身的经济利益进行不懈的努力。这些努力有的是成功的，有的是不成功的，但是无论如何，在努力的过程当中，他们逐渐意识到王权并非绝对不可违抗。正是因为在长期为经济利益而进行的斗争中下议员们培养起了独立意识、信心与反抗精神，所以当他们发现如果不介入政治事务，他们的经济利益便没有根本保证（这一教训主要得自玛丽一世时期）后，他们便会以饱满的热情和足够的勇气鲜明地提出自己的宗教和政治主张，并且面对那些来自政府或女王的批评和压制毫不退缩。事实上，他们就是这样做的。

从阶级的观点看，无论在经济方面还是在政治方面，伊丽莎白时期下院同女王的冲突都有阶级斗争的性质。经济方面自不待言，下面仅就政治方面而论。下院与女王的政治冲突常常以宗教问题为焦点，女王只满足于获得教产和最高宗教权力，对教义和教仪的改革则兴趣不大，并且唯恐因此而影响国内封建秩序的稳定。而新兴的资产阶级出于自身发展的需要，迫切希望打碎一切传统的枷锁，建立一种重视现世、鼓励积极进取的生活、倡导平等的宗教，以及全新的教义、教仪和教会组织。下院与女王的宗教冲突以及与此相关的关于王位继承和言论自由权方面的冲突，实质上反映着两个阶级之间的斗争和革新与保守两种势力之间的较量。既然如此，既然下院与女王无论在经济方面还是在政治主张方面的对立都是阶级斗争的反映，那么我们与其把这一对立归因于下院“宪政意识”的觉醒，毋宁归因于其“阶级意识”的觉醒。同时这一对立也标志着议会性质的某种变化：它不再仅仅是一个任务单纯的、通过与会各方的密切合作来完成必要程序的立法机构，而且同时兼有国家政治斗争舞台、阶级较量场所的性质。

总之，简单地把议会看作王权的驯服工具，或片面地把议会看作下议员与王权对抗的阵地，都是不妥的。议会是社会各个方面的连结点，各种矛盾、各种冲突都在这里汇集、交锋并通过立法过程得到解决。在都铎王朝的不同君主时期，由于社会背景和阶级关系背景的不同，立法过程中所出现的矛盾的性质、尖锐程度以及矛盾冲突的结果不尽相同。在亨利八世时期，在反对代表封建保守势力的天主教会方面，国王与下院的立场、利益一致，因而当时在立法过程中，议会与王权间很少发生矛盾，即使发生也多以屈服于王权告终。所以亨利八世才公开宣布，他感到只有在议会中，国王才高高地屹立于王位，也正因为如此，他才会表示尊重下议员的权利，声称“在会议期间，哪怕是对某个最微不足道的下议员的冒犯和伤害，都应该被视为反对朕本人和整个议会的行为”①。而到伊丽莎白时代，下院资产阶级的力量已发展到可与王权分庭抗礼的地步，议会在一定程度上已成为政治斗争的舞台，下院与女王间的矛盾有时达到尖锐对立的程度，因此女王对下院的态度也发生了很大变化，她常常愤愤于下议员们“顽童般的无知无礼”②，谴责他们“如此放肆和傲慢地”干预国家事务(亨利八世对此常常加以鼓励)，并曾多次警告，她决不会让这班“鬼家伙们”优哉游哉，而要让他们“受到应有的惩罚”。对于下议员的权利问题，她的态度也与乃父截然不同。她一再强调“上帝不允许你们的自由成为我的枷锁”，并且绝不容忍下院侵入她的权力范围。③ 父女两代君主对同一机构的态度之所以有如此大的差异，其原因正如罗伯特·塞西尔在1601年所言，下院中出现“前所未有的混乱”，“臣民的自由权利成为空前棘手

① Elton，*Tudor Constitution*，p.270.

② Tanner，*Constitutional Documents*，p.556.

③ Neale，*Parliaments 1559–1581*，pp.175，237；*Parliaments 1584–1601*，p.97.

的问题”；伊丽莎白本人则有更为清楚的解释：“在父王执政时期，议会是团结的象征”，而在她本人当政期间，“情况并非如此”。① 亨利七世从未在议会中行使过否决权，因为在他那时候，他不同意的议案根本没有可能在两院获得通过。亨利八世也很少感到有行使否决权的必要。而伊丽莎白女王几乎每届议会都要否决若干议案，1597 年一次会议就“枪毙”了 12 个。② 议会为了维护本阶级利益不惜悖旨抗上，君主为维护封建的王权和秩序不惜践踏“宪政传统”，双方的矛盾分歧越来越严重，以致经常处于尖锐对立的立场上，这种情况在 16 世纪中期以前是从未有过的。当修正派学者认为伊丽莎白时期的议会较之前代并无任何新颖之处时，他们显然忽视了上述变化的事实。③

① Neale，*Parliaments 1559–1581*，pp.142-3；Loach，*Parliaments*，p.155；Hartley，*Proceedings*，vol. 1，pp.122，148，162；*Elizabeth's Parliaments*，p.117.

② Loach，*Parliaments*，p.158.

③ Haigh，*The Reigh of Elizabeth* Ⅰ，pp.84-5；Elton，*Studies*，vol. 3，pp.84-5.

第七章　解析“都铎体制”

本章两节分别讨论两个问题：第一，都铎政体的性质；第二，“王在法下”这一传统文化因素对都铎体制的决定作用。

第一节　“君主专制”还是“混合君主制”？

15—16世纪，西欧封建制解体，代表分裂割据势力的贵族普遍衰落，曾经羸弱的王权，风云际会，重振雄风，因此史家通常认为西欧进入了“君主专制”时代。但仔细比较英国与其他西欧国家的王权，却又发现英国君主的权力并不那么“专制”，于是如何为都铎政体定性成为一个颇为困难的问题，无奈之下人们只能以“都铎体制”这一“中性”表达来指称。

造成这种局面的原因之一，是对“君主专制”这个概念并没有一个公认的、严格而明确的定义。人们在使用这一概念时，可以就下列任何一种意义而言。

（1）君主个人的行为特征。如骄横跋扈、刚愎自用、残酷无情等等。

（2）君主的统治方式。如鼓吹君权神授、加强中央集权、强化直接对君主负责的政府机构等等。

（3）君权与法律的关系。这里又有两种意思。

第一，国家最高权力凌驾于封建自然法之上。中文“专制”一词许多时候译自 absolutism。该词源于形容词 absolute，意为“绝对的”。近代初期，这个词被西欧历史学家和政论家用来专指 16—18 世纪西北欧一些国家的政体，因为当时这些国家的君主宣称他们拥有“绝对的权力”（absolute power）。在当时的语境下，所谓“绝对”指的是不再受教皇宣称的“上帝法”的限制，表明民族国家的独立性和世俗君主摆脱教会束缚之后在本国拥有的“至尊地位”。[①] 关于这一点，前文已经有所交代，此处不赘述。这里需要特别强调的是，尽管某些君主宣称自己是“绝对权力”的拥有者，但这种“专制主义”的本质并不在于最高权力属于君主一人。有“近代政治学创始人”之称的霍布斯在论述“专制主义”时就认为，绝对权力的执掌者是一个人还是一个会议或一个集体并不影响“专制”的性质。[②]

第二，君权高于法律。这种观念来自历代政治学家的理论抽象。远在古希腊时代，柏拉图就认为，专制政体就是不受法律约束的政体。18 世纪的启蒙思想家孟德斯鸠说，君主专制的特征是“既无法律，又无规章，由单独一个人按一己的意志与反复无常的心情领导一切”[③]。另一位启蒙学

---

① Seligman，E.R.A.，*Encyclopedia of the Social Sciences*（New York 1950），vol. 1，pp.380-1；Gould，J. and Kolb，W.L.，*A Dictionary of the Social Sciences*（New York 1969），vol. 3.

② 霍布斯：《利维坦》，商务印书馆 1985 年版，第 131 页。

③ 孟德斯鸠：《论法的精神》上册，商务印书馆 1982 年版，第 8 页。

者卢梭也把践踏法律作为君主专制的表征。[①] 当代学者则尤其重视君主与立法权的关系，君主的意志就是法律、立法权属于君主一人、“王朝政府在行使权力时无须得到一个民族代表组织或其他任何独立组织的赞同”，这些被认为是“专制主义的典型特征”。[②]

马克思和恩格斯曾两次比较明确地提到从封建社会向资本主义社会过渡时期的君主专制政体。一次是在 1847 年，马克思说：“君主专制发生在一个过渡时期，那时旧封建等级趋于衰亡，中世纪市民等级正在形成现代资产阶级，斗争的任何一方尚未压倒另一方。”[③] 另一次是在 1884 年，恩格斯写道：“但也例外地有这样的时期，那时互相斗争的各阶级达到了这样势均力敌的地步，以致国家权力作为表面上的调停人而暂时得到了对于两个阶级的某种独立性……专制君主制，就是这样，它使贵族和市民等级彼此保持平衡”[④]。这两段语录常被一些人用作对都铎政体定性的主要依据。但是马克思和恩格斯在这里所要强调的是这种特殊政体产生的社会背景和阶级基础，而不是根据这种政体的具体表现来给它定性，换言之，并没有说明为什么或在什么意义上把这些政体称为“君主专制”。另外，他们这里都是对西欧一般而言，特别是就西欧民族国家建立的一般特点而言，在恩格斯的遗稿中也有“（在过渡时期）全欧洲只剩下两个国家，在那里，王权和那时无王权便不可能出现的民族统一根本不存在……这就是意大利和德意志”[⑤] 这样的话，这并不意味着他们不承认英国的特殊性。恩格斯在《社会主义从空想到科学的发展》中曾经说过，尽管英国的法律

① 卢梭：《社会契约论》，商务印书馆 1980 年版，第 85—86、94—95 页。

② Kernig，C.D.，*Marxim*，*Communism and Western Society*（New York 1972），vol. 1，p.9.

③ 《马克思恩格斯全集》第 4 卷，人民出版社 1958 年版，第 340 页。

④ 同上书，第 189 页。

⑤ 同上书，第 224 页。

是“用野蛮的封建的语言来表达资本主义社会的经济关系”，但是英国毕竟把封建的法律形式“虔诚地保留着”，这种法律把“(欧洲）大陆上专制君主时期已经消失……（的）古代日耳曼自由的精华，即个人自由、地方自治以及不受任何干涉（除了法庭干涉）的独立性的精华，保存了好几个世纪”。[①] 综合考察马克思和恩格斯的以上语录可以看出他们的三个基本观点，即君主专制只能发生在民族统一的主权国家；这种专制是同封建习惯格格不入的；君主制可以和法律形式同时并存。由此可以看出，马克思主义经典作家的君主专制观接近于前一种，即“专制等于绝对权力”。

正是由于“君主专制”这个词在不同的人那里有不同的含义，所以都铎英国是否存在君主专制问题变得十分复杂。在我国，许多学者是把“君主专制”作为一种政体来理解的，但关于“都铎专制政体”的本质特征却不甚明确，有君主的宗教权力扩大、宫廷财政系统完善、议会成为驯服工具、国王亲自理政、政府实行恐怖统治等很多说法。在用词上也有“君主专制”、“绝对专制君主制”、“专制个人统治”等种种不同，因此“君主专制”似乎并未作为一种特定政体获得一个科学的定义。

在英国，都铎王朝刚一结束就有人把专制与都铎君主连在一起。一个叫沃尔特·雷利的人在撰写其著作《世界历史》时曾这样描写亨利八世：“如果说在当今世界专制暴君形象已无处可见，那么我们可以根据这个国王的作为将其生动地勾画出来。他翻云覆雨，喜怒无常，能让一介布衣顷刻间飞黄腾达，也能让达官贵人转眼便身败名裂。有多少次，他将绚烂的鲜花赐予有功之臣，但当他们尽情采撷花中之蜜以后他又夺走蜂蜜而将这些功臣烧死在蜂房里。”[②] 雷利的这种看法得到詹姆斯一世及其大臣的赞

---

① 《马克思恩格斯选集》第3卷，人民出版社2012年版，第766页。

② Hurstfield，“Tudor Despotism”，p.83.

同，他们以允许《世界历史》出版流行的方式认可了对亨利八世专制君主形象的描写，从此亨利八世便有了专制暴君的名声。及至今日，仍有人根据亨利八世“道德沦丧”、“手段残忍”、“嗜血成性”、“连王后也不放过”等特点称他为专制君主。① 这些人都是根据君主个人的行为特征来使用专制概念的。

另一些英国史学家根据亨利七世和亨利八世两代君主的统治方式来确定都铎王朝专制政体的特征。他们列举的专制统治的表现是：在世俗方面，君主把贵族排斥于政府之外；君主事必躬亲并广布特务网，对异己分子实行威胁、恐吓和迫害。② 在宗教方面，君主夺取宗教权力，对人们的信仰横加干涉，并培植对君主个人的崇拜。③ 还有些人认为，中央加强对地方的管理，“实现对地方的完全控制”，这“本身就足以证明专制的存在”。④

更多的英国学者是从君主与法律或君主与立法权关系的角度来探讨都铎专制问题的，这当中发生的争论也最为激烈。早在15世纪末期，王室法庭法官福蒂斯丘就把国王与立法机构的关系视为确定政体性质的主要依据。他认为，路易十一时代的法国政体是专制君主制，因为当时法王可以不经过三级会议的同意就擅自征收间接税和人头税，而英国不存在这种现象，英王的行动必须得到议会的同意，所以英国是有限的、或曰立宪的君主制。⑤ 但19世纪中叶以后，从格林到斯塔布斯这一代史学家把15世纪

① Goodman, *New Monarchy*, pp.67-76; Cannon, J.and Griffiths, R., *The Oxford Illustrated History of the British Monarchy* (Oxford 1988), pp.302-3.

② Sills, D.L., *International Encyclopedia of the Social Sciences* (New York 1968), vol. 4, p.161; Tanner, *Constitutional Documents*, pp.3-4.

③ Pollard, *Factors*, pp.52-78; Williams, *Tudor Despotism*, p.166.

④ Williams, *Tudor Despotism*, p.175.

⑤ Cannon and Griffinths, *History of the British Monarchy*, p.300.

末至16世纪初期的政治与中世纪中期的政治进行对比，特别是同曾建立“议会制政府”的兰开斯特王朝时期进行对比，认为从爱德华四世时代至都铎王朝初期，贵族逐渐失去限制王权的能力，议会被削弱直至处于从属地位，人们丧失了“自由”，“公正”也不复存在，这时建立的政府并没有得到议会的认可和支持，因此是一种以专制为特征的“新君主制”，而这种制度后来在都铎王朝一直延续。① 尽管这种“新君主制”观点在英国史学界曾产生很大影响，至今仍被某些史学家所坚持②，但20世纪以来，它也不断受到多方质疑。有的人指出，虽然都铎君主的统治手段是专制的，但这种统治始终披着合法的外衣，议会并非可有可无，而是王权不可或缺的工具。③ 另一些人则认为，都铎议会的角色并不总是消极的，国王与议会是合作关系，而不是利用与被利用的关系，因此不存在国王凌驾于法律和议会之上的所谓“专制”。④20世纪中期以后，英国史学界基本上达成这种共识：只要存在议会和法律，就无所谓专制，甚至持都铎议会衰落论的史学家也承认这一点。但也仍有人认为，只要政府把自己的意志强加于民，只要人民不具备影响决策的手段，“专制说”就能成立。在都铎王朝，议会只代表少数人，而且由于人们没有思想自由，议员也不敢畅所欲言，因此即使议会存在，也不能排除都铎体制的专制性。⑤

在对都铎政治进行多方面的研究之后，有的英国史学家明知都铎君主统治手段的“专横”与当时存在法律和议会的事实相矛盾却又无可奈何，

---

① Green, J. R., *History of English People* (London 1878), vol. 2, pp.6-7; Stubbs, *Constitutional History*, vol. 3, ch.18.

② Goodman, *New Monarchy*, pp.45-9.

③ Maitland, *Constitutional History*, pp.194-9.

④ Pollard, *Factors*, p.104; *Henry* Ⅷ (London 1930), pp.429, 435-6; Trevelyan, M., *History of England* (London 1926), p.366.

⑤ Hurstfield, "Tudor Despotism", pp.105-6.

于是解释说，把都铎王朝称为专制体制实在是不得已而出此下策，因为没有更贴切的词可用。① 而史学家坎农和格里菲斯则在1988年出版的专著中断言：“都铎政体专制与否在很大程度上是语义学问题。”他们问道：“专制主义是否必须是彻头彻尾的专制？是否意味着对每一个人的专制？如果得到普遍支持是否就不再是专制？”② 这里面已经有了诡辩的味道。由此看来，长期以来的争论在很大程度上是“君主专制”定义不统一造成的，所以在解决都铎王朝是否专制问题时首先要解决这个问题中的问题，即什么是“君主专制”。

按照现代政治学定义，“君主专制”是一种政体，一种政权的组织形式。用这一定义来衡量以往的评价就会发现：君主个人品行与政权组织形式无关；中央集权还是地方分权则属于国家的结构形式范畴；而那种把政府与人民作为一对矛盾，把只代表少数人而缺乏全民支持的政府统称为专制的说法，实际上混淆了国体与政体的区别；把君主的统治手段或治理方式作为判别专制与否的标准也是不妥的，因为一切统治者都以维护和加强自己的统治为首要任务，君主本人勤于政事还是疏忽职守，其手段严厉还是宽仁，统治机构是加强还是削弱，这些不仅在很大程度上取决于君主个人的能力和作风，而且其间只有量的区别，不足以反映各种政体质的差异。我们认为，只有权力与法律的关系才反映政体的本质特征。这种关系由社会发展和阶级关系的背景所决定，体现于政权的组织形式，并在很大程度上制约着统治者的治理方式。

如上文所述，就权力与法律关系而言，“君主专制”这个概念有两个含义。其一是，君权不受上帝法束缚，拥有“绝对的”权威。就此而论，

---

① Williams, *Tudor Despotism*, pp.170, 260.

② Cannon and Griffinths, *History of the British Monarchy*, p.302.

在 16 世纪 30 年代的宗教改革过程中，英国的确已演变为一个君主专制国家。因为宗教改革以后英国已经建立了排除一切外在权威，并且不受上帝法限制的“绝对的权力”。这一点在第四章中已有所论述，此处不再重复。

但是，权力与法律关系意义上的专制还有另一种意思，即王权凌驾于人为的实体法，即通常意义上的“法律”关系之上。如果从这个角度考察，都铎英国还是不是一个君主专制国家呢？下面我们着力探讨这个问题。

从一定意义上说，都铎时期的英国是一个尊重法律的社会，法律享有最高的权威，或者说至少在名义上享有最高地位。从没有一个君主宣称他（她）位于法律之上。这里的法律既包括本朝新制定的法律，也包括继承下来的普通法。贯穿整个中世纪英国的特点之一是王权相对强大，所以在中世纪前期封建习惯基础上产生的普通法并不构成对王权的威胁，因此都铎时代王权的加强并未伴随普通法的毁灭。每个都铎君主登位时都宣誓尊重法律，依法行事，以至 16 世纪末的政论家胡克宣称，是“法律造就了国王”[①]。玛丽一世当政时，曾有人上书称她为“征服者”，认为她有权像威廉一世那样摆脱法律的约束，独断专行。但据时人记载，女王立即“想到了她加冕时的宣誓，深知不能违背誓言而照这个建议行事，不能冒着丧失王位和整个国家倾覆的危险而去这样做”。最后她当着众臣把这份上书付之一炬。[②]1533 年亨利八世说过一句很容易使人产生误解的话，他宣称不接受“世上任何人所制定的法律”。但是不应忽略这句话的上下文及时间背景。他的前一句话是，他拒绝承认“除上帝以外，世上还有在朕之上的权力”。两句话连起来看，他所要表达的意思其实正如次年《豁免

① Guy，*Tudor England*，p.377.

② Dunham，“Power and Rule”，p.46.

法》所宣布的，只是否认教皇的权威和上帝法的束缚力，而并不是针对着本国的一切法律。① 亨利八世时代的大法官奥德利在与主教加德纳讨论权力与法律问题时告诫后者说，《至尊法》赋予了国王宗教裁判权，“但另一个法案又规定，一切与普通法或议会法相抵触的宗教法均属无效。所以你不要以为你可以狐假虎威，只要说服国王就能倚仗他的至尊地位任意对俗人发号施令。我们将制定法律，使叛教的罪名时刻可以扣在你们头上，以确保我们俗人能够凭借普通法和议会法享受我们世代所有的权利”。最后加德纳终于认识到，最好避免采取那种只符合国王意愿却有悖于法律的行为，他写道：“一切都不应与议会法或普通法相抵触。”②1559 年伊丽莎白女王即位之初，后来成为伦敦主教的艾尔默曾在一篇论述君主治术的文章中说：“首先不是她（按：指女王）在统治，而是法律在统治……假如这一点改变了，变成一切听凭国王或女王的意志，而不依据成文的法律……假如她只根据个人的判断来量刑定罪而不受议会法或法律的限制……那么我就会（对这个女人的统治）感到担忧。”③ 安立甘教会理论家理查德·胡克也说：“虽然一切人和事都必须服从王权，但国王对一切人和事的权力也是有限的，因为法律本身构成了一切行为的规范。我们对君主政府的原则是，王命不得违法，违反即属无效。”④ 诚然，国王拥有特权，如他有权任命枢密大臣、可以享受经济优待、其战时命令拥有法律效力等等，但是所有这些特权虽然被斯图亚特王朝早期的君主视为得自神授，而在都铎时代却被认为是法律赋予的。⑤ 伊丽莎白时期，出版商巴克经女王特许获得

① Dunham，“Power and Rule”，p.34.

② Ibid.，p.25.

③ Ibid.，p.46.

④ Elton，*Tudor Constitution*，p.17.

⑤ Ibid.，pp.17-8.

印行《圣经》的专利权。但是剑桥大学向法庭起诉，称巴克无权垄断《圣经》印行。巴克在法庭上为自己辩护说："指定出版商、规定刊印书目，这是君主绝对特权范围内的事，与法律无关，因此也不能诉诸法庭。"但是剑桥大学的辩护人说，君主诚然拥有这种特权，可是既然在涉及利益的问题上君主历来依照法律行事，那么这场官司还是应当由法庭裁决。最后法庭判剑桥大学胜诉。① 这说明，法律甚至可以干预国王特权范围内的事务。

在一个尊重法律的国家里，最高权威属于法律的制定者。都铎时期法律的制定者是议会。1534 年的《豁免法》明确宣布："最高贵的议会……可以自行或授权他人制定、废除、增加或删改任何法律。"② 爱德华六世加冕时，大主教问他："你是否承认应当遵照古老的传统行事，在制定法律前须先经过你的臣民同意（按：这里的"臣民"显然是指议会）？"爱德华六世回答道："我承认并遵照执行。"③ 都铎时期的政治著述普遍承认最高立法权属于议会。如艾尔默写道："只要议会还在行使职权，国王便不能越过议会制定任何法令。"④ 胡克也强调，一切法律都出自议会这个最高权力机构，"英国议会……是本国一切政治权力赖以存在的基础"。⑤ 亨利八世时代的大法官和伊丽莎白时代的大臣都承认，除议会自身以外，任何人不得更改议会法。⑥16 世纪下半叶的政府大臣、政论家史密斯说得更加明确和肯定："英国的最高绝对权力存在于议会。"⑦ 宗教改革以后，尽管国

---

① Elton，*Studies*，vol. 1，pp.267-8.

② Elton，*Tudor Constitution*，pp.360-1.

③ Dunham，"Power and Rule"，p.39.

④ Elton，*Tudor Constitution*，p.16.

⑤ Guy，*Tudor England*，p.376.

⑥ Elton，*Tudor Constitution*，pp.238，245.

⑦ Ibid.，p.240.

王被宣布为教会的最高首脑，尽管亨利八世自称拥有独立制定宗教信条的权力，尽管伊丽莎白女王曾禁止议员辩论宗教问题并且认为那些问题均属于她特权范围之内的事，但事实上，在都铎时代，宗教立法权并非绝对属于君主一人。宗教改革的主要推动者托马斯·克伦威尔在设计英国国教会的形式时，从未设想国王摆脱议会单独统治教会。[①]1534年的《限制上诉法》本身也有矛盾，它在宣布国王是教会最高首脑，拥有“完全的”的权力的同时，又承认议会法可以涉及宗教问题。[②]托马斯·克伦威尔以国王宗教代理人的身份管理教会时，总是通过议会制定或推行宗教法。伊丽莎白时代的枢密大臣也常常将宗教问题提交议会讨论，甚至大主教怀特吉夫特也承认教会与国家不能有两个首脑，议会既是国家的权威机构，它就有权决定宗教信仰。杰尔曼说得更加明确：“不管是世俗法还是宗教法均由议会制定。”在整个都铎王朝，一切违反国教的行动都是按触犯议会法的“叛国罪”、而不是触犯宗教法的“异端罪”来处置的。至16世纪末，僧俗两界已经普遍认为，议会不仅是世俗事务，而且是宗教事务的最高权威。[③]用当代英国史学家哈特利的话来讲，到这时，议会便成为了“能够为都铎政府合法推行一切政策提供法律保障的唯一机构”[④]。

20世纪初以来，有的英国史学家提出，在都铎王朝，议会立法权有被国王个人立法取代的趋势，并认为这是都铎王朝君主专制的主要特征。但是仔细研究他们据以提出此说的主要史实材料就会发现，这一说法不能成立。

---

① Fox，A. G. and Guy，J. A.，*Reassessing the Henrician Age*（Oxford 1986），pp.151-78，199-220.

② Stephenson and Marcham，*Sources*，pp.304-5.

③ Guy，*Tudor England*，p.375-6.

④ Hartley，*Elizabeth's Parliaments*，p.14.

他们的主要论据之一是，1539年，在克伦威尔策划下议会颁布的《敕令法》宣布，国王有权在无议会期间颁布敕令，这种敕令具有与议会法同等的权威，国民必须绝对服从。① 但是如果我们不受这句话的局限，把视野扩大，全面考察该法案形成的整个过程，就会发现，该法案的颁布并不标志王权的专制倾向。首先，国王的颁布敕令权由来已久，并非都铎王朝新创。其次，《敕令法》的颁布纯系偶然，并不是一个有计划的朝专制方向迈进的步骤，其主要目的是澄清历史遗留问题。虽然国王的颁布敕令权古已有之，但由于历代君主很少运用这一权力，至都铎王朝，敕令权的适用范围、执行机构以及法律依据等一系列问题都模糊不清。1535年7月，亨利八世政府为遏制货币外流亟须立法，但苦于当时议会并未召开。托马斯·克伦威尔遂想到国王敕令一途。但他不知道国王可否就这类事情发布敕令，于是令王室法官查寻历史依据。法官从法律文献中发现，理查德二世时期曾有先例，当时议会宣布国王有权发布这类敕令。克伦威尔仍不放心，还曾追问法官，倘若找不到相应的议会法做依据又该如何。由此可以断定，克伦威尔在1539年向议会提交《敕令法》提案，无非是要把一个连他自己也搞不清楚的问题以议会法的形式加以明确。《敕令法》的内容也证明了这一点。它首先宣布，国王的颁布敕令权得到议会批准，其合法性不容置疑；继而规定了敕令的法律地位及适用范围：国王的敕令低于议会法和普通法，凡重罪案、叛逆罪案、产权案，以及一切涉及死刑或断肢刑的案件，均不得以敕令方式裁断，敕令的适用范围仅限于社会经济和行政方面；最后该法案确定了敕令的执行机构，即鉴于敕令的性质，嫌犯不能在普通法庭审理，而星室法庭又一向对此类案件审理不力，所以专设违抗敕令罪法庭。从上述条文来看，《敕令法》仅仅是给国王敕令权以

---

① *EHD*, vol. 5, pp.521-3.

明确界定，不仅无意以国王敕令取代议会法，而且还专门说明就法律地位而言前者低于后者。另外，都铎君主并未因《敕令法》的颁布而扩大权力。《敕令法》颁布以后，亨利八世仍然极少行使颁布敕令权，为保障国王这一权力而特设的专门法庭也长期闲置不用。大概正是由于敕令权意义不大，爱德华六世第一届议会就废除了《敕令法》。值得注意的是，《敕令法》废除以后，爱德华六世仍然继续颁布敕令，其依据为“古老的惯例”。可见《敕令法》的有无并不影响国王权力的大小。最后需要说明，尽管《敕令法》宣布国王敕令同议会法一样都由高于普通法庭的专门法庭来实施，但这并不意味着国王敕令是一种与议会法相同的法律。在议会休会期间颁布的敕令大多在后来召开的议会上以议会法重新确认的事实就充分说明了这一点。玛丽一世时期的王室法官普遍认为，“国王不能通过颁布敕令而制定新的法律”，国王敕令的作用只限于“强化和确认法律”，而不是“改变和制定法律”。伊丽莎白时期的下议员则明确表示，如果国王敕令违背法律，它就没有效力，而“承认国王敕令为法律，将会是危险的先例”。① 综上所述可以得出结论，无论是在《敕令法》颁布以前还是废除之后，抑或在其实行期间，国王都拥有颁布敕令的特权，而无论何时颁布的敕令都低于议会法，因此《敕令法》的颁布并不标志都铎君主的专制倾向，相反，克伦威尔用议会法的形式来明确国王敕令的合法性、权威性、使用范围及方法，恰恰证明了议会在立法权方面的权威地位。

英国史学家赫斯特菲尔德认为，尽管《敕令法》并未扩大国王的专制权力，但是当初托马斯·克伦威尔提出这个议案时未必没有侵夺立法权从而建立亨利八世绝对专制统治的企图。他的论据是，《敕令法》提案曾在议会引起“轩然大波”（加德纳主教语），在两院的激烈反对之下，该议案

① Loach，*Parliaments*，pp.9-12.

不得不几易其稿。他推论，原提案中肯定带有强烈的专制色彩。[①] 但是据埃尔顿考证，亨利八世时代议案几易其稿的事比比皆是，反复修改并不一定意味着原则性改动。埃尔顿认为《敕令法》提案易稿之后，只是增加了一个保证条款，即根据普通法国王敕令不得涉及地产交换和遗产事宜。[②] 另外，根据加德纳主教的记载，原提案虽曾引起议会的"轩然大波"，但在广泛的"自由发言"之后，议员们得到了"明确的保证"，即"国王敕令将不得与议会法和普通法相抵牾"。[③] 这表明，引起争论的只是《敕令法》的有效范围，而不是它的法律地位和合法性。

英国史学家邓纳姆也认为，在都铎早期存在议会立法权被国王立法权取代的倾向。他的根据是，这个时期出现了委托立法现象。[④] 所谓委托立法，指的是某些议会法在通过的同时，授予国王某种形式的"立法权"，比如，规定国王可以自行决定如何贯彻该法律。具体的事例有：1504 年的一件权利恢复法案规定，亨利七世有权随时宣布废除 1483 年以后制定的任何褫夺法；1532 的《教士岁入法》规定，何时执行这个法律由国王自定；1536 年的《王位继承法》授予国王在遗嘱中确定王位继承人的权力；1543 年的《威尔士法》宣布国王有权在议会结束后对该法各条款进行改动；等等。但是严格说来，这些法案所赋予国王的只是执法时见机行事的变通权，而不是立法权。由于当时议会还不是常设机构，因而有必要授予法案执行人在执行过程中根据实际情况随机应变、灵活掌握、甚至必要时改动法律的权力。上述委托立法事例均体现了这一点。1483 年的委托立法旨在使国王能及时恢复被褫夺者及其后裔的权利，以缓和社会矛

① Hurstfield，"Tudor Despotism"，p.95.

② Elton，*Studies*，vol. 1，p.272.

③ Ibid.，vol. 2，p.272.

④ Dunham，"Power and Rule"，pp.31-2.

盾；1543 年威尔士刚刚并入英国不久，《威尔士法》对其政区的划分是否合理要经过一段时间的观察和试验，委托立法的目的就是使国王便于根据观察试验结果进行调整；1532 年的委托立法则是一种策略手段，亨利八世当时尚未下定宗教改革的决心，遂以制定《教士岁入法》向罗马教皇发出试探性威胁；1536 年《王位继承法》中的委托立法条款乃是出于无奈，因为当时两位公主的王位继承权已被剥夺，只有国王第三个王后所生子女才是合法的继承人，但是谁也不知道这位王后能否生出子女，为了防止出现国王驾崩而合法继承人阙如、王位不知所归的局面，除赋予国王临终指定继承人的权力之外别无他法。在都铎时期，委托立法很少发生，而上述仅有的几例都不能证明国王侵夺了议会的立法权，相反，它们只能证明议会立法权的牢固性和权威性，因为它们表明，即使贵如国王，若要在执法时稍加变通，也须得到议会的批准。

然而，都铎君主虽然没有侵夺议会立法权、扩大个人立法权的企图，但这并不意味着他们置身于、或曰被排除在立法权之外。我们在第四章中曾论述过，都铎王朝与其他各朝在政治体制方面最大的不同、或曰理解都铎政体的关键点，就在于都铎时期形成了“国王在议会中”这一全新的体制。在这一体制中，议会是国王、上院、下院“三位一体”，而国王居于主导地位。这种体制就使得国王可以有很多种手段影响议会立法，使之符合自己的意志，而完全不必采用“侵夺议会立法权”的办法。事实上，每一位都铎君主都十分乐意作出尊重法律、尊重议会立法权的姿态，因为这比扩大个人立法权更对他们有利。

但是，当我们肯定国王的主导地位以及对立法所发挥的不容忽视的作用时，也应当充分注意以下两点。第一，国王与“议会中的国王”毕竟不同，“三位一体”的权威也不同于国王个人的权威。玛丽一世当政时期，女王及其国外的天主教势力亟欲为女王的夫婿、西班牙王子菲力普加冕，以便确立他在英国的政治地位。但是他们深知，加冕必须在议会进行，而多数议员对此持反对态度，所以最后他们不得不放弃这一打算。[①] 这说明，无论如何，“三位一体”当中的另“两位”对君主确实构成一定的约束和限制。另外，无论国王在立法过程中的作用有多大，离开议会，他个人不能立法；不经过两院的同意，包括政府议案在内的一切议案也不可能成为法律。而正如我们在前几章所看到的，在都铎王朝时期，议会并非总是驯服的。埃尔顿甚至认为，16 世纪的议会反对派比 17 世纪还要活跃。[②] 如果塞西尔的话至少部分地反映了事实，那么就不能想象议会唯国王之命是从，只是王权的工具。他说：“商人是如此地狡猾奸猾，他们在议会中上下其手，营私舞弊，从中为自己谋利，以至从亨利八世即位以来，在涉及他们的财产利益的问题上，从未制定出任何有用的法律或法令，他们不是在上院就是在下院阻挠这种法律的通过。”[③] 第二，国王召集议会或对议会施加影响的最终目的还是取得议会支持，达到立法的目的，因此无论如何国王和政府不能过于激怒两院，不管他们采取什么手段来影响立法，这些手段必须基本符合议会的程序和制度。在这里要特别指出一些苏联学者的错误，他们的观点曾一度支配我国的史学界。1977 年出版的苏联高校法学教材《外国国家和法律制度史》坚持认为都铎王朝是个专制的时代，并列举了都铎君主支配议会的种种表现加以证明。这些表现包括：直接操纵议员选举；控制选邑；利用议员资格审查权排斥异己；尽量避免召开议会，致使都铎朝立法少于历代。[④] 但是正如前面已经谈到过的，迄今为止尚未

① Loach，*Parliaments*，p.96.

② Elton，*Studies*，vol. 1，p.282.

③ Pollard，*Factors*，p.119.

④ 康·格·费多罗夫：《外国国家和法律制度史》，中国人民大学出版社 1985 年版，第 128 页。

发现任何材料足资证明都铎时期君主曾直接干涉选举；都铎君主也从未有过借设置选邑之机在议会安插亲信的举措；议员资格的审查权至晚在玛丽一世时期已经转归下院，伊丽莎白女王曾试图收回，但未获成功①；至于都铎朝议会的立法活动与以前历朝相比是增加还是减少，下列数字即可证明：13 世纪议会立法共 237 件，14 世纪 519 件，15 世纪 489 件，16 世纪则达 1902 件。②

综上所述，我们认为，虽然都铎时期的王权得到加强，但这种加强只意味着国王特权（prerogative）的恢复和延伸，比如国王的行政统治权和任命大臣权在 14—15 世纪都曾遇到挑战，并一度趋于衰减，而在都铎王朝却得到巩固和加强；又如宗教改革以后宗教裁判权也成为国王的特权之一。但是无论是从英国的政治传统看，还是从都铎王朝的政治实践看，国王的特权本身就是法律给予的，其范围也是由法律规定的，因此英国王权的加强并不意味着法律的消失。既然都铎君主仍必须服从法律，既然君主个人并不能垄断立法权，那么如以“君主凌驾于人为的实体法之上”作为确定君主专制的标准，都铎英国便不是一个君主专制国家。

那么，按照上述标准都铎政体究竟应该属于什么性质？在君主和法律关系方面，西欧在中世纪晚期和近代初期大体出现过这样三种情况：第一，国王完全凌驾于法律之上。在这种体制下，或存在保护国民（当然这里指的是一部分国民）权利的法律而国王有法不依，或根本不存在这样的法律，国王个人的意志便是一切，即“朕即国家”。第二，国王在法律之下。在这种体制下，国王实际上没有立法权，法律的主要倾向是限制和剥夺王权以及保护国民利益。第三，介乎以上二者之间。在这种体制下，法

① Pollard，*Factors*，p.128.

② 《外国法制史》，北京大学出版社 1982 年版，第 105 页。

律和立法会议享有最高权威，国王虽拥有一定立法权，但不能垄断。在对待法律的态度上，一方面，国王主动积极地参与立法，欢迎和尊重法律，这是由于这时法律的主体是保护而非限制王权，不以国王作为法律施行对象；另一方面，对于那些维护国民权益的法律，国王尽管不一定乐于但毕竟需要给以重视和尊重，因为这是维持和巩固他的统治的保障，他必须依法而治。我们认为，第一种情况属于专制君主制，第二种情况属于立宪君主制或有限君主制，而都铎英国恰属第三种情况，这是一种介于专制君主制与立宪君主制之间的制度。埃尔顿曾把这种制度称为“混合君主制”(mixed monarchy)①，这种提法是否妥当，尚须讨论，但就其说明了都铎政体有别于君主专制政体而言，显然有可取之处。

第二节 “王在法下”

（一）封建法制

欲正确理解都铎体制，必须追溯历史。史家大多认为，英国政治、法律和行政框架在 14 世纪初期即已定型，直至 17 世纪几无变化，都铎王朝虽然建立“新君主制”，但与中世纪有很大连续性，甚至可以说代表“中世纪的鼎盛时期”。② 这种看法或有可商榷之处，但至少提醒我们，解读都铎政体需从中世纪谈起，否则可能说不清楚。

都铎政体与中世纪的连接点在哪里？笔者认为在于“王在法下”

① Elton，*Studies*，vol. 2，p.235.

② 塞缪尔·P. 亨廷顿：《变动社会的政治秩序》，上海译文出版社 1989 年版，第 105 页；艾伦·麦克法兰：《现代世界的诞生》，上海人民出版社 2013 年版，第 201 页。

(King under Law)，所以本节聚焦“王在法下”。对“王在法下”不能望文生义，先入为主地从近代“权力制衡”的角度去认识，而要把它放在不同历史语境中，理解其原始含义，观察其制度表现，把握其文化意义，努力避免“过度解读”，只有这样我们才能在认识人类文明史“在变革中传承、在传承中变革”的基本规律的基础上，正确理解“王在法下”的意义和历史价值。

其实中世纪并不是英国法制史的源头。英国作为西方文明的一部分，其中世纪的法律观念与制度不可能尽脱西方古典文明的痕迹，所以我们不得不“言必称希腊”，一切从希腊罗马讲起。

希腊文化的原初形式是神话，其特点为拟人化，虽主角是神，但神的故事是按人间的“活法”——生活样式——编造的，这个“活法”可以说就是朦胧的“法”的意识：“法”亦即希腊人心中“应然的样式”。这样说来，继神话之后出现的自然哲学派，也无非是把着眼点从人转移到世间万物，研究自然界的“活法”，探讨包括人在内的自然万物的生存法则。西方法制史中最重要的概念之一——自然法便由此而来。自然法的特点是超越人为律令之上，用柏拉图的话说，它是智识标准，是一切具体法条背后的一个抽象的“真法”。西塞罗说，自然法是先在的法律，“像上帝的心灵一样古老”。关于自然法与人为制定法之间的关系，罗马共和国确定了一个基本原则，即自然法至上，国家制定的法律如不符合自然法即属无效。虽然《查士丁尼法典》称“符合正当形式的国王命令就是法律”，但按当时法学家的解释，治理权与审判权是两种不同的权力，皇帝与元老院的法令只是治理权范畴的法律，而不是审判权适用的最高法律，即使查士丁尼一度将两种权力集于一身也不能混淆这两种法律的性质。那么什么是适用最高审判的法律呢？按照《法学汇纂》所收录的著名法学家尤里安的说法，它就是“虽然没有成文形式，但却约束着每一个人”的自然法。这里说的“每一个人”当然包括帝王在内。“王在法下”，即王在自然法之下的传统观念由此发轫。

那么自然法来自哪里？柏拉图说来自民族习惯，西塞罗说来自民众，尤里安则有明确阐述：“人们遵守远古的习惯，无需任何理由，就如它是法律，这种法律，是由习俗确立的……是民众的决断”。

古典哲人在其法律观基础形成了与之相适应的政体观。既然最高法律准则来自民众，源于任何个人都不能代言的古老传统，所以制定并推行法律的政治体制应该遵循“与众人相关者必得众人赞同”的原则，而这也是查士丁尼法典所承认的。根据这一原则，最高审判权应集“一个人（君主制）的统一、少数人（贵族制）的智慧、多数人（民主制）的自由”于一身。柏拉图认为，寡头制与民主制相结合的政治体制最契合现实需要。亚里士多德持自然主义国家观，把国家看成一个大家庭，国王是大家长，臣民是子女，家长必须具有绝对权威，但行使权力的目的是为子女谋利，因此“单纯基于寡头制、或单纯依托民主平等概念的政治体系都不完美。事实足以证明，这样的政体从不持久”，而“由集合多种成分的政体则比较好”。罗马时代的波里比阿和西塞罗都认为，好的政府应该能够反映社会不同阶层的利益诉求，各种势力保持平衡，互相牵制。他们基于历史和现实经验得出结论：只有集中各种政体优点并互为补充的混合型政府，才能避免沉沦与衰败。

古典时代的混合政体说不仅停留在理论上，而且体现在实践中，在梭伦改革、克利斯提尼改革、厄斐阿尔忒斯改革以及雅典法院的判例中都可以发现混合政体的痕迹。①

---

① 本节以上所述参见 McIlwain，C. H.，*Constitutionalism*：*Ancient and Modern* (New York 1940)。

中世纪的西欧，虽然诸侯割据，战事频仍，但也不是一个“无法无天”的世界。尤其在英国，法制文化与实践都有所发展。

从文化上说，古典时代的自然法是哲人创造的理念，虽以融汇人类化解社会矛盾的全部理性原则自诩，但毕竟出自于“人”，而在中世纪包括英国在内的基督教世界里，自然法变成了“神”的产物，戴上神圣的光环。托马斯·阿奎那说，人们依据追求共同福祉的理性所认同的法律都可视为上帝法①，对法律的敬畏社会心理由是更进一层。

从制度上说，中世纪英国是农业社会，农村经济以封土制为基础。在封土制下，封授双方必须讲信用，因为涉及封土的利益分配并不在确定领主附庸关系的一刻当场兑现，双方都寄望于未来，或如福蒂斯丘所说，是希望通过一种约定“能比先前更加安全地生息，享受自己的财产，得免于他们所担心的各种祸患和损失”②。受封土制的影响，中世纪英国的全部土地制度都具有契约色彩。“据估计，13 世纪仅小农和农民就可能签订 800 万份契约……全体居民，包括农奴，都与文件发生关系……在爱德华一世统治时期连农奴也必须按照法令的强制要求备有私人印章。”③ 尽管这种约定并不像西方学者通常认为的那样堪比近代契约，但它的确像契约一样高度肯定权利的存在，“财产问题转变为一种侵权问题”④。这种以契约—权利模式为基础的土地制度，一旦发生纠纷，相对于建立在权力—服从模式基础上的土地制度，更有可能通过司法裁判而非暴力胁迫的方式来解决，所以诺曼征服以后，特别是亨利二世之后，英国国王虽然拥有足够的权威

---

① *EHD*，vol.3，pp.893-4.

② 麦克法兰：《现代世界的诞生》，第 191 页。

③ Morgan，K. O.，*The Oxford Illustrated History of Britain*（Oxford 1984），p.110.

④ ［美］哈罗德·J. 伯尔曼：《法律与革命》，贺卫方等译，中国大百科全书出版社 1993 年版，第 550 页。

统治国家，却并没有按照王权运行的“常规轨迹”建立强大的行政权力体系，而是选择在尊重盎格鲁—撒克逊传统习惯的基础上以司法裁判权为手段治理国家，“统治行为衍生为对法律的解释行为”[①]，国家治理呈现“行政司法化”倾向。[②]

令状制度的形成过程生动地记录了行政司法化的脚步。

所谓令状是英国国王从罗马教皇那里学来的一种下达指令的方式。最初仅是以书面形式责令某人就某事执行某项指令，就性质而言是行政性的。但令状通常涉及权利纠纷，下达对象一般是原告的领主，通常都是令领主为原告主持“公道”，归还其土地，恢复其相关权利。这种称为权利令状的行政性指令，从一开始就具有司法属性，因为据此令状可以启动领主法庭的不动产权益诉讼。该令状实行一段时间以后，逐渐演变为启动领主法庭权益诉讼的必要条件，即被告不见令状可以拒绝出庭，权利令状从此成为司法的必要程序。在权利令状失效，即领主拒绝为原告主持“公道”情况下下达的令状叫指令令状，此令状责令郡守为原告做主启动诉讼，或直接要求被告恢复原告的权利或作出赔偿，如被告不服，则必须到王室法庭进行解释，听从王室法庭的判决。后来在这两种令状的基础上又不断颁行新的令状，将事涉“国王和平”即社会稳定的政务也都纳入令状适用范围，终于造成“行政命令性质的令状被彻底‘司法化’”[③]，令状变为王室针对不同罪错签发的一种启动司法程序的证书。直接诉诸执行的政令，变成了司法审判的启动引擎，“罪错”从“判定”变为“未知”，行政治理演变为“司法救济”，这种“行政司法化”的倾向无疑有助于提升普

---

① *EHD*, vol. 3, p.32.

② 参见李栋：《通过司法限制权力：英格兰司法的成长与宪政的生成》，北京大学出版社2011年版，第70—129页。

③ 伯尔曼：《法律与革命》，第538页。

通法的权威。中世纪法律家托马斯·特利尔顿曾把自然法与普通法相提并论，称两者之别仅在于前者提供原则，后者付诸实践。[①]

与普通法的施行相匹配，中世纪英国有一个相当完整的法庭系统。社会的每个基本细胞——庄园都有自己的法庭，最重要的地方政权就是由郡守主持、定期开庭的郡法庭。中央则有三大普通法庭，即以审理民事案件为主的民事法庭、以审理刑事案件为主的王座法庭和以审理财税案件为主的财务署法庭。从权力隶属关系看，自亨利二世时代起，对庄园法庭涉不动产权益案的判决若有不服，可上诉郡法庭；中央派出的巡回法庭对郡法庭有一定修正、监督职能；中央另设大法官法庭（亦称“衡平法庭”）和星室法院专门审理中央三大普通法庭难以审结、或直接针对阁僚的案件；国王亲自主持的御前会议是一个集行政、咨询、内务乃至王室起居多种职能于一身的机构，但同时也是位居所有中央法庭之上的最高法庭，行使司法裁判权，审理对各级中央法庭判决不服的上诉案件。

在上述主干世俗法庭之外，中世纪英国还有教会法庭、百户法庭、城市法庭等专门法庭。

在爱德华一世时期，国王通过司法系统管理国家的体制已臻完备。大法官庭负责签发令状，各级普通法庭不见令状不得启动诉讼，起诉人得不到令状也告诉无门。令状名目繁多，格式严谨，对每一类案件的诉讼程序、裁量标准、判决执行方式都有具体规定，遇到新型案件，现有令状不适用，则创制新令状，立法寓于司法之中。鉴于令状统一发放，通行全国，且随时更新与补充，而各级普通法庭的审判与判决都有一定公开性，所以令状本身对社会的规约作用十分明显，相比之下，政令倒处于次要地位。

---

① 转引自李栋：《通过司法限制权力：英格兰司法的成长与宪政的生成》，第 234 页。

普通法司法裁判具有很强的专业性和技术性。首先，光法官和律师需要掌握的语言就多达三种：诉状及程序用语是拉丁文，法庭记录使用法文，而法庭陈述说的是英语。其次，因为审判追求的是“法律适用”，即适用什么法律，而不是化解矛盾和纷争；因为判决的大前提是判例，小前提是事实依据，法官要通过论证和说理想方设法使两个依据互相吻合，所以这种审判要比对照法典量刑断案困难得多，参与判案的法官和律师既要披阅大量案卷以积累案例知识，又要有长期的实践积累，既要熟悉罗马法、教会法和诺曼法，又要通晓日耳曼习惯法，既要善于“发现”适用的法律，又要有能力“创新”令状，而所有这些都不是短时间可以学会的，需要有一个长期的培养、训练和积累过程。司法人才的培养最初靠学徒式一对一言传身教，14 世纪中叶以后，伦敦四大法律专业学院建立起来，15 世纪中叶学院在校生总数达到 1600 人。由于诉讼不易，两造多雇佣律师打官司，律师成为紧缺人才。这些专业学院的毕业生走出校门后大多担任辩护律师或代理律师，自发组成律师学会，规范行业纪律，制定职业守则，垄断民事法庭的全部诉讼，谋取丰厚收入。根据 1379 年的税率“排行榜”判断，他们的生活水平堪比贵族（barons）。[①] 少数“精英”律师还可以升任王室法院的高级专任律师。律师与法官经常聚会，情同手足。法律专业学院是一个行会性质的组织，教学活动包括阅读和讨论两项，由资深律师和法官负责领读和讲解。学院自办模拟法庭，并经常组织学员到法庭现场旁听，让学生在实践中熟悉行业规范，养成职业“操守”。师生之间定期餐会，交流教学心得，彼此增进认同感。为满足教学需要，学院编纂《法律年鉴》，收集当年法官和律师对疑难案例的司法解释，用作必修教材。13 世纪以后，在经院哲学影响之下，求知、问学一时蔚然

---

① *EHD*，vol. 4，pp.125，369.

成风，[①] 受此影响，法学作为一个专门学问发展起来，法学家也应运而生。以法律专业学院为平台，法学学生、律师、法官和法学家组成一个独立的、联系紧密的专业群体。

在这个群体的成员彼此高度认同，这不仅体现于对同类案件的判断相对一致，而且表现为相似的思维方式和价值取向，即“普通法共识”。他们共同认为，普通法是历史积淀的结果，凝聚了远古以来历代先贤的集体智慧，其历史之悠久远超人的记忆所及，因此具有自然法一样的禀赋，具有超越一般认知的权威性；而另一方面，普通法的繁复程度又非皓首穷经专门钻研不足以掌握，所以普通法司法裁判靠的不是人的“自然理性”，而是只有法官才具备的“技艺理性”。

至晚在 13 世纪，受以上诸多因素的共同影响，如下法律观念已经形成并被人们普遍接受：第一，法律或习惯先于王权而存在，“新法律”亦非国王个人制定；第二，符合理性的法律最终来源都是上帝法，其权威超越于任何个人之上；第三，真正的法律必然具有一视同仁的性质，国王也不例外[②]；第四，普通法是一门专门的知识，这种“技艺理性”与权力无关，且不为权力意志所左右。

“王在法下”的观念就是在这种形势下产生的，我们也必须回到这一语境之下去理解“王在法下”的真实含义。[③]

13 世纪，从神学角度直言“王在法下”的是阿奎那，他说，为避免暴政，王权应该受到法律的限制。他所说的法律既包括上帝法，也包括一

① 麦克米兰：《现代世界的诞生》，第 259 页。

② *EHD*，vol. 3，p.894.

③ Ibid.，p.32；Stubbs，W. ed.，*Select Charters，and Other Illustrations of English Constitutional History from the Earliest Times to the Reign of Edward the First*（Oxford 1900），pp.434，412.

切符合上帝法的实体法。① 从世俗权力角度系统阐述“王在法下”理论的法学家则是布莱克顿，他写的《英格兰法律与习惯》一书曾被誉为“英国中世纪法学经典”②，人们耳熟能详的“国王不必服从任何人，但要服从于上帝和法律”一语即出自该书。③ 这句话当时并不是什么惊人之语，只是17世纪中叶被革命派利用之后才变成一句名言。布莱克顿在论述“王在法下”思想时，延续了罗马法学家关于治理权与审判权的二分法，认为国王只能在治理权范围内“朝纲独断”，而事关“居民或臣民的传统权利”，亦即封建权利，国王则不能“尽凭孤意”，因为后者属于审判权范畴，要依法行事。他说，连国王的治理权都是法律赋予的，即来自“王权法”，而该法律规定，国王无权改动法律，其行为也不得与法律相抵触。13世纪末，国王加冕誓词中增添了“依法统治”的内容，誓言“依法行事，违法不为”，这说明，国王也接受“王在法下”的原则。④

对布莱克顿的“王在法下”理论，我们需要辩证地认识。一方面要看到，“王在法下”只停留在意识里，中世纪英国并没有相应的制度设计，而且布莱克顿本身也自相矛盾，他在指出“王在法下”的同时又说，“国王不在任何人之下”，“君主意志自由，对君主行为的制约只能是自我限制”，既然如此，所谓“王在法下”不啻虚言。但另一方面，我们也不能完全忽视“王在法下”的存在，在今天看来自相矛盾的地方，在中世纪人看来完全可能顺理成章，他们不会像我们这样区分什么实体法、自然法，

① Fortescue，J.，*De Laudibus legume Anglie*，ed.，by Chrimes，S. B.（Cambridge 1942），p.27.

② Pollock，F. and Maitland，F. W.，*History of English Law before the Time of Edward I*（Cambridge 1968），vol，1，p.206.

③ W. S. Holdsworth，*A History of English Law*（London 1956），vol. 2，p.253；Pollock and Maitland，*History of English Law*，vol. 1，pp.181-2.

④ Pollock and Maitland，*History of English Law*，vol.1，p.181.

或什么私法与公法，他们的“法”可能就是一个模糊的概念，有时具象，有时空泛，或者此处具象，彼处空泛，但不管怎样，她毕竟会对国王形成一种潜在的制约，在特定的政治情势下，还有可能变成一种现实的约束，比如在《大宪章》、《牛津条例》颁布之际。梅特兰似乎就是这样认为的。他说，“国王的权利只是在程度上而非在性质上被认为与其他人的权利有区别”，《大宪章》“归根结底，意味着国王现在和将来都低于法律”。[①] 更重要的是，即使这种约束没有转变为现实，它也营造一种文化氛围，一种至少承认在审判权或曰司法范围内，国王不具“专业”优势的氛围。在司法以“‘习惯与正义’守护者”形象出现的社会里，“普罗大众能否拒绝其他权力主体的控制而选择国王，最主要的原因就是，国王所提供的这种司法是否优良并被他们所接受……这样国王必须考虑其制度选择的合理性与可接受性。……国王权力的行使不断受到合理性和正当性的检验”[②]。这是一种无形的压力，一种对君主专制的无形的制衡。

两个世纪以后，与布莱克顿相似的观点在王座法庭法官福蒂斯丘的《英格兰国家治理》一书中也得到了反映，只是前者所说的治理权与审判权，被后者换成了“君主权”与“政治权”。福蒂斯丘说，普通法是一种需要经过长期训练才能掌握的知识，不可能为国王所垄断和专有，所以“国王不能制定法律”，也“不能根据其好恶改变法律”。他说，国王的统治需要借助两种权力，即君主权（regal dominions）和政治权（political dominions），而所谓政治权指的是“依法审判权”。福蒂斯丘特别指出，既然国王加冕时承诺维护臣民权利，那么他就不得违背保护臣民权利的法律。[③]

---

① 麦克法兰：《现代世界的诞生》，第 189 页。

② 李栋：《通过司法限制权力》，第 120、124 页。

③ Fortescue，*De Laudibus*，pp.9，35-7；Chrimes，*Constitutional Ideas*，pp.59-60，309-28.

“王在法下”不仅停留在字面上，而且体现于现实政治，我们毋宁以为上述文字是现实政治的一种表达方式。这里所说的现实政治主要指贯穿于英国中世纪始终的国王—贵族之争。像西欧其他君主国一样，英国封建王权在11—15世纪也经历了一个从集中到分散的过程。建立在军事征服基础之上的英国王权从一开始就比较强大，后来随着普通法的施行，司法裁判权也向王室集中，以致形成一个新的王权观，即国王享有特权(royal prerogative)，这意味着：国王权力来自上帝，他既是国家的首脑，也是正义的源泉，拥有应对普通人无法预见的行政、法律和政治危机的无限权力，任何反王权言行都属于“叛国罪”。[①] 但矛盾的是，权力越向王室集中，治理国家的负担就越重，应对的事务越复杂，国王个人就越不堪重负，因而越是需要“官僚”——主要是贵族——来分担，而“官僚”贵族承担的责任越多，扮演的角色越重要，政治地位越上升，国王越要加紧对他们的控制，牢牢把握任免权。可是这些“官僚”贵族往往把居高位、掌重权视为他们的天然权利，自然不能容忍国王的随意侵犯，因此国王与贵族之间的权斗不可避免，并最终深刻影响英国政治体制的建构。

“王在法下”乃是权斗当中贵族标举的旗帜。归纳起来，在这面旗帜下贵族的诉求主要有三点。第一，在以司法裁判为核心的行政体制下，普通法的性质决定国王不可以独断专行，王室必须建立咨询体制，国王决策必须经过咨询程序，同时为保证决策合法，“咨询官”必须“正派贤明”，如遇佞臣当道，贵族有责任“清君侧”；第二，贵族拥有“参政”的天然权利：既然封臣出席封君法庭乃属封建习惯，身为国王直接封臣的贵族自然也有权出席国王的“封君法庭”，即各种名义 / 形式的中央会议 / 机构，并如同封臣在封君法庭参与司法裁判一样，他们也可以与闻政务，即使存

① *EHD*，vol. 4，p.353.

有“歧见”，也不应以“叛逆”论处；第三，为使贵族对国家政治的参与制度化、常态化，应建立相应机构，确认他们的地位和权利。纵观英国中世纪史，无论是《大宪章》、《牛津条例》的出台，还是废黜爱德华二世（1307—1327年）和理查二世（1377—1399年）等重大事件[①]，凡有政治危机发生，都可以听到贵族对国王“破坏习惯”、“违反法律”、“侵犯权利”的愤怒谴责和关于“铲除奸相”、“限制王权”的强烈呼声，而在这些谴责与呼声背后的“理论支撑”则是“王在法下”。

值得玩味的是，深陷权斗之中、深受“王在法下”之苦的英国君主对“王在法下”的态度却十分暧昧。他们从不直接面对王与法“孰上孰下”的问题，他们也从不否定“王在法下”的说法。原因何在？大约在于英国君主正是依靠王室法庭垄断司法权实现了中央集权，遏制了封建贵族的离心倾向，正是通过行政司法化实现控制社会的目的，国王既然为自身利益必须维持司法的权威，那就必须保持对法律的尊重。所以不管贵族如何以法律挑战王权，他们从不正面回应，更不会公开主张国王凌驾于法律之上。相反，从13世纪末叶开始，国王在加冕礼上不断重复“依法用权”的承诺。[②] 当福蒂斯丘大胆宣称，英国国王从不像其他君主那样独断专行而是依法统治[③]，“没有得到臣民的同意国王不能改变法律……习惯法是英格兰的根基，在某种意义上，它可以对国王进行限制”[④] 时，他完全不必有因言获罪的顾虑。

经过贵族与国王的反复较量与磨合，双方终于在以下两方面取得共识，而这两点适可作为“王在法下”的现实表现。

---

① 详见沈汉、刘新成：《英国议会政治史》，南京大学出版社1991年版，第48—60页。

② McIlwain，*Constitutionalism*，p.74.

③ *EHD*，vol.3，p.419.

④ 李栋：《通过司法限制权力》，第233页。

第一点关于国王特权。至15世纪，国王特权虽然仍受到普遍承认，但其实际运用和涉诉审判表明，适用该特权的范围是有限的，而其行使也受到制约。国王不得利用特权违反法律和侵犯臣民权利；王室官员也不可以凭特权非法行事；嗣王不得随意推翻先王批准的法律和判决；如此等等都是国王行使特权时必须遵守的"规矩"。①

第二点更为重要，关系到政体形式。14—15世纪是英国中世纪政体最终形成的世纪，其标志是三个最重要的机构/会议——贵族会议、御前会议和议会——"各就其位"。贵族会议是一个不定期召开的咨政会议，有发布政令（ordinance）之权。根据封建传统，国王的直接封臣——僧俗大贵族——是会议的当然成员，此外还有少量王室近臣、王室法庭法官参加。御前会议是真正的权力中枢，国王的内政外交最高决策均经由此机构，其成员人数不多，任免全凭国王意愿。他们既可以以御前会议的名义作出集体决定，其成员也可以单独处理政务，其职能还包括监督王室法院、处理疑难诉讼、处理议会未及审议的司法提案，因此兼有司法与立法功能。在爱德华二世等具有专制倾向的国王主政期间，贵族会议通常形同虚设，御前会议成为国王的唯一依靠。② 贵族对这种局面十分不满，政治危机常常由此而来。因此自爱德华三世始，国王逐步与贵族达成妥协。御前会议的地位与功能依旧，贵族会议的咨询功能通过议会代行。14世纪至15世纪上半叶，议会的成分与功能尚与贵族会议重叠③，但从15世纪下半叶开始，二者渐渐分离。议会需由大法官庭钤印才能召开，贵族会议的召开则只需要御前会议钤印。从印章的级别上，前者高于后者。1363年议会通过《着装法》后，国王就以政令（counciliar ordinance）形式还是

① *EHD*，vol. 4，p.354；Chrimes，*Constitutional Ideas*，p.53.

② *EHD*，vol. 4，p.359.

③ Ibid.，p.356.

以议会法（statuts）形式颁布征求下院意见，下院选择政令形式，说这样做有利于议会日后修订，这说明早在那时，议会法就可以修改政令，而反方向的操作则不相宜。[①] 在兰开斯特王朝，许多政令都被议会法重新确认以获得更高的权威和持久性[②]，而根据15世纪下半叶确定的原则，议会法不仅高于政令，甚至高于御前会议与贵族会议联合发布的法令（ordinance of a Great Council）。[③] 此外，一些重要的司法原则也在议会讨论。以上说明，议会已经取代贵族会议成为国王与贵族之间的一个“缓冲机构”，缓解两者之间的矛盾。

那么，议会何以成为双方都接受的选择?

从贵族方面来说，主要有三点理由。第一，对他们来说，操控御前会议是不可能的，限制王权只能通过咨询机构，而是否召开贵族会议取决于国王意愿，贵族咨询很难“制度化”，比较而言议会因拥有批准赋税的权力，国王不可能长期不召开；第二，议会在建立之初也承担司法职能，而行使审判权的前提是承认申诉人拥有权利，这符合贵族以法律约束王权的初衷，况且，随着时间的推移，议会的“维权”模式悄然发生变化，从起诉侵权行为演变为权利请愿，议会的司法裁判也变为批准请愿的立法，议会的立法功能凸显出来，逐渐成为最高的普通法立法机构；第三，也是最重要的原因：贵族在某种程度上可以操控议会。在爱德华一世时期召开“模范议会”之际（1295 年）议会其实与贵族会议还没有什么区别，所有议题都出自国王，会议也是国王意愿一旦得到满足就告结束。但在爱德华二世主政时，议会的作用发生很大变化。反王权的贵族出于钳制国王的需要，与国王及其宠信展开对议会控制权的争夺，并最终实现了以议会立法

---

① *EHD*，vol. 4，p.444.

② Ibid.，pp.663，993.

③ Ibid.，p.356.

为手段打击国王的目的。爱德华三世继位以后不得不承认贵族在议会的地位，他宣布，大贵族是国王不可或缺的左膀右臂，1341 年始有“议会贵族”（peerage）的称号，至兰开斯特王朝，议会贵族的地位甚至高于御前会议大臣①，只是受玫瑰战争影响，约克王朝建立以后其地位才稍有下降。

从国王方面来说，议会也是可以接受的。因为除极少例外，核心权力仍属于御前会议，而御前会议由国王把控。况且，国王拥有召集和解散议会的权力，议会法最终也要得到国王的批准。所以总体而言，议会活动仍在王权可控范围之内。还有一点对国王十分重要，即议会由两院构成，下院虽然无足轻重，却有代表民意的象征意义，而无论传统观念——阿奎那就说过，法律是约束所有人的行为规范，涉及全民福祉，所以立法是民众或公众代表的事②——还是英国封建社会现实，都视民众认同的法律为最高法律，以议会法为招牌只会增进而不会削弱国王的权威。

都铎王朝建立前夕，长期混沌不清的英国政治体制已经逐渐清朗起来：御前会议为国王统治下的最高执行机关，议会则取代贵族会议成为最重要的“咨询与同意”（counsel and consent）机构，贵族会议的咨询职能融入议会立法过程当中。③ 这是一个得到国王认可的格局。早在 1399 年，当亨利四世在议会举行加冕礼时，大主教阿伦德尔就郑重宣布：“国王希望在忠诚的社会贤达的咨询之下进行统治，尽其所能地吸纳他们的意见，争取他们的支持，如此乃得国泰民安。”④ 此后，认真倾听议员呼声，按议会法行事，几乎成为国王就职演说的“套话”。约克王朝的两代君主爱德华四世和理查德三世都承认，上至国王，下至百姓，全体国民或

---

① *EHD*，vol. 4，p.364.

② Ibid.，vol. 3，p.893.

③ Ibid.，vol. 4，p.355.

④ Ibid.，p.358.

亲自或派代表在议会大厅齐聚一堂。① 也许正是在这个意义上，福蒂斯丘说，英国最高权力不属于作为个人的国王，而是“议会中的国王”（King in Parliament）。②

在15世纪的西欧，混合君主制并不是一个生疏的概念。在1414—1418年召开的康斯坦茨宗教会议上，法国著名神学家让·格森即把其极力鼓吹的“宗教会议至上”体制称之为“混合的统治方式”，并说这种体制可以“制约可能出现的君主专制行为”。红衣主教皮埃尔·德·埃利也说：“最佳教会体制是一种混合形式，在这种体制下，不管是红衣主教还是宗教会议上的主教或普通教士都可以对教皇施加影响。”③ 这些思想对英国的政治建构也会发生影响。

（二）都铎体制

都铎君主具备建立专制政体的一切条件：经过玫瑰战争，曾经制约王权的大贵族无可挽回地衰落下去；宗教改革消灭了与英王分庭抗礼的罗马教皇代言人，英国教会臣服于国王脚下；新兴的市民阶级羽翼未丰，尚需国王保护；没收教产带来滚滚财源，得到皇家支持的“海盗”在海外屡屡得手，王库空前充盈，海战频传捷报；西欧同侪如西班牙和法国的君主都是大权独揽，专制体制充满诱惑。然而，历代都铎王从不敢妄称“在法之上”，不敢说不受法律的限制，这是为什么？

前文有述，法制渗透于日常生活是英国中世纪的一个显著文化特征，正是这一文化特征在很大程度上决定了“王在法下”。进入都铎时代，这一文化特征非但没有消失，反而愈加凸显，这是在西欧普遍建立专制政体

① *EHD*，vol. 4，pp.367，299，420.

② Ibid.，p.356.

③ Gordon，*Controlling the State*，pp.119-20.

的大环境下唯独英国保留“王在法下”传统的根本原因。

社会变迁与法制文化

在英国历史上，16 世纪是社会最动荡也最富于活力的世纪之一。经济虽仍以农业为基础，但工商业蓬勃发展，圈地运动方兴未艾，手工工场遍布城乡。在美洲和印度的商业探险，使贸易活动成为英国财富的生命线。16 世纪下半叶，整个统治阶层在重商主义旗帜下统一意志，奠定了国家富强的基础。英国煤炭消耗量成倍增长，16 世纪 60 年代已占能量总耗的 10%。① 人口翻了一番，从 15 世纪末的 230 万增长到 17 世纪中叶的 500 万。② 在农村和土地卷入市场之后，农业人口发生分化，及时转变经营方式和为城市提供商品粮和原料的农户成为富裕的乡绅，他们与市民阶层紧密结合，建立各式各样的经济组织，成为一支十分活跃的社会力量。与此同时，固守传统经营方式的封建主日渐消沉，失地农民流离失所。社会流动加速，贫富分化明显，不时遭遇的自然灾害、对外战争、流行疾病和市场波动更如雪上加霜，致使社会不断处于或大或小、或急或缓的解构与重组当中。

文艺复兴运动和宗教改革解除了人们的思想禁锢。这一时期出现的宠物热、园艺热和农民子弟步入大学课堂等“奇闻逸事”与莎士比亚、培根等文化巨人一道，共同构成时代的文化风景。

乱迷人眼的社会变迁也在法制方面留下印记，法律进一步加深对日常生活的渗透。

在中世纪，贵族往往扮演挑战法律的角色。他们习惯于将宗族纽带和

---

① 麦克法兰：《现代世界的诞生》，第 44—45 页。

② Brooks，*Law*，*Politics and Society*，p.7.

个人声誉置于法律之上，与法律相比，他们更相信战马与武器。进入16世纪以后，一方面由于经历玫瑰战争的自相残杀一干贵族元气大伤，一方面因为伴随火器的出现，以冷兵器见长的贵族再无炫耀武力的本钱，贵族对法制的干扰大为减弱，“王公犯法与庶人同罪”。1569年克里斯托弗·耶尔弗顿在对北安普顿郡大陪审团演讲中说，最大的贵族具有对国家的最大威胁，如果不用法律约束他们，“必将国无宁日，民不聊生”；杰尔曼说，如果容忍贵族的犯法“特权”，就无法要求平民守法；王室法院法官尼古拉斯在刑事法院告诫一众治安法官，决不允许贵族干扰公正执法。[①] 虽然史学家对都铎时期贵族遵守法律的程度尚有不同观点，但他们都承认，到17世纪初，贵族和乡绅已经习惯于运用法律手段维护自己的利益，他们中许多人亲任治安法官，利用法庭而不是武力来实现自己的野心。[②]

日趋活跃的市场经济，加剧了商业竞争和行业间的冲突，带来无穷的劳务纠纷和金融信用矛盾，凡此种种都呼唤法律来规范。在土地这一最稳固的不动产也成为可以买卖的商品之后，一向较为稳定的土地关系也变得混乱起来，形形色色的欺骗行为冲击着传统的封建义务，甚至王室领地也不能幸免，以致议会不得不频频修订《封地收益法》和《土地继承法》，以保证王库的地产收入。

现实生活对法律的依赖加深了人们对法制的认识。1561年皇家法院律师托马斯·诺顿特意把加尔文的《基督教体制》一书译为英文。因同为律师出身之故，译者对这位宗教改革家的法制思想深为折服，极力称颂加尔文治下“各级长官依法共治”的统治秩序。[③] 杰尔曼援引并补充福蒂斯丘的观点说，公正的法律就是道德，它具有教化作用，是支撑和凝聚群

---

① Brooks，*Law*，*Politics and Society*，pp.282-3.

② Ibid.，p.279.

③ Ibid.，pp.68-9.

体、社会和国家的基本要素。[1] 玛丽女王统治时期流行的政论文作者提出，虽然政治体制有多种选择，但是自尊的民族必将法制作为善政之根本。[2] 伊丽莎白时代，用于布道的宣传手册也充斥法律常识，其中反复陈说，个人财产，不管是土地还是动产，其保有都不是因为什么自然权利，而是受到了人为的实体法的保护，遵守和服从法律就意味着一家老小的生命财产安全有了保障。[3]

16 世纪英国最深刻的法律思想家是托马斯·史密斯（1513—1577 年）。他出身农家，自剑桥大学女王学院毕业后，一度留校任教并先后担任副校长、教务长，以精通古典，慎思明辨名校，荣膺法学杰出教授之衔。史密斯从爱德华六世时期开始进入议会，连选连任，直至伊丽莎白朝。在 1547—1549 年任国务秘书期间，他因精通金融与经济饱受赞誉。他与威廉·塞西尔是至交，1562—1566 年出任驻法大使，1571 年入枢密院，1572 年复任国务秘书，1576 年卸任，翌年去世。史密斯因《富足英国》一书，被后世推为政治经济学的奠基人。他是在解释圈地、贫困、物价上涨、高利贷等经济现象时提出其法律思想的。他说，人天生具有逐利倾向，应对这一天性，宗教禁欲并不足取，合理利用才是正途，即使之转化为发展经济的动力，而转化成功与否关键在于能否在一方获利的同时避免对另一方造成伤害，这就是政治的价值所在，政府的作用所在，法律的意义所在，因为只有政府介入才能使每个人的自利行为非但不互相冲突还能共同获利，而政治治理的理想手段是制定和实施使最大多数人受益的法律，同时让人们认识到守法者获利最多，违法者损失最大，庶几利用人的自私心理刺激经济的发展。

---

① Brooks，*Law*，*Politics and Society*，p.25.

② Ibid.，p.57.

③ Ibid.，p.242.

16 世纪也是英国法律的“大众化”时代。“大多数人，从农民到海员，从乡绅到城市劳工，一生都离不开法律：学徒合同、婚姻契约、遗产传承、产权交易、信用委托、合作协议，以及从借贷到就医举凡含有追责罚款的各种约定，无不涉及法律”，以致当时著名的政论家费耶尔认真地提醒，“无论男女老幼”，都以知晓一点法律为佳。[①] 在都铎王朝兴起的乡绅阶层对法律尤其熟稔，这不仅因为他们的日常生活离不开法律，而且因为他们大多被国王赋予治安法官等重任。工商阶层“精通法律”则纯粹出于经济利益。随便一名布商在税法方面具有的丰富知识和独到见解就足以令专业律师汗颜。[②] 地方法庭一年四次的开庭审判同时具有“普法”的功能，每在案件宣判之前，王室法庭派出的巡回法官都要进行一番有关法制的宣讲。1569 年法官耶尔弗顿在演讲中说道，人性中都有恶的一面，因此包括治安法官在内的各级官吏必须随时提高警惕，严惩破坏公共秩序的罪犯；对良民也不可掉以轻心，因为他们一旦失去对法律的畏惧，也会无恶不作；在法律面前必须人人平等，从某种程度来说，人的地位越高，罪错后果越严重，因为他们的罪错不易被发现和纠正。在这些演讲中，法官们反复引经据典，说明法律、制度和政府都是上帝的造物，英国一直维持法制乃是上帝赐福的结果，陪审员若不忠实履行职责必将受到上帝的惩罚。他们一再强调个人利益与社会利益的一致性，向人们灌输只有依照法律维护公共秩序个人利益才能得到保障的思想。他们说，没有法制就没有国家、没有城市、没有住所，人就无法生存。[③] 关于法制乃英国之“幸运”的观点，在其他场合也一再被宣传。在伊丽莎白时期，向国民灌输守

---

① Brooks, *Law*, *Politics and Society*, pp.308-9.

② D. MacCulloch, *Suffolk and The Tudors*: *Politics and Religion in an Egnlish County 1500–1600* (Oxford, 1986), p.294.

③ Brooks, *Law*, *Politics and Society*, pp.89-91.

法意识是一个重要的统治手段。在该朝第一届议会闭幕致辞演说中，培根说："全体臣民应该不折不扣地服从法律，因为不遵守法律，大家的自由与生命就都没有保证。"耶尔弗顿在格雷法学院举行的一次王室法院高级专任律师任命仪式上说，对比法国等国家，英国没有陷于战争与分裂实在得益于本国的法制，法律与和平是孪生姊妹。[①] 法学家柯克在伊丽莎白朝结束时写道："任何知识都不像法律知识那样值得在全民中普及，任何法律都不像英格兰普通法那样对一切阶层和一切事由——包括财产、土地和生命——都绝对适用。"[②]

16 世纪还是一个崇尚知识的年代。拉蒂莫主教曾对亨利八世说："倘若陛下不强制农民把孩子送进学堂，我们的国家就会毁灭。"[③] 政治类读物最受欢迎。作家哈维（1545—1630 年）曾这样描述 16 世纪 80 年代的读书人：无论何时走进他们的书斋，都会发现他们手里捧的不是亚里士多德就是布丹的著作。[④] 西塞罗尤其受到推崇，其作品不仅入选剑桥和牛津两所大学的教科书，而且在 16 世纪末成为各类学校的语法课本。西塞罗律师出身，其演说时常涉及法律，所以阅读西塞罗就是学习古典法律，对律师和法官的影响尤其巨大，而西塞罗把法律从业者视同政治精英的观点也让他们十分受用。在西塞罗的崇拜者中，最著名的人物是伊丽莎白女王的左膀右臂——国务秘书威廉·塞西尔和掌玺大臣尼古拉斯·培根，两人都曾在剑桥大学修习法律，都深受人文主义影响。前者曾在圣约翰学院兼修希腊文，在读期间就对西塞罗的著作爱不释手；后者的书柜里不仅摆满西

---

① Brooks，*Law*，*Politics and Society*，pp.60，63.

② 麦克法兰：《现代世界的诞生》，第 210—211 页。

③ 同上书，第 236 页。

④ Salmon，J. H. M.，*The French Religious Wars in English Political Thought* (Oxford 1959)，p.24.

塞罗的大作，而且用心记录大师格言，尤其服膺西塞罗有关政治应以法制为基础的理论。[①] 托马斯·史密斯曾把英国议会比拟为罗马百人团民众大会或部落民众大会，显然也是受古典法学家的影响。[②]

16 世纪，英国法律文献成倍增长。15 世纪 80 年代印刷术传入英国以后，在所有出版物中，法律著作与《圣经》并列印数首位。《国家法案集》问世于亨利七世时代。1514 年英国首部《普通法全书》出版，1530 年前后，杰尔曼的名著《(法学) 师生对话录》发表，这两本书都用英文写成，而没用法律的通用语言——法语，其目的就是为了让大众都能看懂。爱德华六世时期的大法官曾建议，借修订教会法之机，新编英语版法典，以方便国人使用。在伊丽莎白时期，阅读法律著作被视为文明的象征。在女王执政期间，历代法律规章、法庭记录的整理工作已初见成效并形成出版系列，包括律师就职演说在内的各种法律演讲和释法评议也都编辑成册。1567 年威廉·斯坦福爵士的《论王权》一文正式发表（该文写于 16 世纪 40 年代，但一直没有公开发表），该文力倡开展法律研究，主张用“理论之光照亮普通法”，被誉为英国法学研究的开山之作。除理论著作外，在政府的鼓励之下，伊丽莎白时代还出版了许多实用法律工具书。16 世纪 70 年代，尼古拉斯·培根曾聘请部分法学院专家清理历届议会颁布的法案，剔除作废部分，将依然生效的议会法编辑为一个权威读本，这一计划虽未完成，但不久后包含诸多案例的《议会刑法汇编》即告出版，该书前言写道，案例收集出版十分必要，不仅供法官参考，而且可以从中选择典

---

① Elizabeth McCutcheon, *Sir Nicholas Bacon's Great House Sententiae* (Massachusetts, 1977), p.31; P. Collinson, "Sir Nicholas Bacon and the Elizabethan via media", *HJ*, 23 (1980), pp.255-78.

② Sir Thomas Smith, *De Republica Anglorum*, ed. by L. Alston (with a preface by F. W. Maitland) (Cambridge 1906), Bk. II, c.I.

型案例公布于法庭、市场和教堂，让人们像熟悉“十诫”一样熟悉法律，真正做到家喻户晓。在16世纪70—80年代之交的几年里，三大王室法院的高级法官都发表了法律指南类的作品。1586年，皇家民事法庭首席法官詹姆斯·戴尔将1000个亲自审判的案例整理成书，这是英国有史以来第一部以个人名义发表的案例报告，有学者认为，该报告不仅对当时的司法实践具有指导作用，而且具有划时代意义，标志着封闭在书斋里的“旧学”正在让位于更加重视实践和对比研究的“新学”，同时启发国人对诉讼结果不仅要“知其然”，还要“知其所以然”。①

法律日益提升的重要性还反映在“热门行业”律师身上。中世纪即已存在的“法学院学生—律师—法官—大臣”晋升之路在都铎王朝变得更加具有吸引力。年轻人自打进入法学院就被灌输高人一等的意识，第一堂课就是认识本校毕业的“历史名人”，启发精英意识、领袖意识。学校举办的各类典礼都邀请著名法律家前来演讲，演讲中每每把律师誉为社会脊梁，身系委托人的安全、名誉和全部希望。

学生走出校门成为律师之后，不管是服务于一般客户，还是被地主、富商、同业公会或商业公司聘为法律代理，都有一份令人欣羡的薪酬。同中世纪一样，优秀的律师有各种机会在王室面前展示自己的才能，幸运者即可登堂入室在皇家法院担任法官，甚至进入宫廷陪伴君王左右。然而在16世纪下半叶，律师的最大政治舞台是议会。因为议员，特别是下议员——上院设有法律助理，所以上议员不在此列——自己不擅法言法语，而其提案必涉法律，为使提案顺利通过，他们急需律师帮助。初期的做法是议员雇佣律师做顾问，后来人们发现不必多此一举，索性直接选择律师

① J. H. Baker, *The Legal Rrofession and the Common Law* (London, 1986), ch. 23 “English Law and Renaissance”.

当议员。在伊丽莎白时期，律师在下议员中所占比例持续增长，平均达到17%，1601年达23%，比1559年翻了一番。① 会议期间律师议员分外活跃，会上踊跃发言，会下奔走联络。在有“议会忙人”之称的活跃议员中，绝大多数都是律师。1601年议会先后设立的24个专门委员会都由律师议员来主持，伊丽莎白时期历任下院议长更是由律师议员垄断。② 议会往往是政治野心家崭露头角的地方，也是他们跃入政治高层的跳板，亨利八世的重臣托马斯·克伦威尔当初就是首先在议会引起了国王的注意。在伊丽莎白时期，律师议员的“上升空间”包括：监察督事、财务署法庭大法官、王座法庭大法官等等，而在伊丽莎白统治后期，他们垄断了历任大法官、掌玺大臣、监察督事、监察御史以及三个皇家法庭的大法官职务。

由于名利双收，人们对律师职业趋之若鹜，以致“仰慕律师成为伊丽莎白时期的一个文化特征”。在这一时期，英国律师人数的增长比例远高于人口增长。在16世纪40年代还有人抱怨教会误人子弟，让年轻人把大量时间消耗在无聊的宗教活动中而无暇学习法律，而到该世纪末，形势颠倒过来，清教神学家哀叹年轻人太过功利，优秀青年都选择当律师而不是教士。③

机构改革与制度设计

都铎王朝加强中央集权并未抛弃行政司法化传统。

三大皇家法庭依然存在。伴随市场经济蓬勃发展，经济纠纷井喷式增长，原来以处理王库诉讼为主的财务署法庭率先扩大裁判范围并保持了程序简单的特点，因此把大部分财经案件揽入本庭，在普通法诉讼中扮演更

---

① Graves, “Managing”, p.57; *EHD*, vol. 5a, p.310.

② Graves, “Managing”, p.58.

③ Brooks, *Law, Politics and Society*, pp.61-2.

加重要的角色，1579 年终于演变为一个纯粹的普通法庭，其法官不再以王室管家为主，而是从皇室法院高级专任律师中选拔，在休庭期间也外出巡回办案。皇家民事法庭和王座法庭则为增加司法收入陷入竞争，本来专司刑案的王座法庭甚至不惜给民事案件编造刑事案情，以便承揽“业务”。都铎时期的这三个法庭虽然彼此分隔甚至竞争，但法官打通使用，而且都充当国王的法律顾问，每当遇到法律难题或立法需要，王室总是首先征求他们的建议。这些法官经常聚集在财务署议事，所以都铎时期的财务署也指代三个法庭统一体。

埃尔顿曾说都铎王朝发生“政府革命”。① 他所说的“革命”其实是一次全面的司法 / 行政机构改革。这次改革的起因是在不断变化的新形势下，普通法暴露出“欠灵活”的缺陷，以致判决“有失公正”。

改革的核心是对贵族会议的改造。亨利七世时期的贵族会议延续了中世纪的特点，对国王负责，以贵族为主体，吸收皇家法院法官、监察御史、监察督事、王室法院高级专任律师等人参加，兼有咨询、行政和司法职能。亨利八世继位以后，在沃尔西主政时期，贵族会议的政治地位下降，司法权一度扩大，但克伦威尔主政以后对贵族会议大动手术，其规模大大压缩，改为枢密院，主要成员为大法官、财政大臣、国务秘书、宫廷官员（相当于不管部部长）等，皇家法院的法官和律师都退了出去。亨利八世以后诸代都铎王都沿用这一体制。就功能而言，枢密院属行政机构，但其关注重点更在法律。在立法方面，为了克服普通法“欠灵活”的缺陷，1539 年亨利八世促使议会颁布了《敕令法》，根据这一法律，国王在多数枢密院成员同意下颁布的敕令具有与实体法同样的法律效力。但这部法律受到许多非议。普通法法官认为，敕令不能超越法律授予的权

① Elton，G. R.，*Tudor Government Revolution*（Cambridge 1953）.

限，“国王可以发布敕令威吓民众，使其知道自己对哪些行为不满，但不能课以罚金、没收财产或监禁；因为敕令不能创设新的法律，而只能确认旧法”，敕令只能进行警示或加重处罚，但不能创设新的犯罪。① 结果《敕令法》并未认真推行即告废除。在司法方面枢密院更有作为。首先，他们加大了对刑法的控制。在中央一级增设了星室法庭和高等宗教事务委任法庭等中央法庭，在地方增设了北方事务法庭和威尔士法庭，其中中央法庭专门审理刑事案件，地方法庭除充当刑庭外兼理行政。这些法庭均归枢密院直接管辖，有的经过议会批准，有的则未经议会，由王室宣布建立。他们多建在叛乱或战争之后，专门用来惩治各种“逆贼”和“叛匪”。这些法庭不适用普通法，也没有固定的审判程序，一切采用仲裁制，所以开庭时普通法法官并非不可或缺，而枢密大臣则不可缺席。在民法方面，原属于财务署法庭的衡平法庭功能——即审理三大普通法庭提交的疑难案件——被转移到正式的“衡平法庭”。这是一个枢密院成立以后从贵族会议中分离出来的新法庭，受理不服普通法庭判决的上诉案，价格低廉，无需两造对质即行仲裁，较受弱者欢迎。另外，为了回避普通法庭的生硬程序，提高对社会转折时期新型诉讼的审判效率，大法官法庭扩大了司法裁判权，大法官依据“自然公正、普通意识和普遍受益原则”，在充分采信的基础上，采用灵活而高效的程序化解纠纷，对缓和社会矛盾发挥了重要作用。

“都铎政府革命”无疑强化了君主权力，刑法改革和衡平法庭的出现的确为君主专制铺平了道路，但从实践效果看，这种专制倾向主要还是体现在国王铲除“政敌”方面，就社会治理而言，则基本没有偏离原来的法制轨道。“衡平法”虽然为君主自行其是打开方便之门，但衡平法庭的存

---

① Maitland，*Constitutioanl Hisrory*，p.257.

在毕竟使这种“方便”形成制约。而且无论“衡平法庭”的普通法法官还是大法官庭的大法官，不管他们的“公正原则”多么虚伪，其判决毕竟要受先例的限制，法律的约束性并没有消失。西欧各国的政治体制在16世纪都面临着社会剧变带来的巨大挑战，多数国家都以君主专制模式来应战，唯独英国，由于刑法与民法改革相分离，由于衡平法的牵制，政体并未发生本质变化。梅特兰说，“衡平法挽救了普通法”，确有一定道理。①

但对蓬勃兴起的工商业来说，衡平法庭是一个“不可靠”的法庭，其承接的诉讼量随大法官的“好恶”而增减。在沃尔西和托马斯·莫尔主持大法官庭时期，这两位大主教对市民的逐利行为“天然反感”，工商业诉讼量迅速下降。自都铎王朝建立至沃尔西开始主政的1515年，大法官庭平均每年审理的诉讼案在600件左右，其中绝大部分是工商业案件。而在沃尔西治下的14年（1515—1529年）和托马斯·莫尔治下3年（1529—1532年），工商业案件所占比例只分别为20%和15%。② 正因为如此，16世纪30年代以后，工商业“诉讼”以提案的形式转移到议会，这项转移远不像“政府革命”那样令人瞩目，但就其影响所及足以称为一场真正的“革命”。③

从都铎君主角度看，本朝最大司法成就是统一了全国的司法裁判权。在中世纪，虽然国王在中央设有王室法庭，但并未实现真正统一的司法裁判权。分裂势力除教会法庭外，另一个来自大贵族。这些贵族拉拢附庸自

① Maitland，F. W. and Montague，F. C.，*A Sketch of English Legal History*，ed. by Colby，J. F. (New York 1926)，p.128.

② Guy，*Politics*，*Law and Counsel*，pp.81-3；“The Chancellor，the Chancery，and the Council at the End of the Fifteenth Century”，in *British Government and Administration*，ed. by H. Hearder and H.R. Loyn (Cardiff 1974)，pp.87-90.

③ 详见第四章第四节。

备武装雄踞连片领地或自治城市，形成割据势力，在其控制范围内，他们或自建独立的封君法庭拒不接受中央法庭签发的令状，或公开贿赂、威胁陪审团及巡回法官，操纵判决。中世纪历代国王力图统一司法裁判权的努力均以失败告终。玫瑰战争之后，都铎王朝迎来天赐良机。但正如贵族割据一方以习惯法为根据一样，都铎王清剿贵族势力同样要以法律为工具。他们需要找到高于习惯法的法律，于是转向议会。1504 年议会颁布《褫夺法》禁止领主蓄养家丁，解除贵族私家武装。1486 年议会一纸法律取消了泰恩达尔市的独立司法权，将其纳入诺森伯兰郡司法管辖范围。1504 年的议会法宣布，“今后任何自治市不得擅自立法，不得阻止市民向国王法庭提起诉讼”①。1536 年议会第 24 号法律是英国实现司法统一的标志：“鉴于自古以来归属本国帝王特有的司法裁判权因历任国王慷慨封赠而脱离国王掌控，导致国王权威日衰，正义无从伸张，本届议会特此立法以志改革：自 1536 年 7 月 1 日起，在英格兰和威尔士边区境内，任何人无权宽宥和赦免叛逆、谋杀、残害等重罪……及类似非法行为，不管其罪行发生在本法颁布之前或之后，也不管罪犯为何等人物。国王陛下及其继任乃公平正义之化身，理当集国家全权于一手……本法规定，……在英格兰、威尔士及其边区各郡、各领地以及国王直辖各区域内，任何等级之人均无权任命巡回法官、巡回法庭开庭法官、治安法官和提审法官，因为此等官员之任免唯听命于国王陛下及其继任……此前在英格兰、威尔士及其边区内由各特许领地签发的叛逆罪、重罪或侵犯罪起诉状自上述之日起一律改为以国王陛下及其继任名义签发，原起诉状务必加署御玺方才继续有效；上述特许领地自上述日期后，若继续签发上述诉状，盖以破坏社会治安，以国王陛下为敌论处……前此各种特许、惯例、法规、议会法等等，如与

① Elton，*Tudor Constitution*，pp.32，34.

本法相悖，一律失效。”①

至于扫除司法统一的另一个障碍——教会的司法独立权，本书第三章已有详细叙述，此处不再重复。这里要说的是“兼并”教会法庭的另一重意义。宗教改革以后，国家信仰归于一统，信仰分歧将导致国家分裂，为避免这一悲剧的发生，从亨利八世开始，都铎君主反复通过议会修订、重颁1352年的《叛逆法》，梳理先例，细化条款，压缩司法解释的空间，以清晰准确的语言将各种威胁国王人身安全、挑动内乱、迷信异端、投靠敌国的行为统一于一个罪名——叛国罪，罚没财产，处以极刑。且看不同时期《叛逆法》罗列的罪名。亨利八世时期：对国王婚姻持有异见、不承认法定王位继承人、反对宗教改革、伪造御玺、武装暴动；爱德华六世时期：拒绝承认国王的宗教至尊权、拒绝接受王位继承人和基本教义、聚众谋反；玛丽女王时期：公开反对天主教；伊丽莎白女王时期：反对宗教改革、收存或传播罗马教廷发布的训导书、参加耶稣会。总之，举凡针对国王本人、王权以及国家宗教政策的行为都被列为严重的政治罪行。与之相应，国王特赦也采取议会法的形式。在伊丽莎白时期，特赦提案通常由枢密院在会议闭幕前夕向议会提交，尽管审议程序并不完整，提交之前已经誊写在羊皮纸上并署王印，因此一读之后即予通过，但特赦令毕竟有“全体臣民在议会中接受女王建议”的字样。不适用特赦的罪行越来越多，最初只有叛逆罪和重罪禁止特赦，后来逐渐延及渎职罪、拒绝纳税罪、圈地罪、高利贷罪等。鉴于《叛逆法》和《特赦法》的性质，毋宁说议会已开始制定具有国家安全法性质的法律。16世纪30年代，在法学院的课堂上或新法官就职典礼上，有关法律与生命安全、公共利益及经济繁荣之间关系的演说逐渐增多，有人甚至认为维护国王权威的目的也是为了更有效地

① Elton，*Tudor Constitution*，pp.37-8.

推行法律，以确保社会稳定、财产安全和经济发展。如果说剥夺贵族和教会的司法独立标志着都铎王朝统一司法权的横向拓展，那么《叛逆法》的修订和更新则意味着司法统一纵向的、性质的深化。

行文至此，有必要强调一点，即无论是受理工商界的立法诉求还是取缔贵族的司法裁判权，无论是推动宗教改革（或复辟旧教）还是惩治各种宗教或政治异端，所有的行为主体都集中于议会，所有的方式都统一于议会法。议会就这样被推向国家法律体系乃至政治中心。16世纪下半叶的一些新表征凸显了议会的这一中心位置。

首先是普通法庭对议会法的态度。虽然中世纪就已确定了议会法是最高普通法的原则，但普通法庭在执行议会法时，受地方惯例等因素的影响，时常有所变通。但在16世纪下半叶，议会法一律以印刷本而非手抄本的形式出现并被视为“刚性”法律，普通法法官不敢再擅自修改。

其次是提案热情高涨。议会法的权威地位和执行的严肃性助长了人们的提案积极性，提案的数量远远超过会议的审议能力，每次会议都因时间不够而有大量提案流产。1559年议会下议员提案98件，其中40件立为法律，通过率为40%；而1572—1581年三次会议共提案354件，通过了83件，通过率仅为23%。[①] 在16世纪90年代，女王和两院议长曾反复提醒下议员克制提案欲望，下院还成立了筛选提案的专门委员会，1601年甚至制定了旨在抑制提案数量增长的法律，但所有这些措施都收效甚微。

然而，抑制议员提案并不意味着伊丽莎白政府忽视议会的立法功用。尽管伊丽莎白女王召开议会每每出于征收赋税的需要，但是这并不妨碍枢密院在解释召开议会的理由时还是把“制定法律”放在第一位。1604年斯图亚特王朝第一届议会召开，詹姆斯一世在召集令中称议会是“国家

---

① Graves，“Managing”，p.37.

最高会议”、“重大国务会议”，议员“出于公共关怀而非一己偏私”前来“讨论公益事务”①，这些真实反映了都铎王朝结束之际议会在国家政治生活中所处的地位。

国王·法律·议会

在16世纪那个属于“新君主”的时代，英国的最高权力之所以如亨廷顿所言并不属于宫廷而属于议会②，其原因绝不是都铎君主的无能和失败。事实上，在任何版本的“英国英主名录”中，都不会缺少都铎王的名字。在他们治下，英国赢得国家主权，避免了因教义之争引起的民族分裂；“英西海战”的胜利开启了海外扩张的历程；萦绕在都铎王耳际的只有歌功颂德之声。亨利七世在博斯沃思战场上的胜利被视为神意，从这个第一代都铎王加冕开始，君权神授说就广为传播。1547年爱德华六世继位，大主教祷祝：“全能的上帝创造世间万物，井然有序。在天上他令天使长和天使各就其位，在人间他任命帝王将相各司其职。任何人，无论尊卑贵贱，长幼主奴，都应各安其位……否则必世态浇漓，物欲横流，天下大乱。感谢上帝圣恩，赐予我们最尊贵的君主——爱德华六世国王……我们必须履行义务，全心全意地服从其神圣的指令、法律、敕令和判决……让我们时刻牢记，国王的权力、权威并非出自个人，而是来自上帝的旨意……国王是上帝祝圣的臣子，是本国最高长官，我们切不可忤逆或伤害国王……诚然，作为上帝的忠实信徒，我们坚信当国王、大臣（乃至我们自己的父辈）等人让我们采取有违上帝意志的行动时，我们绝不应服从……但即使在这种情况下，我们也断不可以诉诸武力或其他形式反抗主

① Hexter, J. H., “Parliament, Liberty, and Freedom of Elections”, in Hexter, *Parliament and Liberty*, p.45.

② 亨廷顿：《变动社会的政治秩序》，第104页。

所祝圣的君主，不得以任何形式煽动暴乱。我们只能忍受各种苦难，静等上帝为我们主持正义。”[①] 为尽显国王的尊严，皇宫金碧辉煌，礼仪繁文缛节。从亨利七世开始，国王的尊称从“主上”（their highess）改为“陛下”（majesty），彰显君王的崇高和子民的渺小。托马斯·史密斯说：“一言以蔽之，在英格兰这块土地上，国王是一切的统帅。英国国王或女王享有至高无上的尊严……因此侍官对国王讲话或服侍君王用膳，必须行跪姿，任何人面见国王必须行脱帽礼。如蒙国王接见，必须着礼服，脱帽静候，不得随意走动。”[②] 耶尔弗顿晚年回忆一生，说最难忘之事乃是 1597 年当选下议长后，女王摘下手套让他行吻手礼，然后温柔地抚摸了他的头。[③] 在伊丽莎白时代，每个教区每年都要组织教徒对女王行两次“誓忠礼”。每逢衡平法庭开庭，掌玺大臣必首先宣布，法制的前提是服从女王，因为女王是上帝任命的统治者。所以时人克朗普顿有言，绝对服从君主是上帝的法律。[④] 这一点也得到法官的认同。在他们心目中，国王是一切正义的源泉，而他们自己不过是国王的代理人，如果他们发现国王涉嫌“违法”，他们也宁愿认为这是国王特权所允许的策略需要，而不敢质疑其合法性。[⑤]

然而吊诡的是，对国王的顶礼膜拜并未止息限制王权的呼声，君主崇拜与法律崇拜并行不悖。这里既有现实的原因也有传统的原因。

所谓现实原因是说，在这个宗教改革飘忽未定的年代，随君主易位而反复无常的“钦定信仰”无论如何定于一尊都不可能取得举国上下的一

---

① Elton，*Tudor Constitution*，p.15.

② Ibid.，p.14.

③ Brooks，*Law*，*Politics and Society*，p.71.

④ Ibid.，p.69.

⑤ Maitland，*Constitutional History*，p.267.

致认同，对官方宗教持有异见的人士自然不希望王权的无限扩张，尤其不能容忍将王权置于上帝权威之上。16 世纪的英国有不少加尔文宗的信徒，而加尔文公开支持信徒反抗国王，他说："世俗君主，一旦反对上帝，便放弃了自己的权力，当为臣民所不齿。"法国加尔文派教徒在其宣言中开宗明义：上帝的法律至上，君主违犯上帝的法律，民众有权抵制和反抗。①

所谓传统原因是指自中世纪以来一直存在的审判权与治理权二分而国王的绝对权力只限于治理权的传统意识。温切斯特主教加德纳说，即使在 16 世纪 30 年代宗教改革之后，"某些精通普通法的饱学之士"仍然认为，听命于国王的下属"在执行宗教律令时如若违背普通法和议会法"就属于犯罪行为。他还说："任何人的行为都不得违反议会法，即使受命于女王也不例外。除非确知享受豁免权，谁都不要强迫我做有违议会法之事，即使女王的命令也不行。"1560 年民事法庭在裁决一宗涉及皇室的遗产案时宣布："既然我们为保护人们的遗产权而制定了法律，我们就应该依据法律来裁量……结合普通法来对待国王的特权。按照普通法，特权也不容许国王违反习惯侵犯他人的遗产继承权。"如果说"持不同信仰者"还只是认为国王应服从上帝法的话，世俗法庭则认为，国王也应受实体法的约束，"因为对属于普通人的法律而言，无论是普通法，还是专门法，任何人都可利用，国王不能阻拦；否则便违反了基本正义……不经议会同意，国王不能阻止法律的实施，因为每个人都享受着法律的保护……法官应劝告国王依法行事"②。连极尽谄媚之能事的耶尔弗顿在吹捧伊丽莎白女王像罗马皇帝一样英明的同时也说道，女王的"高明"之处就在于乐于依靠法律来统治。③

---

① McIlwain，*Constitutionalism*，p.98.

② Ibid.，pp.102-3，116-7.

③ Brooks，*Law*，*Politics and Society*，p.71.

都铎时期有关国王特权边界和王位继承人决定权的讨论也反映了法律高于王权的意识。

国王特权自古有之，一向被视为国王个人的天然权利和权力，但权力的边界并不清晰，一般说来包括两个部分，一部分是国王作为封君享有的权利，主要涉及财产收益权；另一部分是国王作为全国最高封君享有的超越一般封君的特殊权利和权力，大约相当于国家治理权。在亨利七世统治时期，王室大臣曾以特权名义强征久已废弃的封建税，招致朝野上下一片骂声，于是亨利八世一上台就特意宣布，本朝一定尊重传统，依法行事。[①]16 世纪中叶以后，人们特别强调国王特权的“法律赋予”属性，并努力明确其权力范围。1548 年，威廉·斯坦福在法学院授课时说，国王的特权都是普通法赋予的，但因为名目繁多，“人们认为有必要以书面形式把其中最主要的部分确认下来”，因此产生了 1237 年和 1324 年议会的相关立法，以“法律赋予国王全部尊荣与高贵”。他不厌其详地征引法律史文献，将国王特权细化为免税、免于告诉等具体权利。[②] 托马斯·史密斯在《论政府》一书（1565 年）中阐发的观点与斯坦福如出一辙。他在重申国王特权源于议会法的基础上，将宣战与媾和、战争期间下达处决令、发行新币、任命大臣等列入特权范围，同时还举例说明哪些事项不在特权干预范围之内，比如度量衡标准就由议会确认，而国王不得染指。[③]值得注意的是，与亨利七世因“越权”而招致反感相比，伊丽莎白在特权问题上完全处于“守势”。面对下院在宗教改革、王位继承等问题上的步步紧逼，女王只得套用审判权与治理权的二分法，将国事分为“国民事

---

① Brooks, *Law, Politics and Society*, pp.35-6; Hurstfield, J. B., “The Revival of Feudalism in Early Tudor England”, *History* 37 (1952), pp.131-45.

② Elton, *Tudor Constitution*, pp.18-9.

③ Ibid., p.20.

务”与“国家事务”[1]，并以国家事务属其特权范围——从习惯上说并非全无道理——下院无缘置喙来回敬。（详见第六章第四节）但女王并不愿意为特权下严格的“定义”，她宁肯让其模糊地存在，并在必要时作出让步，比如 1601 年为缓解议会对专卖权的谴责，尽管她说这是她特权范围的事，但还是遵从了议员的意见，废除了一些专卖敕令。（详见第六章第四节）从女王执政角度看，她的这种回避策略是明智的，早期斯图亚特国王陷入特权定义之争是激化矛盾的原因之一。

王位继承人如何指定？在都铎王朝以前这几乎不是问题，继承人通常是国王根据习惯在其后代中按顺序指定的。但在都铎王朝，因为谁人继承王位直接关系到国家宗教信仰的选择乃至不同信徒的生命财产安全，所以王位继承一事备受关注。在论述王位继承人的合法性时，人们首先把作为自然人的国王与作为法人的国王区分开来。他们认为，国王或曰王位（Crown）是自然法的产物，是法人，是像自治市一样的组织，王位继承的合法性诚然与继承人是作为自然人的国王的后代有关，但正像自治市的市长由市民选择一样，王位的继承也是法人的继承（succession of corporation），具有“约定”性质，因此选择继承人时需根据自然法则着眼于两个方面，即其自我保护的本能和维持社会稳定的理性，这样，无论从公共福祉还是从私人利益来考虑，王位继承人都要得到臣民的认可，即以议会立法的形式确定，而不能国王一人说了算。

都铎政论家在他们的演说和论著中，对“王在法下”这一点毫不掩饰。加德纳主教在 1547 年致友人的两封信中都说道，经验告诉他，议会法神圣不可侵犯，做违犯议会法的事必然获罪，即使受命于国王也不能豁免。[2]

---

① D’Ewes，p.168.

② *EHD*，vol. 5，pp.628-9.

流传甚广的《论王权》一文的作者弗利特伍德认为，历史地来看，国王所有权力都是法律赋予的，只是辗转传承之后，法律赋予的形式没有完整地保留下来。他说，英国是一个帝国，英王不从属于任何人，只臣服于上帝，所以国王并不是天然的统治者，他的权力只可能有两个来源：法律或僭越。所谓合法的国王就是指法律赋予其权力的国王，人们只应服从这样的国王，但如果负责制定法律的议会收回其统治权，人们就不必再服从。弗利特伍德的结论是，国王不可能存在于“法律之上”，因为这不符合国家的基本法（universal law of nation）。①1578 年法学院的讲师莫莱斯发表系列演讲，其中一个专题就是王权，但他不是按传统做法简单说明王权的封建起源和国王权力的具体内容，而是以宣读大宪章第 50 款来破题，并“在此基础上就宪政制度做了一个伊丽莎白时代普通法律师所能的最好解释”。他说，王权问题非常值得认真探讨，这样做并不是要削弱国王的权威和特权，而是因为王权也是法律（普通法和习惯）赋予的，所以要让人们知道这一权力对他们意味着什么，要研究怎样才能使国王按法律行使权力，而不致专横跋扈。他说，虽然很多人以为既是国王批准议会法，“王”就定然“在法之上”，但如果“这指的是国王可以不按照议会法来统治，那就完全曲解了本国政治的高明之处”，因为不管怎样，国王如果随意推翻“在如此庄重的会议上，经过如此缜密的审议，最终得到全体赞同的决议”，那都是违反理性的。② 这里应该说明，莫莱斯的这些言论并未引起官方反感。他是柏立勋爵的好友，后者看过他的这篇具有“通识教育”性质的讲演稿，非但没有阻止他的讲演，日后还推荐他担任皇家法院的大法官。

---

① Brooks，*Law*，*Politics and Society*，p.77.

② Ibid.，pp.79-80.

其实，莫莱斯没有引起官方反感并不奇怪，因为都铎国王本身也常常以依法统治自我标榜，并因此受到其宠信的吹捧。

亨利八世上台伊始即令坎特伯雷大主教、大法官威廉·韦勒姆在议会宣布，尊重法律将是国家治理的最高原则。① 在其执政期间他也的确乐于利用议会立法来推进宗教和政治改革。②

伊丽莎白女王加冕时就曾宣誓遵守国家法律。在1559年女王第一届议会闭幕时，培根致辞说，议会通过的所有法律都是在充分酝酿辩论之后制定的，任何人都不得再存有异议，女王希望忠实的臣民"一丝不苟地遵守法律，因为法律是其自由和生命之所系"③。当年，女王的宠臣艾尔默写道："在英国，不是她（指女王）在统治，是法律在统治……"④ 在伊丽莎白女王统治末期，时任民事法院大法官和王座法院大法官的爱德华·科克说："感谢上帝赐予我们仁慈的君主以司法正义，使她（指伊丽莎白）用上帝之善治理她的人民，并通过实施这些法律带给我们和平与繁荣，而且，罪行不管多么严重都只能通过公正而平等的法律程序施以惩罚，即使犯下叛国罪，或是针对神圣的女王陛下犯有叛逆罪，也不例外。"⑤

"王在法下"的实现条件是"法非王立"，换言之，如果法律是国王制定的，立法权属于国王，那么"王在法下"便没有任何意义。那么立法权属于谁呢？传统的"习惯法"早已被人为的实体法所取代，实体法的制定者又是谁？这个问题在都铎王朝建立之初并不明朗。尽管在都铎王朝建立前夕福蒂斯丘就说过，除非在战争或危机时期，国王不能制定法律，既

① Brooks，*Law*，*Politics and Society*，p.36.

② Baker，Sir John，*The Oxford History of the Laws of England*（Oxford，2003），vol. 6，p.35.

③ Brooks，*Law*，*Politics and Society*，pp.60，90-1.

④ Elton，*Tudor Constitution*，p.14.

⑤ 麦克法兰：《现代世界的诞生》，第210页。

不能擅自征税，也不能擅自废立议会法，王权受议会所代表的“民意”的限制；尽管在宗教改革前夕，杰尔曼沿用福蒂斯丘的说法，并且提出了最高立法权属于包括国王在内的议会（King in Parliament）[1]，但普通法律师并没有普遍接受这一看法，时任大法官的托马斯·莫尔甚至认为这种说法为异端。[2] 然而宗教改革使英国的权力结构发生了巨大变化。（详见第四章）就在莫尔惨遭绞刑的1535年，杰尔曼十分明确地写道，英国的立法权属于代表整个国家的议会，“在议会之中的亨利八世”享有包括教俗全部事务的帝王权力。[3] 埃尔顿所说的发生于16世纪30年代的“宪政革命”（constitutional revolution），其核心就是建立了议会至尊权（parliamentary sovereignty），即最高立法权属于King in Parliament（这是一个连词，不可分割），亦即国王个人的权力低于“议会中国王”的权力。艾尔默对这一点有非常清晰的表述。他在1559年写道：“如果议会行使权力，国王不得未经其同意而颁布任何法令，如果他这样做，就意味着越权，同时也意味着议会失职。……没有高贵的议会，女王不能制定法律……那么她在特殊情况下可以单独做什么决定呢？她可以施行大赦，这是她的特权，即使做得不妥，也是可以容忍的，因为毕竟挽救了一条生命；她可以随意调配和使用王库财力，正如许多国王经常做的那样，因为他们毕竟是国君。但如果在其他方面，我们的体制也如此依赖国王或女王的个人意志而不是依赖成文法，如果女王擅自制定法律而不垂询议员，如果她独立行使裁判权而不受议会法或法律的限制，如果她个人决定战争与和平，总之，如果她是一个君主，却不是混合体制下的君主，我担心会出大乱子”。[4] 托马斯·史

---

① See St. German，*Doctor and Student.*

② Guy，*Politics*，*Law and Counsel*，preface p.vii.

③ Ibid.，preface.

④ Elton，*Tudor Constitution*，p.16

密斯在1589年出版的《英格兰王国及其治理模式》一书中写道："英格兰王国至高和至上的权力存在于议会……经其同意之所作所为将被视为有强制性、永恒性和合法性，会被视为法律。议会可以取缔旧法、制定新法，规范过去之事，并为将来确立范例，它可以改变民众的权利和财产占有，将非婚生子女合法化，确定宗教的形式，改变度量衡，规范王位继承的方式，还可以在法律没有规定的情况下界定有争议的权利，批准并发放各项津贴、征收各种税负和摊派，决定大赦和做出无罪宣判，对国王交付审判之人予以定罪或赦免，并以最高司法机构之名恢复其人身自由和名誉……议会代表并拥有着整个王国（无论是国王还是平民）的权力。因为每一个英格兰人都被认为或者是亲自或者是通过代理人出席了议会，从国王（无论是国王还是女王）到最底层的人士，无论其身份、地位、封号如何，议会的同意即被视为每一个人的同意。"① 关于"议会中国王"之权力大于国王自身这一点，至少在形式上都铎国王本人也是承认的，亨利八世就说过，只有在议会中他才位于权力的最高点，只有在议会中，他才与两院共同构成国家的最高权力。② 宗教改革以后，其他历任都铎王虽然没有像亨利八世说得这样明确，但事实上也都认可这种体制。③

在立法权属于议会的体制下，都铎国王有无超越议会的独立立法权是一个值得探讨且聚讼纷纭的问题。

可以肯定的是，都铎国王不曾利用王权单独废除议会法或中止其实施。1547年10月14日，护国公（Protector）萨默赛特上任伊始，加德纳就提醒他说："倘若国君带头撕毁法律，必将国难当头"。④ 都铎诸王大都明

① Smith，*De Republica Anglorum*，Bk. 2，c.1.

② Elton，*Tudor Constitution*，p.277.

③ Ibid.，p.14.

④ Ibid.，p.24.

白这个道理。亨利七世和亨利八世的确曾分别享有废除《褫夺法》和制定《教会首年俸征收条例》的权力，但这两项特权都是议会授予的，所以不能称为国王独立的立法权。在亨利七世时代，国王有时并不征求两院意见就在已通过的法律前面添加“前言”，但未见其他都铎君主采用这一做法。

议会法通过以后，国王有“变通特权”。弗朗西斯·培根 1601 年 11 月 20 日在下院发言中说：“关于君主之特权，我个人以为理所应当，无须讨论。女王作为我们的最高领袖，兼有从宽与从严的权力。首先，如她认为议会法等法律规定得过于严厉，她可以利用特权适当宽宥，反之，如法律规定过于宽松，她可以利用特权从严把握。”[①] 话说得很大，但国王行使特权的具体却只限于宣布议会法的某些条款对“个别人物”不适用，而且这样的事例也不多见。

与所谓“专制”倾向相反，都铎君主有时倒是宁肯把本来个人有权决定的事项纳入议会立法范围，比如王位继承一事。

议会历来有颁布《王位继承法》的传统，但截至亨利七世登位，该继承法仍只是笼统地宣布“王位属于现任国王及其子嗣”，具体由哪位子嗣继承，法律不做规定，通常情况下由国王指定。而亨利八世时代，由于国王婚变无常，议会仅在 1534—1544 年 10 年间就先后颁布了三部《王位继承法》，每一部都具体说明哪一位王后的后代拥有继承权。特别是第三部《王位继承法》，指名道姓列出各位继承人的继承顺序，这份名单与亨利八世的遗嘱完全相同，可见亨利八世认识到，要确保遗愿实现，议会法比遗嘱更加可靠。[②]

那么，在“国王在议会中”的体制下，议会是不是都像处理上述王位

---

① D’Ewes，pp.644-5.

② *EHD*，vol. 5，pp.447-56.

继承法一样，完全按国王的意志行事呢？答案显然是否定的。本书第六章已经阐明，议会是一个“三位一体”的机构，会议为与会各方都提供了立法的机会，因此她是一个表达与博弈的舞台，各方为实现立法目的，既需要积极争取，也要准备妥协，包括国王也是如此。

“混合君主制”

讨论“王在法下”不能不涉及“混合君主制”。在16世纪语境中，“王在法下”的表现形式就是“混合君主制”。1578 年法学院讲师莫莱斯在系列讲演中给“混合君主制”定义就是“君主接受法律限制”，他并且说这是最佳的政府形式，既可避免糟糕的无政府状态，又可以确保君主正当地使用权力。①

受文艺复兴影响，亚里士多德的“混合政体说”被 16 世纪西欧人文主义者奉若圭臬。伊拉斯谟就说过，“被贵族制和民主制所制约与缓解的有限君主制”是最理想的政体。② 在 18 世纪对抗性权力理论出现以前，混合政体说是最为流行的政治理论。③

在 16 世纪，法国是最热衷讨论政治体制的国度。与力倡君主专制的布丹等人不同，胡格诺派领袖奥特芒、贝札和莫尔奈等人提出，无政府状态固然不可取，但克服无政府状态并非只能靠君主专制。在经历圣巴托罗缪之夜以后，这些人对个人独裁深恶痛绝。他们认真探讨在君主专制与无政府体制之外的“第三种可能”，指出君主的权力必须受到限制，但这种限制不能靠民众暴动，而要依托一种成熟而稳定的政治体制。他们推崇柏拉图、亚里士多德、波利比乌斯和西塞罗等古典哲人提出的混合政体，并

---

① Brooks，*Law*，*Politics and Society*，p.79.

② Gordon，*Controlling the States*，p.220.

③ Ibid.，p.84.

认为在古希腊、在神圣罗马帝国、在法国和英国的历史上都有过成功的经验，其表现形式是有限君主制，亦即君主服从议会。①

16 世纪威尼斯共和国政府和尼德兰革命后建立的联省政权都被认作混合政体的范例，受到政论家的广泛称赞。

在商业发达、人口流动频繁的 16 世纪，这些不可能不对英国产生影响。法国政论家的言论在都铎英国不断被引用，尼德兰政府模式一时成为热门话题。都铎晚期，有关威尼斯政治的书籍广为流传，孔塔里尼的《威尼斯共和国及其政府》英译本附有一篇长达 40 页的序文，论述威尼斯共和国在混合政体之下如何利用相互制衡的多元体系成功地限制了权力，实现了社会的和谐与稳定。17 世纪中叶英国革命当中对威尼斯权力制衡模式和自由政治的鼓吹，实际上肇始于都铎时代。②

除外部传来的信息之外，英国本土有关政体的探讨也十分活跃。这首先得益于 16 世纪的读史之风。伊丽莎白时期作为伦敦市代表与会的著名“议会言者”托马斯·诺顿和威廉·弗利特伍德等人都是狂热的史学爱好者，对宗教史、法律史犹有兴趣。1579 年获任肯特郡治安法官的威廉·兰巴德不仅是英国第一本地方史——《肯特史》——的作者，而且其追溯英国法律起源、纵论盎格鲁—撒克逊法律与习惯的著作还被译为拉丁文。但兰巴德最重要的一部著作是完成于 1591 年的《论英国法庭》，该书开创了将古代经典与民族历史完美结合的范例，将包括议会史在内的英国法律史放在始于希腊罗马时代的欧洲法制史背景下来书写。该书的副标题叫 Archion，这是古代雅典的一个政治机构，它从国王御用工具变为贵族政治、民主政治象征的历史过程曾是亚里士多德等人的重点描述对象，该书

① Gordon，*Controlling the States*，pp.122-4.

② Ibid.，pp.270-2.

以它为副标题，用意不言自明。兰巴德在书中说，权力的发展走向是越来越集中，而人的天性令集权者必然走向腐败，因此必须以法律约束权力。他说英国自塔西佗笔下的日耳曼时代起，就有以法律制约权力的传统，而诺曼征服以后，议会承担起约束权力的使命，成文法和不成文法都表明，议会的这一职能由来已久。① 虽然《论英国法庭》一书直到 17 世纪 30 年代才正式出版，但书中的观点在此之前早已传布，1593 年新任下议长爱德华・科克的就职演说就与之如出一辙。②

都铎时期的许多风云人物都是混合君主制的鼓吹者。

首先是大主教托马斯・莫尔（1478—1535 年）。他因《乌托邦》一书而举世闻名。此书发表于 1516 年，作者想象中的国家由 54 个城邦组成，各城邦政府都包括议会、元老院和总督三部分，议会成员是民选的 200 名代表，元老院履行立法和司法职能，在 20 名元老中，18 人由议会选任，任期一年，其余 2 人由议会每天临时选调。总督由议会在四个选区分别提名的候选人中无记名投票产生，终身任职，行使最高执行官职责。重大事项一律提交议会讨论决定。在“乌托邦”中，不存在专制权力，总督要定期与元老院协商，全国性事务通过议事会议决，议事会则由各城邦议会从议员中选出三名老年公民组成，任期一年。③ 从这个“乌有之乡”中，既可以看到混合政体理想形式，又可以发现威尼斯、尼德兰乃至英国政体的踪影。

第二位是亨利八世的座上宾斯塔基（1495—1538 年）。此公曾在意大利生活多年，并获得威尼斯大学的法律博士学位。他回国后发表《枢机主教波尔与托马斯・卢普塞特之间的对话录》一文，在谴责世袭君主制的同时力主限制君权。作者称君主应选举产生且不得世袭，君主权力必须加以

① Brooks，*Law*，*Politics and Society*，p.86.

② Neale，*Parliaments 1584–1601*，pp.319-20.

③ 托马斯・莫尔：《乌托邦》，商务印书馆 2013 年版，第 49、54 页。

限制；英国素有约束王权的传统，不幸的是该传统一度中断，目下正是应该恢复的时候。斯塔基认为，在理想的社会里，国家最高权力应属于以国王为首的、由选举产生的10人议事会。他说：“考虑到王位的性质和人的天性……混合制是保证国家免于暴政的不二法门。”①

伦敦主教艾尔默直接把伊丽莎白体制与混合君主制对应起来。1558年他在《致全体忠诚的臣民》一文中写道：“英格兰的政体不是独断专行的纯粹君主制，也不是标准的寡头制，而是混合制，即三位一体的体制，其象征——或说不是象征而是本体——可见诸议会。在此，你可以发现三个等级：代表君主制的国王或女王，代表贵族制的贵族，代表民主制的平民和骑士……如果议会行使其特权，那么不经议员同意，国王便不得行动，一旦他行动，便是僭越。所以在我看来，在亨利八世时代拒绝承认国王敕令像实体法一样具有强制力的议员乃真正的国父，他们捍卫了伟大的自由，值得后人永远尊敬……说了这么多，为的是什么呢？我只想告诉你们，拥戴一个女王，并不像有些男人认为的那样注定陷于危险境地……如果一个国家的运转端赖于国王或女王的个人意志，而不是成文法律；如果女王可以独自发布政令制定法律，而无视议员的存在；如果她可以随意裁量刑罚，而不受实体法和普通法的限制；如果她可以擅自决定战和；一句话，如果她是一个道地的君主，而不是混合政体下的国家治理者，我会万分担忧，我也就不会再为之辩护。”②

对混合君主制的最精辟论述来自托马斯·史密斯。他认为，国家必须有人们表达利益诉求并寻找共识的平台，也必须有协调各方利益的仲裁者，具体到英国，前者指的是议会，后者指的是君主，两者的结合就是混

① Gordon, *Controlling the States*, pp.275-6.

② Elton, *Tudor Constitution*, p.16

合君主制。他专门把混合君主制和专制君主制（tyranny）做了比较，说前者得到国民支持，有法律保证，兼顾政府与国民的利益；而后者得不到国民认可，没有法律与秩序，只顾君主一己私利，其统治必不可长久。史密斯说，君主的权力必须受到约束，因为人天性软弱，君主拥有权力而不受限制，必不能成为公共利益的仲裁人，如遇这种情况，人民的反抗就是正义之举，因为经济发展是评价政府的标准，专制政权既不能推动经济发展，人们就不应该再俯首听命。①

总之，到都铎王朝结束时，以"有限"王权为本质特征的混合君主体制在英国不仅不陌生而且受到赞美，英人更以其国王、上院、下院三位一体的议会实现了亚里士多德的君主制、贵族制和民主制"三制混合"的理想而自得。

但是，在自我标榜的背后隐藏着真正的困境：既然在"混合君主制"下，君主权力的有限性主要体现于"三位一体"的议会高于王权，那么这是否意味着在"三位一体"内部两院暨议员整体的权力大于国王个人呢？只要"三位一体"内部出现分歧，这就是一个自然发生的疑问。但是面对议会内不时发生的摩擦，"都铎王朝从法律家到政治家都未能回答这个问题"②。这可能因为长期习惯于"议会与国王"并立的体制，习惯于从两极对立的角度去分析，一时无法从"三位一体"的角度进行判断，也可能是因为这个问题过于敏感，不便深究。但不管是否正面回答，这个问题是现实存在的，而且不同的方面自有不同的心思。

在伊丽莎白女王看来，提出这个问题似乎就是荒谬的，她宁肯对其视

---

① Wood，N.，"Foundations of Political Economy：the New Moral Philosophy of Sir Thomas Smith"，in Fideler and Mayer，*Political Thought and the Tudor Commonwealth*，pp.145，148-9，156-7.

② Holdwworth，*History of Law*，vol. 4，p.208.

而不见。她总是用可数名词来指称议会，也就是说故意把议会视为一次次互不衔接的会议，而不是一个政治组织，一个有固定职能与权威的机构。她要给人们的印象是，两院本身就可有可无，怎能对她构成约束？她认为议员根本无权过问她的事务，遑论干扰乃至限制她的权力。① 鉴于与下院之间的多次不愉快经历以及温特沃思兄弟等人的极端表现，1593 年议会召开前夕，当听说下院又要“闹事”时，她立即叫来掌玺大臣耳提面命，后者向下议长转达的谕旨表明了女王对下院的真实看法：“议长先生，女王陛下的意思是，如果你发现有些蠢货又对宗教和国家改革事务说三道四或提出议案，你都根本不要理会他们，因为他们将置国家于危险境地，即使未必刻意为之。”②

从塞西尔等枢密大臣的观点来看，两院至少可以对女王构成压力，女王在必要的时候也应该向两院作出让步。这一点在王位继承问题上反映得最为明显。伊丽莎白女王迟迟既不结婚也不指定王位继承人的做法令大臣们十分担忧，因为一旦女王发生不测就会导致王位危机。这种担忧随着女王年龄的增长而加剧，16 世纪 80 年代苏格兰玛丽对英格兰王位日益明显的觊觎，更使得他们忧心忡忡，于是在 1566 年和 1584 年塞西尔两次把这个问题提交议会，冀望议会指定继承人，或制定若女王辞世而无合法继承人则由议会指定枢密大臣临时执政、期间任何人篡权都将予以严惩的法律。③ 塞西尔的如意算盘因女王阻止而未能如愿，但他的尝试和努力说明，他认为两院可以成为议会内部一支制衡王权的力量。

在温特沃思兄弟等下议员心目中，议员对国王的约束力是与议会的审

---

① McIlwain，*Constitutionalism*，p.109.

② D’Ewes，p.460.

③ Cressy，C.，“Binding the Nation：the Bonds of Association，1584 and 1596”，in Guth and McKenna，*Tudor Rule and Revolution*，pp.217-36.

议权连在一起的，捍卫下院的审议权是向女王施加压力的前提，如果连审议权都没有保证，当然谈不上约束王权。他们认为，一部都铎王朝宗教改革史证明，就立法而言，议会权之外再无王权，伊丽莎白女王一面利用议会制定她所需要的宗教法，一面又禁止议员讨论她不喜欢的宗教话题，这显然是自相矛盾的，而"挑战"这种自相矛盾是议会赋予他们的权利。他们认为这种挑战不是议员与作为自然人的国王（King）的对立，而是议会与作为法人的王权（Crown）的对立[①]，对国王的忠诚与对王权的限制完全是两个概念。

国王、枢密大臣以及议员对"三位一体"法权关系的不同理解，反映出裁判权与治理权分离的传统理念在都铎王朝遇到了挑战。在漫长的中世纪，裁判权属于普通法范畴（个别事务属于宗教法范畴，此处不赘），治理权则属于国王特权范畴，两者性质不同，界限分明，前者的逻辑起点是个人权利，后者的逻辑起点是君主权力，只要君主行使权力不过分侵犯统治对象固有的权利，就符合"王在法下"的原则，裁判权与治理权之间就可以相安无事。但都铎王朝宗教改革以后，"三位一体"的议会成为"至尊权力"，将财产权利（不仅是土地权利，还包括工商经营权利）、信仰权利、政治权利以及统治权力统一于法律的制高点——立法之中，审判权与治理权由此变得含混，伊丽莎白有关"国家事务"与"国民事务"的划分也变得没有说服力。在新的形势下，"王在法下"意味着什么？这个问题在伊丽莎白时代其实已隐约引起人们的困惑，而进入斯图亚特王朝以后立即变得不可回避。

再来看正统派与修正派之争，尼尔戴着有色眼镜片面强调清教斗争固然不妥，埃尔顿矫枉过正，只看到立法所需要的"合作机制"，却有意

---

① 参见上文第 410 页。

无意地忽略这种机制本身对国王形成的约束与限制，更看不到这种机制隐含的宪政危机——“王在法下”将从“王”在“法”（普通法）之下转为“王”在“人”（议会或议员）之下，对“王”的约束将从“无形”到“有形”，从无制度强制到有制度强制——同样有失偏颇。

结 束 语

英国议会是封建法制的产物，最初她只是“国王的议会”①，其主要职能是根据国王的需要立法②，但根据“以纳贡换纠错”的封建传统，议会也时而成为国王与贵族博弈的舞台。

都铎王朝继承了中世纪的法制传统，但议会发生了具有“革命”意义的变化。

变化之一体现在政治体制层面，随着议会成为新生主权国家的最高权力机构，国王的议会变为国家的议会，“国王在议会中”的“三位一体”关系取代了“国王与议会”的二元并立关系。

变化之二体现在议会与社会的关系层面，首先，议员的自我认同从“纳税的子民”变为“地方代表”或“民族精英”，其次，呈迅速增长态势的社会经济提案极大地改

① Sayles，G. O.，*The King's Parliament* (London 1975).

② 此处所说的立法包括司法和征收赋税，因为当时在普通法体系里，立法与司法是不分的，而征税则采取“补助金法案”的形式。

变了议会法的内容构成以及创议、审议人的主体成分，“下院的兴起”已是不争的事实。

改革几乎是突如其来的。亨利八世的宗教改革不失为重大体制革新，但它不是深思熟虑的结果，也谈不上水到渠成，以致连嗣后君王都很不适应。玛丽女王本以为靠一纸诏书就足以令举国改宗，但枢密院告诉她，英国教会的最高首脑是“议会中”的她，所以她只能通过议会立法来“改变国家信仰”。而当伊丽莎白女王因其宗教政策屡遭议员质疑而恼火，断言宗教决策属其特权议员根本无权过问时，“不适应”的又轮到议员。

议员的“不适应”不限于具体的规章制度。乡绅和工商业议员的利益诉求及与之相应的意识形态与封建政治越来越不适应，这才是他们对女王规制日益不满的真正原因。

但是，尽管出现了上述变化，尽管我们一再强调伊丽莎白时期在王权与代表资产阶级利益的下议员之间经常发生矛盾和冲突，有时这种矛盾冲突还达到极为尖锐和严重的程度，但这并不意味着矛盾与冲突已构成这一时期王权与下院关系的主流。我们仍然认为其主流乃是双方的合作，否则便难以解释多数议案（不管来自政府还是来自普通议员）都能顺利得到通过的事实。

16 世纪是一个变化的世纪。以宗教改革为标志的时局变化和以资本主义兴起为标志的时代变化促进了下院“宪政意识”与“阶级意识”的双重觉醒。“宪政觉醒”导致他们越来越积极地参与议会，“阶级意识”的觉醒导致他们越来越不适应议会。前者的表象是议会与王权更加紧密的合作，后者的表象是下院与女王日益尖锐的冲突。“都铎悖论”由此而来，正统派与修正派的争论也由此发生。但是如果我们注意到，历史的发展从来就是继承中孕育变革、变革中包含继承，便不会被都铎的矛盾性所困惑，同时也会对英国政治现代化的特殊性充满理解。

参考文献

史料（Printed Primary Sources）

Chrimes，S. B. and Brown，A.L.，*Select Documents of English Contitutional History 1307–1485*（London 1961）.

Coke，Sir Edward，*The Fourth Part of the Institutes of the Laws of England*，4 vols.（London 1664）.

D'Ewes，Sir Simonds，*The Journals of All the Parliament during the Reign of Queen Elizabeth*，*Both of the House of Lords and House of Commons*（London 1682）.（D'Ewes）

Douglas，D. C.，*English Historical Documents*，vols. 1 5b（Oxford 1996–2011）.（*EHD*）

Fortescue，J.，*The Governance of England*（Oxford 1926）. Fortescue，*Governance*）

——，*De Laudibus legume Anglie*，ed. by Chrimes，S. B.（Cambridge 1942）.（Fortescue，*De Laudibus*）

Gardiner，Stephen，*The Letters of Stiphen Gardiner*，ed. by J. A. Muller（Cambridge 1933；London 1970）.（Gardiner，*Letters*）

Given-Wilson，Chris. ed.，*The Parliament Rolls of Medieval England*，16 vols.（London 2005）.

Hall' s Chronicle：*The History of England from the Reign of Henry IV to the End of the Reign of Henry VIII*（Reprinted：London 1809）.

Journals of the House of Lords，vol.2（London 1846）.（*Journals of the House of Lords*）

Merriman，R. B. ed.，*Life and Letters of Thomas Cromwell*（Oxford 1902）.（Merriman，*Cromwell' s Letters*）

Prothero，G.W.，*Select Statutes and Other Constitutional Documents*（Oxford 1954）.（Prothero，*Select Statutes*）

St. German，Christopher ed.，*T. F. T Pluchnett and J. L. Barton*（London 1974）.（St. German，*Doctor and Student*）

Smith，Sir Thomas，*De Republica Anglorum*，ed. by L. Alston（with a preface by F. W. Maitland）（Cambridge 1906）.（Smith，*De Republica Anglorum*）

Statutes of the Realm（New York 1993），vols. 3-4.

Stephenson，C. and Marcham，F. G.，*Sources of English Contitutional History*（London 1937）.（Stephenson and Marcham，*Sources*）

Tanner，J. R. ed.，*Tudor Constitutional Documents*（Cambridge 1950）.（Tanner，*Constitutional Documents*）

Thorne，S. E. ed.，*A Discourse upon the Exposicion and Understanding of Statutes*（California 1942）.

Townshend，Hayward，*Historical Collections*，*an Exact Account of the Last Four Parliaments of Queen Elizabeth*（London 1680）.（Townshend，*Historical Collections*）

Vardon，T. and May，T. E. eds.，*Journals of the House of Commons*，vol. 1（1547–1628）（London 1803）.（Vardon and May，*Journals*）

专著与论文（Secondary Sources）

Alexander，M. V. C.，*The First of the Tudors*（London 1981）.（Alexander，*The First of the Tudors*）

Alsop，J. D.，“Reinterpreting the Elizabethan Commons：The Parliamentary Session of 1566”，*Journal of British Studies 29*（1990），pp.216-40.

——，“Parliament and Taxation”，in D. M. Dean and N. L. Jones eds.，*The Parliaments of Elizabethan England*（Oxford 1990），pp.91-116.

——，“The Theory and Practice of Tudor Taxation”，*EHR* 97，382（1982），pp.1-30.（Alsop，“Theory and Practice”）

Archer，I.，“The London Lobbies in the Later Sixteenth Century”，*HJ* 31，1（1988），pp.17-44.（Archer，“London Lobbies”）

Beer，B.L.，“A Critique of the Protectorate：An Unpublished Letter of Sir William Paget to the Duke of Somerset”，in *Huntington Library Quarterly* 34（1971），pp.277-83.

Bernard，G. W.，*War，Taxation and Rebellion in Early Tudor England*（Brighton 1986）.

Bindoff，S. T.，*The House of Commons 1509–1558*，3 vols.（London 1982）.（Bindoff，*House of Commons*）

Bindoff，S.T.，Hurstfield J. and Williams，C. H. eds.，*Elizabethan Government and Society*（London 1961）.

Brooks，Christopher W.，*Law，Politics and Society in Early Modern England*（Cambridge：Cambridge University Press 2008）.（Brooks，*Law，Politics and Society*）

Brown，A. L.，*The Governance of Late Medieval England，1272–1461*（London 1989）.（Brown，*Governance*）

Butt，Ronald，*A History of Parliament：the Middle Ages*（London 1989）.（Butt，*History of Parliament*）

Cannon，J. and Griffiths，R.，*The Oxford Illustrated History of the British Monarchy*（Oxford

1988）.（Cannon and Griffinths，*History of the British Monarchy*）

Chrimes，S.B.，*Henry VII*（London 1972）.（Chrimes，*Henry VII*）

——，*English Constitutional Ideas in the Fifteenth Century*（New York 1978）.（Chrimes，*Constitutional Ideas*）

Collinson，P.，"Puritans，Men of Bussiness and Elizabethan Parliaments"，*Parliamentary History* 7，no.2（1988），pp.187-211.（Collinson，"Puritans"）

——，*The Elizabethan Puritan Movement*（London 1965）.

Dean，D. M.，*Law-Making and Society in Late Elizabethan England：The Parliament of England 1584–1601*（Cambridge：Cambridge University Press 1996）.（Dean，*Law-Making*）

——，"Public or Private London，Leather and Legislation in Elizabethan England"，in *HJ* 31，3（1988），pp.525-48.（Dean，"Public or Private"）

——，"Parliament and Locality"，in Dean and Jones，*Parliaments*，pp.139-62.（Dean，"Parliament and Locality"）

——，"London Lobbies and Parliament：The Case of the Brewers and Coopers in the Parliament of 1593"，*PH* 8，2（1989），pp.341-365.

Dean，D. M. and Jones，N. L. eds.，*The Parliaments of Elizabethan England*（Oxford：Basil Blackwell Ltd. 1990）.（Dean and Jones，*Parliaments*）

Dunham，W. H.，"Regal Power and the Rule of Law：A Tudor Paradox"，in *The Journal of British Studies* 3，2（1964），pp.24-56.（Dunham，"Power and Rule"）

Edwards，J. G.，"The Emergence of Majority Rule in the Procedure of the House of Commons"，*TRHS* 5，15（1965），pp.165-18.

Elton，G. R.，*The Parliament of England 1559–1581*（Cambridge 1986）.（Elton，*Parliament*）

——，*Tudor Constitution*：*Documents and Commentary*（Cambridge 1982）.（Elton，*Tudor*

Constitution)

——, *Studies in Tudor and Stuart Politics and Government*, 4vols (Cambridge 1974–1992), (Elton, *Studies*)

——, "A High Road to Civil War?", in *From the Renaissance to the Counter-Reformation*, ed. by C. H. Carter (London 1966).

——, *Reform and Reformation* (London 1977). (Elton, *Reform and Reformation*)

——, *England under the Tudors* (London 1978). (Elton, *England under Tudors*)

——, *Reform and Renewal* (Cambridge 1973).

——, "Lex Terrae Victrix: The Triumph of Parliamentary Law in the Sixteenth Century", in Dean and Jones, *Parliaments*, pp.15-36. (Elton, "Lex Terrae Victrix")

——, *The Practice of History* (London 1967).

——, "Parliament in the Sixteenth Century: Function and Fortunes", *HJ* 22 (Jun., 1979), pp.255-78.

Fideler, Paul A.and Mayer, T. E. eds., *Political Thought and the Tudor Commonwealth: Deep Structure, Discourse and Disguise* (London 2002). (Fideler and Mayer, *Political Thought and the Tudor Commonwealth*)

Fifoot, C. H. S., *Frederic William Maitland: A Life* (Massachusetts 1971).

Fox, A. G. and Guy, J. A., *Reassessing the Henrician Age* (Oxford 1986).

Fryde, E. B. and Miller, E. eds., *Historical Studies of the English Parliament*, 2 vols (Cambridge 1970). (Fryde and Miller, *Historical Studies*)

Goodman, C. H., *The New Monarchy: England 1471–1534* (Oxford 1988). (Goodman, *New Monarchy*)

Gordon, Scott, *Controlling the States: Constitutionalism from Ancient Athens to Today* (Massachusetts 1999). (Gordon, *Controlling the States*)

Graves, M. A. R., *The House of Lords in the Parliaments of Edward VI and Mary I, An*

Institutinal Study (Cambridge 1981). (Graves, *House of Lords*)

——, *The Tudor Parliaments*: *Crown*, *Lords and Commons 1485–1603* (London 1985). (Graves, *Tudor Parliaments*)

——, *Elizabethan Parliaments*, *1559–1601* (London 1987). (Graves, *Elizabethan Parliaments*)

——, "Thomas Norton the Parliament Man: An Elizabethan MP, 1558–1581", in *HJ* 23 (1980), pp.17-35. (Graves, "Thomas Norton")

——, "The Management of the Elizabethan House of Commons", in *PH* 2 (1983), pp.11-38. (Graves, "Management")

——, "Managing Elizabethan Parliaments", in D. M. Dean and N. L. Jones eds., *The Parliaments of Elizabethan England* (Oxford 1990), pp.37-64. (Graves, "Managing")

Gray, H. L., *The Influence of the Commons on Early Legislation* (Cambridge 1932).

Green, J. R., *History of English People*, 2 vols. (London 1878).

Guth, D. J. and McKenna, J. W., *Tudor Rule and Revolution*: *Essays for G.R. Elton from His American Friends* (Cambridge 1982). (Guth and McKenna, *Tudor Rule and Revolution*)

Guy, John, *Tudor England* (Oxford 1988). (Guy, *Tudor England*)

——, *Politics*, *Law and Counsel in Tudor and Early Stuart England* (Aldershot 2000). (Guy, *Politics*, *Law and Counsel*)

Haigh, C., *Elizabeth I* (London 1988). (Haigh, *Elizabeth I*)

——, *The Reigh of Elizabeth I* (London 1984). (Haigh, *The Reigh of Elizabeth I*)

Harriss, G. H., *King*, *Parliament and Public Finance to 1369* (Oxford 1975).

Hartley, T. E., *Elizabeth's Parliament*: *Queen*, *Lords and Commons 1559–1601* (Manchester 1992). (Hartley, *Elizabeth's Parliaments*)

——, *Proceedings in the Parliaments of Elizabeth I 1558–1581*, 3 vols (Leicester 1981).

(Hartley, *Proceedings*)

——, "The Sheriff and County Elections", in Dean and Jones, *Parliaments*, pp.163-190. (Hartley, "The Sheriff and County Elections")

Hasler, P. W., *The House of Commons, 1558–1603*, 3 vols (London 1981). (Hasler, *House of Commons*)

Hawkyard, A. D. K., "The Enfranchisement of Constituencies, 1509–1558", *PH* 10 (1991). (Hawkyard, "Enfranchisement", *PH* 10)

Heal, F., *Of Prelates and Princes, A Study of Economic and Social Postition of the Tudor Episcopate* (Cambridge 1980). (Heal, *Of Prelates*)

Heigh, C., *Elizabeth I* (London 1988).

Hexter, J. H., *Parliament and Liberty: from the Reign of Elizabeth to the English Civil War* (Stanford 1992). (Hexter, *Parliament and Liberty*)

Hirst, D., *Authority and Conflict* (London 1986).

Hoak, Dale ed., *Tudor Political Culture* (Cambridge 1995).

Holdsworth, W. S., *A History of English Law*, vol.IV (London 1924). (Holdwworth, *History of Law*)

Hughes, A., *Politics, Society and Civil War: Warwichshire 1620–1660* (Cambridge 1987).

——, *The Causes of the English Civil War* (Basingstoke 1991).

Hurstfield, J., "Was There a Tudor Despotism After All", in *TRHS*, 5, 17 (1967).

Jones, Norman L., *Faith by Statute* (London 1982). (Hurstfield, "Tudor Despotism")

——, "Parliament and the Political Society of Elizabethan England", in Hoak, Dale ed., *Tudor Political Culture*, pp.226-242. (Jones, "Parliament and Political Society")

——, "Religion in Parliament", in D. M. Dean and N. L. Jones eds., *The Parliaments of Elizabethan England* (Oxford 1990), pp.117-38. (Jones, "Religion in Parliament")

Jordan, W. K., *Edward VI*: *The Threshold of Power* (Boston 1970).

Kishlansky, M., *Parliamentary Selection*: *Social and Political Choice in Early Modern England* (Cambridge 1987).

Lander, J. R., *Government and Community*: *England 1450–1509* (London 1983). (Lander, *Government*)

Lehmberg, Stanford E., *The Reformation Parliament 1529–1536* (Cambridge 1970). (Lehmberg, *Reformation Parliament*)

——, *The Later Parliaments of Henry VIII 1536–1547* (Cambridge 1977). (Lehmberg, *Later Parliaments*)

Loach, J., *Parliaments under the Tudors* (Oxford 1991). (Loach, *Parliaments*)

——, *Parliament and the Crown in the Reign of Mary Tudor* (Oxford 1986). (Loach, *Parliament and Crown*)

——, "Parliament: A 'New Air'", in Colleman, C. and Starkey, D. eds., *Revolution Reassessed* (Oxford 1986), pp.122-6.

Loach, J. and Tittler, R. eds., *The Mid-Tudor Policy* (London 1980) (Loach and Tittler, *Mid-Tudor*)

MacCaffery, Wallace T., "Parliament: The Elizabethan Experience", in Guth, D. J. and McKenna, W. eds., *Tudor Rule and Revolution* (Cambridge 1982). (MacCaffery, "Elizabethan Experience")

Mackie, J. D., *The Earlier Tudors* (Oxford 1985).

McKisack, M., *The Parliamentary Representative of the English Boroughs during the Middle Ages* (Oxford 1932).

——, *The Oxford History of England*: *The Fourteenth Century* (Oxford 1985). (McKisack, *Fourteenth Century*)

McIlwain, C. H., *Constitutionalism*: *Ancient and Modern* (New York 1940). (McIlwain,

Constitutionalism)

Maitland, F. W., *The Constitutional History of England* (Cambridge 1909). (Maitland, *Constitutional History*)

Miller, H., "London and Parliament in the Reign of Henry VIII", *BIHR* 35 (1962), pp.128-49.

——, "Lords and Commons: Relations between the Two Houses of Parliament, 1509–1558", *PH* 1 (1982), pp.13-24. (Miller, "Lords and Commons", *PH 1*)

——, "Attendance in the House of Lords during the Reign of Henry Ⅷ", *HJ* 10, 3 (1967) pp.325-351. (Miller, "Attendance", *HJ* 10, 3)

——, "Subsidy Assessments of Peerage in the Sixteen Century", *BIHR*, 28 (1955), pp.15-34.

Neale, J. E., *Elizabeth I and Her Parliaments 1559–1581* (London 1953). (Neale, *Parliaments 1559–1581*)

——, *Elizabeth I and Her Parliaments 1584–1601* (London 1957). (Neale, *Parliaments 1584–1601*)

——, *Elizabethan House of Commons* (Aylesbury 1949). (Neale, *House of Commons*)

——, "Three Elizabethan Elections", *EHR*, 46 (1931), pp.209-238. (Neale, "Three Elections", *EHR* 46)

——, "More Elizabethan Elections", *EHR*, 61 (1946), pp.18-44.

Notestein, W., *The Winning of the Initiative by the House of Commons* (London 1962). (Notestein, *Winning*)

Palliser, D. M., *The Age of Elizabeth* (London 1983).

Pollard, A. F., *Factors of Modern History* (London 1921). (Pollard, *Factors*)

——, *The Evolution of Parliament* (London 1926). (Pollard, *Evolution*)

——, *Henry VIII* (London 1930).

——，“The Clerical Organization of Parliament”，in *EHR*，No.57 (Jan. 1942)，pp.31-58.

——，“Receivers of Petitions and the Clerks of Parliament” in *EHR* No. 57 (Apr. 1942)，pp.202-6.

——，“Thomas Cromwell's Parliamentary Lists”，*BIHR* 9 (1931)，pp.31-43.

Pollock，F. and Maitland，F. W.，*History of English Law before the Time of Edward I* (Cambridge 1968) (Pollock and Maitland，*History of English Law*)

Powell，K. and Cook，C. eds.，*English Historical Facts 1485–1603* (London 1977) .

Powell，J. E. and Wallis，K.，*The House of Lords in the Middle Ages* (London 1968) .

Powicke，F. M. and Frynde，E. B. eds.，*A Handbook of British Chronology* (London 1961) .

Roskell，J. S.，*The Commons and Their Speakers in English Parliament 1376–1523* (Manchester 1965) . (Roskell，*Commons and Speakers*)

——，*The Commons in the Parliament of 1422* (Manchester 1954) . (Roskell，*Commons 1422*)

——，“Perspective in English Parliamentary History”，in Fryde，E. B. and Miller，E. eds.，*Historical Studies of the English Parliament* (Cambridge 1970)，vol. 2，pp.296-323. (Roskell，“Perspective”)

——，*Parliament and Politics in Later Medieval England*，2 vols. (London 1981) .

Rowse，A. L.，*The England of Elizabeth* (London 1951) .

Russell，C.，*The Crisis of Parliament* (Oxford 1971) . (Russell，*Crisis*)

——，*Parlaiments and English Politics 1621–1629* (Oxford 1979) .

——，“Parliamentary History in Perspective 1604–1629”，*History* 61，pp.1-27. (Russell，“Parliamentary History”)

Sayles，G. O.，*The Functions of the Medieval Parliament of England* (London 1988) . (Sayles，*Functions*)

Smith，A. G. R.，*The Government of Elizabethan England* (London 1967) .

Snow, V. ed., *Parliament in Elizabethan England: John Hooker's Order and Usage* (London 1977). (Snow, *Parliament in Elizabethan England*)

Stubbs, W., *The Constitutional History of England*, 3 vols. (Oxford 1878). (Stubbs, *Constitutional History*)

——, *Select Charters, and Other Illustrations of English Constitutional History from the Earliest Times to the Reign of Edward the First* (Oxford 1900).

Tanner, J. R., *Tudor Constitutional Documents* (Cambridge 1950). (Tanner, *Documents*)

Thirsk, J., *The Agrarian History of England and Wales*, 4 vols. (Cambridge 1967).

Thompson, F., *A Short History of Parliament 1295–1642* (Minnesoda 1953). (Thompson, *Short History*)

Trevelyan, M., *History of England* (London 1926).

Wilkinson, B., *Constitutional History of England in the Fifteenth Century* (London 1964). (Wilkinson, *Constitution History: 15th Century*)

——, *Constitutional History of Medieval England*, 1216–1399 (London 1958). (Wilkinson, *Constitutional History 1216–1399*)

Williams, C. H., *The Making of the Tudor Despotism* (London 1935). (Williams, *Tudor Despotism*)

Williams, N., *Elizabeth, Queen of England* (London 1967). (Williams, *Elizabeth*)

Yerby, George, *People and Parliament: Representative Rights and the English Revolution* (New York: Palgrave Macmillan 2008). (Yerby, *People and Parliament*)

注：括弧内为该书两次以上引用时的缩略形式。

缩略语一览表

BIHR	*Bulletin of the Institute of Historical Research*
D'Ewes	Sir Simonds D'Ewes, *The Journals of All The Parliaments During the Reign of Queen Elizabeth* (London, 1682)
EHD	*English Historical Documents*
EHR	*English Historical Review*
HJ	*Historical Journal*
HLRO	House of Lords Record Office
PR	*The Parliament Rolls of Medieval England* (London: The National Archives, 2005) 16 Vols.
PH	*Parliamentary History*
SR	*Statutes of the Realm*
TRHS	*Transaction of the Royal Historical Society*
Townshend, *Hist. Coll.*	Heywood Townshend, *Historical Collections or An Exact Account of the Proceedings of the Four Last Parliaments of Queen Elizabeth of Famous Memory* (London, 1680)

责任编辑:陆丽云
封面设计:曹　春
责任校对:周　昕

图书在版编目(CIP)数据

英国议会研究:1485—1603/刘新成 著. —北京:人民出版社,2016.12
ISBN 978 - 7 - 01 - 016829 - 6

Ⅰ.①英…　Ⅱ.①刘…　Ⅲ.①都铎王朝-议会-研究　Ⅳ.①D756.19

中国版本图书馆 CIP 数据核字(2016)第 244283 号

英国议会研究:1485—1603

YINGGUO YIHUI YANJIU:1485—1603

刘新成　著

人民出版社 出版发行
(100706　北京市东城区隆福寺街 99 号)

北京盛通印刷股份有限公司印刷　新华书店经销

2016 年 12 月第 1 版　2016 年 12 月北京第 1 次印刷
开本:710 毫米×1000 毫米 1/16　印张:28.25
字数:376 千字

ISBN 978 - 7 - 01 - 016829 - 6　定价:66.00 元

邮购地址 100706　北京市东城区隆福寺街 99 号
人民东方图书销售中心　电话 (010)65250042　65289539